Reinhard Habeck
Die letzten Geheimnisse

Die letzten Geheimnisse

Rätselhafte Funde der Geschichte

tosa

Über den Autor:
Reinhard Habeck, geboren 1962 in Wien, arbeitet als freier Schriftsteller und Illustrator. Er ist Autor von zwölf Sachbüchern, die in mehrere Sprachen übersetzt wurden und das Thema „Rätselhafte Phänomene" zum Inhalt haben. Seine wichtigsten Buchpublikationen: *„Das Unerklärliche",* Wien 1997; *„UFO - Das Jahrhundertphänomen",* Wien 1997; sowie gemeinsam mit Peter Krassa *„Das Licht der Pharaonen",* München 1992 und *„Die Palmblattbibliothek",* München 1993. Reinhard Habeck ist Mitgestalter, Text- und Katalogautor der Groß-Ausstellung *„Unsolved Mysteries",* in der erstmals mysteriöse archäologische Originale aus kaum bekannten Sammlungen und Geheimarchiven der Öffentlichkeit präsentiert wurden. Die ungewöhnliche Schau, initiiert von dem Kulturmanager Klaus Dona, erzielte mit 100.000 Besuchern bei der Premiere 2001 in Wien einen unerwarteten Rekord und internationale Aufmerksamkeit.
Internet: www.reinhardhabeck.com

Alle Rechte vorbehalten
Umschlag von Joseph Koó unter Verwendung dreier Bilder von Reinhard Habeck
Innenbilder vom Autor zur Verfügung gestellt
Copyright © 2003 by Tosa Verlag, Wien
Printed in Austria 2003

Inhalt

Vorweg gefragt:
Kennen wir unsere Vergangenheit wirklich? 9

I. Die letzten Geheimnisse um das erstaunliche Wissen unserer Vorfahren

Rätselhaftes aus aller Welt 19
Verlorenes und zerstörtes Wissen 19
Der Sterncomputer von Antikythera 24
Heiligtümer aus Bergkristall und Edelstein 31
Archäologische und fossile Kuriositäten 41

Vorsicht Strom! 55
Das Geheimnis der „Bundeslade" 55
Elektrobatterien der Parther 61
Leuchtkörper der Antike 67
Hieroglyphen hellen Elektrothese auf 76
Und sie leuchtet doch! 80

Götter, Gold und Klone 93
Rückkehr der Wunderwesen 93
Spurensuche im Land von El Dorado 97
Der „genetische Diskus" 103
High-Tech-Werkzeuge vor 10.000 Jahren 111

Aeronautik im Altertum 119
Luftbildkartografie aus der Vorwelt 119
Flugzeuge im alten Ägypten 124
Die „Goldflugzeuge" aus Kolumbien 132
Nazca – Das achte Weltwunder 139

II. Die letzten Geheimnisse aus dem alten Pharaonenreich am Nil

Sie trotzen den Stürmen der Zeit 153
Wunder in Stein 153
Auf Sand gebaute Schulweisheit 156
Die „Maschinen des Herodot" 162
Die Macht der Levitation 166
Pyramidenrätsel und kühne Theorien 170
Steinalte Zeugen für die Ewigkeit 175
Sphinx, wer bist du? 180
Älter als das Reich der Pharaonen? 185

Magie, Mystik und Mumien 189
Kreischende Klänge 189
Fluch des Verderbens 192
Verschollen im „Tal der Könige" 197
Geheimnisvolle Pyramidenenergie 201
Lebende Mumien 205

Funde, die nicht ins Schema passen 213
Alles schon einmal da gewesen? 213
Ungereimtheiten bei der Altersbestimmung 214
„Heilige Zeichen" und sonderbare Symbole 217
Altägyptische Kernbohrung 222
Geheimes Know-how der Priester und Handwerker 225
Wenn Gräber reden könnten 230

Als Thot vom Himmel stieg 237
Kosmisches Universalgenie 237
Hermopolis – Stätte des Uranfangs 240
War Thot ein außerirdischer Kulturbringer? 243
Wunderglaube oder Wissenschaft? 247
Wie Phönix aus der Asche 250
Im Zeichen der Flügelsonne 256

Spiegelbild der Sterne 263
Eine Pyramide wird „röntgenisiert" 263

Chephren blieb Sieger! 266
„Kammerspiele" um Cheops 268
Sesam, öffne dich! 271
Tor zu den Sternen 277

III. Die letzten Geheimnisse um das verschollene Inselreich Atlantis

Die Wunderwelt des Dr. Cabrera 283

Rätselhafte Landkarten 293

Platon ist an allem „schuld" 305

Die Suche nach den Urtexten 311

Atlantis, wo bist du? 319

„Beweise" unter Wasser 327

„Mu" und die „Unterwasserstadt" von Okinawa 335

Liegt die Lösung im Mittelmeer? 345

Wurde Atlantis längst gefunden? 351

Und dann war da noch Troja 359

Die „unlesbaren" Schriften 367

Kolumbus kam als Letzter 389

Wenn unsere Kultur versinkt 405

Literaturhinweise 417

GEWIDMET
vier phantastischen Freunden,
die mich das Staunen lehrten:

ERICH VON DÄNIKEN,
CLARK DARLTON alias WALTER ERNSTING
„Mister Unsolved Mysteries" KLAUS DONA
und PETER KRASSA

Vorweg gefragt:
Kennen wir unsere Vergangenheit wirklich?

Wie oft lesen wir über epochale Errungenschaften, staunen über neue wegweisende Erfindung, und neigen der Ansicht zu, unser globaler Fortschritt sei ein Kind des 20. Jahrhunderts. Was hat nicht alles an zukunftsträchtigen Neuerungen in den vergangenen Jahrzehnten das „Licht der Welt" erblickt?

Aber sind wir wirklich die ersten, denen Kreativität und Erfindungsreichtum in die Wiege gelegt worden sind? Werden geniale Ideen erst jetzt realisiert? Wer das glaubt, unterliegt einem folgenschweren Irrtum. Rund um den Globus verstreut wurden und werden immer wieder erstaunliche Relikte aus dem Erdreich gebuddelt. Sie zeigen uns, dass uralte Hochkulturen bereits zu technologischen Höchstleistungen imstande waren und viele technischen Leistungen der Neuzeit oftmals nur „Wiederentdeckungen" sind. Es handelt sich meist um bizarre, nicht selten unterdrückte oder ignorierte Entdeckungen, deren Herkunft, Entstehung und Bedeutung für die Gelehrten immer noch ein Mysterium darstellen.

Was hat ein *Aluminiumgürtel* aus dem 3. Jahrhundert in einem chinesischen Grab verloren? Wer erlegte vor 4000 Jahren einen Bison, der nachweislich durch ein *Hochgeschwindigkeitsgeschoss* starb? Welchen Zwecken dienten antike *Vergrößerungslinsen* aus Bergkristall? Wie erklären sich vorzeitliche *Miniatur-Segelflugzeuge* und *„Goldflieger"* die man in Ägypten und Kolumbien fand? Wie passen frühgeschichtliche *Elektrobatterien* zum „wilden" Reitervolk der Parther? Wie ist es möglich, dass Reliefdarstellungen aus der Pharaonenzeit exakte *elektrotechnische* Details wiedergeben? Was hat eine Apparatur zur Berechnung von *Sternkonstellationen* in vorchristlicher Zeit zu suchen? Mit welchen ausgeklügelten Methoden wurden geheimnisvolle *Kristallschädel* der Maya und Azteken bearbeitet? Wie ist es möglich, dass archäologische Artefakte präzise Informationen über *geneti-*

sches Wissen enthalten? Alles Überbleibsel versunkener Kulturen, die bis heute Rätsel aufgeben.

Ebenso ungeklärt bleiben eindrucksvolle Bodenzeichnungen wie jene von *Nazca* in Peru, die nur aus der Luft zu erkennen sind und deshalb die These herausfordern, dass die Ureinwohner bereits fliegen konnten.

Staunend stehen wir vor antiken Ingenieurleistungen, wie dem Bau der Pyramiden, dem Kanalsystem der Maya oder den komplizierten medizinischen Operationstechniken früher Kulturen. Waren die mächtigen Pfeiler des berühmten Steinkreises von *Stonehenge* einst Teil eines prähistorischen astronomischen Observatoriums? Verschiedene Einzelheiten der berühmten Anlage legen diese Vermutung nahe. Woher aber hatten unsere Vorfahren bereits vor Jahrtausenden diese erstaunlichen Kenntnisse?

Viele geschichtlichen und vorgeschichtlichen Leistungen sind so gewaltig, so verwirrend und unglaublich, dass wir sie fasziniert und manchmal fassungslos betrachten. Sie scheinen nicht in das vertraute Weltbild der Lehrmeinung zu passen. Ihr ursächlicher Sinn ist längst vergessen und bleibt meist unverständlich. Hier knüpfen kühne Denker an und spekulieren, dass vielleicht außerirdische Kulturbringer mitgeholfen hätten. Immer abenteuerlichere Theorien entstehen. Aber was ist der wahre Schlüssel zu diesen phantastischen Geheimnissen? Mit erweiterten Erkenntnissen kommen auch neue Probleme. Zahlreiche Dinge haben sich erhellt; aber in diesem Licht sind die Umrisse weiterer Geheimnisse sichtbar geworden. Unser Wissen wächst, doch die Rätsel bleiben. Das Bild über unsere Vergangenheit weist grobe Ungereimtheiten auf. Viele scheinbar technische Entdeckungen und Erfindungen der Neuzeit waren bereits im Altertum bekannt und sind im Laufe der Jahrhunderte wieder verlorengegangen. Somit aber ergeben sich wiederum neue Fragezeichen. Und so mancher arglose Zeitgenosse kommt angesichts der Schätze aus den Arsenalen des Unglaublichen ins Grübeln.

Muss womöglich die Geschichte der Menschheit umgeschrieben werden? Bedarf es einer Neufassung, einer Revision jenes historischen Weltbildes, wie es uns die Schulweisheit immer wieder offeriert? Es gibt in der Tat gute Gründe für diese kühne Behauptung, denn die aufgefundenen Merkwürdigkeiten, die Anlass für eine neue Sichtweise offen legen, mehren sich. Eine außergewöhnliche Fundgrube bietet Ägypten mit seinen Schätzen aus dem alten Pharaonenreich.

„Wir kennen Ägypten nicht – wir bilden uns nur ein, es zu kennen." Dieser freimütige Ausspruch wird Professor *Howard Carter* zugeschrieben, jenem Ägyptologen, dem es 1922 gelungen war, im Tal der Könige, nahe Luxor, das verschüttete Grab des jung verstobenen *Tutanchamon* zu entdecken.

Carter hat Recht: Im Grunde genommen wissen wir herzlich wenig über dieses Ägypten, über seine richtungsbestimmende Kultur, seine Ursprünge und das erstaunliche Wissen seiner Hohenpriester. Selbst die alten Griechen, die weiß Gott ein kulturell gebildetes Volk gewesen sind, waren sich nicht zu gut, über Altägyptens Wissensschätze in Verzückung und Schwärmerei zu geraten. Ihr berühmter Historiker *Herodot* reiste eigens an den Nil, kontaktierte Priesterschaft, versuchte von diesen weisen Männern Wissenswertes zu erfahren – und musste sich dann doch mit der halben Wahrheit zufrieden geben. Er hatte sich irreführen lassen, war der Meinung gewesen, nunmehr alles an Kenntnissen über das Pharaonenreich zu besitzen. Aber die Tempelpriester in *Theben* hatten Herodot mit gutem Grund ihre wahren Geheimnisse verschwiegen: Schließlich galt es für sie, als Eingeweihte und alchimistisch Tätige ihr Wissen zu bewahren. Dieses Wissen aber ging weit über die sonstige Aufgabe der Priesterschaft, als Religionsverkünder zu wirken, hinaus.

Später dann beging die Ägyptologie, die sich um die Erforschung des alten Ägyptens bemühte, den gleichen Fehler wie vor ihnen der Grieche Herodot: Sie unterschätzte die Reife der altägyptischen Kulturapostel. Als nämlich 1799 in der Nähe der Hafenstadt Rosette eine Stele mit dreisprachig abgefasstem Dekret des Königs *Ptolemaios V.* aus vorgeschichtlicher Zeit aufgefunden und zwei Jahrzehnte danach entschlüsselt werden konnte, glaubten die Altertumsforscher, über die historische Entwicklung und die kulturellen Errungenschaften im Bilde zu sein.

Wohl kaum ein Ägyptologe zweifelt heute noch daran, durch die Übersetzung der Hieroglyphen auf dem berühmten *Stein von*

Rosette die ganze Wahrheit über Aufstieg und Schicksal dieses alten Kulturvolkes an den Ufern des Nils zu kennen.

Welch voreiliger Schluss! Die meisten Urtexte konnten zwar übersetzt werden, blieben aber vielfach in ihrer ursächlichen Bedeutung unverstanden. Die Priester bedienten sich verborgener Beschwörungsformeln, die ähnlich einem Code, nur von Eingeweihten und Tempelherren gelesen, geschrieben und auch verstanden werden konnten. Dem einfachen Volke waren diese Schriftzeichen fremd.

Solche verborgenen „Heiligen Zeichen" und verschlüsselte Texte gibt es noch heute. Sie werden von der orthodoxen Lehrmeinung gewöhnlich in das Reich unbekannter Kulte, magischer Praktiken und unverstandener Symbole verbannt oder als „Fehlinterpretationen" gewertet. Weil in ihrem Zweck unklar, werden archäologische Relikte und Entdeckungen, die engagierte Forscher aus dem Wüstensand buddelten oder in Tempel- und Grabanlagen aufspürten, ebenso oft ignoriert oder gar verschwiegen.

Ungeklärt sind beispielsweise die Ursachen *radioaktiver* Strahlenmessung, die an altägyptischen Mumien festgestellt wurden oder die Anwendung antiker *Kernbohrungen* im steinernen Ruinenfeld von *Abusir.* Wie haben die alten Ägypter angeblich ohne technischer Hilfsmittel gigantische Monumente transportiert? Wie schleppten sie die *„Memnonskolosse"* mit einem Gewicht von je 1000 Tonnen über 600 Kilometer vom Mokattam-Gebirge nilaufwärts nach Theben? Wie die Kolossalstatue *Ramses II.* mit 1200 Tonnen Gewicht über die gleiche Distanz? Wie Obelisken mit bis zu 400 Tonnen 200 Kilometer weit von Assuan nach Luxor und Karnak? In Assuan liegt noch heute der größte jemals aufgefundene Obelisk: 42 Meter lang, 1200 Tonnen schwer. Wie konnten Menschen etwas Derartiges transportieren?

Die gängige Holzrollen-Hypothese erscheint angesichts dieser Gewichte und Ausmaße nicht stimmig, aber andere Möglichkeiten scheiden nach Auffassung der klassischen Archäologie aus. Staunend stehen wir vor den gewaltigen Pyramiden und den damit verbundenen epochalen Ingenieurleistungen. Keine anderen Bauwerke haben ihre Geheimnisse so gut bewahrt wie die Pyramiden von *Gise.* Bis zum heutigen Tage streiten sich die Gelehrten darüber, *wie* sie gebaut wurden und *welchem* Zweck sie eigentlich dienten. Lösungsvorschläge für das Weltwunder gibt es viele, keiner überzeugt wirklich.

Wenn die Cheopspyramide bloß ein Grab für den Pharao gewesen sein soll, weshalb besitzt sie drei Grabkammern? Welchen Sinn haben die schmalen Schächte, die aus der Königinnenkammer und der Königskammer wegführen? Gibt es in den Felswänden noch unentdeckte Hohlräume? Mit dem Mini-Roboter *Upuaut* fand der deutsche Ingenieur *Rudolf Gantenbrink* 1993 eine geheimnisvolle „Tür". Weshalb wurden die weiteren Untersuchungen neun Jahre behindert? Erst im Vorjahr kam es zu einer recht zweifelhaften Medien-Inszenierung, wobei angeblich live die „Schachttüre" durchbohrt wurde. Die Roboterkamera zeigte anschließend einen Hohlraum mit einer weiteren türähnlichen Steinplatte. Wozu dient sie, was verbirgt sich dahinter?

Gerätselt wird ebenso über das Alter und die technische Perfektion der antiken Weltwunder. Der Sternenhimmel spielt hierbei eine besondere Rolle. Denn die Anordnung der Gise-Pyramiden entspricht exakt jenen Gürtelsternen im Zentrum des *Orion*. Doch wie ist das möglich? Und wie alt ist der *Sphinx* – der Wächter der Pyramiden – tatsächlich? Geologische Untersuchungen zeigen, dass der Steinkoloss wesentlich älter sein dürfte und möglicherweise bis auf 10.000 Jahre v. Chr. zurückreicht.

Gab es bereits lange vor den Pharaonen eine unbekannte Hochkultur? Woher besaßen die altägyptischen Priester ihr profundes Wissen auf dem Gebiet der Astronomie, Chemie, Geometrie und Medizin? Wissensgut, das zum Teil unseren Fachgelehrten erst in den letzten hundert Jahren bekannt wurde?

Die ägyptischen Mythen erzählen von Besuchern aus dem „Lichtmeer", die am Anfang der Zeiten mit Sonnenbarken „vom Himmel" gekommen waren. Ihnen wird der wissenschaftliche Aufschwung des Pharaonenreiches zugeschrieben. Wer waren diese Fremden? Wo lag ihre Heimat? Hatten die Urvölker vielleicht doch Besuch aus dem Weltraum erhalten? Strittige Fragen, die bis heute die Gemüter erregen.

Nicht weniger hitzig geht es beim Streitthema Atlantis zu. Die Geschichte vom versunkenen Kontinent hat seit jeher die Menschen beschäftigt und übt noch heute eine unwiderstehliche Faszination aus. Existierte bereits lange vor den Sumerern eine unbekannte Hochkultur? Wo liegt die Wiege unserer heutigen Gesellschaftsform? War der untergegangene Kontinent Atlantis die Urmutter der Zivilisation? Oder hat es dieses sagenumwobene Inselreich überhaupt gar nicht gegeben? Bis heute haben sich Hunderte Wissenschaftler, Forscher, aber auch Scharlatane und Phantasten mit diesen Fragen beschäftigt. Bislang leider ohne beweiskräftigen Erfolg, weder in die eine noch in die andere Richtung. Eifrige Spurensucher sind losgezogen und wollen Atlantis an über 50 Stellen der Erde lokalisiert haben, in Troja genauso, wie im Atlantik, auf den Bahamas oder im Mittelmeer. Die Recherche dazu begann bereits im Altertum und wird auch heute im 21. Jahrhundert fortgesetzt.

Die ersten Hinweise auf den geheimnisvollen Kontinent finden wir in den Schriften „*Kritias*" und „*Timaios*". Darin beschreibt der griechische Gelehrte *Platon* vor rund 2350 Jahren einen halbtropischen Kontinent, auf dem Millionen Menschen lebten. Im Norden wurde das Land von Bergen geschützt, es gab viele Quellen, eine vielseitige Fauna. Kreuz und quer zogen sich Kanäle durch fruchtbare Ebenen und bewässerten das Land. Die Hauptstadt mit ihrem Poseidontempel war von einer gewaltigen, bronzeüberzogenen Mauer umgeben. An Tempeln und Palästen glitzerten Gold und Silber.

Jahrhunderte lang (etwa 12.000 bis 9000 v. Chr.) waren die Atlanter Platon zufolge die beherrschende Zivilisation ihrer Welthälfte. Ihr Imperium erstreckte sich bis an die Grenzen Ägyptens und Italiens. Ein weiser und gerechter König soll einst über diese paradiesische Großmacht geherrscht haben, deren höchste Werte Brüderlichkeit und Sittlichkeit waren. Doch zuletzt, heißt es bei Platon, „verfielen sie der unrechten Jagd nach materiellem Gewinn und Macht" und versuchten, sich die ganze Mittelmeerwelt zu unterwerfen. Von den Vorfahren der Griechen wurden sie schließlich zurückgeschlagen.

Danach, so erzählt es Platon in Dialogform, wurde Atlantis „an einem einzigen schlimmen Tag und einer einzigen schlimmen Nacht vom Meer verschlungen."

Alles nur ein philosophisches Märchen? Man könnte die Sage in der Tat als dichterische Erfindung und Ermahnung zu Tugend und Bescheidenheit abtun, wäre da nicht eine Vielzahl neuer verblüffender Indizien und archäologischer Entdeckungen, die eine historische Grundlage dafür bietet, dass die Legende ernsthaft diskutiert werden kann. Schon Platon selbst betont in seinem Bericht viermal, dass die von dem Gesetzgeber *Solon* an ihn übermittelte Geschichte *wahr* sei.

Welche Belege können für ein neues Entfachen der Atlantis-Debatte herangezogen werden? Steht die Sintflut-Sage, die in vielen Kulturen und Mythen der Erde überliefert ist, mit dem Untergang des Inselreiches in Zusammenhang? Was war der Auslöser für diese weltweite Katastrophe? Wo lag einst das mächtige Seeimperium mit seiner hohen Kultur? Existieren noch Überreste, die ihre einstige Realität bestätigen könnten? Gibt es darüber hinaus weitere Spuren, die auf versunkene Vor-Zivilisationen schließen lassen?

Der Fall Atlantis und die Frage nach dem Ursprung unserer Kultur ist keineswegs abgeschlossen. Neue rätselhafte Entdeckungen sorgen dafür, dass die Sache spannend bleibt. Der Reiz des Geheimnisses, die Fähigkeit des Verstandes und die Kraft der Phantasie – dies alles ist wichtig bei der Suche nach der Wahrheit. Auf den folgenden Seiten lade ich Sie, liebe Leserin und liebe Leser, zu einer abenteuerlichen Zeitreise in unsere Vergangenheit ein, die möglicherweise phantastischer war, als uns Lehrbücher Glauben machen wollen. Überzeugen Sie sich selbst, frei nach dem Atlantis-Motto: Die Wahrheit geht manchmal unter, aber sie ertrinkt nicht ...

Reinhard Habeck

I. Die letzten Geheimnisse um das erstaunliche Wissen unserer Vorfahren

„Alles schon da gewesen."
Karl Ferdinand Gutzkow,
deutscher Romanautor (1811–1878)

Rätselhaftes aus aller Welt

*„Wer etwas allen vorgedacht,
wird jahrelang erst ausgelacht.
Begreift man die Entdeckung endlich,
so nennt sie jeder selbstverständlich."*

Wilhelm Jensen, Journalist (1837–1911)

Verlorenes und zerstörtes Wissen

Vom einstigen Wissen alter Kulturen blieben nur Fragmente übrig. Wie bei einem Puzzlespiel müssen die Teile oft erst mühsam von Altertumsforschern zusammengesetzt werden. Da jedoch meist wichtige Elemente des Mosaiks fehlen, darf es nicht verwundern, wenn das Bild über unsere Vergangenheit grobe Lücken aufweist, die zweifelhaft und unerforscht bleiben.

Schon die Sprachwelt unserer Ahnen führt zu einem deutlichen Erklärungsdefizit. Niemand weiß, wann oder wo sie entstanden sind, welches die erste Sprache war oder welche die älteste der heute gesprochen Sprache ist. Man vermutet, dass die ersten Lautsignale aus der Tierwelt entstanden sind, etwa in der Nachahmung von Zwitscherlauten der Vögel. So wird heute noch in dem Dorf *Cuskoy* in der *Osttürkei* fallweise in dieser ungewöhnlichen Art „gesprochen". Der Ort wird deshalb aus gutem Grund „Vogeldorf" genannt. Die Einwohner haben die Zirp- und Trillerlaute vom Vogelvieh so perfekt imitiert, dass sie von echten Vogellauten kaum zu unterscheiden sind.

Ganz ähnlich bei den *Guanchen*, den geheimnisvollen, großgewachsenen und weißhäutigen Ureinwohnern der *Kanarischen Inseln*. Als spanische und portugiesische Seefahrer im 14. Jahrhundert auf sie stießen, bedienten sich die Guanchen einer seltsamen Pfeifsprache und konnten sich somit von Berg zu Berg durch Pfiffe verständigen. Sie verwendeten dieses Kommunikationssystem auch in ihrem aussichtslosen Kampf gegen die spanischen Eroberer. Mit dem Verschwinden eines Sprachsystems geraten auch die Geheimnisse und das Wissen einer Kultur mehr und mehr in Vergessenheit.

Die Problematik um Schrift und Sprache hat der Gelehrte *Harald Haarmann* in seinem fundierten Werk „*Universalgeschichte der Schrift*" ausführlich dargelegt und folgende Fragen erörtert: Welche ist die älteste Schrift und warum hat die Menschheit sie erfunden? Anfang der 90er-Jahre glaubten Forscher die älteste Zivilisation der Welt gefunden zu haben, in der Schrift nachweislich verwendet wurde. Es war die *Vinca-* oder *Alteuropa*-Kultur, benannt nach dem kleinen Ort Vinca in Serbien, rund 14 Kilometer östlich von *Belgrad*. Dort hat man 2000 beschriftete Tonfiguren gefunden, die einer genauen Altersbestimmung zufolge aus dem 6. Jahrtausend v. Chr. stammen. Bisher galten die ältesten sumerischen Rollsiegel und altägyptische Inschriften aus der Zeit um 2600 bis 3000 v. Chr. als älteste Schriftformen. Doch nun stellt sich heraus, die Vinca-Schrift ist drei Jahrtausende älter. Da jedoch die Vinca-Sprache längst vergessen ist, kann man heute auch nicht mehr ihre Schrift lesen. Jüngste Entdeckungen französischer Wissenschaftler belegen, dass die Verwendung erster Schriftzeichen noch viel weiter in die Vergangenheit zurückdatiert werden muss: Alte Steinkritzeleien aus Syrien zeigen nämlich Piktogramme, die offenbar bereits modernen Schriftzügen entsprechen.

Und am anderen Ende des Globus – in Latein- oder Mesoamerika? War man dort bereits vor Jahrtausenden der Schrift kundig? Die wissenschaftliche Dogma vertritt die Auffassung, weder die Inka noch andere Vorgänger- oder Parallelkulturen Südamerikas hätten eine wirkliche Schrift gekannt. Allerdings ist es nur schwer vorstellbar, wenn man etwa an die präzise gearbeiteten Steinmonumente von *Tiahuanaco* oder das gewaltige Ruinenfeld von „*Puma punku*" nahe des Titicacasees in Bolivien denkt. Wie sind die imposanten Bauwerke ohne schriftliche Fixierung im Vorfeld der Fertigstellung errichtet worden? Dass es sehr wohl eine Schriftform gegeben haben dürfte, belegt das Fragment eines Pergamentbogens vom Titicacasee. Das Forscherehepaar *Anke* und *Horst Dunkel* haben das Artefakt auf einer ihrer vielen Weltreisen ausfindig gemacht und fotografiert. „Der Schweizer

In der Nähe des Titicacasees wurden altindianische Schriftzeichen entdeckt.

Reiseschriftsteller *Johannes Jacob von Tschudi* berichtete Mitte des 19. Jahrhunderts in einem seiner Bücher erstmals von der Pergamenthaut mit hieroglyphischen Zeichen", erzählen mir die Dunkels. Untersuchungen am bolivianischen *Institut für Anthropologie, Ethnologie und Frühgeschichte* können die Gleichartigkeit zu jenen Schriftsymbolen aufzeigen, die in Stein gemeißelt auf Ruinen der beiden heiligen Inseln des Titicacasees gefunden wurden. Was den Wissenschaftlern besonders auffiel: die Ähnlichkeit zu den Inschriften auf der Osterinsel. Und wo wird das einzigartige Dokument mit den rätselhaften Geheimzeichen, die bisher nicht übersetzt werden konnten, aufbewahrt? „Die von Tschudi entdeckte Pergamenthaut ist noch immer in *Las Paz* zu sehen", erläutert Horst Dunkel, schränkt aber ein: „Allerdings bedarf es der Kenntnis von ihrer Existenz, um sie in einem der renovierten, inzwischen zu Museen umgewandelten Häuser aus der Kolonialzeit, dem *Casa de Murillo* in der *Calle Jaén*, ausfindig zu machen."

Schriftformen aus jüngeren Epochen, wo Übersetzungen bereits vorliegen, sind keineswegs immer aufschlussreicher. Durch die Vermischung von wesensgleichen Begriffen kommt es fast unwillkürlich zu Missverständnissen. Nicht selten ist die *ursächliche* Bedeutung eines Wortes nur mit Mühe, wenn überhaupt, ausfindig zu machen. In der ägyptischen Mythologie beispielsweise liefern folgende Stichwörter enge Berührungspunkte: Die Vorstellung vom Himmelsgewölbe als *Falke*, der *Horusfalke* selbst als Gottheit, der Falke als *Vogel*, *Hor-hut* in Gestalt einer geflügelten Sonnenscheibe, die *Flügelsonne*, die Feuer speiende *Uräusschlange*, das *Sonnenauge*, das *Auge des Re*, das „einzigartige" *Auge des Atum*, die Sonne als *Gestirn*, das *Sonnenboot*, die *Morgenbarke*, das „geheiligte" *Uzatauge*, das *Auge des Horus*, das *Sonnenauge* als Göttin Hathor, das Sonnenauge als *Sonnengöttin*, Gott Thot als *Mondauge* und Ähnliches mehr. Eine lange Liste von Begriffen, die oberflächlich betrachtet stets mit der *Sonne* oder anderen Gestirnen gleichgesetzt werden, in Wahrheit jedoch viel differenzierter betrachtet werden müssen.

Zur weiteren Verwirrung tragen unterschiedliche Übersetzungen alter Überlieferungen bei. Das liegt zum *Ersten* darin, weil sich das Schriftbild im Laufe der Jahrhunderte *veränderte*. Zum *Zweiten* daran, weil sich die Priester des Altertums einer nur ihr geläufigen *Geheimschrift* bedienten, die zum Teil noch nicht vollständig übersetzt worden bzw. bislang in ihrer Bedeutung unverstanden geblieben ist. Zum *Dritten*, weil man aus den oft verwirrenden Texten nichts Tatsächliches, nichts Reales zu erblicken vermag und sich vielmehr mit *Symbolismen* und *Andeutungen* zufrieden gibt. Und *viertens*, weil die Auslegung für ein bestimmtes Wort keineswegs immer eindeutig ist. Bleiben wir beim Beispiel Altägypten: Der Begriff „Feuer" kann ebenso mit „Ausstrahlen" oder „Glänzen" übersetzt werden. Oder nehmen wir den Ausdruck „Aufsteigen". Er bedeutet ebenso „herauskommen", „aufschweben", „aussteigen", „fliegen", „emporklimmen" und „sich entfernen". Angesichts dieser Befunde wird verständlich, dass es unausbleiblich zu Ungereimtheiten in der Interpretation kommen muss, die gelegentlich in der Sackgasse münden. Eines sollte aber klar sein: Wenn Originalquellen ein fliegendes Gerät beschreiben, das „durchwandert die sethischen Stätten des Himmels, in Gestalt einer geflügelten Sonnenscheibe, glänzend *wie* die Sonne, gesteuert von Tefnut und Schu, aufsteigend aus der Stadt Heliopolis", dann kann damit *niemals* die Sonne und noch weniger der Mond gemeint gewesen sein.

Altes Wissensgut wird nicht nur missverstanden, es wurde im Laufe der blutdurchtränkten Menschheitsgeschichte oftmals zerstört; mutwillig aus Vandalismus, brutaler Herrschsucht und religiösem Fanatismus. Besonders gründlich ging man in jenen Tagen vor, in denen der *Stein von Rosette* vermutlich beschriftet worden ist – in jenen Tagen, als die gelehrten Könige des alten Ägypten, die *Ptolemäer*, herrschten, wurde eine der großartigsten Kulturstätten geschaffen, die es in der Antike jemals gegeben hat: die Bibliothek von *Alexandria*.

Sie vereinigte in sich die Potenz einer modernen Weltuniversitätsstadt und enthielt die globale Sammlung unendlich wertvoller Schriftrollen, auf denen das Wissen jener Zeit und das was aus ferner Vergangenheit überliefert worden war verzeichnet stand. Als *Julius Cäsar* die ägyptische Königin *Kleopatra* besuchte, kam es infolge eines übereilten Übergriffs römischer Soldaten zu einem verheerenden Brand, dem ein beträchtlicher Prozentsatz jener in der Bibliothek lagernden 700.000 Schriftrollen zum Opfer fiel. *Marcus Antonius*, der diese Kulturstätte wieder aufbauen ließ, gewann Kleopatras Gunst nicht zuletzt dadurch, dass er ihr als Ersatz für die verbrannten Bestände an die 200.000 Schriftrollen stiftete.

Die Bibliothek von Alexandria blühte in den kommenden Jahrzehnten auf. Sie existierte bis zum Jahr 389 nach Christus, ehe sie von einer wild gewordenen, sich „christlich" nennenden Meute auf Befehl des Kaisers *Theodosius* und aufgestachelt vom Bischof von Alexandria, einem religiösen Fanatiker, abermals niedergebrannt wurde. Menschen, die sich für Mathematik und Astronomie interessierten, mussten ihren Forschungsdrang und ihre Wissbegier mit dem Leben bezahlen. Mehr als eine halbe Million Schriftrollen warf man in die Flammen. Was übrig blieb, wurde später von den blindwütigen Kriegern des Kalifen *Omar* vernichtet, als sie die Stadt eroberten.

Ähnlich wie beim religiös getarnten Vandalismus in Alexandria, wo unschätzbares Wissen über die davor liegenden dreißig

Jahrhunderte zu Asche verbrannt wurde, verlief auch der religiöse Vernichtungsfeldzug katholischer Missionare gegen die Aufzeichnungen alter Weisheitslehren der süd-, mittel- und nordamerikanischen Indianerkulturen. Es war vor mehr als 500 Jahren, als *Christoph Kolumbus* – von den Spaniern *Colon* genannt – gegen Westen aufbrach, um Indien auf der Atlantikroute zu entdecken. Er fand, angeblich ohne es geahnt zu haben, einen neuen Kontinent. Als heroische *Christianisierung* gepriesen, stellte die dann auf Kolumbus folgende Eroberung des weißen Mannes nichts anderes dar als eine Kette von Gewalt, grausamer Verbrechen und vielfachen Völkermord. Heute stellen die entwurzelten Nachfahren, wie etwa der stolzen *Sioux* und *Apachen*, in ihren ärmlichen Reservaten nur noch rund 0,5 Promille der amerikanischen Einwohnerschaft dar. Von der fast völligen Ausrottung der Indianer wurde auch ihr kulturelles Erbe betroffen. Schriftzeugnisse der Maya und Azteken fielen der Vernichtung anheim und goldgierige Söldner plünderten zusätzlich die wertvollen Besitztümer der amerikanischen Ureinwohner. Ein in der Weltgeschichte einzigartiger Schatz von indianischem Kulturgut ging für immer verloren.

Dennoch, den Göttern sei's gedankt: Zahlreiche antike Schriften der Alten und Neuen Welt konnten in unser Jahrhundert hinübergerettet werden. Aus einigen geretteten Überresten lässt sich eine längst vergessene Technik herauslesen.

Der Sterncomputer von Antikythera

Wir schreiben das Jahr 1901, Karsamstag. Meterhohe Wellen werfen das kleine Schwammtauchboot wie eine Nussschale umher. Das Ägäische Meer spielte wieder einmal „verrückt". Die Männer an Deck des Schiffes hatten alle Hände voll zu tun, um ein Kentern zu verhindern. An Bord waren griechische Taucher. Sie hatten eine Tauchaktion nahe der griechischen Felsinsel *Antikythera* vorgesehen – jetzt aber wütete ein heftiges Unwetter und die paar Seeleute waren froh, nicht über Bord geschwemmt zu werden.

Am nächsten Morgen deutete nichts mehr auf das vortägige Meerestoben hin. Ein strahlend blauer Himmel, ruhige See, kurzum ein Ostersonntag, wie man ihn sich schöner kaum vorstellen konnte. Das Ägäische Meer zeigte sich von seiner friedlichsten Seite. Die Männer machten sich zum Tauchen bereit mit dem Vorhaben, Meeresschwämme zu suchen. Aber die österliche Tauchaktion nahm einen völlig anderen Verlauf. Nicht Schwämme erweckten die Aufmerksamkeit der Tauchercrew – sondern ein morsches Schiffswrack.

Der Kutter lag etwa sechzig Meter tief auf dem Meeresgrund. Bereits die erste Überprüfung seiner Ladung bewies deren wertvollen Inhalt: Marmor- und Bronzestatuen, kostbare Vasen – und dazu noch manch *Undefinierbares*. Alles wurde von den Seeleuten sorgsam sichergestellt und an Bord gehievt. Sie brachten die außergewöhnlichen Fundstücke nach *Athen* und während unsere Schwammtaucher wieder ihrem täglichen Broterwerb auf hoher See nachgingen, begann anderswo ein neues Kapitel der Meeresarchäologie.

Die Wissenschaftler in Athen hatten sich sofort auf die kostbaren Fundstücke gestürzt und waren bemüht herauszufinden, aus welcher Epoche das Schiff und seine wertvolle Ladung stammten. Zunächst waren sich die Gelehrten uneins. Vor allem deshalb, weil einige Bronzestatuen offenbar aus einer Periode um 400 v. Chr. stammten, während bei den Marmorstatuen bald feststand: Sie waren lediglich Kopien aus einer eindeutig späteren Zeit. Verschiedene Tonscherben wiederum deuteten in ihrer Entstehung auf die Zeit um 100 v. Chr. Weitere Untersuchungen konnten schließlich klipp und klar festlegen, dass das Handelsschiff zwischen 100 und 50 v. Chr. auf dem Weg nach Rom gesunken war.

Der Neugier eines jungen griechischen Archäologen ist es zu verdanken, dass es zur Entdeckung eines Mysteriums kam, das bis dahin unbeachtet blieb. Bei der seinerzeitigen Bergung des Frachtgutes hatte man, von Tang umhüllt, etliche undefinierbare, stark korrodierte Bruchstücke geborgen. Eine Identifizierung schien auch nach Entfernung der Algen nicht möglich. Keiner der Meeresarchäologen war an einer genauen Überprüfung der

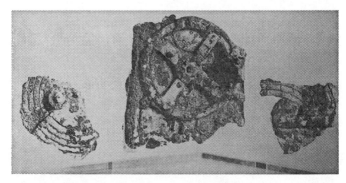

Derek de Solla Price rekonstruierte eine antike Apparatur, die von den Griechen in prähistorischer Zeit benutzt wurde. Taucher fanden die Teile vor der Insel Antikythera.

seltsamen Funde interessiert. So ruhten die sonderbaren Brocken mehrere Jahre mit anderen nichtidentifizierten Gegenständen in einer Ecke des Archivs im *National-Archäologischen Museum* in Athen – bis sie von dem Jungarchäologen *Valerios Staios* aus dem Dornröschenschlaf erweckt wurden.

Staios Spürsinn verdankt die Archäologie eine der ungewöhnlichsten Entdeckungen des vorigen Jahrhunderts. Aufmerksam geworden war der Grieche deswegen, weil ihn die Gegenstände im Gerümpel der antiken Schiffsladung auffallend an den Mechanismus einer Bronzeuhr zu erinnern schienen. Bei näherer Betrachtung bestätigte sich Staios Verdacht. Die einzelnen Bruchstücke waren tatsächlich aus *Bronze* hergestellt worden. An einigen Stellen hatte man zudem antike Symbole eingraviert.

Valerios Staios hielt seine Entdeckung nicht zurück: Er legte das zerbrochene Fundstück den Mitarbeitern des Museums vor. Wie zu erwarten war, bereitete die wahre Identität des metallenen Gegenstandes den Gelehrten beträchtliches Kopfzerbrechen. Welche Bedeutung hatte dieses Gerät einstmals besessen? War es wirklich mehr als 2000 Jahre alt?

Einige Archäologen hielten das seltsame Ding für einen Sternenhöhenmesser oder für irgendein Navigationsinstrument. Die Entstehungszeit datierten sie einwandfrei ins 1. vorchristliche

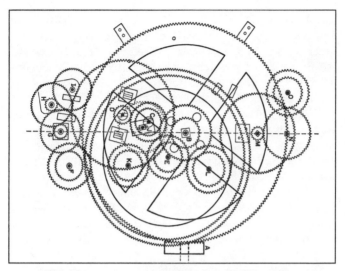

Die Rekonstruktion der vorchristlichen Antikythera-Maschine ergab einen komplizierten Mechanismus aus Zahnrädern und Zahlenscheiben.

Jahrhundert. Doch verschiedene mit der Untersuchung befasste Wissenschaftler lehnten eine daraus resultierende Erklärung als zu abenteuerlich ab – und weil bekanntlich nicht sein kann, was nach so mancher gelehrter Ansicht nicht sein darf, einigten sich die „Ungläubigen" darauf, dieser Gegenstand aus Bronze sei wahrscheinlich erst tausend Jahre später ins Meer gefallen oder hineingeworfen worden und durch einen reinen Zufall im vorchristlichen Handelschiff inmitten anderer Kunstschätze gelandet.

Trotz kontroverser Ansichten war man sich immerhin einer Sache gewiss: Der Bronzefund galt als einzigartige Entdeckung und man beschloss, das Gerät zum geeigneten Zeitpunkt einer präzisen Überprüfung zu unterziehen. Niemand jedoch ahnte, dass es noch fünf Jahrzehnte dauern sollte, ehe das löbliche Vorhaben in die Tat umgesetzt werden konnte. Der Impuls hierfür kam diesmal aus Amerika.

Im Jahre 1958 bekam der britische Physiker und Mathematiker Dr. *Derek de Solla Price* einen ehrenvollen Auftrag. Die *American Philosophical Society* hatte sich an ihn gewandt mit dem Ersuchen, nach Griechenland zu reisen und in Athen das rätselhafte Gerät aus dem Altertum zu überprüfen. Die Verantwortlichen des hiesigen National-Archäologischen Museums erklärten sich mit diesem Vorhaben einverstanden.

Dr. Price war sofort bereit, diesen Vorschlag in die Tat umzusetzen. Er hatte von dem seltsamen Fund aus der Antike gehört und gelesen. Außerdem – und auch das war ein Motiv, das Angebot anzunehmen – hatte sich Price immer schon für die geschichtliche Entwicklung der griechischen Wissenschaft interessiert. In Athen begann sich der Brite eingehend mit der ungewöhnlichen Apparatur zu befassen. Price beschrieb später das Artefakt als „ein Gehäuse mit Zifferblättern auf der Außenseite, in dem ein sehr kompliziertes System von Zahnrädern befestigt ist. Es erinnert an eine gut gebaute Uhr aus dem 18. Jahrhundert".

Die Zifferblätter wurden durch Türchen, die mit Angeln an dem Gehäuse angebracht worden waren, geschützt. An den Türen entdeckte Derek de Solla Price, so wie auch an anderen Stellen des Gerätes, *altgriechische* Inschriften: die Beschreibung der Konstruktion sowie die Funktionsart des Instruments. Das vordere Zifferblatt zeigte sowohl die Bewegung der Sonne innerhalb des Tierkreises als auch den Aufgang von hellen Sternen und deren Konstellationen während des Jahres an. Hingegen scheint das hintere Zifferblatt die Mondphasen und die Planetenpositionen festgehalten zu haben. Auf dem vorderen Zifferblatt gab es zudem einen Schlupfring, der offenkundig der Justierung gedient hatte. Das Gerät basierte nämlich auf einem *ägyptischen* Kalender, der aber kein Schaltjahr zu kennen schien, und daher das Jahr um einen Vierteltag zu kurz anzeigte.

Zu seinem Bedauern musste Price feststellen, dass die Holzteile im Laufe der Zeit ausgetrocknet, zusammengeschrumpft und schließlich zerfallen waren. So wurde dem Wissenschaftler die Möglichkeit genommen, sämtliche ins Detail gehende Informationen der einst vollständigen Inschriften zu erhalten. Etliche Schriftzeichen waren gemeinsam mit dem Großteil der Holzkiste verloren gegangen.

Immerhin waren dem Briten noch etwa zwanzig Zahnräder des Geräts erhalten geblieben. Sie bestanden alle aus Metall und waren mit niedrigem Zinngehalt hergestellt worden. Darunter befand sich eine ziemlich kompliziert wirkende *Zahnradkombination*. Sie musste seinerzeit ähnlich einem *Differentialgetriebe* funktioniert haben. Für Dr. Price war dies eine fundamentale Erkenntnis, die ihm mit Hilfe modernster Untersuchungsmethoden (etwa durch Zuhilfenahme von Röntgen- und Gammastrahlen) gekommen war. Dem Wissenschaftler war es außerdem geglückt, sämtliche im Gerät verbliebenen Fremdkörper zu entfernen. Es war deshalb notwendig gewesen, das Gehäuse der Apparatur – es misst 15 mal 30 cm und hat ungefähr die Größe einer Reiseschreibmaschine – in Säurebäder zu legen, um das Material, aus dem es gefertigt worden war, zu überprüfen. Auf diese Weise gelang es Dr. de Solla Price, das ursprüngliche Aussehen und die Zusammensetzung der *Maschine von Antikythera* zu konstruieren: Das antike „Ding" hatte in vollständigem Zustand aus etwa *vierzig* Zahnrädern bestanden, besaß außerdem *neun* verstellbare Skalen sowie *drei* Achsen auf einer Grundplatte. Erhalten geblieben ist glücklicherweise auch das mittlere Zentralrad. Es besitzt *250 Zacken* und jeder dieser „Zähne" misst exakt 1,3 mm.

Nicht nur Dr. Price war verblüfft, mit welcher Genauigkeit die „Maschine" hergestellt worden war. Es gab lediglich minimale Abweichungen von zehntel Millimetern, was die angezeigten Daten und Werte der Apparatur nur umso glaubwürdiger machte. Der britische Wissenschaftler zeigte sich über die gewonnenen Erkenntnisse sehr verwundert, war er doch bislang davon überzeugt gewesen, dass die alten Griechen an experimenteller Wissenschaft nicht interessiert gewesen seien. 1959 schrieb Price in der Zeitschrift *Scientific American* freimütig: „Es ist ein wenig beängstigend, zu wissen, dass kurz vor dem Zusammenbruch ihrer Zivilisation die alten Griechen sich unserem Zeitalter so sehr angenähert hatten, nicht nur in ihrem Denken, sondern auch in ihrer wissenschaftlichen Technologie."

Für Derek de Solla Price gab es daher nur eine Schlussfolgerung: „Es scheint, dass dies tatsächlich eine Rechenmaschine war, die die Bewegungen der Sonne, des Mondes und wahrscheinlich auch der Planeten bestimmen und darstellen konnte."

Diese bemerkenswerte Einschätzung veröffentlichte der Physiker im März 1962 in der wissenschaftlichen Publikation *National History*. Wir müssen nach dem Fund der Maschine von Antikythera jedenfalls unsere üblichen Vorstellungen von der Geschichte revidieren und eingestehen, dass unsere Vorfahren einen erstaunlich hohen Stand der Technik zu erreichen vermochten. Dr. Price war im Übrigen schon vor 35 Jahren davon überzeugt gewesen, wonach diese hoch empfindliche Apparatur nicht die erste oder letzte ihrer Art gewesen sein konnte, auch wenn bislang nirgendwo etwas Vergleichbares gefunden worden ist. Erst wieder im 13. Jahrhundert wurden einige Historiker „fündig": Sie entdeckten einen islamischen Kalender-„Computer" mit einem ähnlich funktionierenden Mechanismus.

Der Ozeanograph und Ingenieur *Walter Bascom* – er war Leiter des *Coastal Water Research Projects*, das die Erforschung der Ökologie von Küstengewässern zum Ziel hatte – liefert in seinem Buch *„Auch Rom liegt auf dem Meeresgrund"* weitere detaillierte Angaben über den rätselhaften Fund bei Antikythera: „Die beiden Skalen sind so eingestellt, dass ihre Phasen bei 13,5° C nicht übereinstimmten, eine Situation, die nur in den Jahren 200 v. Chr., 80 v. Chr. oder 40 v. Chr. eintreten konnte. Aber ein Zeichen weist darauf hin, dass das Werk auf 82 v. Chr. ‚programmiert' war, vermutlich dem Jahr des Schiffbruchs. Die verwendeten griechischen Wortformen ähneln denen einer anderen Inschrift, die von *Geminos von Rhodos* 77 v. Chr. verfasst wurde. Daher wird der Mechanismus vorläufig ihm zugeschrieben. Es gibt sonst keinerlei Fund, der diesem bemerkenswerten Instrument gleichkäme ..."

Wie verwirrend diese Tatsache für das wissenschaftliche Establishment gewesen sein muss und zum Teil wohl auch heute noch ist, beweist dessen kategorische Weigerung, das mechanische Getriebe im National-Archäologischen Museum von Athen öffentlich zur Schau zu stellen. Selbst als einige Teile des Geräts schließlich ausgestellt waren, zog es die Athener Museumsdirektion vor, die antike Maschine völlig *unbeschriftet* in der großen

Museumshalle zu platzieren. Wer nicht zielstrebig nach dem „Vorzeit-Computer" Ausschau hielt, lief Gefahr, an der Vitrine mit dem Ausstellungsstück achtlos vorbeizugehen. Dass dies kein einmaliges Vorgehen ist, davon konnte ich mich bei einigen Museumsbesuchen persönlich überzeugen. In aller Welt werden ungewöhnliche archäologische „Schätze" oft stiefmütterlich behandelt, im günstigsten Fall anonym den Museumsbesuchern präsentiert oder die Relikte verstauben in den Archiven.

Aufmerksame Besucher des Ägyptischen Nationalmuseums in *Kairo* werden metallene „Zahnräder" entdecken, verschiedene Nivellierungsgeräte (Lot und Winkelmaß) sowie prähistorische Nägel aus Silber. Und eine besondere Kuriosität: ein rostfreies Messer aus Stahl, das im Grab *Tutanchamuns* gefunden wurde.

Welche Vorgangsweise sollte das namenlose Vorzeigen einer ungewöhnlichen Rarität, wie das altgriechische „arithmetische Modell des Sonnensystems", rechtfertigen?

Im besten Fall diejenige, die sich im Resümee der Untersuchungen von Dr. Derek de Solla Price finden ließe. 1959 meinte der für das *Institute for Advanced Study* in Princeton, New Jersey, tätige Brite bei einem wissenschaftlichen Kongress in *Washington* vor versammeltem Auditorium wortgetreu: „Etwas Derartiges zu finden wie diesen griechischen Sterncomputer, ist genauso, wie wenn man in der Grabkammer von Pharao Tutanchamun ein *Düsenflugzeug* entdecken würde."

Heiligtümer aus Bergkristall und Edelstein

Ungereimtheiten aus unserer Vergangenheit stellen moderne Wissenschaftler auf eine harte Probe und unsere herkömmliche Geschichtsvorstellung in Frage. Außergewöhnliche Zeugnisse hierfür sind Entdeckungen aus Bergkristall, darunter geheimnisvolle Schädel, Masken aus Quarz, antike optische Linsen oder unbekannte Kultobjekte.

Bereits den Neandertalern gelang die präzise Bearbeitung von Gegenständen aus Bergkristall. Dabei galten diese Urmenschen jahrzehntelang als „primitive" Tiermenschen. Doch sie standen in Werkzeug, Kleidung und Jagdtechnik dem Homo sapiens kaum nach, sie hatten sogar ein größeres Gehirnvolumen als der moderne Mensch und sie beerdigten ihre Toten, wie z. B. irakische Knochenfunde belegen. Umso weniger passt ins Bild, dass die Abstammungslinien des modernen Menschen und die des Neandertalers sich bereits vor rund 600.000 Jahren trennen. Münchner Genetiker belegten, dass der grobknochige Eiszeitler nur sehr entfernt mit dem modernen Menschen verwandt ist. Dass die Neandertaler weit fortschrittlicher waren, als ihnen gemeinhin zugetraut wird, zeigt sich genauso durch 50.000 Jahre alte Schmuckgegenstände, wie Halsketten aus Elfenbein, die in Frankreich gefunden wurden, ebenso Wolfs- und Elchzähne, die mit durchbohrten Löchern versehen sind.

Ein ungewöhnliches Neandertaler-Relikt wird im Naturhistorischen Museum in Brünn (Tschechien) aufbewahrt: eine geschaffene, etwa 10 cm große Steinspitze aus durchsichtigem Bergkristall. Da das Relikt nicht für die Jagd bestimmt gewesen sein konnte, vermuten Prähistoriker, dass der bearbeitete Kristall für kultische Zwecke Verwendung fand. Die Bearbeitungsart und welche Form von Kult oder religiöser Bedeutung der Gegenstand hatte, bleibt allerdings unbeantwortet.

Wer solche Kostbarkeiten seinerzeit bearbeitete, muss nicht nur über künstlerisches Talent verfügt haben, sondern vor allem über erstaunliches handwerkliches Geschick. Bergkristall ist ein sehr häufiges, jedoch schwer schmelzbares Mineral, dessen Härtegrad den von Glas bei weitem übersteigt. Quarzverarbeitungen werden vorwiegend in der Porzellanerzeugung und in der Industrie vorgenommen. Quarzglas zum Beispiel, aus reinem geschmolzenem Quarz hergestellt, eignet sich vorrangig zur Anfertigung chemischer Gefäße. Es ist gegen plötzlich auftretende Temperaturunterschiede praktisch unempfindlich, außerdem säurefest und durchlässig für ultraviolette Strahlen.

Somit also ein überaus strapazfähiges Material – und üblicherweise nur *maschinell* zu bearbeiten. Da die rhombenartige Struktur des Kristalls spiralförmig verläuft und Achsen entstehen lässt, muss dieser Umstand bei der Bearbeitung berücksichtigt werden. Würde man etwa *gegen* die Achsen arbeiten, käme es zu einer Zersplitterung des Materials. Jeder Fachmann, der mit Quarzverarbeitung zu tun hat (beispielsweise bei der Herstellung von Quarzuhren), weiß darüber Bescheid. Dennoch existieren künstliche Werke aus Bergkristall, wo die kristalline Struktur bei ihrer Schöpfung außer Acht gelassen wurde. Längst untergegangene Kulturen besaßen offenkundig eine fortgeschrittene Kenntnis der Optik und ein unglaubliches Geschick in der Steinschneidekunst.

Kleinode aus Bergkristall kann man im Museum von *Oaxaca*, in der *Blake Collection* von *New York*, im *Trocadéro-Museum* in *Paris* und im *Britischen Museum* in *London* bewundern.

Beispielsweise eine mit Cäsiumoxid hergestellte optische *Vergrößerungslinse*. Man fand sie bei Ausgrabungen im ägyptischen *Heluan*. Cäsiumoxid wird heute auf elektrochemischen Wegen erzeugt. War dieses Verfahren schon der Vorzeit bekannt? Im Britischen Museum befindet sich noch eine weitere Linse aus Mattglas, die bereits vor rund 2800 Jahren angefertigt wurde. Archäologen entdeckten sie in einem assyrischen Schatzhaus in *Ninive* am Tigris. Konnte man bereits damals mit Fernrohren zu den Gestirnen blicken und exakte astronomische Beobachtungen durchführen?

Dem italienischen Naturforscher *Galileo Galilei* wird die Erfindung des Teleskops zugeschrieben. Archäologische Entdeckungen optischer Linsen widersprechen und zeigen,

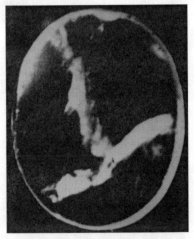

Eine Vergrößerungslinse aus Bergkristall entdeckten Archäologen in einem altägyptischem Grab. Sie wird im Britischen Museum in London aufbewahrt.

dass diese geschliffenen Gläser schon lange vor dem 16. Jahrhundert bekannt waren. Wir wissen, dass Glas erstmals um 3500 v. Chr. in Ägypten hergestellt wurde. Auf Kreta und in Kleinasien wurden mehrere einfache optische Linsen gefunden, die etwa aus der Zeit 2000 v. Chr. datieren. Es ist nicht besonders schwierig, zwei dieser Gläser zu einem einfachen Fernrohr zusammenzusetzen. Galilei hegte die Vermutung, dass die „Alten" schon Fernrohre kannten. 300 v. Chr. stellte *Euklid* den Lehrsatz über Berechnung und Vergrößerung des Lichts auf. In griechischen Überlieferungen werden Vergrößerungsgläser beschrieben, die aus mit Wasser gefüllten Kugeln angefertigt wurden. Nachweislich weit fortgeschritten in der astronomischen Beobachtung waren die Babylonier. Auf akkadischen und sumerischen Tontafeln sowie auf assyrischen und babylonischen Rollsiegeln sind Sterne abgebildet, die von Planeten umkreist werden. Skeptiker sehen darin lediglich „zufällige Verzierungen". Doch im Zusammenhang mit den Funden von Vergrößerungslinsen scheint der Gedanke nicht so weit hergeholt, dass es sich tatsächlich um die ersten bildlichen Darstellungen eines Planetensystems handelt.

    Produkte der High-Tech-Welt, wie *asphärisch* geschliffene Gläser, die heute in der Präzisionsoptik Verwendung finden, wurden an Orten entdeckt, wo kein Archäologe sie vermuten würde: in schwedischen Wikinger-Gräbern aus dem 12. Jahrhundert. Sie sind nahezu perfekt hergestellt worden. Das bestätigen Experten für Augenoptik, die solche geschliffenen Bergkristalle in einer mehrjährigen Analyse untersuchten. Legt man die Linse zum Beispiel auf einen Text, erhält man ein Bild, wie es mit einem modernen Vergrößerungsglas von 5 cm Durchmesser erzeugt wird. Doch erst im 17. Jahrhundert gelang es dem Mathematiker *René Descartes,* theoretische Berechnungen über asphärische Linsen anzustellen. Die tatsächliche Nutzung einer solch präzisen Technik war bisher nur aus dem 20. Jahrhundert bekannt. Wie aber soll es vor acht Jahrhunderten möglich gewesen sein, eine dermaßen ausgefeilte Optik-Technologie herzustellen? Forscher der amerikanischen Universität *Berkeley* wollen die sensationelle „Wikinger-Optik" nun weiter untersuchen. Allgemein wird angenommen, dass die ungewöhnlichen Fundstücke aus *Byzanz* stammen und erst von den Wikingern durch Handel oder Raub erworben wurden.

Zu den erstaunlichsten Artefakten, die auf unserem Planeten entdeckt wurden zählen geschliffene Schädel aus Kristall und anderen Edelsteinen. Seit einem geheimnisvollen Kristallschädelfund in der Maya-Ruinenstätte Lubaantun 1927 waren solche Objekte immer wieder Gegenstand heftiger Kontroversen, da für ihre Herstellung eine fortgeschrittene Technik benötigt worden wäre. Spekulationen, die Schädel stammten aus Atlantis, sie zeigten in ihrem Inneren Bilder von UFOs oder man könne durch sie Verbindung mit anderen Dimensionen herstellen, heizten die Phantasie wie die Skepsis an. Sie gelten als glücksbringende Steine, die über heilbringende Strahlung und Energie verfügen. Besonders bei den altamerikanischen Kulturen genossen sie große Verehrung. Von den Azteken weiß man, dass sie einen ausgeprägten Toten- und Schädelkult praktizierten. Einige Forscher vermuten, dass Kristallschädel dem Befragen eines Totenorakels oder als Pforte zu schamanistischen Reisen in die Unterwelt dienten. Die meisten Schädelfunde wirken überraschend modern und naturalistisch. Über ihre Herkunft, Methoden der Bearbeitung und die Altersdatierung ist meist wenig bekannt. Unbestritten ist aber, dass der Künstler enormes handwerkliches Geschick bewies, um fein modellierte Gesichtszüge aus dem extrem harten Gestein zu arbeiten.

Die zentrale Frage dabei: Wie wurden diese künstlichen Artefakte angefertigt? Sollte es seinerzeit – wann immer das gewesen sein mag – weit wirksamere Hilfsmittel gegeben haben, als diejenigen, die wir unseren indianischen Vorfahren zumuten? Hatten die Ureinwohner wie die Maya nicht nur Observatorien, sondern auch wirkungsvolle Schneideinstrumente zur Verfügung, von denen wir heute nichts mehr wissen?

Außergewöhnliche Schädel aus Edelstein wurden rund um den Globus gefunden. Viele davon befinden sich heute in Privatbesitz, einige sind öffentlich ausgestellt, etwa im Britischen Museum in London. Dort wird ein Quarzkopf aufbewahrt, der der Aztekenepoche zugeschrieben wird und 1889 in Mexiko gefun-

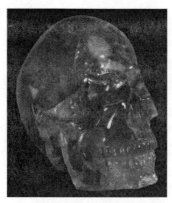

Stein des Anstoßes: Geschliffener Quarzkopf „ET" aus Guatemala.

den wurde. Im gleichen Museum wurde zu Untersuchungszwecken der winzige Kristallkopf namens „Sha Na Ra" aufbewahrt. Bekannt sind ebenso der Quarzschädel „Max" aus Texas und ein Kristallkopf aus der Smithsonian Institution sowie ein Bergkristallschädel aus Mexiko, der im Trocadéro-Museum von Paris ausgestellt ist. Im Museum von Oaxaca (Mexiko), in der Blake Collection des United States National-Museum, in der Douglas Collection in New York sind weitere dieser seltsamen Objekte – zumeist aus der aztekischen und mixtekischen Kultur – zu bestaunen.

Wer zwischen Juni und November 2001 meine Heimatstadt Wien besuchte, hatte im Rahmen der großen Phänomene-Ausstellung *„Unsolved mysteries – Die Welt des Unerklärlichen"* Gelegenheit dazu, gleich sechs Originalstücke der ungewöhnlichsten Schädelfunde in Augenschein zu nehmen, die zuvor wissenschaftlich untersucht wurden. Als Textautor der Ausstellung hatte ich den Raum mit Exponaten aus der einzigartigen Sammlung *Jokey Van Dieten* mit „Kristallkrypta" tituliert. Zu sehen waren „Shi Ting Er" aus der südwestlichen Mongolei; der Kristallkopf „The Jesuit";

Die Untersuchung am Naturhistorischen Museum in Wien brachte Erstaunliches zu Tage: „ET" ist steinalt und authentisch.

der Rosenquarzkopf „Baby Luv" aus der Ukraine; „Lazuli" aus Peru; „Oceana" aus Brasilien und ein besonders bizarrer Kristallkopf aus Guatemala, der wegen seines fremdartigen Charakters als „ET" benannt wurde. Wie bei vielen aufgefundenen Seltsamkeiten stellen sich auch bei den Schädelfunden mehr Fragenzeichen als Antworten.

Merkwürdiges wird diesem Schädel, den man heute „ET" nennt, nachgesagt: Manche Menschen sollen angesichts des Kopfes in Trance fallen, andere schreiben ihm magische und heilende Wirkung zu, und Esoteriker glauben, dass in ihm überirdische Informationen gespeichert sind, die man ähnlich einem Computerprogramm abrufen könne.

Bei der wissenschaftlichen Untersuchung am Naturhistorischen Museum in Wien gelangte der international renommierte Edelsteinexperte und Direktor der Wiener Schatzkammer, *Prof. Dr. Rudolf Distelberger,* bei dem außergewöhnlichen „ET"-Schädel zu folgendem Ergebnis: „Der Kristallschädel, der 1908 in Guatemala, Mittelamerika, gefunden wurde, weist ein Gewicht von 5 kg auf, besteht aus Rauchquarz und hat die Maße: 160 mm (Höhe), zu 120 mm (Breite), zu 210 mm (Tiefe). Auffallend sind zunächst die Augen, die eine tiefe trichterförmige Bohrung aufweisen. Sie könnten ursprünglich mit Smaragden oder anderen Edelsteinen geschmückt gewesen sein, wodurch die magische Ausstrahlung des Schädels noch deutlicher zum Ausdruck kam."

Prof. Distelberger stellte weiter fest, dass der Kristallkopf zumindest 500 Jahre alt ist, präzise mittels *Handpolitur* bearbeitet wurde und nicht aus Europa stammen kann. Sein vorläufige Resümee: „Es wäre für einen Fälscher völlig unrentabel, in vieljähriger Arbeit einen solchen Schädel händisch zu polieren, um diese Form herzustellen. Ich kann nicht erklären, warum der Kopf so naturalistisch aussieht, fast wie ein europäischer Kopf, trotzdem schmäler und zugleich durch Handpolitur hergestellt mit Mitteln, die bei uns unüblich sind. Das ist das nicht zu lösende Problem bei diesem Stück, das vermutlich vor seiner Entdeckung ziemlich lange unter der Erde lag."

Erstaunlich ist, dass vergleichbare Schädel rund um die Erde von unseren Vorfahren aus Kristallen geschliffen wurden. Der

Edelsteinkopf „Shui Ting Er" wurde 1870 von einem chinesischen Archäologen im Gebiet der südwestlichen Mongolei entdeckt. Er besteht aus einem hellgrünen Edelstein. Das Alter und seine Bedeutung sind ungeklärt. Ein Hinweis liefert vielleicht die Farbe grün. Sie galt im alten China als Emblem des Lebens. Mehrere Götter und Göttinnen fernöstlicher Mythologie tragen einen grünen Anzug, z. B. der Gott der Literatur.

Aus einem klaren Stück Quarzkristall wurde ein ganz anderer Schädel hergestellt. Er misst etwa ein Drittel der Größe eines menschlichen Kopfes. Dieser Kristallkopf befand sich lange in Besitz von Ignatius von Loyola, dem Ordensgründer des Jesuitenordens. Zusammen mit sechs Gleichgesinnten schloss sich Ignatius zu einer Gemeinschaft zusammen, die sich am 15. August 1534 in der Marienkapelle am Montmartre in Paris traf und das Gelübde der lebenslänglichen Armut und Keuschheit ablegte. Als Missionare wollten die sieben Männer ins Heilige Land ziehen. Seit damals weiß man von der Existenz des Schädels, wenngleich über seine wahre Bedeutung nur spekuliert werden kann. Er wiegt 3 kg, besteht aus Bergkristall und hat die Maße: Höhe 115 mm, Breite 90 mm, Tiefe 150 mm.

In den Anfängen des 18. Jahrhunderts wurde ein anderer Kristallschädel nahe der Stadt Luv in der Ukraine entdeckt. Der Schädel wurde aus einem Stück Rosenquarz angefertigt. Er wiegt 7,5 kg. Seine Höhe beträgt 160 mm, seine Breite 135 mm und die Tiefe des Objektes 220 mm. Der künstlich gefertigte Totenkopf wurde 1710 von einem russischen Mönch in einem alten Erdhügel gefunden. Diese Kultstätte wird aufgrund entdeckter Artefakte den Scythians zugeschrieben, einer Volksgruppe, die zumindest bis vor etwa 1.000 Jahren in diesem Gebiet gelebt hatte. Seit 1993 ist „Baby Luv" in Besitz der Sammlung Van Dieten.

Ein weiterer ungewöhnlicher Totenkopf, ca. 3 kg schwer, diesmal aus Lapislazuli, kommt aus Südamerika. Der Lapislazuli-Schädel wurde 1995 von Indios im nördlichen Peru entdeckt und soll aus der Inka-Zeit stammen. Die Einheimischen glauben, dass der blaue Schädel ihnen Gutes bringen würde. Vielleicht wegen seiner leuchtenden Farbe, die in verschiedenen Kulturen mit himmlischen Mächten verglichen wurde und wird.

Der Schädel „Oceana", so genannt wegen seines Gesteins aus grünlichem Aquamarin, wurde von nomadisierenden Indianerstämmen der nördlichen Region Südamerikas offenbar mehrfach weitergereicht, bis er 1997 der Sammlerin Jokey van Dieten von brasilianischen Indianern übergeben wurde. Sein Weg lässt sich zurückverfolgen über Kolumbien, Ecuador und Peru, bevor seine Spur sich auflöst. Auch er wiegt 3 kg, ist 115 cm hoch, 90 cm breit und 160 cm tief.

Der berühmteste Kristallschädel ist gleichzeitig der umstrittenste und stammt aus der Mayastätte von Lubaantun (Belize). Verschiedene Autoren, vor allem Erich von Däniken und Peter Fiebag, haben über dieses Objekt detailliert berichtet, das zwischen esoterischer Aura, Weltuntergangsprophezeiung, Fälschung und einmaliger Bearbeitung eines mittelamerikanischen Mayastammes angesiedelt ist.

Rückblick: 1924 leitete *Dr. Thomas Gann* zusammen mit *F. A.*

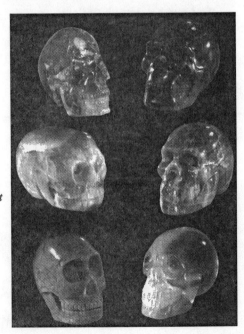

Übersicht der Kristall- und Edelsteinschädel. Exklusiv präsentiert in der vielbeachteten Phänomene-Ausstellung „Unsolved mysteries – Die Welt des Unerklärlichen", 2001 in Wien.

Mitchell-Hedges, Captain Joyce vom Britischen Museum sowie weiteren Forschern eine Grabungskampagne in einer noch unerforschten Ruinenstadt im südlichen British Honduras (Belize) ein. Kurz vor Ende einer Teilgrabung, die durch die Regenzeit beendet werden sollte, fand die Adoptivtochter Mitchell-Hedges', Anna, in der Nähe eines Altares der Stadt, die man Lubaantun genannt hatte, einen Totenschädel gearbeitet aus einem einzigen Bergkristall. Der 5,3 Kilo schwere Schädel, der einen beweglichen Unterkiefer besitzt, ist seitdem zum Streitobjekt der Wissenschaftler geworden.

Obgleich die zahllosen von Mitchell-Hedges geborgenen Artefakte nie auch nur einen Hauch von Fälschungsverdacht aufkommen ließen, stand hier plötzlich die internationale Fachwelt gegen den Archäologen und seine Entdeckung. Der Kristallschädel fiel einfach aus dem gewohnten Bild, das man sich von den Maya gemacht hatte.

Etwas fällt auf: Der Quarzstein konnte nur durch eine ausgefeilte technische Methode hergestellt werden. Er besitzt einen sehr hohen Härtegrad und musste, wie die Forschungsabteilung des Hewlett-Packard-Elektronikkonzerns bestätigte, gegen die Achse geschliffen werden, was nur unter polarisiertem Licht möglich ist. Millimeterkleine Abweichungen sorgen unweigerlich für Absplitterungen.

Der amerikanische Restaurator *Dr. Frank Dorland* dazu: „Lässt man übernatürliche Kräfte aus dem Spiel ..., so müssen die Maya ihren Kristallschädel durch manuelle Politur hergestellt haben. Eine unvorstellbare Arbeit, die Jahrhunderte lang gedauert hätte, unabhängig von politischen und religiösen Verhältnissen. Wir können uns schwer vorstellen, wie ein derart anvisiertes Ziel von Generation zu Generation stur durchgehalten wurde."

Sieben Millionen Arbeitsstunden hätten vermutlich aufgewandt werden müssen, um die perfekte Endform des Quarzstückes zu erhalten. Das entspricht 800 Jahren. Tag und Nacht durchgearbeitet! Rechnet man nur 12 Stunden Arbeit am Tag, kommt man auf 1600 Jahre.

Dr. Anna Roosevelt vom Museum of the American Indian in

New York meint: „Der Fund von Lubaantun steht im sinnvollen Zusammenhang mit allen anderen vergleichbaren Funden ... Es hätte zu lange gedauert, um ein solches Stück eigens herzustellen, so dass es eine sehr teure Fälschung wäre, wenn das ganze ein Schwindel ist ... Es erscheint mir sehr wahrscheinlich, dass er echt ist."

Auch der Wiener Kunsthistoriker Prof. Distelberger räumt ein: „Nein. In Europa kenne ich einen einzigen größeren Bergkristallkopf, und der hat nur einen Durchmesser von 10 cm ... Er hat eine Oberfläche wie die besten Stücke aus dem 16. Jahrhundert."

Die Frage, warum ausgerechnet Schädel in den verschiedenen Kulturen aus Kristall, Quarz und Edelstein hergestellt wurden (von einem reinen ästhetischen Äußeren einmal abgesehen) und mit welcher Technik dies geschah, bleibt weiterhin ein Geheimnis. In Südamerika gibt es Erzählungen, wonach die alten Weisen einen Pflanzensaft verwendeten, um selbst härteste Steine so weich machen zu können, dass man sie anschließend bequem zerschneiden konnte. Klingt unglaublich. Angesichts so kompliziert ineinander verschachtelte Steinbauten, wie etwa den berühmten, gigantischen „Zyklopenmauern" von *Sacsahuaman* in Peru, wird man zumindest stutzig ...

Archäologische und fossile Kuriositäten

Der Streit darüber, ob frühere Generationen schon Technologien besaßen haben, die oft erst Jahrtausende danach wiederentdeckt werden konnten, hat die Wissenschaftler in zwei Lager gespalten. Faktum aber bleibt: Wir wissen herzlich wenig über den tatsächlichen Wissensstand unserer Vorfahren. Das belegen nachdrücklich ungewöhnliche archäologische und fossile Funde, die wegen ihrer bizarren Charakteristik nicht ins vertraute Weltbild einzuordnen sind. Alles bloß „Zufälligkeiten", „Launen der Natur" oder schlicht plumpe „Fälschungen"? Vorsicht mag bei der Beurteilung mysteriöser Gegenstände durchaus angebracht sein. Dennoch verdienen gerade diese archäologischen Raritäten un-

sere Aufmerksamkeit. Weitere gründliche wissenschaftliche Analysen wären wünschenswert, ehe man „Unmögliches" vorweg als Betrug und Humbug abqualifiziert, weil „nicht sein kann, was nicht sein darf ...".
Die Liste ignorierter und unterdrückter Entdeckungen ist lang. Nachfolgend nun einige ausgesuchte Fallbeispiele von Dingen, die den zuständigen Gelehrten besonderes Kopfzerbrechen bereiten. Einige dieser raren Originale wurden 2001 im Rahmen der „Unsolved Mysteries"-Ausstellung in Wien weltweit erstmals der Öffentlichkeit vorgestellt.

Mikrotechnik vor 300.000 Jahren
Der deutsche PaläoSETI-Forscher *Hartwig Hausdorf* wandelt schon lange auf den Spuren unbekannter Vorzeit-Technik und spekuliert mit möglichen außerirdischen Besuchern. Eine sensationelle Entdeckung hat es ihm besonders angetan. Seinen Recherchen zufolge fanden Goldsucher Anfang der 90er Jahre östlich des Ural-Gebirges in Russland winzige technisch anmutende Artefakte. Die meist spiralförmigen Gegenstände bestehen aus verschiedenen Edelmetallen, die größeren aus Kupfer, die kleinsten aus dem seltenen Wolfram und Molybdän. Die Größe der Fundstücke variiert von maximal 3 Zentimeter bis 0,003 Millimeter. Es heißt, dass die *Russische Akademie der Wissenschaften* in Syktywkar (der Hauptstadt der vormaligen Autonomen Sowjetrepublik Komi), ebenso die in *Moskau* und in *St. Petersburg* mit Analysen betraut wurde. Des weiteren soll ein wissenschaftliches Institut im finnischen *Helsinki* in die Untersuchungen eingebunden sein. Was bisher bekannt ist: Die mikroskopisch kleinen Produkte lassen an hypermoderne Steuerelemente denken, die sonst nur in mikro-miniaturisierten Apparaturen ihren Dienst versehen.

Diese fortgeschrittene Technik steckt heute noch in den Kinderschuhen, verfolgt allerdings hoch gesteckte Ziele. So wird beispielsweise an die Konstruktion von Mikrosonden für den medizinischen Einsatz gedacht, etwa für Operationen im Inneren der Blutgefäße. Das Unfassbare: Geologen gestehen den mysteriösen Objekten ein Alter zwischen 20.000 und maximal 300.000

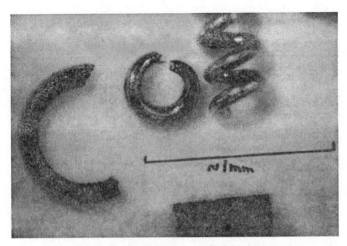

Mikroskopisch kleine Artefakte aus Russland erinnern an technologische Mikrotechnik. Das Unglaubliche: Die mysteriösen Funde sollen bis zu 300.000 Jahre alt sein.

Jahren zu! Doch selbst wenn es „lediglich" 1000 oder nur 100 Jahre wären, bleibt die Kernfrage: Wer war damals zur Anfertigung solch super-filigraner Mikrotechnik fähig? Einer hoch qualifizierten Technologie, die Wissenschaftler des 21. Jahrhunderts gerade erst zu realisieren beginnen?

Prähistorische Schießprügel
Im *Paläontologischen Museum* von *St. Petersburg* ist ein mindestens 4000 Jahre altes Schädelskelett eines Bisons ausgestellt. Was sollte an dem Knochengerüst eines vorzeitlichen Tieres Besonderes sein? Nun, immerhin der mysteriöse Umstand, dass es ein frontales *Einschussloch* aufweist. Und dieses Loch entstand durch ein *Projektil!* Durch ein *Hochgeschwindigkeits-Geschoss!* Chemische Untersuchungen im Labor haben dies einwandfrei bestätigt. Entkräftet wurde der Verdacht mancher Zweifler, der Bison habe seinerzeit das Loch im Schädel durch einen Lanzenstich oder durch einen Pfeil erhalten. Lanzen und Pfeile, so genannte „kalte Waffen" (im Unterschied zu Feuerwaffen), hinter-

lassen auffällige Spuren in der Knochenwand, nämlich radial verlaufende Sprünge und Risse. Im Gegensatz zu einem Projektil. Bleibt die Frage: Wer war damals bereits im Stande, mit Gewehren oder anderen Schusswaffen umzugehen? Mit welcher modernen Waffe kann ein Vorzeitmensch das Einschussloch im Bisonschädel verursacht haben?

Die gleiche Frage muss bei einem menschlichen Schädelfund aus Afrika gestellt werden. Auch er trägt ein typisches Einschussloch eines Kalibers, das den Kopf durchschlagen, den Hinterschädel zerfetzt hatte und dann wieder ausgetreten war. Da es sich bei dem Knochenfund aber um einen Neandertaler handelt, der vor 40.000 Jahren lebte, kann ausgeschlossen werden, dass wir es mit einem zeitgenössischen Mordopfer zu tun haben. Entdeckt wurde der makabre Fund 1921 bei Ausgrabungen in *Zimbabwe*, dem ehemaligen Rhodesien, 18 Meter unter dem Erdreich. Die Verletzungen erwecken nicht den Eindruck, dass der Steinzeitmensch durch einen Speer oder einen Pfeil ums Leben kam. Ganz abgesehen davon, dass Pfeile damals laut Geschichtsunterricht noch gar nicht bekannt waren, könnten sie einen glatten Durchschuss ohnedies nicht verursacht haben. Wer, so fragt man sich bei diesem Beispiel, käme als Scharfschütze in Frage? *Erich von Däniken*s „Astronautengötter" aus fernen Planetensystemen? Oder, wie der deutsche Bewusstseinsforscher *Ernst Meckelburg* in seinem Buch „*Traumsprung*" vermutet: Zeitreisende aus unserer eigenen Zukunft, die gewollt oder ungewollt in die fernste irdische Vergangenheit verschlagen wurden?

Antike Schallkanonen
Anno dazumal scheint es auch anderswo Waffen gegeben zu haben, die durchaus aus einem modernen Kriegsarsenal stammen könnten. Belege dafür finden wir im *Britischen Museum* von London. Da gibt es Wandreliefs zu bestaunen, die höchst seltsame Motive zeigen. Die Darstellungen zeigen unverkennbar kriegerische Auseinandersetzungen aus der Zeit der Babylonier und Assyrer. Man erkennt mächtige Steinmauern und darauf Bogenschützen, die von den Zinnen aus auf unsichtbare Angreifer schießen. Und man sieht verschiedene Arten von rätselhaften

Gab es vor etlichen tausend Jahren schon motorisierte Fahrzeuge? Das dargestellte Gefährt erinnert an einen Panzer.

Gefährten, die sich offensichtlich mit eigener Kraft fortbewegen konnten – und in ihrem Aussehen, in ihrer „Konstruktion" frappierend an *Panzerfahrzeuge* erinnern. Die Wagen rollen auf sechs Rädern oder werden durch drei Walzen fortbewegt. Die Kanone ist hoch geschwenkt und drohend in Richtung der Stadtverteidiger gerichtet. Ein Rammbock? Wohl kaum. Dafür wären die „Pfähle" zu zerbrechlich, ganz abgesehen davon, dass bei einem etwaigen Aufprall des Vorbaues auch die Fahrerkanzel gefährdet gewesen wäre. Vor allem aber scheint es völlig unlogisch, einen Rammbock nicht waagrecht, sondern *schräg* gegen Mauern und Stadttore zu richten. Die nach oben geneigte Lage wäre nicht dazu angetan, die Haltbarkeit der Waffen zu gewährleisten. Auffallend ist die trichterförmige Mündung an der Spitze der „Kanonenrohre". Hatte es damit eine ganz besondere Bewandtnis? Welches System steckte hinter diesen babylonischen Waffen?

Man erinnert sich an dieser Stelle an die Schulzeit. Damals hörte man doch im Religionsunterricht die Geschichte vom Fall der Stadt *Jericho*. In der biblischen Überlieferung heißt es dazu:

„Als nun der Schall der Posaunen ertönte, stürzte die Mauer in sich zusammen, und das Volk erstieg die Stadt, ein jeder gerade vor sich hin." (Josua, 6,20.)

Sollte es eine bestimmte *Tonfrequenz* gewesen sein, die zum Einsturz der Stadtmauer von Jericho führte? Geben die auf den Londoner Wandreliefs gezeigten Szenen einen ähnlichen Vorgang wieder? Besaßen die Kriegsführer aus jener Zeit bereits Kenntnisse über die Anwendung des Ultraschalls? Wurden Jericho und vielleicht auch andere Städte des Altertums durch Panzerfahrzeuge sowie durch Schallkanonen erobert?

Kuriose Fußabdrücke
Zwischen den Wikinger-Kultstätten *Aggersborg* und *Fyrkat* machten dänische Archäologen eine überraschende Entdeckung: Auf einer Steinplatte fanden sie den Abdruck eines barfüßigen Eingeborenen mit nackten Zehen, Seite an Seite mit dem Fuß eines Vogels. Symbol für das Fliegen? Daneben auf demselben Stein ein undefinierbarer Fußabdruck, der von einem Argonauten mit Raumstiefel stammen könnte. Um diesen sind 11 kreis-

Eigentlich ein Ding der Unmöglichkeit: Wer hinterließ vor 350 Millionen Jahren diese versteinerten Schuhsohlenabdrücke?

runde Punkte angeordnet. Handelt es sich um die Wiedergabe von Planeten, Markierungen oder Zahlen? Bedeutung und Ursprung dieser Entdeckung ist bis heute unklar.

Vergleichbares wurde im *Fisher Canyon*, im amerikanischen Bundesstaat Nevada, aufgefunden. Geologen stießen in einer kohlehaltigen Gesteinsschicht auf eine Merkwürdigkeit: Ein *Schuhsohlenabdruck*, auf dem sogar noch eine schwache Nahtspur festgestellt werden konnte. Die Versteinerung wird auf 15 Millionen Jahre geschätzt und stellt daher das Weltbild der Paläontologen auf den Kopf. Denn, wer immer die Spuren hinterlassen hat, kann gewiss kein primitiver Steinzeitmensch gewesen sein. Die Fußabdrücke sind kein Einzelfall. 1968 fand der Freizeitforscher *William Meister* bei *Antelope Springs*, im US-Staat Utah, zwei versteinerte Schuhsohlenabdrücke. Sie waren 32,5 cm lang und 11,25 cm breit. Geologische Untersuchungen machten deutlich, dass der Druck an den Fersen stärker war und der Schuh außerdem einen kleinen Trilobiten zerquetschte. Somit scheidet eine kuriose Felsbildung als Ursache aus. Die Verwirrung bleibt: Trilobiten starben vor etwa 350 Millionen Jahren aus – folglich müsste der Abdruck älter als dieses Datum sein. Ein Ding der Unmöglichkeit, wenn man der bisherigen Evolutionstheorie folgt. Es kann sich nur um Fälschungen handeln, sagen die Experten. Doch die Abdrücke existieren und können jederzeit überprüft werden.

In diese Kategorie fallen noch andere menschliche Fußabdrücke: Schon 1931 berichtete der Geologe Dr. *Wilbur G. Burroughs* von über 250 Millionen Jahre alten Versteinerungen von Fußspuren, die er in zehn Exemplaren nordöstlich des *Mount Vernon*, Kentucky, fand.

Von einer weiteren Seltsamkeit berichtet der Forscher *Dr. Richard Thompson* vom *Bhaktivedanta Institute in Florida*: Demnach suchte 1922 der Bergwerksingenieur und Geologe *John Reid* in Nevada nach Fossilien. Zu seiner Verwunderung entdeckte er dabei die hintere Hälfte eines menschlichen Schuhabdruckes. Sogar die Nähte zeigten sich deutlich im Gestein. Reid brachte die Versteinerung nach New York und zeigte sie einem Geologen der *Columbia University* sowie drei am *Amerikani-*

schen Museum für Naturgeschichte tätigen Wissenschaftlern. Alle stimmten darin überein, dass das Objekt aus dem Trias stammte, also aus einer über 213 Millionen Jahre zurückliegenden Epoche. Ein Fachmann am *Rockefeller Institut* unterzog das Objekt einer mikroskopischen Untersuchung und kam zu dem Ergebnis, dass es sich tatsächlich um die Versteinerung eines menschlichen Abdruckes handle.

Die Wissenschaft wies diesen Fund jedoch als „Laune der Natur" zurück. Kein Buch über Versteinerungen hat je darüber berichtet, kein Fachmann über die Entdeckung geschrieben. Ein 1922 aufgenommenes Foto ist alles, was heute von ihm geblieben ist.

Dass es schon lange vor den heute angenommenen Zeiten Menschen gegeben haben muss, belegen gleichermaßen Fußspuren, die man im *Paluxy-River* bei Glen Rose in Texas entdeckt hat. Zwei Besonderheiten fallen auf: Sie haben Riesenausmaße und verlaufen teilweise parallel zu Saurierspuren, die nachweislich 140 Millionen Jahre alt sind. Der Berliner Forschungsreisende *Wolfgang Siebenhaar* war vor Ort und hat mit alten Einwohnern gesprochen, die ihm bestätigten, dass die ersten menschenähnlichen Fährten um die Jahrhundertwende entdeckt wurden, als eine große Flut Gesteinsschichten wegriss. Zum Vorschein kamen Saurierfährten und menschenähnliche Fußabdrücke. Stammen die Abdrücke von Urzeitriesen? Beruhen die indianischen Mythen, die von menschenähnlichen Giganten berichten, auf wahren Begebenheiten?

Ein versteinerter menschlicher Riesenfinger aus der Dinosaurier-Epoche

Ein außergewöhnlicher Fund stammt aus einer geologischen Schicht mit verschiedenen Fossilien, einige Kilometer von *Glen Rose* entfernt, in der Nähe des Chalk Mountain. Es handelt sich um einen fossilen menschlichen Finger, der total versteinert ist und aus dem gleichen Kalksteinmaterial besteht wie die im Gebiet von Glen Rose vorkommenden Gesteinsschichten. In derselben Gegend wurde ein „fossiler Hammer" entdeckt, sowie Riesenfußspuren neben Saurierfährten. Den fossilen Finger hat

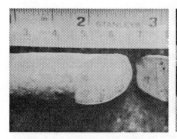 

Dieser fossile Riesenfinger ähnelt dem eines modernen Menschen. Er wurde in der Nähe von Glen Rose in den gleichen geologischen Schichten von Dinosaurierspuren gefunden.

man inzwischen mit Röntgenstrahlen durchleuchtet. Ergebnis: Man kann keinen Unterschied im Vergleich zu dem Finger einer lebenden Person erkennen. Sieht man davon ab, dass seine Größe um etwa zwei Prozent über dem Durchschnittswert heutiger Finger liegt. Demnach muss er einst einem *Riesen* oder einer Riesin gehört haben. Die Untersuchungen ergaben zudem, dass die innere Struktur nicht nur aus ursprünglichen Knochen bestanden hat, sondern sogar das Knochenmark nachgewiesen werden konnte. Nicht nur Knochen, auch das Fleisch wurde komplett versteinert. „Dies kann nur durch einen sehr plötzlichen Prozess der Einbettung in ein weiches Bodenmaterial unter Ausschluss von Sauerstoff erfolgt sein, wobei die Erhärtung des Bodens und damit des Fingers sehr schnell erfolgt sein muss, da sonst die Zersetzung des Gewebes eingetreten wäre", erklärt der Autor und Forscher Dr. *Hans-Joachim Zillmer*. Seine Klarstellung: „Die Erkenntnisse über den fossilen Riesenfinger stehen im krassen Widerspruch zu unserer konventionellen Weltanschauung."

Der fossile Hammer
Ein menschliches Werkzeug aus der Kreidezeit? Fälschung oder geologische Sensation? Der *„Hammer von Texas"* gehört seit einigen Jahrzehnten zu den wohl kuriosesten Funden der Erdgeschichte. Analysen unabhängiger Institute, unter anderem vom Metallurgischen Institut Batelle Memorial Laboratory in Colum-

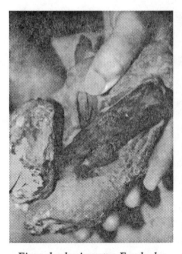

Eines der kuriosesten Funde der Erdgeschichte: Der angeblich 140 Millionen Jahre alte Hammer aus Texas.

bus (Ohio, USA), bezeugen, dass Hammerkopf und -stiel nicht das Ergebnis natürlicher Vorgänge sein kann. Ebenso wenig könne es sich um eine neuzeitliche Fälschung handeln. Es stellte sich heraus, dass der Hammerkopf nahezu aus reinem Eisen besteht. Beimengungen und Verunreinigungen wurden nicht festgestellt. Eine utopische Feststellung, denn eine Stahlerzeugung ohne diese Verunreinigungen ist nicht möglich. Der ganze Hammer war zum Zeitpunkt seiner Entdeckung im Jahre 1934 nachweislich komplett und teilweise auch heute noch von Kalkstein eingeschlossen. Ein Teil des Materials ging mit dem umgebenden Material des Felsens eine chemische Verbindung ein (Reaktions- oder Verwitterungskruste). Daraus folgt zwangsläufig, dass der Hammer *vor* der Entstehung des Steinmaterials stammen müsse, zumindest aber das gleiche Alter aufweist! Dieses Alter wird von Geologen auf mindestens 140, möglicherweise sogar bis auf 400 Millionen Jahre geschätzt.

Fossilisierte Hände in einer Steinplatte
Sie zählen mit zu den jüngsten Entdeckungen ungewöhnlicher Artefakte. Der an der Universität in Bogota, Kolumbien, lehrende Industrie-Designer *Prof. Jaime Gutierrez* hatte sie vor einigen Jahren gefunden. Deutlich sind die Knochensegmente der Finger zu erkennen. Sie sind in einem Stein fest verschmolzen. Zusammen mit diesen Händen wurden Fossilien und Relikte von Dinosauriern entdeckt, die in geologischen Schichten zwischen 65 und 130 Millionen Jahren angesiedelt sind. Die von dem Aus-

Versteinerte Gliedmaßen aus der Dinosaurierepoche: Echse oder menschlicher Vorfahre? Die Experten sind sich bei der Beurteilung uneins.

stellungsmacher *Klaus Dona* angeregte Untersuchung des kuriosen Stückes brachte unterschiedliche Ergebnisse. Hofrat *Dr. Reinhard Fous* (Chefarzt der Bundespolizeidirektion Wien) und *Prof. Dr. Friedrich Windisch* vom Anatomischen Institut der Universität Wien kamen zu dem Ergebnis, dass es sich zwar nicht, wie ursprünglich vom Finder vermutet, um zwei Hände handelt, sondern um einen *humanoiden* rechten Fuß und um eine *humanoide* Hand. Diese Fachleute beziehen sich auf einen einzelnen Knochen, der nur bei „menschlichen" Gliedmaßen zu lokalisieren ist. Das Problem ist das Zeitparadoxon. Anderer Ansicht ist deshalb *Univ.-Prof. Dr. G. Forstenpointer* von der Veterinärmedizinischen Universität Wien. Er hält es für wahrscheinlich, dass es sich bei dem Fund um Knochen eines Reptils oder einer Echse handeln könnte.

Ein vor 500.000 Jahren poliertes Holzbrett

Im Juli 1989 gelang israelischen Archäologen ein erstaunlicher Fund: in einer 500.000 Jahre alten Grabungsstätte im nördlichen Jordantal fanden sie ein 25 cm langes und 13 cm breites Brett aus Weidenholz. Es hatte eine flache, glatte und künstlich polierte Oberfläche. Die Bearbeitung war so geschickt, dass keinerlei Spuren von Werkzeugen sichtbar waren. Zudem war die Kante völlig gerade und bewusst abgeschrägt worden. Die Unterseite hingegen war rau und unpoliert. Beide Enden waren abgebrochen, vermutlich erst als Folge der mechanischen Ausgrabung. Nach herkömmlicher archäologischer Sichtweise hatte kein Mensch vor so langer Zeit irgendeinen Bedarf an exakten, geraden, flachen und polierten Holzbrettern. Bleibt die Frage: Wie fertigten „primitive" Höhlenmenschen ohne Zuhilfenahme von Lineal und Zeichendreieck das ominöse Artefakt an? Welchen Verwendungszweck diente es? Die Entdeckerin Prof. *Goren-Inbar* war verblüfft und hatte keinerlei Erklärung parat.

Genauso mysteriös: Ein 500.000 bis 1,75 Millionen Jahre altes angesägtes Holzbrett. So alt sind die Ablagerungen am Fuße der Felswand Mundesley (England). Sie reichen vom Ende der Cromer-Forest-Periode vor etwa 400.000 Jahren bis in die jüngste Pastonien-Kaltzeit, deren Alter unterschiedlich mit 800.000 oder 1,75 Millionen Jahren angegeben wird. Hier machten Archäologen schon zu Beginn des 20. Jahrhunderts unglaubliche Entdeckungen: Das Forscherduo *Michael A. Cremo* und Dr. *Richard Thompson* berichtet in ihrem Sachbuch „*Verbotene Archäologie*" über diesen und andere sensationelle Funde, die die Welt verändern: „S. A. Notcutt aus Ipswich fand in den betreffenden Ablagerungen ein Holzstück, das auf seiner stärkeren Seite abgesägt wurde und am spitzen Ende geschwärzt war, als hätte man es in Feuer gelegt. Es besteht nach offizieller Lehrmeinung nur eine sehr geringe Chance, dass Menschen vom Typ Homo erectus – zur Zeit als das Cromer-Forest-Stratum entstand – in England lebten. Das technische Niveau jedoch, das dieses Arbeitsgerät aus einem zurechtgeschnittenen Stück Holz voraussetzt, ist außerordentlich und lässt an moderne Homo-sapiens-ähnliche Fertigkeiten denken. Eigentlich kann nur eine Metallsäge eine solche Arbeit leisten. Eine ca. 400.000 bis 500.000 Jahre alte Metallsäge aber wäre natürlich ganz und gar außergewöhnlich. Der Forscher J. Reid Moir hat bereits 1927 auf die Bedeutung der ungewöhnlichen Funde hingewiesen."

Ein Millionen Jahre alter Messbecher
Es gibt unzählige Belege und Artefakte, die mit unserem Weltbild nicht vereinbar sind. 1912 entdeckten Arbeiter aus Oklahoma in einem soliden Stück Steinkohle einen Art Messbecher. Dr. Hans-Joachim Zillmer aus Solingen hat das Originalstück bei seinem Besuch in Amerika Ende März 1999 untersucht. Aber auch Nägel, eine Schraube, ein Bronzegefäß, ein mechanisch gefertigter Goldfaden, eine Goldkette von acht Karat und viele andere Artefakte wurden in uraltem Gestein oder Kohle gefunden. Alle diese Funde müssen von der dogmatisierten Wissenschaft grundsätzlich als Fälschung abgelehnt oder ignoriert werden, denn würde man nur einen einzigen Fund als echt deklarieren, hieße dies, dass unser wissenschaftliches Weltbild auf falschen Fundamenten aufgebaut wurde. Faktum bleibt, die rätselhaften Entdeckungen häufen sich, Datierungen müssen immer öfter weit in die menschliche Vergangenheit zurückdatiert werden und neue Fragen stellen sich. Irgendetwas scheint nicht zu stimmen mit der Vorstellung einer gleichförmigen Entwicklung, so wie es die herkömmliche Evolutionstheorie vorschreibt.

Vorsicht Strom!

„Bei Erfindungen ist der Erste immer der Dumme;
den Ruhm kassiert der Zweite,
und das Geschäft macht erst der Dritte."

Martin Kessel, Literat (*1901)

Das Geheimnis der „Bundeslade"

Es hat den Anschein, dass von dem kundigen Wissen unserer Ahnen nur mehr Fragmente erhalten geblieben sind. Ihr Sinn und Zweck bleibt uns oftmals unergründlich. Rätselhafte Funde der Menschheitsgeschichte, die, obwohl sie inzwischen in Vergessenheit gerieten, einstmals Realität waren. Gilt das ebenso für jene geheimen „Kultobjekte", die in heiligen Schriften und religiösen Urtexten der Menschheit Erwähnung finden? Lassen sich in alten Mythen versteckte Anspielungen finden, die auf einem einst vorhandenen technologischen Wissensgut beruhen? Fantasterei und Märchen oder unverstandene, verborgene Geheimwissenschaften?

Das Alte Testament berichtet von einem israelitischen Kultgegenstand, der sogenannten *„Bundeslade"*, auch „Lade Gottes" oder „Lade Jahwes" genannt. Was war das für ein seltsamer Gegenstand? Offiziell, nach konfessioneller Lehrmeinung, soll er ausschließlich dazu gedient haben, die steinernen Gesetzestafeln, die der Patriarch *Moses* vom Gottesberg der Halbinsel Sinai gebracht hatte, aufzubewahren und zu schützen. Die unheimliche Macht, die von diesem kastenartigen Objekt ausging, konnte bei unsachgemäßer Handhabung *zerstörend* und *lebensbedrohlich* sein. Indizien, die den Schluss nahe legen, dass diese verschlossene Lade noch ganz anderen Zwecken gedient haben musste. Die gespenstischen Kräfte der *Elektrizität* und *unsichtbare Strahlengefahr* spielten dabei offenbar eine besondere Rolle.

Was wissen wir von diesem heiligen Schrein? Folgen wir der Bibelbeschreibung, so war er zweieinhalb Ellen lang, eineinhalb

Ellen breit und ebenso hoch. Wenn man die Elle versteht, wie sie dem alten Maß entsprochen hat, dann betrug die Länge des Kastens etwa 1,30 Meter, seine Breite und Tiefe hingegen rund 75 Zentimeter. Anderseits wissen wir, dass die Elle als typisches Naturmaß generell der Länge des Unterarms entsprochen hat. Doch gab es zum Beispiel allein in Deutschland bis ins 19. Jahrhundert hinein weit über *hundert* verschiedene Ellenmaße. Dementsprechend streiten die Historiker noch heute über die exakten Maßangaben der Bundeslade.

Das gilt ebenso für das Material, aus dem der Gegenstand bestanden hat. Innen und außen, so lesen wir, war die Lade mit reinem *Blattgold* überzogen, an ihren vier Ecken wurde sie von je einem goldenen Ring, zwei an jeder Seitenwand, gehalten. Der Bibeltext spricht weiters davon, dass die ungewöhnliche Apparatur aus *Akazienholz* hergestellt worden war, ebenso die vergoldeten Stangen. Diese hatte man durch die Ringe an den Seitenwänden durchgezogen und sie dienten als Tragebalken für speziell dafür vorgesehene Priester, die die Lade somit weiterbeförderten. Niemand sonst durfte das „Allerheiligste" berühren. Die Trägerstangen sollen ebenfalls aus Akazienholz bestanden haben.

„Schon an dieser Stelle muss ein jahrhundertelanger mitgeschleppter Irrtum berichtet werden", macht uns der Autor *Joachim Pahl* (ein Pseudonym) aufmerksam. „Akazienholz, das hier fälschlich erwähnt wird, ist höchstens zu Verzierungen, niemals aber als Bauholz verwendbar." Die so genannte „echte" Akazie, von der im Bibeltext die Rede ist, findet sich in „Knaurs Lexikon" unter der Bezeichnung „Mimosengewächs warmer Erdteile" wieder. Sie wird in unseren Breiten vornehmlich als Zimmerpflanze verwendet und vor allem die Araber wissen ihren Wert zu schätzen. Seit urdenklichen Zeiten liefert ihnen nämlich die Akazie – *Gummi!* „Gummi dieser Art wurde beim Bau der Bundeslade in großen Mengen verwendet", weiß Pahl. Im Bibeltext wird ausdrücklich die Anordnung des göttlichen „Herrn" betont, nur ja nicht jene Stangen aus „Akazienholz" zu entfernen, sie unbedingt in den Ringen der Bundeslade zu belassen. Das alles macht deutlich, welche Aufgabe diesen Tragstangen mit großer Wahrscheinlichkeit zukam: Umhüllt von *isolier-*

tem Material – Gummi! –, schützten sie die Träger der Lade vor elektrischen Stromschlägen. Strom? Jawohl! Dass solcherart gefährliche Spannung von der Bundeslade ausging, ist in der Bibel mehrfach überliefert. Als Beispiel möchte ich zwei Episoden in Erinnerung rufen, die das bestätigen.

Im Buch *Leviticus*, Kapitel 9, Vers 22 bis 24, wird von einer Opferhandlung berichtet, die der Priester *Aaron* gemeinsam mit Moses in einem Offenbarungszelt (dort wo die Bundeslade laut Textstelle untergebracht war) vollzog. „Da erschien die Herrlichkeit des Herrn dem ganzen Volk", heißt es da.

Die israelitischen Auswanderer jubelten und warfen sich voll Ehrfurcht zu Boden. Doch dann geschah etwas Unerwartetes: „Die Aaronsöhne Nadab und Abihu aber nahmen ihre Feuerbecken, taten Feuer hinein, legten Räucherwerk darauf und brachten so vor dem Herrn ein ungehöriges Feueropfer dar, das er ihnen nicht geboten hatte. Da ging Feuer vom Herrn aus und verzehrte sie: so starben sie vor dem Herrn." Moses schien nicht besonders überrascht, offenbar kannte er die Funktion der Bundeslade, und sprach zu den Angehörigen: „Tretet heran und tragt eure Verwandten vom Heiligtum weg außerhalb des Lagers!" Die Opfer wurden anschließend mit ihren Leibröcken davongetragen, was beweist, dass sie nicht vollständig durch Feuer verbrannt waren. Zwei Dinge fallen auf: So heißt es zwar, es sei Feuer vom Herrn ausgegangen und habe Nadab und Abihu „verzehrt", sie also getötet. Andererseits wird klargestellt, dass die Toten „in ihren Leibröcken" aus dem Lager geschafft worden sind. „Verzehren" wird also hier nicht mit „verbrennen" gleichgesetzt (obwohl ja angeblich „Feuer" im Spiel war), sonst wäre wohl auch ihre Kleidung eingeäschert worden.

Wäre es denkbar, dass Nadab und Abihu, die sich unerlaubterweise ins Offenbarungszelt geschlichen hatten, Opfer *radioaktiver Strahlung* geworden sind? Ausgelöst durch ein „unsichtbares Feuer", wie so ein verheerender Strahlenbrand ebenfalls bezeichnet wird? Es muss jedenfalls bestimmte Gründe gehabt haben, weshalb sich die Priester in spezielle „Kultgewänder" hüllten. Nur in von Kopf bis zu den Füßen hoch geschlossener, eigens für diese Zwecke präparierter Kleidung durften sie das

Offenbarungszelt betreten und ihren „heiligen" Dienst bei der Lade ihres „Herrn" versehen.

Unachtsame Betätigung, ja schon das vorschriftswidrige Berühren der Bundeslade hatte schlimme Folgen. Das konnte Einzelnen widerfahren, aber auch ganzen Gruppen. Da gibt es das tragische Geschick des jungen *Ussa*, der beim Versuch, die Lade seines „Herrn" vor Beschädigung zu bewahren, genau das Falsche tat – und da erfahren wir im *1. Buch Samuel*, Kapitel 5 und 6, welch furchtbare Wirkung von dieser Bundeslade ausgehen konnte, wenn man bei ihrer Handhabung die Vorsichtsmaßregeln missachtete. Leidtragende waren in diesem Fall die *Philister*. Sie hatten (lange nach Moses´ Abgang) die Israeliten besiegt und als Siegesbeute die Bundeslade in ihren Besitz gebracht. Freilich ohne zu ahnen, wie gefährlich dieses Ding sein konnte: Anschauungsunterricht vermittelt uns die Bibel:

„Die Philister nahmen die Lade Gottes, brachten sie von Eben-Haeser nach Asdod und von dort in den Tempel des Dagon und stellten sie neben Dagon ..." (Sam. 5,1 bis 5,2.)

„Schwer lastet die Hand des Herrn auf den Bewohnern von Asdod. Er richtete unter ihnen Verheerungen an und schlug sie mit Geschwüren in Asdod und dessen Gebiet." (Sam. 5,6.)

Eilig und verängstigt brachten die Philisterpriester das lebensgefährliche Gerät zu einem anderen Ort. Aber auch dort ...

„... entstand durch die Hand des Herrn eine überaus große Bestürzung in der Stadt. Er schlug die Stadtbewohner, Groß und Klein, sodass Geschwüre an ihnen aufbrachen." (Sam. 5,9).

In der Stadt brach Panik aus. Bald hatte sich die tödliche Gefahr, die von dem geraubten Heiligtum ausging, überall im Philisterland herumgesprochen. Nach sieben Monaten gab man dort klein bei. Nebst einer beachtlichen Entschädigung in Form von Gold wurde den Israeliten ihr Heiligtum zurückerstattet. Jetzt befand sich die Bundeslade wieder in jüdischem Besitz. Man verlegte ihren Standort in die Stadt Bet-Schemesch. Doch wenn die Gotteslade nicht vorschriftsmäßig bedient wurde, machte sie zwischen Philistern und Israeliten keinen Unterschied. Nachzulesen im 1. Buch Samuel, 6. Kapitel:

„Der Herr aber schlug die Einwohner von Bet-Schemesch,

Die Bibel berichtet davon, dass von der heiligen Bundeslade todbringende Strahlen ausgingen. Enthielt das Heiligtum wirklich nur die Steintafeln mit den Zehn Geboten, die Gott seinem Diener Moses übergeben hatte?

weil sie in die Lade des Herrn hineingeschaut hatten. Er schlug vom Volk 70 Mann. Nun wurde das Volk sehr betrübt, weil der Herr einen schweren Schlag wider die Leute geführt hatte." (Sam. 6,19.)

Es ist offenkundig, dass solcherart tödlichen Verwüstung nicht von einem Behälter ausgehen konnte, in dem lediglich die Gesetzestafeln der 10 Gebote aufbewahrt werden. Vielmehr belegen die anschaulich beschriebenen Zwischenfälle, dass aus dem Inneren der Lade eine todbringende Kraft ausströmte. Wurde diese unbekannte Energie von einem *maschinellen* Gerät verursacht? Zweifellos war es die unsachgemäße Handhabung der Lade und sein unsicherer Inhalt, die zu den folgenschweren Unfällen führte. Bei der überlieferten Beulenplage, die allerorts auftrat, handelte es sich nicht um irgendeine Seuche. Beulenartige Hautaufbrüche, verbunden mit Erbrechen (auch davon spricht der Bibeltext an anderer Stelle), sind typische Symptome *radioaktiver*

Verbrennung. Erst als die Bundeslade Priestern übergeben wurde, die über die Funktion dieser Apparatur genau Bescheid wussten, kehrte wieder Ruhe ein. Nunmehr befand sich die Lade im Besitz der Stadt Kirjat-Jearim und wurde im Haus *Abinadabs* untergebracht. Abinadab war wie sein Sohn *Eleaser* Priester, und Letzterer wurde – nach dessen Weihe, sagt die Bibel – zum „Hüter" der Bundeslade bestimmt. Beide, so kann man daraus schließen, besaßen auch die notwendige Kleidung, die sie vor den Strahlengefahren schützte.

Diese Adjustierung war, wie in Textbeispielen bereits gezeigt, bei Kontakten mit dem „Allerheiligsten" unbedingt erforderlich. *Ussa*, ein anderer Sohn des Priesters Abinadab, trug dieses spezielle Gewand nicht (vermutlich war er kein Priester), als es galt, den „Herrn" an einen anderen Ort zu bringen. König David hatte den Transport der Lade angeordnet. Sie sollte nach Jerusalem gebracht werden. Beim Transport der kostbaren Fracht ging es ziemlich turbulent zu. Es herrschte ein Riesenspektakel – wie im 2. Buch Samuel nachzulesen ist:

„David und das ganze Haus Israel tanzten vor dem Herrn unter dem Spiel von Klappern aus Zypressenholz, von Zithern, Harfen, Pauken, Schellen und Zimbeln. Als sie aber zur Tenne Kidons kamen, griff Ussa nach der Lade Gottes und fasste sie an, denn die Rinder waren durchgeschlagen. Da entbrannte der Zorn des Herrn gegen Ussa. Gott schlug ihn dort wegen Unerbietigkeit. Er starb daselbst bei der Lade Gottes." (Sam. 6,1 bis 6,7.)

Was sich damals tatsächlich ereignete, kann aus dem Bibeltext deutlich nachvollzogen werden. Durch den festlichen Umzugswirbel während des Ladentransportes wurden die Tiere scheu. So auch die beiden Zugochsen, die den Wagen zogen. Als sie durchzugehen versuchten, drohte die kostbare „heilige" Ladung zu Boden zu stürzen. In seiner Not griff Ussa, der sich in unmittelbarer Nähe aufhielt, nach der Lade – und starb augenblicklich, als er sie berührte. Der junge Mann hatte in seiner verständlichen Panik nicht daran gedacht, die notwendigen Vorsichtsmaßnahmen einzuhalten, die es schon deshalb gab, um die Bundeslade vor dem Zugriff räuberischer Hände zu schützen.

Der plötzliche Tod von Ussa kann meines Erachtens nur eine

Ursache gehabt haben: Der Sohn Abinadabs starb durch einen von der Lade ausgehenden *Stromstoß*.

Dies kann aber nie und nimmer von den steinernen Gesetzestafeln verursacht worden sein, worauf eines der Gebote Gottes bekanntlich lautet: „Du sollst nicht töten!" In dieser Glaubensvorstellung scheint es umso unverständlicher, dass Ussa, der doch lediglich die Lade Gottes vor dem Sturz bewahren wollte, in der sich „die Herrlichkeit des Herrn" offenbarte, dafür sterben musste. Er hat weder Gotteslästerung noch sonst etwas Böses getan. Im Gegenteil. Doch statt Lob und Anerkennung für seinen Rettungsversuch, wie man es von einem „lieben, barmherzigen und allwissenden Gott" erhoffen durfte, zu erhalten, wird der arme Ussa von der göttlichen Macht mit dem Tode bestraft. Dies macht nur dann Sinn, wenn die Bundeslade ein eigenständiges technisches Relikt war, das lediglich als etwas „Göttliches" angesehen und verehrt wurde. Der „Schöpfer des Universums und des Lebens" kann wohl kaum als Urheber dafür herhalten. Gott ist Geist. Er benötigt für seine irdischen Offenbarungen keine Goldtruhe, von der todbringende Stromstöße entspringen. Doch wenn die unheimliche Kraft nicht von Gott ausging, von wem oder was dann?

Elektrobatterien der Parther

Die Nutzung elektrischer Stromquellen in der Frühzeit sind keineswegs nur angenommene Märchen oder Träume. Das Museum von Bagdad (Irak) ist im Besitz einer elektrischen Batterie aus der *vorchristlichen* Partherzeit, die nach dem galvanischen Prinzip funktioniert und zum Vergolden von Götterfiguren verwendet wurde. Im *Technischen Museum* von *Wien* ist eine rekonstruierte Nachbildung dieser Batterie zu sehen.

Was manche Legenden anzudeuten scheinen – und den alten Priestern offenbar möglich war zu realisieren –, wurde 1978 praktisch und vor kritischen Augenzeugen nachvollzogen. Der Direktor des Hildesheimer Museums, Dr. *Arne Eggebrecht*, sowie sein Restaurator *Rolf Schulte* fertigten zunächst eine genaue

Kopie des im heutigen Irak gefundenen Parther-Tonkruges an und vergaßen auch nicht auf die Metalleinsätze – getreu dem Original. Dann luden sie einige Fachleute im September zu einem interessanten Experiment ins Museum. Ein Goldschmied, zwei Chemotechniker der *Bosch*-Abteilung „Batterieentwicklung" sowie ein Galvaniseur leisteten der ungewöhnlichen Einladung neugierig Folge. Vorgesehen war, eine aus Silber nachgebaute Statue eines Königs von *Hatra* zu vergolden. Die zur Stromerzeugung notwendige Säure stellte Rolf Schulte her. Er wählte, was an Saurem auch im Orient der Zeitenwende verfügbar gewesen sein muss: frisch gepressten *Traubensaft*. Ein erster Erfolg stellte sich ein. Kupferzylinder, Eisenstab und Säure erzeugten Strom. Die Messinstrumente registrierten 0,5 Volt Spannung.

Dr. Eggebrecht und seine Crew verbanden nunmehr diese Stromquelle mit einer Galvanisierungswanne. Dazu kam die kleine Königsstatue aus Silber. Es dauerte etwa zwei Stunden – dann war das Figürchen wirklich vergoldet. Das Experiment war geglückt.

Diese Entdeckung zerstörte mit einem Schlag den Erfindermythos um den italienischen Arzt und Naturforscher *Luigi Galvani* (1737–1798), dem man bislang das Aufspüren von Elektrizität und deren praktische Anwendung zugeschrieben hatte. Noch aus der Schulzeit wissen wir von Galvanis Versuchen, mit Entladungen von Metallplatten abgetrennte Froschschenkel zum Zucken zu bringen – was ihm im Jahre 1789 schließlich gelang. Und von den alten Griechen ist bekannt, dass sie bereits in der Antike herausgefunden hatten, dass Bernstein, damals „Elektron" genannt, durch heftiges Reiben geradezu magische Anziehungskraft gewinnt und im Dunkeln knisternde Funken sichtbar werden lässt.

Aber die alten Parther? Dieses bekannt kriegerische Reitervolk? Wir wissen, dass die Parther als durchschlagskräftige Kavalleristen galten. Sie kamen aus dem iranischen Raum und haben es fertig gebracht, zwischen 250 *vor* und 226 *nach* Christus so ziemlich alle Länder zwischen *Euphrat* und *Tigris* unter ihre Herrschaft zu zwingen. Nur: Dieser wilden Horde auch Kenntnisse über den Gebrauch der Elektrizität zuzutrauen – das will uns nicht recht „einleuchten". Und doch – das geglückte Experiment in Hildesheim hatte es bewiesen – die alten Parther waren nicht nur Meister der Kriegskunst, sondern verstanden es offenbar vortrefflich, eine elektrische Zelle zu konstruieren, die als Batterie wirkte und sich zum Vergolden eignete.

Als der Elektrotest 1978 internationale Schlagzeilen machte, war die Batterie zuvor 42 Jahre lang unbeachtet geblieben.

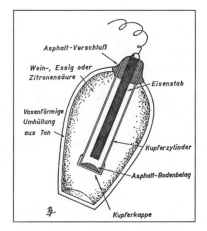

Konstruktionsschema der 2000 Jahre alten Elektrobatterie aus dem Irak.

Im Jahre 1936 war von Bagdad aus eine Expedition von Archäologen aufgebrochen, um einen Hügel im Gebiet von *Khujut Rabu'a* näher in Augenschein zu nehmen. Geleitet wurde das Unternehmen von dem Österreicher *Wilhelm König*, einem anerkannten Archäologen im Dienste der irakischen Antikenverwaltung. Neun Jahre lang, bis 1939, war er Direktor des Irakischen Museums, bis er dann krankheitsbedingt in sein Heimatland zurückkehrte.

Hier schrieb König das Buch „*Im verlorenen Paradies – Neun Jahre Irak*", das seine Tätigkeit in Bagdad sowie seine interessanten Ausgrabungen zum Inhalt hatte. Auch die Entdeckung des ungewöhnlichen Artefakts aus grauer Vorzeit vergaß er nicht zu erwähnen: die Batterie aus der Partherzeit.

War man auf eine prähistorische „Batterie-Fabrik" gestoßen? In verschiedenen Artikeln und Büchern ist meist immer nur von *einer*, eben der berühmten Batterie Wilhelm Königs die Rede. Doch das rätselhafte Relikt ist keineswegs ein einzigartiger „Zufallsfund". Dies wurde mir bei meinem Besuch im Hildesheimer Museum vor einigen Jahren von dem Restaurator *Rolf Schulte* bestätigt. Der deutsche Wissenschaftler, der 1978 dem Ägyptologen Dr. Arne Eggebrecht bei seinem berühmten Elektroexperiment assistiert hatte, versicherte mir, man habe inzwischen insgesamt *einige tausend* dieser vorchristlichen elektrischen Zellen gefunden.

Eine der vielen Fragen im Zusammenhang mit den antiken Batterien lautete: Wie war es den Priestern damals möglich gewesen, aus gediegenem Gold eine *Lösung von Kochsalzen* zu erhalten, wie sie für den Galvanisierungsvorgang vonnöten ist? Professor *Walter Jansen* vom Fachbereich Chemie der Universität Oldenburg versuchte darauf, gemeinsam mit einigen Mitarbeitern der Akademie, eine Antwort zu finden. Er baute ein Duplikat der „Urbatterie" nach, wobei er sich mehrere Varianten einfallen ließ, nahm verschiedene Versuche vor, um ein klares Bild über die Funktionsweise des Artefaktes zu gewinnen – und entdeckte auf diese Weise gewisse Mängel bei der Apparatur. Über seine Bemühungen berichtete der Professor 1985 in der Nr. 2 der Zeitschrift *Praxis der Naturwissenschaften-Chemie*. Er zeigte auf, dass die Stromerzeugung auf die von dem österreichischen Archäologen Wilhelm König angegebene Weise zwar grundsätzlich möglich war, es aber Probleme beim Vergolden gewisser Gegenstände gegeben hatte.

Professor Jansen erkannte sehr bald die Ursache: Da in das Innere des Kupferrohres kaum Sauerstoff aus der Luft einzudringen vermochte, gab die Batterie nach ein paar Stunden Tätigkeit plötzlich keinen Strom mehr ab. Jansen und sein Team entwickelten daraufhin eine Variante, die nicht nur *einfacher* herzustellen war, sondern die Wissenschaftler darüber hinaus in die Lage versetzte, einen *galvanischen Dauerbetrieb* in Szene zu setzen. „Wir sind sicher", ließ der Professor in seinem Fachartikel wissen, „dass die Parther, wenn sie schon diese Batterie erfunden haben, auch die einfachere und wirksamere Version angewendet haben."

Möglicherweise waren aber auch die Parther nicht die Pioniere der Batterieherstellung gewesen und sie müssen sich den Ruhm als meisterhafte Galvaniseure mit einem Kulturvolk teilen, das einige Jahrhunderte vor ihnen existierte – den *Babyloniern*. In verfallenen Behausungen babylonischer Alchemisten

Rätselhafter Fund aus Bagdad: Eine vorchristliche Elektrobatterie.

wurden nämlich in der Zwischenzeit ähnlich aussehende Geräte wie die in Ktesiphon oder Seleukia gefunden. „Die Zeit, in der das galvanisierte Material entstand, ist mit dem Jahr 2000 vor Christi Geburt anzugeben", notierte der Sachbuchautor und Spezialist für Grenzwissenschaften *Andrew Tomas* in seiner Veröffentlichung *„Wir sind nicht die ersten"* und ergänzte: „... das heißt, sie waren 2000 Jahre älter als Königs keramische Zellen." Tomas fasste zusammen: „Man sollte hier erwähnen, dass Elektroplattieren und Galvanisieren erst im ersten Teil des 19. Jahrhunderts eingeführt wurden. Wieder einmal ein Beweis dafür, dass ein gewisses technologisches Verfahren, das vor viertausend Jahren angewendet wurde, in der Neuzeit neu entdeckt werden musste."

Ob jedoch die Babylonier wirklich die Ersten waren, die die technische Handhabung mit elektrischen Zellen beherrschten, ist dennoch ungewiss. Über Batterien des Altertums finden sich nämlich noch weit ältere Quellen. Ein Abschnitt aus einer alten indischen Schrift beispielsweise – dem *Kumbhadbawa Agadsyo-*

numi – informiert darüber. Das Erstaunliche daran: Die Texte beziehen sich auf Geschehen, die 7000 Jahre zurück in unserer Vergangenheit liegen. In der Anleitung zur Erzeugung von elektrischem Strom heißt es dazu zeitgemäß formuliert: „Nachdem man ein Stück reines Kupfer in einen wasserdichten Tonkrug gelegt hat, dessen Öffnung nach oben zeigt, pflegt man Stücke von Kupfersulfat sowie Vitriol hineinzulegen, das blau wie der Nacken eines Pfaues ist. Dann wird der Krug mit Sägespänen gefüllt und obenauf ein Zinkblock gelegt, der mit Quecksilber eingerieben ist. Mit dieser Verbindung wird eine Kraft namens *Mitra* erzeugt, und das Licht, welches durch Verbindung von Zink und Kupfer entsteht, wird auch Mitra genannt. Eine Batterie von hundert solcher Tonkrüge ergibt eine sehr starke Kraft."

Elektrotechnische Kenntnisse über Jahrtausende? Entdeckt, vergessen und wiederentdeckt? Dass sich auch Skeptiker zu Wort melden, konnte natürlich nicht ausbleiben. Schon 1962 veröffentlichte der am Science Museum in *London* tätige Forscher *W. Winton* einen Beitrag unter dem Titel: „Bagdad-Batterien aus vorchristlicher Zeit?" Darin begründet der Forscher seine Ablehnung zu den technologischen Artefakten aus dem Irak deshalb, weil „die Vorstellung, dass es Jahrtausende vor unserer Zeit tatsächlich Batterien gegeben haben könnte, für jeden seriösen Archäologen nur *schwer verdaulich* ist". Außerdem beruhen „die scheinbar ideale Kombination eines Kupferzylinders, eines Eisenkerns und des Teers *auf einem reinen Zufall*".

Zufälligkeiten haben im Verlauf der Vergangenheitsforschung schon sehr oft herhalten müssen, wenn sich ein skurriler Fund partout nicht in das vorgefertigte Mosaikgebilde wissenschaftlicher Lehrmeinung einordnen ließ. Einige Skeptiker bieten „Kinderspielzeug", „religiöse Zierart" oder einfach „Kultgegenstand" als Erklärungsvorschlag für die Lösung des archäologischen Rätsels an. In diese Richtung argumentiert auch der leitende Chemiker im Hauptlaboratorium der Frankfurter Hoechst AG, Dr. *Emmerich Pasthory*. Er bezeichnete die Annahme, Parther und Sassaniden hätten seinerzeit derartige Batterien hergestellt und als elektrische Energiequelle benützt, als „eine riesige Ente". Zwar bestätigte Pasthory den Fund solcher Relikte, ist aber der Überzeugung, dass sie *keineswegs* Geräte für eine praktische Nutzung im heutigen Sinn gewesen sein können. In der Zeitschrift *Antike Welt*, Nr. 1, aus dem Jahre 1986 erklärt Dr. Pasthory, dass die Parther zwar potentielle „Batterien" geschaffen hätten, allerdings *ohne dies zu wollen und zu wissen*. Die Tongefäße dienten nach Auffassung des Chemikers lediglich als Behälter und zum Schutz gegen Beschädigung. Die mit den Funden mitunter aufgefundenen Eisen- und Bronzestifte seien keine „Elektroden" gewesen, sondern hätten ausschließlich *okkulte Funktion* als Abwehr- und Schutzzauber besessen.

Wieder einmal wurde ein aus dem gewohnten Rahmen fallender Fund von einem der Schulwissenschaft verhafteten Spezialisten abgewertet und in seiner Bedeutung gemindert. Die so genannten „Batterien" wurden zu dem degradiert, was ihnen nach herkömmlicher wissenschaftlicher Logik im günstigsten Fall zugestanden wird: *Kultgegenstände* gewesen zu sein, lediglich dazu geeignet, um damit Beschwörungen, Segensformeln oder Zaubersprüche zwecks Ausübung unbestimmter magischer Praktiken vorzunehmen. Alles nur religiöser Firlefanz? Der Schriftsteller *Christan Morgenstern* (1871–1914) wusste darauf die richtige Antwort zu geben: „Alle Geheimnisse liegen in vollkommener Offenheit vor uns. Nur wir stufen uns gegen sie ab, vom Stein bis zum Seher. Es gibt kein Geheimnis an sich, es gibt nur Uneingeweihte aller Grade."

Leuchtkörper der Antike

In seinen Werken erzählt der *hl. Augustus* im 4. Jahrhundert unserer Zeitrechnung von einer Wunderlampe. Ein geheimnisvoller Lichtspender, der immerwährend strahlte. Weder Wasser noch Wind vermochte diese in einem *Isis*-Tempel aufbewahrte Leuchte auszulöschen. Schilderungen über seltsame Beleuchtungskörper finden sich in den Mythen beinahe aller Völker. Wir schreiben diese Überlieferungen gerne den Utopien von Dichtungen des Altertums zu. Doch die Analyse der Elektrobatterien aus vorchristlicher Zeit hat gezeigt (auch wenn ein solches Zeugnis eines einst vorhandenen technologischen Wissens für manchen Altertumsforscher nur schwer zu akzeptieren ist), dass man bereits in der Frühgeschichte Kenntnisse mit dem Umgang von *Elektrizität* hatte. Die geschichtliche Lehrmeinung, wonach nämlich erst seit dem Jahre 1820 durch den Dänen *Hans Christian Örsted* die Wirkung des elektrischen Stroms bekannt wurde, *Michael Faraday* die Forschungen fortsetzte und wir erst seit 1871 die Glühbirne von *Thomas Alva Edison* kennen, lässt sich durch eine Vielzahl von Quellen und Funden widerlegen.

Eine heiße Spur führt, wie so oft, in das Land der Pharaonen – nach *Ägypten*. Nicht nur die Parther, auch die altägyptischen Priester – Wissenschaftler zu ihrer Zeit – besaßen bereits Geräte, um künstlich erzeugte Energie nutzbar zu machen. Wie beleuchteten sie damals eigentlich ihre unterirdischen Räume? Irgendeine Lichtquelle muss es ja schließlich gegeben haben. Sonst wäre es den genialen Künstlern kaum gelungen, die Wände ihrer Kulträume – denken wir nur an jene des Pharaos *Tutanchamun* im Tal der Könige – so meisterhaft auszustatten, sie mit prächtigen Wandmalereien zu versehen. Und alles in den leuchtendsten Farben. Der Gedanke an Fackeln, Kerzen oder Petroleumlampen liegt nahe. Der Haken bei der Sache: In diesen unterirdischen Tempelanlagen und Krypten *fehlt* jeder Hinweis für derartige Beleuchtungskörper. *Rußspuren* sind nicht vorhanden. Um dieses Rätsel zu lösen, wurde angenommen, dass die Ägypter vor Jahrtausenden Spiegelsysteme in ihren Tempeln installiert haben könnten. Doch diese „Patentlösung" überzeugt wenig. Als man nämlich die Hypothese in der Praxis erprobte, stellte sich heraus, dass der Großteil des Sonnenlichts durch Streuung verloren ging und es nicht zu Wege gebracht werden konnte, die unterirdischen Krypten zu erhellen. Als ich den österreichischen Ägyptologen Universitätsdozent Dr. *Helmut Satzinger* vom Wiener *Kunsthistorischen Museum* auf die Lichtquelle der alten Ägypter ansprach, gab er zu: „Auch mir sind keine Unterlagen bekannt, die darüber erschöpfend Auskunft geben könnten", um jedoch gleich danach sein „Ei des Kolumbus" zu präsentieren: „Doch glaube ich, mich an einen Artikel erinnern zu können, aus dem hervorging, man sei damals im Stande gewesen, *nichtrußende Fackeln* herzustellen."

Nichtrußende Fackeln? Ich bin diesem Gerücht nachgegangen. Angeblich soll sich diese Quelle der Information in der Universität in *Zürich* verstecken. Wissenschaftliches Allgemeingut scheint sie nicht zu sein, sonst hätte Dozent Satzinger seinen Ausführungen nicht die unfreiwillige Pointe hinterhergeschickt: „Aber man kann derzeit nur vermuten und spekulieren ..."

Der deutsche Ägyptologe und Archäologe Professor Dr. *Hartwig Altenmüller* von der Universität *Hamburg* meint zu wissen, auf welche Weise sich die ägyptischen Innenarchitekten, Wandmaler und Reliefhersteller beholfen haben, in den zu bearbeitenden Räumlichkeiten die Dunkelheit zu erhellen: „Die Ägypter kannten weder Elektrizität noch die Glühbirne. Bei der Arbeit in den Königsgräbern wurden *Öl-Lampen* verwendet, deren Dochte in Sesam-Öl getaucht waren. Die Zugabe von Salz entzog dem Öl das Wasser und hielt die Lampen *rußfrei*. Zweimal während eines achtstündigen Arbeitstages wurden Lampen und Öl an die Arbeiter ausgegeben. Die Lampen-Ausgabe wurde dabei registriert. Die Listen sind teilweise noch erhalten."

Ist damit alles geklärt? Wirklich? Mag sein, dass man sich auf irgendeine Weise, vielleicht sogar mit Sesam-Öl-Lämpchen, beholfen hat. Weshalb auch nicht? Und dennoch scheint keineswegs ausgeschlossen zu sein, dass die alten Ägypter nicht doch den Umgang mit elektrischem Strom kannten. Glühbirnenähnliche Leuchtkörper im alten Ägypten? Gibt es stichhaltige Belege für diese Behauptung?

Fragen, die ich seit 1979 bereits in mehreren Publikationen ausführlich behandelt habe, u. a. gemeinsam mit *Peter Krassa* in unserem Sachbuch „*Das Licht der Pharaonen – Hochtechnologie und elektrischer Strom im alten Ägypten*". Darin waren wir bemüht aufzuzeigen, dass sich eine Vielzahl archäologischer Funde erst mit den Erkenntnissen unserer Zeit erklären lassen. Eine Anregung dazu liefern mysteriöse Wandreliefs im spätägyptischen Hathor-Tempel von *Dendera*, 60 km nördlich von *Luxor*. Der Haupttempel, insgesamt eine Bibliothek in Stein (jede kleinste Fläche wurde mit Abbildungen und Inschriften bedeckt), fiel mehrmals in seiner langen Geschichte Zerstörungen zum Opfer, wurde immer wieder aufgebaut, zuletzt in ptolemäischer Zeit um 100 v. Chr. Die von dem deutschen Ägyptologen *Hans Dümichen* im Jahre 1877 aufgezeichnete *„Bauurkunde von Dendera"* reicht jedoch in seinen Ursprüngen bis zum Beginn der ersten Pharaonendynastien um 3000 v. Chr. zurück. Der Haupttempel, Rest eines gewaltigen Tempelbezirkes, ragt im Übrigen nur zu zwei Fünftel über die Erdoberfläche hinaus. Unterhalb des Wüstenbodens befinden sich zwölf enge Krypten, die auf drei Stockwerke aufgeteilt wurden und von bis zu zwei Meter dicken Mauern umschlossen sind. Was immer Anno dazumal darin aufbewahrt worden sein mag, es muss sehr wichtig und wertvoll gewesen sein und wurde vor unbefugten Blicken geheim gehalten.

Vor mehr als zwei Jahrzehnten reiste ich erstmals nach Dendera, um mehr über das Mysterium des Tempels und seine erstaunlichen Reliefdarstellungen in Erfahrung zu bringen. Ein Jahr später war ich gemeinsam mit Co-Autor Peter Krassa neuerlich im Hathorheiligtum. Wir nahmen die Reisestrapazen gerne auf uns, sei es die schweißtreibenden Temperaturen oder der mehr als unbequeme Einstieg in Denderas Unterwelt. Schließlich wurden wir reichlich entschädigt: Was Peter Krassa und ich hier an Reliefabbildungen an den Wänden zu sehen bekamen, interessierte Anno 1980 kaum jemand, war aber ebenso einzigartig wie rätselhaft und kennt weder in Ägypten noch sonst wo ein Gegenstück: Darstellungen menschlicher Gestalten neben blasenförmigen Gebilden, die auch ohne ausufernde Fantasie an *überdimensionale Glühbirnen* zu erinnern vermögen. Innerhalb dieser birnenartigen Objekte sind *Schlangen* zu sehen, die sich wellenförmig fortbewegen.

Sollten hier *elektrische* Entladungen symbolisiert werden? Man gewinnt den Eindruck. Denn die Schlangen entspringen jeweils aus der *mittleren* Spitze einer Lotosblume. Physikalisch vollkommen richtig dargestellt, weil auch bei modernen Birnenfassungen dort die *Feldstärke* in der Mitte am größten ist. Somit könnte auch die *Lotosblume* als *Fassung* fungieren. Von dort aus führt ein *kabelartiger* Schlauch zu einem rechteckigen *Behälter*, der an eine Art *Energiespeicher* denken lässt. Auf ihm kniet eine

Der Hathor-Tempel von Dendera war einstmals eine Stätte der Wissenschaft. Kannten die Pharaonenpriester das Geheimnis der Elektrizität? Wussten sie um die Nutzbarmachung unbekannter Energien?

Figur, die den Luftgott *Schu* zeigt. Ein Hinweis auf *ionisierte* Dämpfe? Gestützt werden die lampenartigen Gebilde meist von so genannten *Djed*-Pfeilern mit zwei armähnlichen Gebilden, die auf einigen Abbildungen in Berührung mit den Schlangen stehen.

Der klassischen Ägyptologie gelang es nie, diese seltsamen „Säulen", welche schon in den ältesten Gräbern um 3000 v. Chr. auftauchen, logisch und glaubwürdig zu interpretieren. Vage spricht man dort entweder von einem „Symbol für Beständigkeit", einem „vorzeitlichen Fetisch", einem „entlaubten Baum", einem „mit Kerben versehenen Pfahl" beziehungsweise von einem „Fruchtbarkeitszeichen". Fest steht, dass der Begriff „Djed" stets mit „Beständigkeit", „Dauer" und „Kraft" zu tun hatte. Die frappierende Ähnlichkeit dieser Stützen mit modernen *Hochspannungsisolatoren* scheint kein Zufall zu sein. Jedes auf den

Reliefs gezeigte Detail hat seine bestimmte Funktion. *Energie* spielt dabei jeweils eine besondere Rolle. Die Gestalten unterhalb der Birnen könnten der symbolische Ausdruck für *Spannung* sein, während die knieenden Männer als *entgegengesetzte* Spannung zwischen Lotosblume und „Djed-Pfeiler-Arme" erklärt werden könnten. Besondere Bedeutung muss auch der Abbildung des Wissenschaftsgottes *Thot* beigemessen werden, berichtet doch die Überlieferung, er sei einst mit einer „Lotosblume" vom Himmel gestiegen und habe den Menschen das „Licht" zurückgebracht. Auf den Reliefs in Dendera hält der Paviangott drohend zwei Messer in den Händen. Sollte damit auf die Gefährlichkeit des gezeigten Phänomens, jene der Elektrizität, hingewiesen werden?

Das Hathorheiligtum birgt noch weitere Geheimnisse, ist doch darin beinahe jede Fläche, selbst die kleinste, mit Hieroglyphen und Abbildungen ausgefüllt: Ein faszinierendes steinernes „Dokument", dazu errichtet, um Wissen zu übermitteln. Wissen, das offensichtlich auch *elektrische* Vorgänge widerspiegelt. Um all diese Informationen technisch besser filtern zu können, wäre es notwendig, sämtliche Darstellungen Denderas neu zu analysieren. Bisher hatten Linguisten größte Schwierigkeiten bei der Übersetzung. Damals hatte sich die Priesterschaft einer Art Geheimschrift bedient, ähnlich modernen Wissenschaftlern, die heute dem Laien zumeist unverständliche Computerfachbegriffe als „Geheimsprache" benützen. Zudem hat sich das Schriftbild insgesamt im Laufe der Jahrtausende immer wieder verändert. Worte haben oft mehrfache Bedeutung.

Der österreichische Ägyptologe Dr. *Erich Winter* bekannte offen ein, dass „die Bedeutung der Dendera-Szenen noch weitgehend im Dunkeln liegt". Weniger zimperlich mit Deutungsversuchen war der Ägyptologe *Hermann Kees*, der in den präzisen Bilddokumenten *„Schlangensteine"* erkannt haben will. Der Kairoer Ägyptologe Professor *Abd el Malek Ghattes* meinte hingegen, es handle sich um *„Zeichen für die Ewigkeit"*. Dr. *Helmut Satzinger* vom Wiener Kunsthistorischen Museum bot mir die „*Sonnenbarke*" als „einleuchtende" Erklärung an. Seine Assistentin *Dr. Elfriede Haslauer* sah in den Wandreliefs dagegen

"Die Geburt eines Gottes, der in Schlangengestalt – auf der Lotosblüte – aus der Urflut auftaucht". Später ergänzte Haslauer unschlüssig: „Die abgebildeten Schlangen könnten aber auch als *Tempelwächter in Angriffsstellung* interpretiert werden. Andere Fachgelehrte sehen darin lediglich ‚*Kulterscheinungen*' oder ‚*Phantasieprodukte*'".

All dies sind Antworten, die einem die Widersprüchlichkeit verschiedener Deutungsversuche vor Augen führt. Mit bestem Willen lassen sich hier keine sinnvollen Zusammenhänge feststellen. Mehr Mut zu einer *neuen* Betrachtungsweise wäre wünschenswert. Das gesamte Material, Texte und Bilder, müsste sowohl von *ägyptologischer* als auch von *technischer* Seite untersucht werden.

Ganz im Gegensatz zur ägyptologischen Betrachtungsweise stehen die Studien des Wiener Elektrofachmannes Dipl.-Ing. *Walter Garn*. Der Projektleiter eines großen österreichischen Industriekonzerns hatte vordem nie etwas von Dendera gehört, bis Peter Krassa und ich ihm Fotos der Wandreliefs aus Ägypten offerierten: „Ich war durch die Art der Darstellungen sofort frappiert. Die Djed-Pfeiler sehen genauso aus wie moderne Hochspannungsisolatoren. Die Schlangen dürften elektrische Funken oder leuchtende *Gasentladungen* sein, die unter Hochspannung aus den Spitzen der Lotosblüten austreten. Ohne elementare Kenntnisse der Elekrotechnik wäre eine solche Zeichnung *nicht* möglich. Es stimmt einfach *zuviel* überein!"

Mehr noch: Für unser 1982 erschienenes Buch *„Licht für den Pharao"* und das 1992 auf den neuesten Stand gebrachte Werk *„Das Licht der Pharaonen"* rekonstruierte Walter Garn getreu den altägyptischen Vorbildern ein *funktionstüchtiges* Modell. Bereits mehrfach wurde die Nachbildung in der Öffentlichkeit vorgeführt, etwa 1996 in einem RTL-Fernsehfilm mit Erich von Däniken („Außerirdische! Kehren sie zurück?"). Das Garn-Modell entspricht einem 40 cm langen Glaskörper, sein Durchmesser beträgt an der stärksten Stelle 12 cm. Beide Enden sind mit Harz vergossen, wobei eine Plattenelektrode auf der einen und eine Metallspitze auf der anderen Seite eingegossen wurden. Die Herstellung komplizierter Glaskörper war den alten Ägyptern, wie man inzwischen erkannte, durchaus geläufig. Ingenieur Garn folgerte daher schlüssig: „Evakuiert man eine Glasbirne, wo zwei Metallteile hineinreichen, so tritt bereits bei wesentlich niedrigeren Spannungen, je nach Größe des Glasballons, eine Entladung auf. Bei einem Druck von 40 Torr (40 mm Hg = gemessene Einheit auf der Quecksilbersäule) schlängelt sich ein Leuchtfaden von einem Metallteil zum anderen. Wird weitere Luft aus der Birne evakuiert, so verbreitet sich die Schlangenlinie, bis sie zuletzt die gesamte Glasbirne ausfüllt. Dies entspricht exakt jenen Abbildungen in den unterirdischen Gängen des Hathor-Heiligtums."

Wie aber war es der Priesterschaft möglich gewesen, die Luft aus den „Birnen" zu saugen, um einen möglichst kleinen Druck zu erzeugen? Die Antwort darauf wurde uns ebenfalls optisch im Hathor-Tempel überliefert. Auf einem Relief sind vier Männer dargestellt, die aus einer Vorrichtung Flüssigkeit (vermutlich Wasser) spritzen.

Walter Garn: „Wir wissen heute, dass man mit so genannten Ejektoren (Strahl- bzw. Wasserpumpen) relative hohe Vakua erzeugen kann, speziell dann, wenn die Pumpen in Kaskaden (Reihenschaltung gleichartiger Teile) vorliegen."

„Experiment gelungen!", könnte man abschließend zu der Glühbirnenkonstruktion Ingenieur Garns vermelden. Bestimmt wäre es aufschlussreich, sich auch weiterhin der Hathor-Kultstätte und ihren einzigartigen Bilddokumenten wissenschaftlich anzunehmen. Die bisherige Untersuchung hat jedenfalls gezeigt, dass eine technisch-physikalische Interpretation möglich ist. So bleibt die Hoffnung, dass nicht nur den alten Ägyptern, sondern auch modernen Wissenschaftlern eines Tages „ein Licht aufgehen" wird.

Dass es bereits im Altertum technische Experimente mit Stromquellen gegeben haben müsste, darüber weiß auch der jüdische Okkultist *Eliphas Lévi* in seinen Schriften zu berichten. Lévi erzählt von der Macht der ägyptischen Priesterschaft, die im Stande gewesen sein soll, Tempelbauten ebenso „in Wolken zu hüllen" wie auch „in überirdischer Klarheit" erstrahlen zu lassen. Tagsüber sei es im Umkreis „plötzlich dunkel, in der Nacht

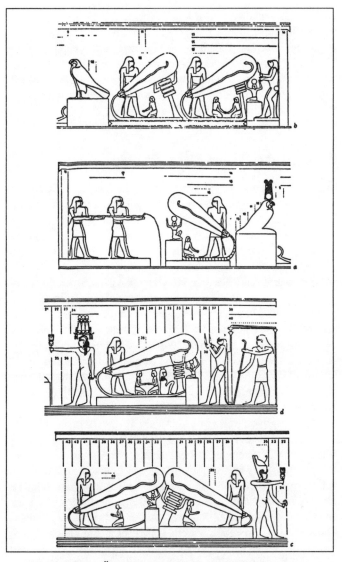

Schematische Übersicht der wichtigsten glühbirnenartigen Reliefdarstellungen im Hathorheiligtum.

manchmal taghell" geworden. Lampen hätten sich plötzlich „von selbst entzündet" und Götterbilder seien erstrahlt. Wenn Altertumsforscher die Courage aufbrächten, solche Überlieferungen beim Wort zu nehmen, käme man um eine Tatsache nicht herum: Unsere Wissenschaft hat vielfach nur *wiederentdeckt*, was vor Jahrtausenden schon existierte: Auch elektrischer Strom gehörte offensichtlich dazu!

Hieroglyphen hellen Elektrothese auf

Über jene Hieroglyphen, die die eigentlichen „Glühbirnendarstellungen" umgeben, war bis vor wenigen Jahren kaum etwas bekannt. Dies lag insbesondere daran, dass die Schrift in Dendera, wie bereits erwähnt, in gewisser Weise eine „Geheimschrift" ist, zu deren Entschlüsselung umfangreiche Vergleiche mit der „Normalschrift" nötig waren.

Dennoch ist es 1991 dem Hamburger Ägyptologen Dr. *Wolfgang Waitkus* gelungen, eine Übersetzung der Hieroglyphen vorzunehmen und in einer Dissertation zu veröffentlichen. Überraschenderweise enthalten die Texte von Dendera tatsächlich technische Daten und Abschnitte, die sich problemlos mit der von Ingenieur Walter Garn, Peter Krassa und mir aufgestellten „Elektrothese" verknüpfen lassen. Nicht nur das: Sie stellen eine geradezu ideale sowie sinnvolle Ergänzung dar und bestätigen unsere Interpretation in erstaunlicher Weise.

Da ist beispielsweise von „göttlichen Anweisungen" und bestimmten „Zaubersprüchen" die Rede, mit deren Hilfe unterschiedliche Erscheinungsformen des Schlangengottes *Harsomtus* – beginnend mit dem Austritt aus der Lotosblume bis hin zu seiner „erhabenen Vollkommenheit" – erzeugt werden können. Die Nennung der genauen Maße und der hierfür verwendeten Materialien macht aber deutlich, dass es sich bei den glühlampenähnlichen Darstellungen eben nicht bloß um „Fantasieprodukte" gehandelt haben kann. Die abgebildeten Objekte müssen *tatsächlich* existiert haben. Entgegen anderslautenden Erklärungen seiner Kollegen vermutete der Ägyptologe Professor *Dieter*

Kurth bereits bei ersten Übersetzungsversuchen aus dem Jahre 1983, dass man „diese rundplastischen Figuren wahrscheinlich in den Krypten aufbewahrte, denn sie enthielten Beischriften zu Größe und Material". In der Waitkus-Übersetzung heißt es etwa zum schlauchartigen Strang, den die Ägyptologen gewöhnlich als „Barke" ansehen: „Gold Höhe 4 Handbreit, in Kupfer die Tagesbarke, der Lotos aus Gold."

Kupfer als Kabelmaterial wurde auch bei unserem Modellversuch verwendet. Ein weiteres Detail wird in den Dendera-Texten angeführt: Der Lotos (die Birnenfassung) war aus Gold oder einer Goldlegierung gefertigt worden. Wir wissen, dass Gold zu den besten Elektroleitern zählt und damit äußerst geeignet erscheint, um die beschriebene Leuchterscheinung zu bewirken.

Dipl.-Ing. Walter Garn erklärt dazu: „Die am Seilende befestigte Lotosblume ist – wenn man voraussetzt, dass es sich um einen leitenden Strang handelt – einwandfrei auf Erdpotential ausgerichtet. Auf jeden Fall liegt der Lotos auf dem Potential der Füße jener dargestellten Personen sowie der Grundfläche des isolatorähnlichen Djed-Pfeilers. Das bedeutet, dass das Kabel unter dieser Voraussetzung nicht isoliert gewesen sein muss, sondern aus dünnen Metalldrähten bestanden haben könnte." Diese Auffassung entspricht völlig der nun vorgenommenen Übersetzung.

Die Maße der „Birnen" werden mit „4 Handbreit" angegeben. Wenn man eine Handbreit etwa mit 10 cm einschätzt, bedeutet dies, dass die Leuchtkörper im Original etwa 40 cm groß gewesen sein könnten. Ob Zufall oder nicht: Zu einem Zeitpunkt, als Ingenieur Garn die Waitkus-Übersetzungen noch längst nicht zugänglich waren, nahm er für seine Modell-Rekonstruktion eine Größenordnung von 40 cm an. Sie passte präzise.

Die Hieroglyphen beziehen sich, laut Waitkus, häufig auf die „Zauberkräfte" der Göttin *Isis* sowie auf bestimmte Hohepriester. Offenbar einzig und allein deshalb, um „Anweisungen" und „Pläne" auszuführen, die den richtigen Umgang mit der „Glühlampe" zum Ziel hatten.

In den Dendera-Texten werden auffallend viele Begriffe verwendet, die unmittelbar mit einer Leuchterscheinung in Zusammenhang stehen. Am deutlichsten wird dies durch die Beschreibung von Harsomtus, einer „leuchtenden Schlange, die aus der Lotosblüte hervorkommt" und zum „lebenden Ba" wird. Ähnlich die Übersetzung von Dieter Kurth: „Lebender Ba, eine Schlange, die sich auf ihrem Schwanz aufgerichtet hat ... Harsomtus in Gestalt einer Schlange verlässt den sackartigen Behälter." Ursprünglich wurde „Ba" mit der „Erscheinungsform eines Wesen" gleichgesetzt, später auch als *Seele* interpretiert. Vom Lotos heißt es, dies sei „die Blüte, aus der Licht hervorging". Die Blume steht dem Wasser und dem Feuer, der chaotischen Finsternis sowie dem göttlichen Licht nahe. Der Lotos ist das „Sinnbild der aus der Nacht hervorbrechenden Sonne". Tatsächlich entspringt auch im technologisch interpretierten Modellversuch die „Schlange" – das heißt, die elektrische Entladung – aus der mittleren Spitze der Lotosblume und richtet sich scheinbar auf ihrem „Schwanz" so deutlich auf, bis die ganze Birne in einem geisterhaften Licht erstrahlt. Harsomtus wird damit zum „lebenden Ba".

Freilich verwendeten die alten Ägypter keine moderne Ausdrucksform wie etwa „Glühbirne" und so kann es nicht überraschen, dass eine *Gasentladung* mit *„Harsomtus"* bzw. *„leuchtende Schlange"* umschrieben wird. Die Leuchtstärke wird als „Ka" bezeichnet, was ursprünglich „Lebenskraft", „Persönlichkeit" sowie „Eigenheit" bedeutete. Es heißt, von „Ka" ginge „Mächtigkeit", „Stärke" und „Zauberkraft" aus. Die Lichterscheinung wird zum „leuchtenden Zopf" oder „lebenden Ba", eine Erscheinungsform, die sich in Abständen in den Lotos zurückziehen konnte, dort – wie es heißt – „genährt" wurde, um später neuerlich aus der Blüte hervorzukommen. Somit könnte das in den Texten erscheinende „Symbol für Wiedergeburt" im Ein- und Ausschalten des Leuchtkörpers seine Erklärung finden.

Elektrostatische Generatoren oder Energiespeicher könnten hinter der Bezeichnung „Serech-Thron" stehen, wobei „Serech" mit „Herrscher" übersetzt werden kann, „von dem *Macht* und *Stärke* ausgehen". In einem „geheimen Schrein", so heißt es in den Hieroglyphentexten wörtlich, ruhe die *Schlangenkraft*, die bei richtiger Anwendung bestimmter „Zauberformeln" und

„göttlicher Weisungen" geweckt werden kann. Überhaupt sind die Texte voll von derartigen Metaphern: Isolatoren wurden zu *„Djed-Pfeilern"*, dem altägyptischen Symbol für „Dauer, Beständigkeit und Kraft", kabelartige Schläuche zu „Barken" oder *„Zöpfen aus Kupfer"*. Licht wird mit dem „Gott des Lichts, *Re-Harachte*", identifiziert – eine ältere Form des Falkengottes *Horus*. Falkenfedern wiederum werden mit *„Lichthaftigkeit"* gleichgesetzt. Die Birnenfassung ist der *„Lotos, aus dem Licht hervorgeht"*, und Stromschläge, wie sie beim unsachgemäßen Bedienen des Gerätes auftreten konnten, werden mit der *„Wut der Schlange"*, die *„all ihre Feinde zu Boden wirft"*, umschrieben. Ein Gleichklang zum jüdischen Heiligtum der Bundeslade fällt auf: Da wie dort führte laienhafte Handhabung zu gefährlichen elektrischen Stromstößen.

Harsomtus genoss in Dendera, nach vorliegender Übersetzung von Wolfgang Waitkus, in der Gestalt eines „großen Gottes" besondere Verehrung. Er wurde als *„Herr des Sed-Festes"* betrachtet, das allein ihm zur Ehre veranstaltet wurde. Offensichtlich demonstrierten die Priester im Rahmen dieses Festes ihre Kenntnisse der Elektrizität und brachten die Originale der im Tempel abgebildeten „Glühbirnen" in Funktion.

Was wissen wir über das Sed-Fest? *Robert Brier* schreibt dazu: „Dieses Fest wurde seit den ältesten Zeiten der ägyptischen Geschichte gefeiert, aber obwohl es eine Reihe von Darstellungen davon gibt, ist sein eigentlicher Sinn bis heute nicht ganz geklärt." Das Fest stand jedenfalls unter dem Motto der Erneuerung der magischen Lebenskräfte des Königs. Das Wort „Sed" bedeutet *„Schlange"* oder *„Schwanz"*, also dürfte sich das „Fest des Schwanzes" auf die „leuchtende Schlange" beziehen, zumal es heißt: „Harsomtus, lebender Ba, eine Schlange, die sich auf ihrem Schwanz aufgerichtet hat." Dieser Vorgang sollte, wie schon erwähnt, offenbar die elektrische Entladung umschreiben.

Die Frage, wohin die auf den Reliefs sichtbaren und seinerzeit real existierenden „Kultobjekte" gekommen sein könnten, vermag vorderhand niemand zu beantworten. Wolfgang Waitkus hält es für möglich, dass sie „vergraben oder auch geraubt" worden sind. Wer weiß, welche Geheimnisse der Wüstenboden im

Umfeld des Hathor-Heiligtums noch verborgen hält. Ich bin sicher, dass archäologische Grabungen vor Ort weitere unerwartete Erkenntnisse und Entdeckungen bringen könnten.

Abschließend will ich noch einmal Ingenieur Walter Garn zitieren, der Peter Krassa und mir, angesichts der Entschlüsselung der Dendera-Hieroglyphen, zu verstehen gab: „Die sachbezogene Filterung der Dendera-Übersetzung ergibt eine gute Bedienungsanleitung der im Hathortempel abgebildeten Leuchtkörper. Aus den Texten ist jedenfalls *kein* Widerspruch zu unserer Behauptung zu entdecken, dass die alten Ägypter bereits mit elektrischem Strom umzugehen verstanden!"

Und sie leuchtet doch!

Kannte man im alten Ägypten bereits die Nutzbarmachung von elektrischem Strom? Eine provokante Frage, die Ingenieur Walter Garn, Peter Krassa und ich erstmals 1982 in unserem Buch „Licht für den Pharao" zur Diskussion stellten, wobei die Rekonstruktion einer funktionierenden Glühlampe auf der Grundlage von Tempelreliefs aus dem ägyptischen Dendera im Mittelpunkt unserer Ausführungen stand.

Als wir vor über 20 Jahren der Idee nachgingen, im Tempel der ägyptischen Göttin Hathor von Dendera könnten elektrische Leuchtkörper abgebildet worden sein, interessierte sich kaum jemand für die seltsamen „Birnen-Reliefs". Zu diesem Zeitpunkt war wenig über die unterirdischen Krypten des Tempels bekannt, und die engen, schwer zugänglichen Räume vor Ort waren stockfinster, nur im diffusen Licht von Kerzenschein zu bestaunen. Von Übersetzungen der Hieroglyphentexte, die sich im Hathor-Tempel befinden, war noch lange keine Rede. Inzwischen hat sich vieles gewandelt.

Unsere Aufmerksamkeit wurde erstmals Ende der 70er Jahre durch zwei Sachbücher der Autoren *Charles Berlitz* und *Tons Brunés* geweckt. In beiden Werken fanden wir kurze Texthinweise und Illustrationen, die angeblich den Originalzeichnungen nachempfunden waren. Die Beschaffung von Originalfotos und

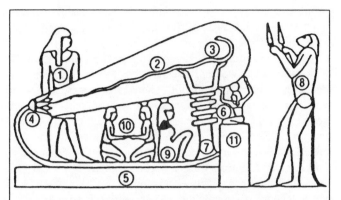

1 Priester 2 ionisierte Dämpfe 3 elektrische Entladung (Schlange)
4 Birnenfassung (Lotos) 5 kabelartiger Strang (Lotosstengel)
6 Luftgott 7 Isolator (Djed-Pfeiler) 8 Lichtbringer Thot mit Messern
9 Ausdruck für »Spannung« 10 entgegengesetzte Spannung
(Haarpolarität +) 11 Energiespeicher (elektrostatischer Generator?)

Darstellungsaufgliederung

zwei Ägyptenreisen (1979 und 1980) folgten. Viele interessante Gespräche mit hochrangigen Wissenschaftlern zeigten uns, dass die Ägyptologen jeweils eine andere „Erklärung" für die Abbildungen vorlegten. Unsere Alternative hingegen wurde, unabhängig voneinander, mit Empörung zurückgewiesen. Sie beharrten, und tun es auch heute noch, auf herkömmliche Interpretationen mit unüberschaubaren Abstraktionen – müssen es vielfach –, obgleich diese logisch-rationalen Überprüfungen nicht standhalten: „Schlangensteine", deren ursprüngliche Bedeutung nicht bekannt ist, „Kultobjekte", „Phantasiegebilde", „Symbol für die Ewigkeit", „Tempelwächter", „Sonnenbarke mit herunterhängender Matte" oder „Fruchtbarkeitssymbole" sind nur einige der vielen Deutungen, die als Erklärungen herhalten müssen.

Zuweilen wird die Auffassung vertreten, religiöse Darstellungen in Tempeln und Gräbern seien nicht geschaffen worden, um zu informieren, sondern um zu *wirken*. Angesichts der Hieroglyphenwände oberhalb und unterhalb des Hathorheiligtums, wo sämtliche Flächen sinnvoll zur Informationsübermittlung ausgenutzt sind, ist dies eine Auffassung von eher geringem Wahrscheinlichkeitswert.

Manche Autoren und Forscher, die mittlerweile auf die Reliefs aufmerksam wurden, sprechen von „Sexualsymbolen", von der „Schlangenkraft Kundalini", „antiken Bohrmaschinen" oder von „Transportgeräten". Besonders abstrus die Behauptung einiger Sciencefiction-Träumer, die es sogar schaffen, die Unlogik mancher offiziell-ägyptologischer Interpretationen weit zu überbieten. Etwa mit der „Erleuchtung", dass die Darstellungen als „wichtigster Teil eines außerirdischen Raumschiffes und Kondensator kosmischer Energie" angesehen werden müssen. Auch von solchem Unsinn möchten wir uns eiligst distanziert.

Zum Meinungsstreit um die „Glühbirne" von Dendera, wurde in jüngster Zeit von ägyptologischer Seite ein neuer „Lösungsvorschlag" ins Spiel gebracht. Demnach würden die blasenförmigen Gebilde „verschiedene Vorstellungen vom Sonnenlauf" wiedergeben. Ist damit wirklich endlich alles sonnenklar? Positiv fällt auf, dass nach einer langen Odyssee der widersprüchlichsten „Lösungen" nun eine weitere vorliegt, die immerhin einräumt, dass die Darstellungen etwas mit „Licht" („Sonne") zu tun haben müssen. Sie zeigen jeweils einen „bestimmten Sonnen-Zyklus", heißt es. Unserer Interpretation nach machen die Abbilder unterschiedliche Formen einer elektrischen Entladung sichtbar, vom abgeschalteten Leuchtkörper bis zur vollen Leuchtkraft. So gesehen hätten wir es durchaus mit einem Licht-Zyklus zu tun. Vielleicht nähern sich die unterschiedlichen Betrachtungsweisen doch noch an?

Gibt es plausible Gründe, weshalb sich die Ägyptologie (obwohl untereinander durchaus uneinig) bislang an dogmatisch anmutende Anschauungen klammert? Weshalb verschließt man die Augen vor Darstellungen, bei denen zumindest die Feststellung erlaubt sein müsste: „Sieht aus, wie …?"

Kritiker behaupten, dass dieses Argument unzulässig sei. Wie ein Richter tadelt etwa Dr. Klaus Richter im Internet: „Hätte man die Hieroglyphen gelesen, die ebenfalls auf den Reliefs stehen, wäre man schnell zu dem Ergebnis gelangt, dass es hier um Vor-

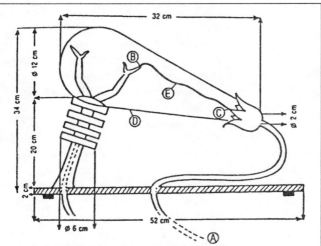

Wir wissen heute, dass man mit sogenannten Ejektoren (Strahlpumpen) (A) relativ hohe Vakua erzeugen kann, speziell wenn die Pumpen in Kaskade – das ist die Reihenschaltung gleichgearteter Teile – vorliegen. Evakuiert man eine Glasbirne, in die zwei Metallteile hineinreichen (B), (C), so tritt bereits bei wesentlich niedrigeren Spannungen, je nach Größe des Glasballons (D), eine Entladung auf. Bei einem Druck von etwa 40 Torr (40 mm Quecksilbersäule) schlängelt sich ein Leuchtfaden von einem Metallteil zum anderen (E). Wird weiter evakuiert, verbreitert sich die Schlangenlinie, bis zu zuletzt die ganze Glasbirne ausfüllt. Dies wiederum entspricht exakt den Abbildungen in den unterirdischen Kammern des Hathor-Heiligtums.

Darstellungsaufgliederung

namen (Hr. Richter meint vermutlich Vornahmen; Anm. d. A.) kultischer Handlungen geht, jedoch nicht um Elektrizität."

Erstens: Als 1982 unser Buch „Licht für den Pharao" erschien, war von Übersetzungen zu den Dendera-Hieroglyphen noch keine Rede. Gerne hätten wir schon damals diese bei unserer Arbeit berücksichtigt.

Zweitens: Unsere aktualisierte Arbeit „Das Licht der Pharaonen", erschien 1992. Wir waren die ersten Autoren, die zu den Dendera-Texten Bezug genommen haben. Die Dissertation des

Ägyptologen Dr. Dipl.-Phys. Wolfgang Waitkus über die Dendera-Texte erschien während unserer Vorbereitungen zu diesem Buch. Da er uns Auszüge seiner brandaktuellen Doktorarbeit freundlicherweise zur Verfügung stellte, obwohl er durchaus nicht unsere Ansicht teilt, waren wir die ersten Autoren, die zu den Hieroglyphenkolumnen Bezug nehmen konnten. Richters Kritik geht also völlig ins Leere.

Drittens: Begriffe wie „Elektrizität" wird man vergeblich in den Texten suchen. Die alten Ägypter bedienten sich bestimmt anderer Ausdrucksformen, bestenfalls sind es Umschreibungen von Leuchteffekten. Und diese gibt es ja, wenn wir z.B. von einer „leuchtenden Schlange, die aus der Lotosblüte hervorkommt" lesen.

Viertens: „Vornahmen kultischer Handlungen" sehe ich nicht als Widerspruch zur „Elektro-These". *Welcher* Kult? *Woher* kommt er? Was ist mit den abgebildeten Symbolen, magischen Praktiken und rituellen Handlungen tatsächlich gemeint? Könnte es nicht ebenso gut sein, dass gerade das alte Wissen um elektrotechnische Vorgänge aus heutiger Sicht mit „kultisch" umschrieben wird, weil man die *ursprüngliche* Bedeutung nicht mehr kennt? Es ist immer dasselbe Dilemma: Was man nicht erklären kann, sieht man gern als *kultisch* an. Aber sind das wirklich die überzeugenden wissenschaftlichen Gegenbeweise? Kritiken dieser Art bleiben mitten in ihrer eigenen Argumentation, nämlich im Kult selbst, stecken. Sie fragen nicht mehr weiter nach dessen Ursprung. Zu gegensätzlich scheinen hier die Standpunkte zu sein: Während eine Reihe grenzwissenschaftlicher Autoren und Forscher bei ihrer Suche nach der ursprünglichen Bedeutung bestimmter Mythen, Sagen und Legenden bemüht sind, den „Kern" der jeweiligen Überlieferungen aus dem „Gestrüpp" religiöser Überfrachtung herauszulösen, um den eigentlichen Background sichtbar zu machen, scheint z. B. der Sachbuchautor Markus Pössl bestrebt zu sein, ursächliche Aussagen wieder mit religiösverbrämtem Beiwerk zu umhüllen. Darauf verweisend, dass gerade dessen Symbolgehalt das eigentlich Ursprüngliche sei.

Als im Jahre 1869 der französische Dendera-Pionier Auguste Mariette in einem fünfbändigen Werk seine Aufzeichnungen über den Hathor-Tempel veröffentlichte, konnte ihm ein Gedanke an eine Glühbirne natürlich nicht kommen. Erst 1871 glückte dem Amerikaner Thomas A. Edison die Entwicklung der Glühbirne. Elektrisches Licht spielte in der Welt des Auguste Mariette keine Rolle. „Wenn auch Mariette zu jener Zeit in diesen Zeichnungen nichts Vernünftiges erblicken konnte", vermerkt der Däne Brunés treffend, „so ist es doch verwunderlich, dass man heutzutage dieses eigenartige Bildmaterial nicht neu zu deuten versucht hat, denn mit unseren Kenntnissen von Elektrizität und elektrischen Prozessen braucht man nicht viel Phantasie, um in diesen Darstellungen die Kraftquelle Elektrizität wiederzuerkennen."

Der Wiener Elektroingenieur und Projektleiter des internationalen Elektrokonzerns Elin, Dipl.-Ing. Walter Garn, besah sich ebenfalls die vorhandenen Unterlagen und erkannte keinen Widerspruch zur Auffassung, wonach eine elektrotechnische Deutung möglich ist.

Der Projektleiter der Firma Elin, Dipl.-Ing. Walter Garn, rekonstruierte getreu altägyptischen Vorbildern einen funktionstüchtigen Leuchtkörper. Der Fachmann bestätigte damit, dass eine elektrotechnische Interpretation der Reliefs aus dem Hathortempel von Dendera möglich ist.

Kritiker halten dagegen, dass die abgebildeten blasenförmigen Gebilde bei genauer Betrachtung keine Ähnlichkeit mit heutigen Glühbirnen hätten, daher auch keine Leuchtkörper sein können. Nur der erste Teil stimmt bedingt: Die Darstellungen zeigen gemäß der „Elektro-These" zwar keine „Glühbirne" im eigentlichen Sinn, wohl aber exakte Wiedergaben eines *elektrischen Lichtbogenüberschlages* oder einer *elektrischen Entladung im Vakuum*. Demnach könnte es sich bei den Leuchtkörpern sehr wohl um Vorläufer unserer Gasentladungslampen, wie beispielsweise Neonlampen oder Quecksilberdampflampen gehandelt haben.

Kritiker bemängeln die fehlenden Beweise. Fragmente eines antiken Leuchtkörpers wurden bislang nicht ausgegraben. Doch hat man jemals danach gesucht? Gab es bislang gezielte Ausgrabungen im Bezirk von Dendera? Können wir wirklich mit Bestimmtheit ausschließen, dass vielleicht einige Meter unter dem Wüstenboden der Hathor-Kultstätte Überreste solcher Geräte aufzufinden wären? Und selbst wenn man sie eines Tages finden sollte, würde man die Relikte als Teile eines antiken Leuchtkörpers erkennen? Oder würde man nicht viel eher, wie etwa am Beispiel der Galvanisierungselemente der Parther, zu Verlegenheitserklärungen wie „Zaubergerät" oder „Kultobjekt" neigen? Also mit genau derselben Erklärung operieren wie Seiten vorher aufgezeigt?

Es ist denkbar, dass die Gegenstände aus Dendera geraubt, in sichere Verstecke gebracht oder durch kriegerische Auseinandersetzungen zerstört worden sind. Am Beispiel der Tempel von Philae können wir nachvollziehen, wie radikal diese letzte Bastion altägyptischer Priesterschaft von den fanatisierten Christen im 4. Jahrhundert geplündert wurde und die letzten Geheimnisträger der hieroglyphischen Schriftsprache zum Verstummen gebracht wurden.

Handfeste Beweise für die Richtigkeit unserer Hypothese gibt es freilich nicht. Solche fehlen aber ebenso auf ägyptologischer Seite. Oder hat jemals ein Altertumsforscher einen „Schlangenstein" ausgegraben, den manche Gelehrte als Lösung anbieten? Mir scheint, Kritiker messen mit zweierlei Maß. Angeblich standen solche Gebilde vor den Eingängen vieler Tempelanlagen – wohin sind die Monumente alle verschwunden?

Halten wir fest: Hundertprozentige Beweise fehlen da wie dort. Aber es gibt Indizien. Eine ganze Kette davon, die es erlaubt, die „Elektro-These" als Erklärungs-Hypothese für die ungewöhnlichen Abbilder in Betracht zu ziehen. Doch damit nicht genug: Da die These von antiken Leuchtkörpern recht phantastisch klingt und Ingenieur Garn anfänglich selbst skeptisch war, entschloss sich der Elektroexperte dazu, zwei *funktionstüchtige* Modelle, getreu den Vorbildern, nachzubauen. Das eine Modell besteht aus einer Glasbirne, in die zwei Metallteile hineinreichen. Wird der Glaskörper evakuiert (Luft herausgesaugt) auf ungefähr 40 Torr, etwa mit Wasserpumpen (worauf es hindeutende Abbildungen neben den birnenartigen Körpern gibt), so zeigt sich beim Anlegen einer Spannung in der Birne eine Leuchterscheinung, die sich von einer Elektrode zu der zweiten – wie eine Schlange – schlängelt. Dies geschieht analog zu den Darstellungen der Reliefs im Hathortempel.

Das zweite, weniger bekannte Modell entspricht einem „elektrischen Überschlag", der eine intensive Leuchterscheinung bewirkt, wobei Gegenstände im Hintergrund durchaus flächenhaft verdeckt werden und in Form einer ovalen Aura, die wie eine Glühbirne wirkt, dargestellt werden können. Hierzu ist noch nicht einmal eine Pumpe erforderlich. Egal, ob „elektrische Funken" oder „durchsichtiger Glaskörper", die Rekonstruktion funktioniert und macht Sinn. Selbst dann, wenn man einwirft, die Darstellungen auf den Reliefs sind nur theoretischer Art, zeigen sie dennoch ein Faktum: Die exakte Kenntnis elektrischer Vorgänge.

Moment, sagen die Kritiker, bestenfalls gibt es nur eine einzige Darstellung, wo die „elektrische Ladung" auch tatsächlich funktionieren würde. Nämlich bei jenem Abbild, wo die „Arme" des so genannten „Djed-Pfeilers" in die „Birne" hineinreichen und die „Schlange" berühren. Und was ist mit den restlichen Reliefs? Die Schlange ist ebenfalls zu sehen, berührt aber den Djed-Pfeiler nicht, folglich kann es nicht zu einer behaupteten Leuchterscheinung kommen. Hier irren die Skeptiker. Solche Erscheinungen treten durchaus in Entladungsröhren auf. Bei extrem niedrigem Druck (unter 0,5 Torr) erstreckt sich die Entladung gradlinig in den Raum vor der Elektrode. Man spricht von einem „negativen Glimmlicht". Das kuriose Detail: Auch die Schlange auf diesen Darstellungen ist deutlich weniger gewellt dargestellt als jene Abbildung, die für den Modellversuch herangezogen wurde. Da daneben häufig der Luftgott Schu dargestellt wird, das bestreiten auch die Ägyptologen nicht, könnte dies als Hinweis auf „kleinen Luftdruck" beziehungsweise „kleine Luftkraft" verstanden werden.

Nein, nein, sagen die Kritiker, das ist alles reiner Zufall. Nun, mit unserer neuerlichen Veröffentlichung im Jahre 1992 war klar, dass diese Hypothese für manchen Leser blasphemisch klingen musste. Inzwischen ist wieder mehr als ein Jahrzehnt vergangen und natürlich sind weitere Erkenntnisse gewonnen worden. Selbstkritisch räume ich gerne ein, dass einige Details oder historische Daten, die Peter Krassa und ich, vom *damaligen* Kenntnisstand her gesehen, vorbrachten, aus heutiger Sicht korrigiert gehören, etwa was das Alter des Tempels anbelangt. Doch all das ändert nichts an der grundsätzlichen Aussage: Die Reliefs sind präzise so wiedergegeben, wie man das von „elektrischen Entladungen" erwarten würde.

Ing. Walter Garn, Peter Krassa und ich sind nicht so vermessen zu behaupten, den so genannten „Stein der Weisen" entdeckt zu haben – aber es gibt gute Gründe, die zeigen, dass wir letztlich richtig liegen. In vielen Publikationen haben wir versucht, eine Kette von Indizienbelegen zu schmieden. Diese Kette festigt unsere vorgelegte Hypothese von den Kenntnissen der vorzeitlichen Priesterschaft über die An- und Verwendung der Elektrizität.

Selbstverständlich muss man die Argumente für unsere „Elektro-These" nicht teilen. Sich aber in einem Kauderwelsch von Symbolen zu verlieren, ohne deren wahren Ursprung und vielschichtige Bedeutung zu hinterfragen (allein für den Namen des Sonnengottes „Re" gibt es über ein Dutzend unterschiedlicher Bedeutungen), überzeugt als „Gegenbeweis" zur „Elektro-These" nicht.

Was wir bisher an Kritik zu hören bekamen, klingt nicht gera-

Was stellen die Gebilde im Hathorheiligtum wirklich dar? Ägyptologen bieten ein Dutzend „Lösungsvorschläge" an. Einig ist man sich nur in einer Sache: Die „technologische Interpretation" der gezeigten Bilddokumente wird kategorisch bestritten.

Eine weitere Reliefabbildung aus den Dendera-Krypten.

de schmeichelhaft, nämlich die „Unhaltbarkeit der erbärmlichen Theorie über Glühbirnendarstellungen in Dendera, die nicht in einem einzigen Punkt zu rechtfertigen" sei, „nichts ist rätselhaft oder unbekannt", und die hypothetischen Folgen der Glühbirnen-These wären, dass „der Sonnengott auf einem Kabel durch den Himmel in die Unterwelt fährt" und „in altägyptischen Gärten dann keine Lotosblumen gezüchtet würden, sondern Glühbirnenfassungen".

Der deutsche Hobby-„Archäologe" Rainer Lorenz hat sich mit solcherart „Gegenargumenten" besonders hervorgetan und maßt sich selbstherrlich via Internet an, darüber zu urteilen, was ein „gutes" und was ein „schlechtes" Buch ist, wer die „Wahrheit" sagt und wer bloß „Unsinn" redet. Das einzige, was wir hierbei erkennen, ist ein gerütteltes Maß an Überheblichkeit. Es ist offensichtlich, dass er sich nicht wirklich mit der technischen Auslegung der Dendera-Reliefs befasst hat.

Denn was sind das umgekehrt für überzeugende „Sachargumente", wenn von „Kultobjekten", „mythischen und theologischen Symbolen", „kultischer Nutzung", „Götter in Symbolform geschmückt", „ganz typische Beispiele für kosmotheistische, symbolische Kultur" geredet wird? Kritiker verweisen darauf, dass in den Dendera-Texten keine Anmerkungen über „Glühbirnen-Darstellungen" zu finden sind, folglich muss, so wird triumphiert, „auch der Letzte gemerkt haben, dass die ‚Sieht-aus-wie-Technik' nicht funktioniert. Es gibt nicht einen einzigen Hinweis, der irgendwie technisch zu interpretieren wäre – noch nicht einmal mit roher Gewalt der härtesten Sorte."

Hier irren die Skeptiker. Denken wir nur an die Nennung genauer Maße und der dafür verwendeten Materialien. Viele mythologische Umschreibungen wie „leuchtende Schlange" (auch als „Harsomtus" betitelt) zeigen sehr wohl, dass es sich bei den glühlampenähnlichen Objekten nicht um irgendeinen „Sonnenzyklus" gehandelt haben kann. Die abgebildeten Gegenstände müssen tatsächlich existiert haben. Hier schließt sich der Kreis zur mythologischen Gemeinsamkeit. Es gibt etliche Überlieferungen aus dem Altertum, die „ewig brennende Lampen" und „Wunderleuchten" erwähnen.

Noch etwas scheint mir wichtig. Da Dr. Waitkus, der Übersetzer der Dendera-Texte, die Möglichkeit einer „elektrischen Interpretation" von vornherein ausschließt, kann er auch nicht zu einer verständlichen technischen Übersetzung kommen! Ich behaupte außerdem: Wenn man die Hieroglyphentexte zehn unabhängigen Ägyptologen vorlegt und um eine Übersetzung bittet, wird man am Ende zwar sinngemäß ähnliche Beurteilungen von „Licht-Sonnen-Symbolen" und „Götterkulten" erhalten, aber im Detail zehn *unterschiedliche* Auffassungen.

Mein deutscher Kollege *Eberhard Schneider* gibt folgendes Beispiel. Er zitiert eine Originalübersetzung, die neben einem „Birnenobjekt" angeführt ist. Da heißt es nach Waitkus wörtlich: *„Worte zu sprechen von Harsomtus, dem großen Gott, der in Dendera weilt, lebender Ba im Lotus der Tagesbarke."*

Nach Schneiders Einschätzung wäre eine freie Übertragung leichter nachvollziehbar: *„Die Rede ist von der Erschaffung des Lichts, einer großen Gottesmacht, die in Dendera beheimatet ist; eine in der Blütenfassung des Kupferstranges lebende Erscheinung."*

Ein moderner Ägyptologe, der einer „elektrotechnischen Deutung" nicht grundsätzlich abgeneigt ist, wird vielleicht eine noch weiter aktualisierte Fassung wagen:

„Dargestellt ist die Erzeugung künstlichen Lichts, einer großartigen Manifestation göttlicher Macht, die in Dendera praktiziert wird; es handelt sich um eine lebendig wirkende Leuchterscheinung, die aus der blütenartigen Fassung am Ende des Kupferkabels tritt."

Eberhard Schneider war zufällig Augen- und Ohrenzeuge, als die ersten Übersetzungsbemühungen in Vorbereitung zu der Dissertation von Dr. Waitkus erfolgten. Seiner Wahrnehmung nach hat Waitkus eine Übersetzung geliefert, deren Sinn sich ihm nicht voll erschlossen hat. Schneider kann sich gut erinnern, wie Waitkus und der Ägyptologe Prof. Dieter Kurth in einem Raum des Ägyptologischen Instituts in Hamburg über den Dendera-Texten grübelten. Schneider recherchierte zu diesem Zeitpunkt gerade selbst für eine umfassende Arbeit. Er beobachtete, wie die beiden Ägyptologen berieten, ob man die eine Textstelle so oder anders übersetzen sollte, das heißt, sie vermittelten nicht gerade den Eindruck von Zweifelsfreiheit und überzeugendem Durchblick.

Man wirft Autoren wie mir vor, wir würden „zum Kampf gegen die Wissenschaft aufrufen". Das muss auf Böswilligkeit oder einem Denkfehler beruhen. Denn genau das Gegenteil ist der Fall. Ich bin sehr dafür, dass man am Beispiel der Reliefs in Dendera das gesamte Material, Texte und Bilder *wissenschaftlich* untersucht und vor Ort Grabungen durchführt. Es wäre allerdings zur Wahrheitsfindung notwendig, so meine feste Überzeugung, dass man den Mut aufbrächte, diese Überprüfung nicht nur *einseitig* der Sichtweise derzeit herrschender ägyptologischer Doktrien unterzuordnen, sondern ebenso neue Betrachtungsweisen erlaubt – etwa die Überprüfung der Frage nach *technologischem* Wissen in der Vorzeit.

Die Ansichten über die Bedeutung der Dendera-Reliefs und der Dendera-Hieroglyphen bleiben geteilt. Wir sollten uns dennoch bemühen, vorliegendes Datenmaterial sowohl gewissenhaft als auch emotionsfrei zu prüfen, um zu einem annähernd objektiven Gesamturteil über die Stichhaltigkeit der verschiedenen Denkmodelle zu gelangen. Es gilt, Für und Wider sorgsam abzuwägen. Dazu müssten aber alle Beteiligten bereit sein, mit anderen Wissenschaftsdisziplinen zusammenzuarbeiten und eine „technische Auslegung" nicht vorweg als „Unsinn" abzuqualifizieren, nur weil diese These ins gängige Lehrbild schwer einzuordnen ist. Mehr denn je gilt es jetzt, systematisch weiterzuforschen. Werden Ägyptologen diese Anregung aufgreifen? Vorurteilslos? Wissbegierig? Wer bringt wirklich Licht ins Dunkel?

Götter, Gold und Klone

> *„Es ist nicht alles Gold, was glänzt.*
> *Aber es glänzt auch nicht alles, was Gold ist."*
>
> Friedrich Hebbel (1813–1863), Tagebücher, 3. 9. 1836

Rückkehr der Wunderwesen

Seit Beginn des neuen Jahrtausends ist der Bauplan des menschlichen Lebens entschlüsselt. Zumindest das Geheimnis der 46 Chromosomen: Die Abfolge der kleinsten Bausteine des Erbmaterials, der mehr als drei Milliarden Basenpaare, ist jetzt weitgehend bekannt. Das gesamte Erbmaterial eines Menschen ist in den nur 0,002 bis 0,005 Millimeter großen Chromosomen in den Zellkernen gespeichert. In jeder der rund 100.000 Milliarden Körperzellen befinden sich in den Chromosomen zwei Meter DNS, die sogenannte *Desoxyribonukleinsäure*. Dieser „Zungenbrecher" ist der eigentliche Träger der Erbsubstanz. Auf ihm sind mehr als drei Milliarden Basenpaare wie auf einer doppelten Strickleiter angeordnet. Diese Informationen unserer Gene lesen sich wie eine Enzyklopädie, die aus Millionen Büchern besteht, aber in einer fremden Sprache abgefasst wurden. Man kennt zwar die rund drei Milliarden Buchstaben, aber meist noch nicht die Wörter. Die Funktion vieler Gene ist nach wie vor unbekannt, man weiß noch nicht alle ihre speziellen Aufgaben im Körper. Dennoch sind Genetiker davon überzeugt, dass bereits die bisherigen Kenntnisse ausreichen, um die Medizin zu revolutionieren. Skeptiker befürchten, dass Geschäftemacher ihr Unwesen treiben und geklonte „Wunderkinder" aus dem Katalog die Folge sein könnten. Oder dass moderne „Dr. Frankensteins" mit künstlich geschaffenen Kreaturen experimentieren und solche Menschenklone aus dem Labor eines Tages außer Kontrolle geraten könnten. Sciencefiction-Horrorszenarien?

Die Kinoleinwand bevölkert schon lange mutierte Wunderwesen mit Namen wie „Professor X" oder „Superman". In einer futuristischen Welt kämpfen sie als Helden gegen ebenso mit überirdischen Kräften ausgestattete Bösewichte. Der Comics-Zeichner und Schöpfer des Kulthelden „Spiderman", *Stan Lee*, erfand in den 60er-Jahren eine ganze Armee von Superhelden mit außergewöhnlichen PSI-Fähigkeiten und übermenschlichen Fähigkeiten. Seine Erklärung damals: „Bei den Wunderwesen, wie X-Men, handelt es sich nicht um die Gattung des Homo sapiens, sondern um die des Homo superior." Vor einem halben Jahrhundert, zur Zeit des „Kalten Krieges" zwischen Kapitalismus und Kommunismus, war diese Vorstellung pure Fantasy. Zu Beginn des dritten Jahrtausends scheint die Utopie nun von der Wirklichkeit eingeholt worden zu sein. Die moderne Gentechnologie ist mittlerweile so weit fortgeschritten, dass die Schaffung mutierter Superwesen tatsächlich Realität werden könnte.

Doch so fabrikneu scheint dieser Gedanke gar nicht zu sein. In den Sagen und Mythen der Menschheit wimmelt es von seltsamen Supergöttern und Zwitterwesen, die in sich *tierische* und *menschliche* Attribute vereinigen. Von monströsen Mutanten ist die Rede, von tierköpfigen Göttergestalten und von Riesen, Gnomen und Genien oder Zentauren. Ihr fremdartiges Aussehen wird in praktisch allen Kulturkreisen anschaulich beschrieben und findet sich ebenso abgebildet auf vielen Reliefs und Skulpturen. Ob im Kleinbildformat auf sumerischen Rollsiegeln oder eindrucksvoll auf großen persischen Tempelwänden: Stets sind es absonderliche Zwittergeschöpfe, die mit Flügelpaaren und anderen abnormen Attributen versehen wurden.

Manche dargestellten Wesen zeigen Details, die man in völlig unterschiedlichen Kulturkreisen wiederentdeckt. Etwa das rätselhafte Symbol der „Handtasche", das auf babylonischen Reliefs ebenso zu finden ist wie auf Plastiken aus dem alten Mexiko. Bei vielen Abbildungen fällt auf, dass sie in unmittelbarem Zusammenhang mit Arbeiten am wendelförmig illustrierten „Lebensbaum" beschäftigt sind. Doch was ist ein „Lebensbaum"? Aus den alten Mythen ist bekannt, dass dieser häufig mit „lebendes Wesen", „Fruchtbarkeit", „Weltenbaum" oder „Abbild des Kosmos" gleichgesetzt wurde. Aus den alten Urschriften vieler Völker geht des weiteren hervor, dass „Götter" einst die Menschen und andere

Mischwesen geschaffen hätten. Wer waren diese übermächtigen „Genien"? Die Streitfrage: Beruhen diese Erzählungen über Zwittergeschöpfe auf wirklichkeitsnahen Erlebnissen? Oder sind es bloß Ausgeburten der Fantasie? Schon 1999 ging die Meldung durch die Medien, wonach amerikanische Wissenschaftler angeblich einen Menschen-Embryo geklont hätten. Schon zuvor waren Gen-Experimente mit Tieren geglückt. Gab es ähnliche Versuche bereits in der Vorzeit? Es mag in der Tat fantastisch klingen, aber es gibt etliche kuriose Funde, die die Frage aufwerfen, ob Berichte über vorzeitliche „Fabelwesen" nicht doch Erinnerungen an *erlebte* Begebenheiten darstellen. Ist es wirklich bloß Zufall, dass babylonische Bilddokumente die Interpretation einer gentechnischen Manipulation erlauben? Das Piktogramm eines dieser Rollsiegel zeigt als Motiv zwei Gazellen, daneben ein Mann, der ein Tier am Geschlecht untersucht. Dahinter ein rätselhaftes Wesen, und geflügelte Genien, die vielleicht beratend zur Seite stehen. Über den Gazellen sind verschlungene Symbole eingraviert, die als Abbildung von *Chromosomen* und *Doppelhelix* aufgefasst werden könnten.

Enthalten solche Überlieferungen tatsächlich verschlüsselte Informationen über genetisches Wissen der Vorzeit? Das fragt sich der Betrachter ebenso beim Studium des altägyptischen Papyrus des *Khonsu-Mes*, das sich ursprünglich auf die Geheimlehre des Gottes *Osiris* und auf seine leibliche Auferstehung bezieht. Die Abbildung erinnert verblüffend an eine *Zellteilung* in der Metaphase. Zwei Frauen versorgen die Eizelle mit Flüssigkeit, innerhalb davon sind die Anfänge von Tochterzellen zu erkennen. Das deutsche For-

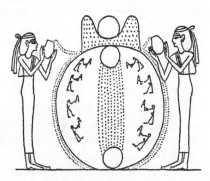

Zeigt die Abbildung auf dem altägyptischen Papyrus des Khonsu-Mes eine Zellteilung?

scherduo *Dieter Vogel* und *Nicolas Benzin* hält es für denkbar, dass die alten Ägypter bereits das Verfahren des Klonens gekannt haben könnten. Ihre Studien anhand alter Schriften und Originalquellen führten sogar zu einem Patent über die „Entdeckung der Urmatrix".

Der deutsche Autor *Eberhard Schneider* hält das verborgene Wissen über Genetik im Altertum ebenfalls für wahrscheinlich und bringt am Beispiel des Papyrus Khonsu-Mes das Unfassbare auf den Punkt: „Den Priestern war offenbar wichtig, dass ihr Wissen über viele Generationen erhalten bleibt. Deshalb wurden drei klare Sicherungen eingebaut. Erstens sind ganz unmissverständlich die typischen Spindelfasern zu sehen, und zwar so korrekt wiedergegeben, als seien sie aus einem heutigen Biologiebuch entnommen. Zweitens enthält die Eizelle Figuren, die das sogenannte Erdhacken praktizieren, das ist eine symbolische Handlung, die für Befruchtung und Lebenszeugung steht. Und drittens haben die Erdhacker erigierte Penisse, damit wird noch mal ganz speziell darauf aufmerksam gemacht, dass es sich wirklich um einen menschlichen Befruchtungs- und Lebenserzeugungsvorgang handelt. Deutlicher geht es nicht mehr."

Konkrete Wiedergaben über menschliche Erbinformationen und biochemische Vorgänge? Wie konnten die Priester im Altertum davon Kenntnis haben? Eine weitere Bestätigung für genetisches High-Tech-Wissen finden wir in mystisch-prophetischen Weisheitslehren wie dem altchinesischen *I Ging*. Die Herkunft des Orakels ist genauso rätselhaft wie die Technik, mit der es durch die Jahrtausende hinweg angewendet wurde. Seine Grundlage beruht auf *acht* Trigrammen des göttlichen Urkaisers *Fu Hsi*. Die Zeichen sind um das in der Esoterik bekannte *Yin-Yang*-Symbol angebracht, das das Urprinzip des Universums verkörpert. Jenes Trigramm mit drei durchzogenen Linien wird als *„Vater"* bezeichnet, gleichzeitig ist es das Symbol des *Himmels* und Symbol des *Yang*; das zweite Trigramm, das stets mit drei gebrochenen Linien abgebildet wird, repräsentiert die *„Mutter"*, ebenso ist es das Symbol der *Erde* und Symbol des *Yin*. Sechs weitere Zeichen stehen für *„Kinder"* und bedeuten *Berg, See, Donner, Wind, Feuer, Wasser*. Jeweils zwei dieser Trigramme ergeben ein

*Hexa*gramm. Auf diese Weise sind 64 verschiedene Bildzeichen möglich, zu denen das *Yijing*, das „Buch der Wandlungen", Orakelsprüche enthält.

Jüngste Studien brachten ein überraschendes Ergebnis: Das I Ging enthält offenbar Informationen über das Verständnis des genetischen Codes. Heute wissen wir durch die Genforschung, dass der Grundbaustein des Lebens das Riesenmolekül DNS ist. Jedes Lebewesen enthält im Inneren der Zellen solche Moleküle, die im Elektronenmikroskop wie eine verzwirbelte Strickleiter aussehen. Die Biochemie hat zwei Bauelemente dieses Molekulars definiert: die sogenannten *Pyrimidine* und *Purine*. Jeder dieser Gruppe unterteilt sich wiederum in zwei Typen, die *vier* Grundeinheiten ergeben und das Leben bestimmen. Jeweils *drei* unterteilte Komponenten lassen sich in beliebiger Folge zusammenfinden und bilden eine Kette solcher „Dreierpäckchen". Welche Sorte von „Päckchen" auf welches folgt – dies ist die Erbinformation im genetischen Programm jedes Lebewesens. Das Erstaunliche ist nun, dass dies dem *gleichen* Grundmuster wie beim I Ging entspricht. Die Aufsplitterung von *zwei* Grundelementen in *vier* Untergruppen. Weitere Analysen werden zeigen, ob das I Ging tatsächlich ein verschlüsselter Code für wissenschaftliche Erbinformationen ist. Wenn ja, stellt sich die Frage, woher die alten Chinesen das wissen konnten?

Offenbar waren unsere Vorfahren mit dem „Bauplan" des Menschen vertraut. Kuriose Spuren, die diese kühne Annahme stützen, finden wir nicht nur im Land der Pharaonen, bei den Babyloniern oder im alten Reich der Mitte, sondern ebenso auf der anderen Seite des Globus – in *Südamerika*.

Spurensuche im Land von El Dorado

Die Vorbereitungen zur großen Weltausstellung über „unerforschte Phänomene" führten mich quer durch Südamerika. Bei meiner Studienreise mit von der Partie: zwei meiner Landsleute, der engagierte Ausstellungsorganisator *Klaus Dona* und der renommierte Wissenschaftler Dr. *Willibald Katzinger*, Direktor des

Linzer *Nordico*-Stadtmuseums, und mein deutscher Autorenkollege Dr. *Hans-Joachim Zillmer*, bekannt durch sein Sachbuch „*Darwins Irrtum*", in dem er die Evolutionstheorie anhand verblüffender Funde kritisch hinterfragt. Unser erstes Reiseziel hieß *Bogotá*, die Metropole des südamerikanischen Staates Kolumbien.

Die auf 2600 Metern Höhe im fruchtbaren Hochtal der Sabana gelegene Hauptstadt beherbergt kostbarste Goldschätze der Inka und anderer Dynastien. Hier im Gebiet der Muisca- und Chibcha-Indianer hörten die goldgierigen Spanier die Sage von *El Dorado*. Von der legendären Stadt des Goldes berichten viele südamerikanische Völker. Alles Märchen oder doch Wirklichkeit? Noch heute brechen Abenteurer nach Südamerika auf, um das geheimnisvolle Wunderland zu finden. Die Hinweise für eine „goldene Stadt" im Dschungel sind allerdings dürftig. Der echte El Dorado hingegen, das war keine Goldstadt, sondern ein goldener *Mensch*. Die Zeremonie, die diese Legende entstehen ließ, fand auf dem *Guatavita-See* nördlich von Bogotá statt. Er soll durch ein himmlisches Zeichen (offenbar ein Meteoriteneinschlag) entstanden sein. Die Muisca hielten den Platz für den Wohnort eines mächtigen Gottes und nutzten ihn als heilige Stätte. Wenn der neue König sein Amt antrat, wurde er entkleidet und von Kopf bis Fuß mit klebrigem Harz eingerieben und mit Goldstaub bedeckt. Der auf diese Weise „Vergoldete" bestieg ein Floß mit Opfergaben aus Gold und Edelsteinen. In Begleitung von Priestern, die ebenfalls mit Goldschätzen bestückt waren, wurde der König anschließend in die Mitte des Sees gebracht. Nachdem die Schätze versenkt wurden, tauchte auch El Dorado ins Wasser, bis seine goldene „Haut" wieder abgewaschen war – und, so weiß es wiederum die Legende, dem Wassergott ein weiterer Tribut gezollt wurde. Die neue Herrschaft konnte beginnen.

Lange Zeit hielt man diese Sage für eine erfundene Geschichte. Ein 18,5 cm langes und ungewöhnlich feingearbeitetes Artefakt aus purem Gold, das den „vergoldeten" Muisca-Häuptling auf einem Floß darstellt, bestätigte schließlich die fantastisch anmutenden Erzählungen der Indianer. Bereits im 16. Jahrhundert wurden Versuche unternommen, den heiligen See zu entwässern und nach dem Gold zu suchen. Obwohl etliche Gegenstände geborgen werden konnten, war die Wasserfläche nie mit Erfolg ganz trocken zu legen. Dem Guatavita-See und seinen Goldopfern gelang es bisher erfolgreich, das Geheimnis um El Dorado zu bewahren. Die unbezahlbare Figur des „Vergoldeten" wird heute im *Museo del Oro* in der Banco de la República aufbewahrt. Es ist eines von mehr als 33.000 einzigartigen Goldexponaten, die in vorkolumbischer Epoche entstanden. Erinnerungen an dieses „goldene Zeitalter" können hinter Panzertüren bestaunt werden. Angesichts der aufgetürmten Goldberge wäre es gar nicht verwunderlich, wenn irgendwo im Dschungel doch noch eine verlassene „Goldstadt" auf ihre Entdeckung wartet!

Die Goldfunde aus Kolumbien sind weltberühmt. Weniger bekannt ist, dass in der Region eine Reihe bedeutender Privatsammler leben, die in ihren Archiven erstaunliche Keramiken und Skulpturen horten. Seltsame Fundstücke, die wegen ihrer ungewöhnlichen Charakteristik, unbestimmten Alters oder einer schwer zuzuordnenden Kultur nicht in das bekannte Geschichtsbild vorkolumbischer Entwicklung zu passen scheinen und deshalb keinen Platz in offiziellen Museen gefunden haben. Eines dieser Corpus delicti ist eine prähistorische Steinscheibe,

Die Mythen erzählen von übermächtigen „Genien" die am „Lebensbaum" experimentierten. Enthalten die Überlieferungen verschlüsselte Informationen über genetisches Wissen?

auf der genetische Informationen eingraviert sind. Ich las darüber erstmals 1982 in Erich von Dänikens Werk „*Strategie der Götter*". Demnach soll ein „Professor Gutierrez" im Besitz dieses ungewöhnlichen Artefaktes sein. Stimmten die Angaben des Schweizer Erfolgsautors? Existiert die „Genetische Scheibe" tatsächlich? Wer hat sie wann und wozu angefertigt?

Die Stippvisite in Bogotá war ein willkommener Anlass, um Dänikens Hinweisen vor Ort nachzugehen. Ein Blick ins Telefonbuch der Stadt mit sieben Millionen Einwohnern sollte Klärung bringen. Zunächst ein Schock für unser Team: „Gutierrez" gab es in Bogotá so viele wie bei uns Meier und Müller zusammen. 20 Telefonseiten waren damit gefüllt. Doch wir hatten Glück. Es gab nur einen „Professor Jaime Gutierrez". Das war unser Mann. Ein Anruf von Klaus Dona, der – den Göttern sei es gedankt – perfekt spanisch spricht, brachte uns dem Ziel rasch näher. Professor Gutierrez' Sohn gab den aktuellen Aufenthaltsort seines Vaters bekannt. Nach neuerlicher telefonischer Absprache und der Bereitschaft Professor Gutierrez' uns zu empfangen, machten wir uns froh gestimmt und in spannender Erwartung per Taxi auf die große Fahrt. Es war bereits dunkel, und die Nacht rückte näher, als wir über einsames Gelände unseren Zielort, etwa 20 Kilometer außerhalb von Bogotá, erreichten. Vor uns die letzte Hürde: Drei bis auf die Zähne bewaffnete Sicherheitsposten verriegelten hermetisch das Gelände, ließen niemand Unbefugten passieren. Schließlich öffneten sich die Schranken, „nur weil wir Ausländer sind", hieß es mit skeptischen Blicken. Ausländer *rein*? Das war eine erfreuliche Erfahrung.

Enge verschlungene Serpentinen führten die letzten paar hundert Meter hinauf zum imposanten Domizil mit moderner Architektur. Ein älterer, rüstiger Herr mit bärtigem Gesicht und gutmütigem Lächeln erwartete uns bereits – Professor *Jaime Gutierrez Lega*. Er führte uns durch seine noch im Bau befindliche Zitadelle aus Stein, die auf einer vorkolumbischen Kultstätte errichtet wurde. Den Eingang in einen unterirdischen Gräberschacht hat er im ursprünglichen Zustand beibehalten. Den Entwurf und die geniale Gestaltung seines Felsennestes hatte der Professor selbst vorgenommen. Er lenkte uns weiter in eine gewaltige Halle, die er gemeinsam mit seinen Studenten für Bildhauerkunst und Designerarbeiten nutzt.

Wir erfuhren, dass Jaime Gutierrez Lega in *Bucaramanga*, Kolumbien, geboren wurde und als Industriezeichner arbeitet. Daneben ist er passionierter Hobby-Archäologe. An der Universität *Jorge Tadea Lozano* in Bogota unterrichtet er Industriedesign und ist Präsident des kolumbischen Designer Verbandes ACD (*Asociacion Columbiana de Disenadores*).

Der Fachgelehrte offerierte uns einige Schaustücke seiner präkolumbischen Sammlung, schränkte aber ein, dass die interessantesten und wertvollsten Stücke in Bogotá, daheim in seinem Bungalow aufbewahrt würden. Alles fachgerecht und sicher verpackt in Schachteln. So mussten wir zunächst vorrangig mit wenigen Originalen und Fotos vorlieb nehmen.

Ein Objekt erweckte besonders meine Aufmerksamkeit. Eine Keramik aus *Santamarta*. Eine plumpe Figur, offenbar in einem Anzug steckend mit seltsamen Attributen und einem propellerartigen Aufsatz am Rücken. Erinnert verblüffend an die japanischen *Dogu*-Statuetten, schoss es mir durch den Kopf. Gab es Verbindungen zwischen Altjapan und Präkolumbien? Oder haben die Künstler der Vorzeit Gleiches beobachtet und unabhängig davon ihre identischen Eindrücke in Ton modelliert? Wie alt ist das Utensil, wollte ich von Gutierrez wissen. „Soviel ist bekannt: Die Keramik ist im Rohzustand, ohne Feuer gefertigt worden und sicher etliche Jahrhunderte, wenn nicht sogar Jahrtausende alt."

Und was stellt sie Ihrer Ansicht nach dar? „Ich gestehe ehrlich, ich weiß es nicht."

Sieht aus wie ein prähistorischer Astronaut, warf ich ein. Professor Gutierrez blickte mich an und schmunzelte.

Unser Gastgeber zeigte uns später noch einige gravierte Steine mit unbekannten Schriftzeichen und Symbolen. Sie wurden in *Sutatauso* bei Bogotá entdeckt. Befreundete Geologen hätten das Alter auf einige tausend Jahre geschätzt, versicherte uns Gutierrez. Einschließlich der Gravuren, weil sich unter dem Elektronenmikroskop deutliche Spuren von Auswaschungen durch Wasser feststellen ließen. Was mir beim Betrachten sofort auffiel: Die Hieroglyphen erinnern erstaunlich exakt an ähnliche Steinfunde, Skulpturen und Tafeln, die man vor Jahren in einem unterirdischen Tunnelsystem im US-Bundesstaat Illinois entdeckt hat. Der amerikanische Höhlenforscher *Russell Burrows* will sie dort aufgestöbert haben. Die Schriftzeichen und Symbole passen in kein bekanntes Schema und werden deshalb vorschnell als „Fälschungen" abgetan, ohne der Sache analytisch auf den Grund zu gehen. Gleiches gilt für die Metalltafeln aus der umfangreichen Kunstsammlung des inzwischen verstorbenen Pater *Crespi* in Ecuador. Ebenso zeigen die zahlreichen Steinfunde aus dem kleinen Ort *Glozel* in Frankreich das gleiche Schema unbekannter Schriftzeichen. Man attestiert ihnen ein Alter von 12.000 Jahren. Verblüffende Übereinstimmung zwischen den Entdeckungen in Kolumbien, Ecuador, USA und Frankreich. Zufall? Alles Betrug? Oder gab es einst gemeinsame Wurzeln? Sind die aufgefundenen Rätsel Überbleibsel aus einer längst vergessenen Epoche? Weiße Flecken aus den Ursprüngen der Menschheitsgeschichte? Weshalb werden die Steinsammlungen nicht gründlich wissenschaftlich untersucht und die Bild- und Schriftsymbole miteinander verglichen?

Gutierrez erzählt, dass er im Besitz vieler merkwürdiger Exponate ist, wo exakte Untersuchungen bisher nicht durchgeführt wurden, da die Wissenschaftler nicht mit solchen „merkwürdigen Geschichten" konfrontiert werden wollen. „Sie wissen nicht, wo sie diese Artefakte einordnen sollen, da es meistens kaum Vergleichsobjekte gibt", ergänzt der Kunstsammler. Das gilt auch für das ungewöhnlichste Stück seiner Sammlung – die „genetische Scheibe". Neugierig frage ich, ob die Möglichkeit bestünde, das skurrile Ding persönlich in Augenschein zu nehmen!

„Ja", nickte der Professor, „sie ist das Prunkstück meiner Sammlung. Morgen Nachmittag bin ich in Bogotá, da können Sie die Scheibe sehen, wenn Sie möchten."

Das war genau die Antwort, die ich hören wollte. Es wurde noch ein gemütlicher unvergesslicher Abend und wir freuten uns alle auf ein Wiedersehen am nächsten Tag in Bogotá.

Der genetische Diskus

Als wir am nächsten Morgen Professor Gutierrez in seinem Bungalow aufsuchten, wurden wir herzlich empfangen. Die Räumlichkeiten waren übersät mit archäologischen Raritäten. An den Wänden hingen mystische Masken aus aller Herren Länder und Regale vollgestopft mit Büchern, Skulpturen und Keramiken. Sonderbare Steine lagen aufbereitet am Wohnzimmertisch, daneben noch verpackte Kisten. Gutierrez löste die Spannung, nahm ein scheibenförmiges Objekt in die Hand und sagte: „Das ist sie, die genetische Scheibe."

Mein erster Eindruck: Unglaublich. Der Diskus besteht aus einem schwarzen Stein – „Lydit" genannt. 22 cm misst er im Durchmesser und ist ungefähr zwei Kilo schwer. Vorder- und Rückseite sind mit Gravuren versehen und mit einzelnen Ornamenten, die durch lotrechte Striche getrennt sind. Am Scheibenrand befindet sich ein Schlangensymbol eingraviert. In ihrer Mitte hat die Scheibe ein Loch. Dazu Gutierrez: „Ich vermute, dass die Scheibe ursprünglich auf einem Stock befestigt war und gedreht werden konnte. Möglicherweise gab es noch weitere solche Platten. Vor etlichen Jahren hat man auch auf den südchilenischen Inseln diskusförmige Relikte ausgegraben. Da sie mit Symbolen beschriftet sind, enthalten sie offenbar irgendwelche Botschaften. Damals wie heute werden Informationen auf Scheiben festgehalten, denken Sie nur an die CD-Rom oder Music-Disketten. Die Motive auf der Vorder- und Rückseite dieser schwarzen Scheibe zeigen enge biologische Zusammenhänge."

Lassen sich die Zeichen auf dem Gegenstand genauer entschlüsseln? Was bedeuten sie? Enthalten sie wirklich genetische Informationen wie behauptet? „Auf dieser Platte ist die Evolution vom *Frosch* zum Menschen dargestellt", heißt kurzgefasst seine eigenwillige These. „Details wie männliche Spermien, weibliche Eizelle, Geschlechtsteile, das befruchtete Ei, Fötus, Embryo und das wachsende Embryo sind erkennbar. Ein Element zeigt zwei Wesen, offenbar Zwillinge. Die andere Seite enthält Szenen, die sich vielleicht als Abbilder von Zellteilung und

Froschwesen in verschiedenen Entwicklungsstufen interpretieren lassen."

Vom Frosch zum Menschen? In diesem Augenblick erinnerte ich mich daran, dass mir beim Besuch im weltberühmten Goldmuseum in Bogotá besonders viele Froschamulette aufgefallen waren. Ich wusste, dass sich Frösche, Lurche und andere Wasserwesen vor allem im alten Ägypten als heilbringende und religiöse Symbole göttlicher Anbetung erfreuten und mit „Fruchtbarkeitsriten" in engem Zusammenhang standen. Etwa, wenn man an die froschköpfige Göttin *Hiqit* denkt, die den Mythen zufolge unaufhörlich das kugelförmige Weltenei empfing und austrug. Offenbar genossen diese glupschäugigen Geschöpfe ebenso besondere Verehrung in der präkolumbischen Kultur.

„Ja, in ganz Amerika", bestätigt Gutierrez, „aber die Wissenschaftler erkennen nicht den Zusammenhang und die ursächliche Bedeutung dieser Funde." Er deutet auf einen schwarzen Stein seiner Sammlung, der wie ein altägyptischer Skarabäus aussieht und konstatiert: „Es weiß niemand, wie alt diese Fundsachen wirklich sind. Von ihrer Symbolik wissen wir aber, dass die Darstellung von Amphibien besondere Bedeutung hat. Frösche zählen zu den sensibelsten Lebewesen. Sie gehen in den See, sie kommen vom Wasser und krabbeln aufs Land. Ein biologisch sehr komplizierter Vorgang, nämlich die Umstellung vom Lebensraum des Wassers zum Landtier. Frösche und Lurche sind eine der wenigen Tiergattungen, die das machen, die ihren Lebensraum wechseln können vom Wasser zum Land und umgekehrt."

Professor Gutierrez lässt seiner Fantasie freien Lauf: „Ich vermute, dass die Evolution anders verlief als bisher angenommen, dass es mindestens zwei Menschentypen gegeben hat, die sich unabhängig voneinander entwickelten, eine davon hat amphibienartige Wesen als Stammvater. Und ich vermute weiter, dass es über viele Jahrtausende auf dem amerikanischen Kontinent nur zwei große Siedlungen gegeben hat: Im Süden *Tiahuanaco* in Bolivien, nahe des Titicaca-Sees. Und im Norden Teotihuacán, die religiöse Metropole Mexikos. Im Bereich dieser beiden geografischen Orte konnte man leben. Die anderen Teile waren

Februar 2000 in Bogota: Reinhard Habeck im Gespräch mit dem kolumbischen Kunstsammler Prof. Jaime Gutierrez Lega (links). Was weiß er über die „genetische Scheibe"?

durch die Eiszeit ungemütliche Gegenden. Die beiden Städte im Norden und im Süden befinden sich nahe der Grenze zu den geologischen ‚Wendekreisen'. Sie lagen jeweils an den äußersten Gebieten, dort wo damals die eiszeitbedeckten Flächen begannen. Heute sind das der Nord- und der Südpol, Feuerland und Kanada. Als das Eis durch die Erderwärmung schmolz, kamen die großen Überschwemmungen und die Lebensbedingungen veränderten sich."

Hierzu passt eine Meldung, die vor wenigen Monaten durch die Presse ging. Ein 30-köpfiges italienisches Archäologenteam machte am Grund des Titicaca-Sees eine sensationelle Entdeckung. Auf der bolivianischen Seite des Gewässers fanden sie in etwa 20 Meter Tiefe Reste eines unbekannten Tempels, der offenbar mehrere tausend Jahre alt ist. Ebenso spürten Taucher eine 700 Meter lange Mauer auf, ein Denkmal und ungewöhnliche Reliquien. Der Teamleiter Dr. *Lorenzo Epis* vermutet, dass der Tempel vom Volk der *Tiwanaku* erbaut wurde. Die Wissenschaftler gehen davon aus, dass die Tiwanakultur aus bisher nicht

Das Trümmerfeld von „Pumapunku" im Gebiet von Tiahuanaco. Welche Kultur schuf diese Monumente? Und welche Katastrophe hat zur Zerstörung der gewaltigen Anlage geführt?

geklärten Umständen ausgelöscht wurde. Von einem „Klimaphänomen" ist die Rede, das zum plötzlichen Anstieg des Wassers geführt haben soll.

Die meisten der vielen Rätsel auf dem „Dach" der Anden, auf einer Höhe von fast 4000 Metern, harren nach wie vor ihrer Lösung. Wer war das Volk, das sich am Titicaca-See angesiedelt hat? Was wurde aus den Bewohnern der verlassenen Stadt *Tiahuanaco*? Warum blieben Bauwerke unvollendet? Welchem Zweck dienten gigantische Götterbilder, die noch immer über die tundraartige, windgepeitschte Landschaft wachen? Was bedeuten die Glyphen auf dem rätselhaften Sonnentor, das aus einem einzigen Andesitblock herausgehauen wurde? Ist es wirklich der älteste Kalender, wie manche Wissenschaftler vermuten? Archäologen bemühten sich immer wieder die Zeichen und Figuren zu entschlüsseln, doch was sie wirklich bedeuten, darüber schweigen die Ruinen von Tiahuanaco bis zum heutigen Tag.

Staunend steht man vor dem Trümmerfeld von *„Pumapunku"*, der größten Anlage dieser Region. Woher stammen die gewaltigen Steinblöcke, von denen viele acht Meter lang, fünf

Die „Embryologische Scheibe" aus Kolumbien mit ihren rätselhaften Zeichen.

Meter breit und zwei Meter hoch sind? Sie waren einst mit Bronzezapfen miteinander verbunden. Komplizierte Bohrlöcher und geometrische Vertiefungen in das harte Gestein sind Hinterlassenschaften einer architektonischen Kraftleistung. Welche Katastrophe hat diese monumentale Stätte zerstört?

Professor Gutierrez glaubt, dass viele solche archäologischen Entdeckungen, die geschichtlich schwer einzuordnen sind und daher von der Wissenschaft ignoriert werden, aus einer Zeit stammen, die 10.000 Jahre oder mehr in die Vergangenheit zurückreicht. In ein sagenhaftes Zeitalter also, wo es weder Tempel der Maya noch der Inka gegeben hat.

Dies gilt im Besonderen für merkwürdige Fundsachen aus Kolumbien. Gutierrez nennt diese hoch entwickelten Vorfahren „Prämuisca", eine Kultur, die lange vor den kolumbischen Ureinwohnern, den Muisca oder Chibcha, entstand, und einst vor allem die Savanne von Bogotá bewohnten. Der Kolumbianer verweist auf viele merkwürdige Entdeckungen, die in seiner Heimat gemacht wurden. Spitze Pfeiler beispielsweise, die mitten im Regenwald südlich von Bogotá platziert sind. Riesenhafte Steintürme, 7 Meter lang aus Stein, 70 cm im Durchmesser. Monumente, die als Phallusse gedeutet werden und an ägyptische Stelen denken lassen: *Obelisken*. Entdeckt wurden auch 14.000 Jahre alte menschliche Skelette. Damals war die ganze Gegend um Bogotá noch ein großer See. Und man fand Skulpturen von Menschen, deren Kopf als Frosch dargestellt wurde. Ebenso existieren Höhlenzeichnungen, beteuert Gutierrez, die die Evolution erklären und somit seine ungewöhnlichen Thesen stützen. Am meisten beeindruckt ihn aber, dass es Medizinern gelungen ist, menschliche Schwangerschaftstest anhand von *Frosch*untersuchungen vorzunehmen.

„Es gibt noch heute *lebendige* Überbleibsel aus dieser vergessenen Epoche", erklärt Gutierrez und gibt ein Beispiel: „Am Grund des Titicaca-Sees leben Frösche mit einer Größe bis zu 70 cm. Wissenschaftler haben vor etwa 15 Jahren am Seegrund geforscht und es wurde darüber berichtet. Wenn so ein Froschexemplar in die Höhe springt, hat es die Größe eines Menschen. Das erinnert erneut an die dargestellte Gegenüberstellung auf der genetischen Scheibe – Frosch : Mensch." Aber ist das Unikat wirklich authentisch? Wie kam der Kunstsammler in den Besitz der Scheibe? Wurde sie auf Echtheit überprüft?

Professor Gutierrez macht kein Hehl aus seiner Überzeugung: „Man weiß, dass ich prähistorische Stücke sammle. Berufsbedingt interessiere ich mich für die Kunst meiner Vorfahren. Viele meiner Designarbeiten beruhen auf uralten Konzepten und Vorlagen präkolumbischer Handwerker und Werkzeuge. Vor Jahren tauchte ein Schatzsucher bei mir auf und bot mir die Scheibe zum Kauf an. Der Mann versicherte, dass sie nicht aus einem Grab stammte, sondern bei Bauarbeiten am Rande von Bogotá gefunden wurde. Museen wurde die Scheibe angeboten. Die Direktoren konnten aber mit dem fremdartigen Ding nichts anfangen, da es keiner bisher bekannten Epoche zugeordnet werden konnte. Die Scheibe ist durch das Gewicht des Erdreichs mit den Zeiten eingedrückt worden und an manchen Stellen lassen sich erodierte Spuren feststellen, die durch fließendes Wasser entstanden waren. Befreundete Geologen der Technischen Universität bestätigten mir, dass die Scheibe präkolumbischen Ursprungs ist. Wie viele Jahrtausende sie tatsächlich am Buckel hat, lässt sich nicht mehr genau feststellen."

Skeptiker sind durch die moderne Darstellung eines Pfeiles irritiert und qualifizieren das Relikt schon alleine deshalb als „plumpe Fälschung" ab. Die billigste Erklärung. Zugegeben, die Pfeile wirken modern. Doch wir finden sie zahlreich als stilisierte Speere in vielen Darstellungen aus der Urzeit. Bei meiner Museumstour durch Südamerika entdeckte und fotografierte ich etliche Pfeile aus Stein, die genau dem Vorbild auf der „genetischen Scheibe" entsprachen. Sogenannte „Kultpfeile", deren Bedeutung von Archäologen nicht schlüssig geklärt ist.

Inzwischen wurde der ominöse Diskus am Naturhistorischen Museum in Wien untersucht. Die Analyse bestätigte, dass der Gegenstand nicht aus künstlichem Material wie z. B. Zement geformt wurde, sondern aus natürlichem Kieselschiefer mit kohlehaltigen Pigmenten, Lydit genannt, besteht. Nach einer Expertise der Mineral- und Edelsteinexpertin *Dr. Vera M. F. Hammer* konnten Verwitterungsspuren festgestellt werden. Auch das Material selbst bietet sich nicht für eine moderne Fälschung an. Schiefer lässt sich leicht spalten, womit eine Bearbeitung mit einfachen Werkzeugen möglich ist. Schwieriger ist es für die Hersteller, eine kreisrunde Scheibe im Durchmesser von 22 cm aus dem Gestein herauszuarbeiten.

Der Mediziner *Dr. Algund Eemboom* besah mit Kollegen die Segmente auf der Scheibe. Die Experten bestätigten den bisherigen Eindruck, dass auf der Scheibe unter anderem Spermien, eine weibliche Eizelle, das befruchtete Ei und ein Fötus zu sehen sind.

Prof. Dr. Rudolf Distelberger, der schon den bizarren Rauchquarzkopf „ET" untersuchte, nahm ebenfalls eine Begutachtung der Scheibe vor. Seine Stellungnahme: „Die Scheibe ist ein inhaltlich sehr kompliziertes Stück. Hier zeigt sich ein Problem, das wir nicht erklären können, aber deutlich macht, weshalb der Gegenstand von manchen Wissenschaftlern oder Museumsexperten abgelehnt und als Fälschung eingestuft wird: Er lässt sich nicht einordnen in das bekannte südamerikanische Kultursystem, das wir derzeit kennen. Warum aber sollte ein Fälscher etwas fälschen, das nirgendwo einzuordnen ist? Das macht keinen Sinn. Man will ja etwas verkaufen. Wenn also jemand z. B. ein Inkagefäß verkaufen will, weil es am Kunstmarkt einen Wert hat, dann wird man dieses Objekt in Gestalt eines Inkagefäßes herstellen."

Wenn keine Fälschung, was dann? Das kuriose Relikt könnte von einer Zivilisation stammen, die unserem Wissensstand ebenbürtig war. Die Legenden um das versunkene Königreich Atlantis kommen mir wieder in den Sinn. Ist die „genetische Scheibe" ein Relikt aus dieser Epoche? Verfügten bereits frühe Völker über technische Möglichkeiten, um Spermien oder Zellteilung sichtbar zu machen? Gutierrez erinnert daran, dass es präkolumbische Darstellungen von schlangenförmigen Gebilden gibt, die an Spermien denken lassen und von Ureinwohnern grafisch mit winzigen Härchen versehen wurden. Ein Faktor, der erst vor wenigen Jahrzehnten mit Hilfe von Elektronenmikroskopen eruiert werden konnte. Wie aber soll das vor Jahrtausenden möglich gewesen sein? Woher hatten die prähistorischen Handwerker das

Wissen, um solche genetischen Details präzise wiederzugeben? Müsste es ihnen nicht „irgendjemand" mitgeteilt haben? Erich von Däniken bringt außerirdische Lehrmeister ins Spiel, die unsere Ahnen in grauer Vorzeit von der Evolution in Kenntnis setzten.

„Ich glaube nicht viel an diese Auslegung", sagt Gutierrez nachdenklich, gibt aber offen zu, dass er die Antwort nicht kennt. Sein Verdacht: „Vielleicht waren unsere Ahnen nur sehr gute Beobachter der Natur oder bedienten sich bestimmter Rauschmittel wie Coca. Drogen also, die von Schamanen eingenommen wurden und sich somit bei Ritualen in andere Dimensionen versetzten, um überirdische Informationen zu empfangen."

Endgültige Klarheit über den Ursprung der Scheibe und ihre Bedeutung der Zeichen über Embryologie können wohl nur weitere wissenschaftliche Untersuchungen bringen.

High-Tech-Werkzeuge vor 10.000 Jahren

Beim Streifzug durch das Goldmuseum in Bogotá kam ich aus dem Staunen nicht mehr heraus. Sagenhaft, was hier an weltweit einmaligen Schätzen aufbewahrt wird. Die handwerkliche Feinheit und Raffinesse der Schmuckstücke zeugt vom hohen Entwicklungsstand vorkolumbischer Kultur. Viele winzige Kostbarkeiten sind derart fein gearbeitet, dass es schwer glaubhaft erscheint, sie wären ohne Zuhilfenahme von Vergrößerungsgläsern entstanden. Neben den Kleinoden aus filigraner Golddraht-Technik ist eine vertraute Schautafel platziert. Ein primitiver, behaarter Steinzeitmensch bearbeitet mit Meißel und Hammer eine Goldfigur. Stimmt diese Vorstellung angesichts präziser Feinarbeit? Gab es ein Know-how, von dem wir heute nichts mehr wissen?

Professor Gutierrez kramte in seinen Schatzkisten und holte kleine seltsame Gegenstände hervor. Es sind Relikte, die man zahlreich in Kolumbien ausgegraben hat, die aber von der Archäologie lediglich als „Kultobjekte" oder „Fruchtbarkeitssymbole" angesehen werden. Der Designer Gutierrez ist hingegen davon überzeugt, dass diese Exponate in Wahrheit *Werkzeuge* waren. Ausgeklügelte Hilfsmittel also, die für die Herstellung und Bearbeitung feiner Kunstobjekte gedient haben könnten. Am Beispiel *wellenförmiger* Utensilien, die an Kaulquappen oder Spermien erinnern, demonstrierte der Fachmann die Handhabung der Gegenstände: „Es gibt unter den Werkzeugen einige, die einen genau festgelegten Abstand zwischen dem Griff und der Spitze aufweisen. Man hat hierbei erreicht, dass diese Instrumente auf gar keine Weise falsch angefasst werden können. Die meisten dieser Werkzeuge haben außerdem einen so flachen Griff, dass man es praktisch nicht zwischen den Fingern spürt. Dies ist sehr wichtig, weil so die volle Beweglichkeit der Hand garantiert ist. Wir wissen, dass ein größerer Abstand der beiden Finger, die ein Werkzeug greifen, entsprechend einer größeren Dicke des Griffes, die Beweglichkeit des Handgelenkes einschränkt, je dünner der Griff ist, um so beweglicher sind die einzelnen Gelenke der Finger und der Hand."

Die Proportionen, die Symmetrie ist perfekt. Eine raffinierte Methode, die mir als Erklärung für Arbeiten im Millimeterbereich plausibel erscheint. Aus welchem Material bestehen die Instrumente, wie wurden sie hergestellt, von wem und wann?

„Die Werkzeuge sind aus *Lydit*, dem gleichen Material wie die genetische Scheibe", klärt Gutierrez auf und fügt hinzu, „einem Stein ähnlich dem Schiefer, aber mit einem Härtegrad von 0,6 und noch härter. Zur Herstellung dieser Werkzeuge benutzte man wahrscheinlich Quarz. Quarzkristalle in geeigneten Formen, mit denen der Stein geschabt oder graviert wurde."

Doch bei der Ausgrabungsstelle in der Nähe von Bogotá sind bisher keine solchen mutmaßlichen Quarzwerkzeuge aufgetaucht. Dennoch zeigen die Objekte unter dem Mikroskop betrachtet deutliche Bearbeitungsspuren von Quarzkristallen. Gutierrez vermutet deshalb, dass diese Gegenstände nicht an jener Stelle hergestellt wurden, wo man sie entdeckt hat.

Was die konkrete Altersbestimmung anbelangt, stößt man wie bei allen bisher ausgebuddelten fremdartigen Artefakten auf die bekannten Schwierigkeiten. „Das Alter ist schwer zu bestimmen, da wegen des Fehlens pflanzlicher Substanzen die Radiokarbonuntersuchung nicht angewandt werden kann und die traditionel-

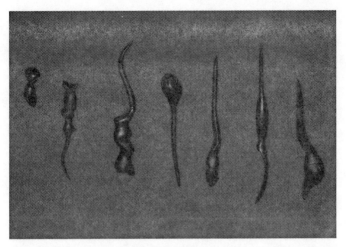

Steinobjekte in Form von „Kaulquappen" entpuppten sich bei näherer Analyse als High-Tech-Werkzeuge aus grauer Vorzeit.

len Möglichkeiten zur genauen Bestimmung des Alters versagt haben. Aber aufgrund der Typologien kann man mit Sicherheit sagen, dass diese Werkzeuge weit vor dem Eintreffen der Spanier in Südamerika hergestellt wurden. Einzelne Instrumente sind auf jeden Fall älter als 2000 Jahre, möglicherweise bis zu 10.000 Jahre alt."

Ich bohre noch einmal nach: Wer waren die Konstrukteure dieser High-Tech-Instrumente? Woher hatten die Ureinwohner das erstaunliche Wissen über perfekte Formen und ihre technische Umsetzung? Gab es vielleicht doch überirdische Hilfe von „außen"?

„Ich glaube eher", winkt Gutierrez ab, „dass man damals die Formen *intuitiv* entwickelt hatte und nicht mit analytischen Berechnungen an die Sache herangegangen ist. Die Menschen waren wohl auch weitaus sensibler als wir und standen in sehr viel engerem Kontakt mit der Natur. Die Formensprache ist oft extrem klar." Der Designer veranschaulicht dies am Beispiel eines Gegenstandes, der wie eine Spachtel aussieht. Die perfekte Form lässt an eine Ente denken. Gutierrez vermutet, dass der Gestalter vielleicht nur die gleitende Bewegung einer Ente, die auf ihrem See schwimmt, darstellen wollte. Daneben existieren Fundstücke, die durch ihre Details bestechen. Besonders auffällig beim Griff eines Messers, der offenbar für Kaiserschnitte verwendet worden ist. Die Semantik zeigt die Strangulation eines Fötus. Dazu Gutierrez: „Dies könnte bedeuten, dass man damit klar stellen wollte, dass es wichtig sei, einen Kaiserschnitt vorzunehmen, *bevor* der Fötus sich an der Nabelschnur stranguliert. Hier hat man durch Bilder auf dem Griff den Zweck des Instrumentes eindeutig zugewiesen." Der Kolumbianer räumt aber ein, dass dies *seine* Interpretation der Darstellung ist. Da leider keinerlei Überlieferungen existieren, die dies bestätigen könnten, bleibt es vorderhand nur beim Verdacht. Das Gleiche gilt für einen weiteren „Kultlöffel", der als Geburtshilfe gedient haben könnte. Er scheint ebenfalls eine Situation darzustellen, die an den Austritt des Kopfes eines Kindes bei der Geburt denken lässt. „Und zwar in dem Moment, wo vielleicht ein derartiges Geburtshilfeinstrument benötigt wurde", mutmaßt der Hobbyarchäologe.

Manche Gegenstände wirken so fremdartig, dass sie nicht gleich als Werkzeug erkannt werden. Das gilt etwa für ein merkwürdiges Gebilde, das man als „Batman mit Schwanz" bezeichnen könnte, eine *fledermaus*ähnliche Fabelgestalt. Gutierrez hat sie nach Designaspekten genau analysiert und zeigte sich verblüfft: „Die ästhetische Form und die Geometrie sind von einer unglaublichen Perfektion. Mathematische Regeln wie der ‚goldene Schnitt' sind exakt wiedergegeben!" Kurios empfindet Gutierrez den Umstand, dass man in Peru das gleiche „Fledermaus-Motiv" auf Steinen eingraviert und als Keramikfiguren wiederfindet. Welche Bewandtnis hatte es mit dem Vorzeit-Batman? Existierten derlei „Blutsauger" einst wirklich?

Gutierrez lässt die Vampir-Frage offen und will nicht so recht glauben, dass die Ureinwohner Kolumbiens über exakte mathematische Grundlagen und das Wissen über ästhetische Proportionierung der Dimensionen gewusst hätten. Vielmehr sei anzunehmen, dass die Ureinwohner Kolumbiens ein sensibleres Wahrnehmungsvermögen hatten als wir heutzutage: „Ästhetische Elemente sind in der Natur leicht zu finden und wurden wahrscheinlich durch genaue Beobachtung auf die künstlichen Formen übertragen."

Wenn dem so war, wie Gutierrez annimmt, dann geschah diese Entwicklung nicht von heute auf morgen. „Die Ergonomie dieser Werkzeuge ist sicher in einem sehr lange währenden Prozess der Evolution entstanden. Man kann hier davon ausgehen, dass der Künstler selbst seine Werkzeuge entwickelt hatte und im Laufe der Zeit so weit verbesserte, bis sie seinen Ansprüchen genügten."

Ob man nun außerirdische Lehrmeister, Hohepriester versunkener Kulturen, Mathematik-Genies oder einfach die Vielfalt der Natur als Lösung heranzieht, so liegt doch eine Erkenntnis nahe: Heutige Design-Praxis könnte aus den ästhetischen Vorgaben präkolumbischer Künstler noch vieles lernen. „Auf jeden Fall!", weiß auch Professor Gutierrez. Seiner Meinung nach ist die Studie an vorkolumbischen Gegenständen eine gute Design-Schulung für moderne Handwerker. Auf verschiedensten Gebieten hat man bereits vor Jahrtausenden ästhetische Probleme weitgehendst gelöst. Denken wir nur an die perfekte Form der Pyramiden. Vom alten Ägypten, über China bis in den südamerikanischen Dschungel führt die Spur der magischen Bauten. Wie kann es sein, dass eine so markante und perfekte Architekturform an so weit verstreuten Plätzen anzutreffen ist? Reicht hier „Beobachtung der Natur" als Erklärung aus? Die Frage stellt sich ebenso bei raffinierten Techniken, wie der Verarbeitung von Keramik, Metall, Stein und weiteren Materialien. Gleichklänge finden sich in vielen Teilen der Welt an unterschiedlichsten Orten. Sie zeigen uns ebenfalls viele harmonische Lösungen, die in ihren Charakteristiken sehr kreativ und variationsreich sind. „Im heutigen Design sind Lösungen von solch ästhetischer Tiefe selten zu finden", gibt der professionelle Industriezeichner freimütig zu. „Die Gestaltungen von heute sind einander viel ähnlicher, so, als gäbe es nur einen einheitlichen Design-Stil." Und in Bewunderung an seine geschickten Ahnen: „Bei den präkolumbischen Gegenständen sehen wir, dass jedes Problem seine ganz individuelle und spezifische Lösung gefunden hat und alle sind hervorragend."

Professor Jaime Gutierrez fasst die Bedeutung präkolumbischer Designarbeit noch einmal zusammen: „Für mich liegt ihr Ursprung in der sehr naturbezogenen Ästhetik, in der sich die Formelemente der Pflanzen, Tiere, der Natur an sich, der Minerale, der Formen von Muscheln und Schneckenhäusern auf eine glückliche Weise verbinden. Die Formelemente der Natur wurden auf die Gebrauchsgüter übertragen, wodurch man eine außerordentliche Ästhetik erreicht hat, die in meinen Augen höher steht als die der heutigen Designer, die viel zu weit von der Natur entfernt sind."

Wer die genialen Hersteller waren, liegt verborgen im Dunkel der Geschichte. Einige Forscher schließen nicht aus, dass im südamerikanischen Urwald die Antwort liegen könnte und noch unbekannte Siedlungen auf ihre Entdeckung warten. Viele Abenteuer und Mystiker sind ins Amazonasgebiet aufgebrochen, auf der Suche nach Goldschätzen, und der Heimat des gottgleichen El Dorado. Oder sie suchten nach geheimnisvollen Pyramiden und Geburtsstätten moderner Zivilisation. Manche Abenteurer, wie der britische Oberst *Percy Fawcett*, kamen von ihren Expeditionen nicht mehr zurück, gelten seither als verschollen. Fawcett, der mehrmals in den Dschungel aufbrach und Überreste einer Siedlung entdeckt haben will, wurde 1925 das letzte Mal lebend gesehen. Er schrieb: „Es ist sicher, dass es dort Ruinen von alten Städten gibt – Ruinen, die wahrscheinlich älter sind als die Bauwerke Ägyptens. Sie befinden sich im Inneren des Matto Crosso."

Das fragliche Gebiet zählt heute noch zu den größten unerforschten Gegenden der Welt. Fawcett schrieb an anderer Stelle: „Entweder schaffen wir es und kommen wieder zurück oder unsere Knochen werden dort verfaulen. Aber eines ist sicher: Dort liegt die Antwort auf die Rätsel von Südamerika und vielleicht von der gesamten vorgeschichtlichen Welt. Die Siedlungen im Dschungel könnten für die wissenschaftliche Forschung von großer Bedeutung sein, wenn sie nur gefunden werden. So viel weiß ich: die Städte gibt es, ich zweifle keinen Augenblick daran. Warum sollte ich auch? Ich habe selbst einen Teil davon gesehen. Die Überreste scheinen die Außenbezirke größerer Städte zu sein."

Tatsächlich wurden bei vielen Amazonasexpeditionen ungewöhnliche Funde gemacht. Darunter jede Menge geheimnisvolle Hieroglyphen, graviert in Stein, hinterlassen von einer unbekannten Kultur. Wer diese Ureinwohner waren und was ihre Bildersprache bedeutet bleibt ungeklärt. Ungelöst war bisher auch das Geheimnis um die Heimstätte von El Dorado, dem gottgleichen König. Seine sagenumwobene Residenz blieb bis heute unentdeckt. Nun könnte der Amerikaner *Gene Savoy* auf eine neue heiße Spur gestoßen sein. Im Dschungel Perus stieß er kürzlich am Fluss *Saposoa* auf die Stadt *Cajamarquilla*, dem möglichen Heimatort El Dorados. Der 75-jährige Archäologe hat in den letzten vierzig Jahren Dutzende Siedlungen entdeckt und ist die leibhaftige Vorlage für Steven Spielbergs Filmlegende „Indiana Jones". Sein Hauptinteresse gilt weniger den Inka, sondern vielmehr ihren Vorfahren, dem Volk der *Chachapoyas*. Im Interview mit dem Journalisten *Alexander Haide* erklärt er warum: „Diese Urvölker entwickelten bereits lange zuvor eine Hochkultur. Später wurde das Chachapoya-Reich von den kriegerischen Inka unterworfen und ihre Kultur verschwand." Das Besondere an den Chachapoya-Indianern war ihre untypische Erscheinung: groß gewachsen, helle Haut, blaue Augen. „Es liegt auf der Hand", erklärt Savoy, „dass El Dorado dem Volk der Chachapoyas entstammte."

Was bisher an die Öffentlichkeit drang, entpuppt sich mehr und mehr als archäologische Sensation: Auf über 65 Quadratkilometern sollen die Überreste der versunkenen Stadt verstreut liegen und müssen erst mühsam vom dichten Urwaldgewächs freigelegt werden. Gewaltige Steinstraßen, Terrassen, mehr als 150 Gebäude und Tempelanlagen sowie unberührte Felsengräber lassen das Herz des Abenteurers höher schlagen. Demnächst wird er mit einem Forscherteam zu einer neuen Expedition aufbrechen. Die genaue Lage der Siedlung bleibt allerdings vorläufig streng geheimgehalten. Aus großer Sorge: „Ich möchte nicht riskieren", klagt Savoy, „dass Grabräuber über Cajamarquilla herfallen, unwiederbringliche Kunstgegenstände rauben und für sie Wertloses wie Tongefäße zerstören."

Ist der Mythos von El Dorado Wirklichkeit geworden? Ist es eine geplünderte, von seinen Einwohnern verlassene Stadt? Oder wird man auf Ungewöhnliches stoßen, wenn demnächst Gräber und Tempel freigelegt werden? Stammen rätselhafte Hinterlassenschaften wie die „genetische Scheibe" oder seltsame High-Tech-Werkzeuge, die keiner uns bekannten Kultur zugeordnet werden können, aus dieser mystischen Vergangenheit?

Aeronautik im Altertum

*„Der große Feind der Wissenschaft ist nicht der Irrtum,
sondern die Faulheit."*

Henry Thomas Buckle (1821–1862), engl. Kulturhistoriker

Luftbildkartografie aus der Vorwelt

Am 9. November 1929 machte der Direktor des Türkischen Nationalmuseums, B. *Halil Eldem*, eine ungewöhnliche Entdeckung. Damals war man in der Museumsdirektion damit beschäftigt, den *Topkapi-Palast* in Istanbul in ein Museum für Altertümer umzuwandeln. Während der Renovierungsarbeiten stieß B. Halil Eldem auf zwei Fragmente einer Karte des Seemanns und Kartografen *Piri Reis*. Der war kein gewöhnlicher Seefahrer gewesen, vielmehr hatte er das einflussreiche Amt eines Admirals der Flotte im Roten Meer und im Persischen Golf bekleidet.

Die beiden Kartenfragmente waren von Piri Reis zwischen 1513 und 1517 zum überwiegenden Teil in der Stadt *Gallipoli* angefertigt worden. Im Jahre 1517 machte er sie Sultan *Selim I.*, dem Eroberer von Ägypten, zum Geschenk. Was diese Karte so wertvoll und ungewöhnlich macht, sind die darauf verzeichneten Darstellungen von See- und Landgebieten. Leider sind uns nur noch jene beiden, von B. Halil Eldem aufgefundenen Fragmente erhalten geblieben – Reste von für „verschollen" geltende Weltkarte des türkischen Admirals.

Kopien jener Fragmente gelangten in den 40er-Jahren unseres Jahrhunderts in den Besitz mehrerer Museen und Bibliotheken. 1954 wurde der amerikanische Kartograf *Arlington H. Mallery* stutzig. Seit Jahrzehnten auf alte Seekarten spezialisiert, entdeckte er auf der Piri-Reis-Karte Details, die 1513 noch gar nicht bekannt gewesen sein konnten. Beispielsweise die *Antarktis*.

Piri Reis war ein sehr genauer und gewissenhafter Kartograf: Jedenfalls pflegte er seine gezeichneten Karten in der Beischrift

Bahriye ausführlich zu kommentieren. Piri Reis hatte seine Weltkarte, wie er schrieb, aus 20 verschiedenen Karten zusammengestellt. Als Unterlage für die Aufzeichnung der Küsten und Inseln der *Antillen* benützte der Türke – laut Bahriye – eine Karte von *Christoph Kolumbus*. Vergleichsmöglichkeiten sind uns keine gegeben: Bisher konnte leider keine Kolumbus-Karte wiedergefunden werden.

Dennoch sind die Angaben des Admirals durchaus glaubwürdig. So enthält Piri-Reis-Beischrift unbekannte Details über Amerika, die der türkische Kartograf möglicherweise direkt von Kolumbus (der 1511 von seiner Entdeckungsreise zurückgekehrt war) erfahren hat. Piri Reis war sich der Wichtigkeit dieser Informationen offenbar bewusst, sonst hätte er nicht der Beischrift Bahriye anvertraut: „Eine Karte von der Art dieser Karte besitzt zur Zeit niemand."

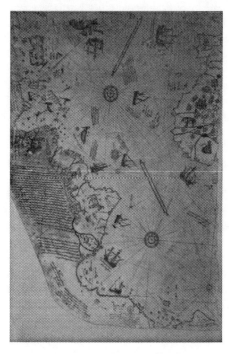

Die Genauigkeit der Piri-Reis-Karte verblüfft moderne Kartographen. Das Wissen über unsere Erde war im Altertum weit größer als bisher angenommen.

So gesehen war es wirklich eine glückliche Fügung, dass 1954 der Amerikaner Arlington H. Mallery in den Besitz der Piri-Reis-Kopien kam. In gemeinsamen Untersuchungen mit seinem Kollegen Dr. *Walters* vom *Hydrografischen Institut* der amerikanischen NAVY ergab Erstaunliches:
- Mittels eines Lesegitters, mit dem die alten Karten auf einen modernen Globus übertragen werden konnten, wurde offenbar: Die Konturen der Küsten von Süd- und Nordamerika, aber auch die Umrisse der Antarktis waren von Piri Reis ziemlich genau an jenen Stelle eingezeichnet worden, wo sie auch hingehörten.

Dazu muss man wissen:
- Auf der Piri-Reis-Weltkarte verläuft der südamerikanische Zipfel von Feuerland aus in einer schmalen Landverbindung, um sich dann bis zur Antarktis hin auszubreiten. Heute aber gibt es südlich von Feuerland, dort wo der türkische Admiral jene schmale Landverbindung kartografiert hatte, nur noch äußerst stürmische See. Hatte sich hier Piri Reis entscheidend geirrt? Offenbar doch nicht. Ozeanografen vermuten nämlich, dass es vor rund elftausend Jahren – gegen Ende der letzten Eiszeit – eine Landbrücke zwischen Südamerika und der Antarktis gegeben haben könnte. Dies wurde zusätzlich mit Hilfe von Infrarotaufnahmen und Echolotungen nachgewiesen. Piri Reis' Angaben fanden somit ihre Bestätigung.

Bei ihrer genauen Überprüfung der Kartenfragmente des türkischen Admirals stießen Mallery und Walters auf weitere Besonderheiten. Man kam dahinter, dass Piri Reis exakt über den Verlauf der Küstenlinien, über Inselgruppen, Buchten und Berggipfel in der Antarktis Bescheid gewusst haben musste. Fragt sich allerdings: Wie und woher?

Bekanntlich liegt alles unter einer dicken Eisdecke verborgen. Selbst der Grand Old Man der internationalen Kartografie, Professor *Charles H. Hapgood*, wurde neugierig, als ihm am 6. Juli 1960 ein Brief des US-Air Force-Kommandanten *Harold Z. Ohlmeyer* ins Haus flatterte. Verwirrt meldete darin der hohe Luftwaffenoffizier: „Die Küstenlinien müssen kartografiert worden sein, bevor die Antarktis mit Eis bedeckt war. Das Eis in diesem

Gebiet ist heute etwa einen Meter dick. Wir haben keine Ahnung, wie die Daten auf dieser Karte mit dem geografischen Wissen von 1513 vereinbart werden können."

Anders ausgedrückt: Die Genauigkeit der Piri-Reis-Weltkarte verleitet zu dem Schluss, dass die eiszeitlichen Kartografen – wer immer sie auch gewesen sein mögen – ihre präzise Arbeit aus großer Höhe besorgten. Aber womit? Mit Heißluftballons? Oder gar mit Flugmaschinen oder Satelliten? Welche Kultur wäre damals zu einer solchen Leistung im Stande gewesen? Welche irdische – oder sollte es eine *außerirdische* Beraterhilfe gewesen sein? Admiral Piri Reis selbst hat in seinen Aufzeichnungen zugegeben, dass seine Karten nur nach Kopien weit älterer Dokumente gezeichnet worden seien. Und dass wohl auch diese nur Kopien gewesen sind. Wann aber – und von wem – wurde das Original hergestellt?

Amerikas Sachverständiger für Kartografie, Arlington H. Mallery, formulierte es drastisch: „Wir wissen nicht, wie sie ohne Flugzeug so genaue Karten anfertigen konnten ..." Und Professor Charles H. Hapgood, der in seinem Buch „*Maps of the Ancient Sea Kings*" seitenweise tabellarische Vergleiche zwischen geografischen Positionen, die auf den Piri-Reis-Karten vermerkt sind und unser modernstes kartografisches Wissen wiedergibt, ließ sich die Ansicht entlocken: „Das durch diese alten Karten gebotene Beweismaterial scheint auf die Existenz einer technischen Zivilisation in ferner Zeiten, noch vor dem Aufstieg irgendeiner bekannten Kultur, hinzuweisen. Diese Zivilisation muss verhältnismäßig weit entwickelt gewesen sein und war entweder auf ein bestimmtes Gebiet beschränkt, betrieb aber weltweiten Handel, oder sie war im eigentlichen Sinn eine weltweite Kultur."

Für Hapgood ergibt sich daher der zwingende Schluss, es müsse vor ungefähr 12.000 Jahren eine Rasse von unbekannten „Seekönigen" gegeben haben, welche die Antarktis kartografierten. Woher aber soll jene unbekannte Sippe über die unter dem Eis der Antarktis liegenden Küstenlinien, Buchten und Berge Bescheid gewusst haben? Dies wäre nur dann verständlich, wenn man damals bereits technologische „Know-how" besaß, um unter die dicke Eisdecke zu „blinzeln". Heute, am Beginn des

21. Jahrhunderts, ist ein solches Vorgehen für uns moderne Kartografen relativ problemlos geworden. Messungen werden aus der Luft oder via Satellit vorgenommen. Aber vor 12.000 Jahren? Sollte es da Ähnliches bereits gegeben haben?

Eine Frage, die sich meine beiden Freunde und Kollegen *Peter Krassa* und *Hartwig Hausdorf* ebenso stellten, nachdem sie im März 1994 abseits jeglicher Touristenrouten in mehreren Regionen der Volksrepublik China unterwegs waren – und fündig wurden. Die beiden nimmermüden Fernost-Experten besuchten das den Touristen vorläufig nicht zugängliche „Tal der Pyramiden" und spürten verschiedenen Behauptungen nach, die sich mit der Möglichkeit auseinandersetzen, dass die Erde in grauer Vorzeit Besuch von außerirdischen Intelligenzen gehabt haben könnte. Krassa und Hausdorf versuchten zusätzlich einer offiziellen wissenschaftlichen Suche auf die Sprünge zu verhelfen, die einem angeblich in *Beijing* archivierten Kartenteil des berühmten Piri-Reis-Fragments gilt. Inzwischen läuft diese offizielle Suche unter der Patronanz der UNESCO.

Bei den Recherchen für ihr Sachbuch „*Satelliten der Götter*" stießen Krassa und Hausdorf auf eine weitaus sensationellere Landkarte, die in einem 2100 Jahre alten Grab der Chinesin *Ma Wang Dui* entdeckt worden war. Die im Maßstab 1:180.000 dargestellte Karte ist von einer unglaublich topografischen Genauigkeit. Auf Seide sind das Gebiet von *Daoxian* in der Provinz Hunan über das Tal des Xiao-Flusses bis zur Gegend um die Stadt *Nanhai* in der Provinz Guangdong exakt und maßstabsgetreu wiedergegeben. Professor *Wang Shiping*, der im Historischen Museum von *Xian* den ungewöhnlichen Schatz hütet, gestand

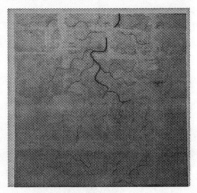

Chinas älteste Landkarte: sie zeigt verblüffende Ähnlichkeit mit modernen Satellitenaufnahmen.

Krassa und Hausdorf wörtlich ein: „Wenn es nicht so fantastisch klingen würde, müßte man sagen, das Vorbild für diese Karte ist eine Satellitenaufnahme, die vor Jahrtausenden von einem fremden Satelliten aus dem Erdorbit gemacht worden ist."
War das Vorbild für die China-Karte ein Satellitenbild? Wer war vor Jahrtausenden im Stande, Weltraumfotos herzustellen?

Flugzeuge im alten Ägypten

Gab es im Altertum bereits Flugzeuge? Dieser Gedanke scheint nicht übertrieben. Denn in einigen altägyptischen Grabstätten wurden tatsächlich Fluggeräte gefunden. Zumindest Miniaturausgaben davon – *Flugzeugmodelle!*
Zunächst hatte man die kleinen Artefakte für Vogeldarstellungen gehalten. So auch im Jahre 1898, als Archäologen in einem Grab nahe der ägyptischen Stufenpyramide von *Sakkara* eine Grabbeigabe aufspürten. Da an die Möglichkeit moderner Flugtechnik damals nicht im Entferntesten zu denken war – den einstigen Pharaonen traute man derartige Kenntnisse denn doch nicht zu –, klassifizierte man das geflügelte Etwas schlicht als „Vogel". Im Jahre 1919 wurde dann der Fund erstmals im *Ägyptischen Museum* in *Kairo* ausgestellt und inmitten anderer altägyptischer Vogelmodelle platziert.
Fünfzig Jahre lang stand das Sakkara-Artefakt unbeachtet in einer Museumsvitrine, bis 1969 der ägyptische Altertumsforscher Professor Dr. *Khalil Messiha* beim zufälligen Anblick der *Sammelnummer 6347* stutzig wurde. Hier stimmte etwas nicht, wurde dem Ägypter plötzlich klar. Das konnte niemals ein Vogel sein! Nicht nur die geraden Flügel des Schauobjektes unterschieden sich wesentlich von jenen der übrigen Vogeldarstellungen – es war vor allem die *hochgestellte* Schwanzflosse, die einfach nicht ins Vogelschema hineinpasste. Messiha besah sich nunmehr das Artefakt genauer und erkannte dessen wahre Bedeutung: Besagtes Fundstück war die exakte Nachbildung eines Miniatur-*Segelflugzeuges!* Experten aus dem Flugzeugbau haben dies inzwischen bestätigt. Die Flügel mit V-förmigen Vorderkan-

ten besitzen die aerodynamische Form moderner Tragflächen. Der senkrecht stehende Schwanz des Flugmodells entspricht dem Seitenruder des Leitwerks neuzeitlicher Flugzeuge. Vermeintliche „Vogelmodelle" wurden auch in anderen Sammlungen genauer untersucht. Mehr als ein Dutzend ähnlicher „Segelflieger" fand man in weiteren Gräbern. Was aber hat die damaligen Konstrukteure vor über 2300 Jahren zur Entwicklung derartiger Flugmodelle veranlasst?

Professor Messiha, Jahrgang 1924, sieht hier enge Verbindungen zur altägyptischen Mythologie, alten Flugsagen und Erzählungen von geflügelten Gottheiten. Der Ägypter hat ein abgeschlossenes Medizinstudium, studierte Kunstgeschichte und anschließend Archäologie. Zuletzt leitete Messiha seine eigene Privatklinik und amtierte gleichzeitig als Direktor des *Museums für Medizingeschichte* im Sakakini-Palast in Daher-Kairo. Sein größtes Interesse gilt aber dem Mysterium der altägyptischen Flugzeugmodelle sowie Flugbeschreibungen in hieroglyphischen Texten. Für seine Entdeckung und Studien wurde er 1977 mit dem „*Ordere of Merit*" des ägyptischen Ministeriums für Zivilluftfahrt geehrt. Und 1979 folgte eine weitere Auszeichnung von der „*World Aerospace Education Organization*".

Ich hatte einige Male Gelegenheit, diesen außergewöhnlichen Ägypter persönlich zu sprechen. Vor 20 Jahren traf ich Messiha zum ersten Mal, als ich mit dem „Österreichischen Däniken" *Peter Krassa* auf gemeinsamer Buchrecherche in Kairo unterwegs war. Wir trafen den Arzt und Professor im Museum für prähistorische Medizin und Pharmazeutik in der Sakakini Square in Kairo. Unsere erste Frage war damals: Welche Indizien sprechen dafür, dass es sich bei dem Artefakt von Sakkara tatsächlich um ein Modell eines Segelflugzeuges handelt?

„Ich hatte 1969 das Ausstellungsstück zum ersten Mal im Ägyptischen Museum gesehen, und mir war bald klar, dass es sich keinesfalls um eine der üblichen Vogeldarstellungen handeln konnte. Vor allem die bei Vögeln völlig abnorme Stellung der Schwanzflosse gab mir bei diesem Artefakt zu denken. So ist deren Form nicht wie bei jeder wirklichen Vogeldarstellung rund, sondern *eckig*. Und außerdem steht sie, was unüblich ist, *senkrecht*. Ich fertigte nunmehr zu Hause genaue Maßstabskizzen von dem Modell an und sandte diese, mit zusätzlichen Detaillaufnahmen ergänzt, an befreundete Flugtechniker im In- und Ausland. Die Ergebnisse, die mir in den Antwortschreiben übermittelt wurden, bestätigten meinen Verdacht: Das Artefakt stellte ganz gewiss *keinen* Vogel dar."

Ingesamt, weiß Messiha, gibt es über ein Dutzend solcher Flugmodelle. Sie alle wurden – und das macht die Sache spannend – in Gräbern von Sakkara gefunden. Sie sind von unterschiedlicher Größe. Vorläufig ruhen jene kuriosen Grabbeigaben, ebenso wie das von Prof. Messiha auf seine Flugtauglichkeit getestete Kunstwerk, in den Archiven des Ägyptischen Museums in Kairo.

Die spezifischen Daten der von Professor Messiha entdeckten Flugzeugkonstruktion lassen sich wie folgt zusammenfassen:

- Das Modell wiegt 39,12 Gramm.
- Der Flügel wurde aus einem einzigen Stück Holz hergestellt und hat eine Gesamtspannweite von 18 cm.
- Die Flügel verdünnen sich zur Flügelspitze.
- Außergewöhnlich an dem Flügel ist sein V-förmiger Winkel an den Vorderkanten, die geringfügig an den Seiten ungleich sind. Dies dürfte auf die leichte Beschädigung des Holzes im Verlauf der Zeit zurückzuführen sein.
- Der Flügel besitzt die aerodynamische Form moderner Tragflächen.
- Der Rumpf des Modells wurde aus dem gleichen Ahornholz wie der Flügel angefertigt. Er nimmt gegen das Heck zugewandt an Umfang zu und der dickere Teil davon hat die Aufgabe, dem Wind den größten Widerstand entgegenzusetzen.
- Zwei Drittel des Rumpfes sind ellipsenförmig.
- Das Heck stellt das dritte Drittel des Rumpfes dar, wobei es leicht nach rechts geneigt ist, wenn man es von der Rückseite betrachtet.
- Der senkrecht stehende Schwanz des Flugzeugmodells entspricht dem Seitenruder des Leitwerks neuzeitlicher Flugzeuge. Er hat beinahe rechteckige Form, ist 3 cm hoch und 4 cm lang.

- Das Heck ist an einer Stelle gebrochen, ein kleines Holzstück fehlt.
- Der Vorderteil ist pyramidal und auf einer Seite wurde ein Auge aufgemalt.
- Von der Nase bis zum Heck misst der Rumpf 14 cm.
- An der oberen Fläche des Rumpfes befindet sich ein rechteckiger Einschnitt, wo die Tragfläche eingesetzt wurde.
- Die Oberfläche des Flügels ist mit jener des Flugzeugrumpfs nahezu identisch.
- Zusätzlich befindet sich ein gut sichtbares Loch im unteren Rumpf, es stammt allerdings nicht aus alter Zeit: Es wurde erst nach seiner Entdeckung gebohrt, um das Modell an einem Ständer befestigen zu können. Es gibt keine Andeutungen, die auf Beine oder sonstige Merkmale unterhalb des Rumpfes schließen lassen.

Soweit die technischen Daten. Freilich gab es auch skeptische Kommentare, die die Konstruktion eines antiken Segelflugzeugmodells für denkunmöglich hielten. Noch im Jahre 1977 behauptete der bekannte, inzwischen verstorbene Neurologe und Fernsehpublizist Professor *Hoimar von Ditfurth* in der Ausgabe Nr. 3 der Mannheimer Werkzeitschrift *Boeringer Kreis*: „... Im ganzen Museum war kein ‚Flugzeugmodell' zu entdecken ... Unter der angegebenen Exponat-Nummer war die Mumie von Tuthmosis III. zu besichtigen. Der wissenschaftliche Leiter des Museums, Dr. *Ali Hassan*, dem ich die betreffende Buchstelle (aus Erich von Dänikens Bildband *„Meine Welt in Bildern"* – Anm. d. Verf.) übersetzte und die Abbildung zeigte, erklärte mir, er habe den dargestellten Gegenstand in seinem Museum nie gesehen, er wisse nichts von irgendeiner Ausstellung zu dem Thema und habe von der ganzen Angelegenheit noch nie in seinem Leben gehört."

Aufmerksame Leser, die sich wie der Autor bereits im etwas fortgeschrittenen Alter befinden, werden sich noch daran erinnern können, doch jüngere sollen nicht im Unklaren gelassen werden: Hoimar von Ditfurth, von dem hier die Rede ist, war Deutschlands populärster Fernsehprofessor in den 70er- und Anfang der 80er-Jahre. In seiner damals erfolgreichen ZDF-Fernseh-Reihe *„Querschnitt"* wurde der ausgebildete Nervenarzt

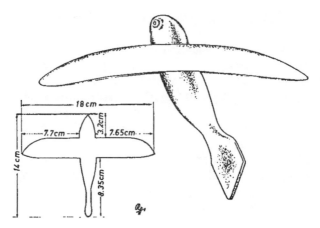

Größenangaben zu dem von Prof. Khalil Messiha entdeckten Modellflugzeug.

nicht müde, einen „heiligen Krieg" gegen alles zu führen, was sich thematisch und sympathiemäßig im Dunstkreis des Schweizer Götterforschers Erich von Däniken bewegte. Man könnte sagen, Hoimar von Ditfurth war der Vorläufer heutiger streitbarer Kritiker wie *Gero von Randow* („Die Zeit"), *Rudolf Henke* (GWUPe.V. = Gesellschaft zur wissenschaftlichen Untersuchung von Parawissenschaften) oder *Ranga Yogeshwar* (WDR). Alle drei sind bekannte Wissenschaftsautoren, die lieber althergebrachten Vorstellungen Glauben schenken als den Spuren fantastisch anmutender Ideen à la Däniken zu folgen. Ditfurth jedenfalls stellte seit seinem Besuch im Ägyptischen Museum in Kairo die Existenz des Exponates 6347 und die Seriosität aller jener, die sich darauf beriefen, in Frage. Doch Skepsis und Tadel sind noch kein wirklicher Gegenbeweis, selbst wenn sie von renommierten Wissenschaftspublizisten stammen sollten. Ich weiß nicht, ob Hoimar von Ditfurth damals womöglich das falsche Museum besucht oder nur oberflächlich nachgeforscht hatte, ich sah mich jedenfalls veranlasst, den Fernsehprofessor zu berichtigen. Ich ließ ihm eine aktuelle Aufnahme jenes „Flugmodells" zukommen, das ich 1979 mit unverschämter Umgehung des Fotografierverbots im Ägyptischen Museum angefertigt hatte. Mittels Antwortkarte musste mir Ditfurth später eingestehen: „Ich habe das Ding wirklich nicht gefunden (auch der wiss. Museumsleiter, dem ich das Bild aus D's Buch zeigte, nicht). Inzwischen habe ich schon von anderer Seite gehört, dass ich mich in diesem Punkt geirrt habe. Das ist natürlich bedauerlich, ändert aber natürlich nicht das Geringste an der wiss. Beurteilung der haarsträubenden ‚Argumentation' von D. Aber wer, wie Sie anscheinend auch, an diesen Unfug glauben *will*, dem kann man mit Argumenten ohnehin nicht helfen, pardon!"

Professor Ditfurth kann zur Flugzeugkonstruktion nichts mehr an Geistreichem beisteuern. Ich meine aber, dass offensichtliche *Vorurteile* nichts mit Wissen zu tun haben. Gegenargumente als „Unfug" abzutun, ohne selbst wirklich stichhaltige Widerlegungen des Behaupteten anbieten zu können, reichen sicher nicht aus, die Argumentation anderer als „haarsträubend" vom Tisch zu wischen.

Die Grabbeigabe aus Sakkara wurde inzwischen von Flugtechnikern überprüft. Einer von ihnen, der das Modell eingehend untersuchte, war der Bruder meines ägyptischen Gesprächspartners. *Guirguis Messiha* ist beruflich Flugingenieur und daher sicher kompetent, ein Fachurteil abzugeben. Seine Analyse zu dem Fund: „Der negative V-förmige Winkel des Modells hat denselben Effekt wie ein positiver V-förmiger Winkel, weil er die Flugfähigkeit des Modells begünstigt. Betrachtet man die Flügeloberfläche, dann zeigt es sich, dass sie Teil einer Ellipse ist – wodurch dem Flug Stabilität verliehen wird. Die Flossenform des Rumpfes vermindert den Luftwiderstand. Ein Faktum, das man erst nach vielen Jahren von Luftfahrtexperimenten zu entdecken vermochte."

Der Flugingenieur konnte das kaum glauben und ließ deshalb eine Nachbildung des Sakkara-Flugkörpers mit genau denselben Maßen wie jene im Museum anfertigen. Das fehlende horizontale Stück des Hecks wurde hinzugefügt. Bei einer ersten Erprobung im Beisein von Flugzeugtechnikern zeigte sich, dass das Parallelmodell von Guirguis Messiha beim Wurf in die Luft etliche Meter gut segeln konnte. Weitere Untersuchungen am Originalmodell haben schließlich Wesentliches ergeben, wobei Messihas Bruder wie folgt die drei wichtigsten Erkenntnisse zusammenfasste:

„1. Der seinerzeitige Erbauer der Flugkonstruktion dürfte etliche ähnliche Flugkörper hergestellt haben, ehe er die endgültige ‚Idealform' fand, wie sie dieses Modell nunmehr darstellt.

2. Dieses prähistorische Flugmodell aus Sakkara repräsentiert nach dem Dafürhalten heutiger Flugzeugingenieure eine Verkleinerung eines originalen einflügeligen Flugzeuges. Dabei spielt es überhaupt keine Rolle, ob dieses Minimodell geflogen ist oder nicht – hergestellt wurde es auf jeden Fall.

3. Der Name des Erfinders, der auf dem Holzmodell eingraviert worden ist, heißt ‚*Pa-Di-Imen*'."

Pa-Di-Imen? Wer oder was mag damit gemeint gewesen sein? Die Antwort verblüfft und findet zudem eine weitere Bestätigung durch die bisherigen Erkenntnisse bei dem Flugmodell. „Das ist altägyptisch und bedeutet soviel wie *Geschenk des Amun*!", klärt mich Professor Messiha auf und fügt hinzu: „Amun wiederum ist nach unserer Mythologie der *Herr des Lufthauchs* und ging nach uralten Überlieferungen eine Symbiose mit dem Sonnengott *Re* ein. Darauf wurde er zum *Lichtgott* erhoben. Machen Sie sich selbst einen Reim darauf ..."

Im „*Lexikon der Ägyptologie*", herausgegeben von *Wolfgang Helck* und *Eberhard E. Otto*, fand ich noch weitere Besonderheiten, die dem göttlichen Amun zugeschrieben werden. Da heißt es, der Name werde abgeleitet von „*verbergen*" und bedeutet „*der Unsichtbare, Verborgene*". Die Griechen haben Amun in der Gestalt des Gottvaters *Zeus* verehrt. Amun war auch derjenige, „*der die Grenzen durcheilt*" und jemand, „*der sich mit der Ewigkeit vereint*". Er wird auf Reliefs und Papyrusabbildungen gelegentlich in menschlicher Gestalt und mit hoher Federkrone dargestellt. Manchmal wurde er mit *hellblauer* Hautfarbe verewigt, ein Hinweis darauf, dass Amun ein *Himmelsgott* gewesen ist, der einst vom „*Lichtmeer*" zur Erde kam. Am häufigsten findet sich seine Abbildung in Verkörperung des *Widders* oder zumindest als Sphinx mit Widderkopf. Jenes merkwürdige Symbol, das auch die *Amunbarke* schmückt. Im Lexikon wird auf ein besonderes Mirakel des Gottes hingewiesen. Es betrifft die ungeklärte Bedeutung und Form des *„magischen Amun-Throns"*, ein *„tragbarer Thron mit einer sitzenden menschlichen Gestalt"*, ein *„Kultgegenstand, der vom Himmel kam"*. Ägyptologen nahmen ursprünglich an, es könnte sich hierbei um die Verehrung eines *Meteoriten* gehandelt haben, sind aber inzwischen von dieser Deutung wieder abgekommen. Was war das für ein Himmelsgefährt, mit dem Gott Amun laut Mythe durch die Lüfte flog? War es ein großes Flugvehikel, das später zu Miniatur-Nachbildungen wie jene des Segelflugzeugmodells aus Sakkara inspirierte?

Die oberägyptische Stadt *Karnak* gilt nicht nur wegen ihrer Widderallee als Residenz des Amun. Aus alten Texten geht hervor, dass dort zu Ehren des Gottes höchst merkwürdige Orakelfeste stattfanden, die Amun als *„Herrscher des Lufthauchs"* feierten. Namentlich bekannt sind das Fest *„Erheben des Himmels"* im 6. Monat und *„Eintritt in den Himmel"* im 7. Monat. Wesentlicher Bestandteil dieser mehrtägigen Feste war, dass *„der Gott, das heißt sein Prozessionsbild, auf einer von Priestern getragenen heiligen Barke"*, dem *„Allerheiligsten von Karnak"* auf die Reise außerhalb des Tempels geschickt wurde. Getragen wurde das Gefährt des Amun von eigens dafür bestimmten Hohepriestern, die den Sondertitel *„Türöffner des Himmels"* führten. Gott Amun wurde mit dieser symbolisch nachgestellten Prozession zum *„Herr des Himmels und der Erde, der Unterwelt, der Wasser und Gebirge"*.

Stellt sich die Frage: War der göttliche Amun bloß ein Fabelwesen? Ein Synonym für übernatürliche Kräfte? Oder hatte er einst leibhaftig existiert? Wenn ja – wer verbarg sich hinter diesem „Lichtgott", der so ungewöhnliche Flugmodelle zu verschenken hatte? War Amun in Wahrheit ein humanoides Wesen? Kam er aus den Tiefen des Alls? War er vielleicht der Pilot eines vorzeitlichen Fluggerätes? Kommt daher die naheliegende Bezeichnung „Herr des Lufthauchs"?

Auch Professor Khalil Messiha haben diese Fragen beschäftigt, und ebenso seinen Bruder. Pardon! Selbst auf die Gefahr hin, dass sich Hoimar von Ditfurth bei diesem Gedanken im Grabe umdrehen sollte: Für die Messiha-Brüder ist inzwischen klar geworden, dass sie auf die Spur eines prähistorischen Flugzeugmodells gestoßen sind, dessen Miniaturausgabe in verschiedenen Größen als Grabbeigabe in Sakkara Verwendung fand. Die Brüder Messiha sind sich zudem sicher: Dieses als „Vogeldarstellung" im Ägyptischen Museum ausgestellte Fluggerät (Sammelnummer 6347, bei meinem Besuch aufbewahrt im 1. Stock, Korridor 22) besitzt dieselben charakteristischen Merkmale wie ein moderner Eindecker!

Khalil Messihas Lebenstraum: „Ich werde mich sehr bemühen, und hoffe es noch erleben zu dürfen, weitere derartige Modelle ausfindig zu machen. Vor allem aber hoffe ich darauf, irgendwann einmal das originale antike ägyptische Flugzeug, das diesen Modellen Pate stand und vielleicht irgendwo unter dem Wüstensand verborgen liegt oder in einer großen noch unerforscht gebliebenen Geheimkammer, zu entdecken."

Was immer noch an Überraschungen aus dem Wüstenboden ausgebuddelt wird, Professor Messiha ist es nicht mehr vergönnt, diese Artefakte zu studieren. 1998 verstarb der wissbegierige und sympathische Forscher in Kairo. Doch die Jagd nach eigenartigen Fundstücken aus dem alten Pharaonenreich geht weiter. Dafür sorgt der Archäologe und Architekt *Dawoud Kahlil Messiha*, der 43-jährige Sohn des „Segelflugzeug"-Entdeckers. Zusammen mit seinem Vater forschte er nach verborgenen Geheimnissen altägyptischer Bautechnik in der Cheops-Pyramide und Tempelanlagen. Nun setzt er die außergewöhnlichen Arbeiten seines Vaters fort und untersucht das aeronautische Wissen im antiken Ägypten.

Auf diesem böigen Weg, lieber Dawoud Messiha, viel Glück und archäologischen Spürsinn!

Die „Goldflugzeuge" aus Kolumbien

Die Vorstellung von frühgeschichtlichen Aeronauten ist ebenso fantastisch wie der Gedanke an Besucher aus fremden Welten. Beides wird allgemein skeptisch aufgenommen. Doch diese Vorbehalte werden durch verblüffende Funde erschüttert. Zu den spektakulärsten Artefakten dieser Kategorie gehören seit Jahrzehnten die sogenannten „Goldflugzeuge" aus Kolumbien. Sie stützen die These, dass schon vor Jahrtausenden Flugzeug-Modellbauer am Werk waren, die offenkundig über ein erstaunliches aerodynamisches Wissen verfügt haben.

Die kleinen Goldobjekte werden als „religiöse Zierart" und „Tier-Nachbildung", wie „Vogeldarstellungen", „Motten", „Fledermäuse" oder „fliegende Fische" klassifiziert. Sie zeigen aber – ähnlich wie vergleichbare altägyptische Grabbeigaben – deutliche Charaktermerkmale, die man sonst nur von modernen Flugzeugtypen kennt. Dies gilt für die Deltageometrie der Tragflächen in konsequenter Tiefdeckerposition genauso, wie das exakt dazu dimensionierte Leitwerk mit der hoch aufragenden rechtwinkeligen Seitenruderflosse sowie dem entsprechend horizontal angeordneten Höhenruder.

Gefunden hatte man die kuriosen Kunstwerke, gemeinsam mit anderen Goldschätzen, in präkolumbischen Fürstengräbern, die dem Stil nach der *Tolima*-Kultur zugeschrieben werden.

Aufbewahrt werden die flugzeugähnlichen Amulette in Privatsammlungen sowie im *Überseemuseum von Bremen,* im *Ethnologischen Museum Berlin Dahlem* (Völkerkundemuseum) und vor allem im *Museo del Oro* in der Staatsbank von Bogotá in Kolumbien. Hier hoffte ich, mehr über den ursächlichen Verwendungszweck dieser Exponate in Erfahrung zu bringen. Meine Visite war zuvor angekündigt und die Museumsleitung war darüber informiert, dass mein Augenmerk besonders auf mysteriöse Schmuckgegenstände gerichtet war. Für unser vierköpfiges Team, meine drei Kollegen und ich, wurde eigens ein persönlicher Rundgang durchs Goldmuseum gewährt. Auf zwei Stockwerken verteilen sich atemberaubende Schätze. Im ersten werden die einzelnen altindianischen Kulturen Kolumbiens vorgestellt und ihre Goldschmiedetechniken, im zweiten wird der Mythos des Goldes zelebriert. Lichterspots lassen die prächtigsten Goldfunde, massive Brustplatten, Knieschützer, Helme und „Kultobjekte", in der Dunkelheit der Ausstellungsräume aufleuchten. Leise Musik im Hintergrund begleitete die mystische Stimmung. Alles wurde uns genauestens erklärt und unsere Fragen hat man geduldig beantwortet. Fast alle. Denn als wir endlich zum Schaukasten kamen, in dem die berühmten „Goldflieger" aufbewahrt werden, war die Überraschung und Enttäuschung groß: Just diese Vitrine war und blieb während unseres Besuches finster. Die einzige der ganzen Ausstellung, die abgedunkelt war. Es blieb nicht nur stockfinster, ich war auch stocksauer. Offiziell hieß es beschwichtigend, dass „Renovierungsarbeiten" der Grund dafür seien. Unserer Dolmetscherin (englisch, obwohl durchaus regelmäßige Führungen in Deutsch unternommen werden) sah man die lange Nase an. Seltsam, dachte ich.

Meine Hoffnung, ich könnte beim anschließenden Gesprächstermin mit der Museumsdirektorin doch noch eine Möglichkeit finden, um die „Flieger" zu bestaunen, wurde herb zerstreut. Selbst der harmlosen Idee mit einer Taschenlampe in besagte Vitrine zu leuchten, folgte die Abfuhr. Es blieb dunkel. Beim Gespräch wurde deutlich, weshalb. Unbequeme Fragen waren nicht erwünscht. Alles was auch nur entfernt mit ungeklärten Fundstücken zu tun haben könnte, die eine neue Interpretation erlauben, wo bisherige Auffassungen hinterfragt oder gar in Zweifel gestellt werden, wird als reiner Unsinn abgetan. Die merkwürdigen Goldstücke sind „religiöser Schmuck" und damit basta. Da nützt weder die unglaubliche Ähnlichkeit zu modernen Flugzeugen noch die Bestätigung durch erfolgreiche Windkanal-Untersuchungen am *Aeronautical Institute* in New York.

Ich habe den Eindruck, dass manche Spezialisten der Wissenschaft lediglich im Erlernten verharren wollen. Weshalb verfolgt man geradezu stur einer Einbahnstraße und verbarrikadiert sich jede weltoffene Anschauung durch Scheuklappen? Althergebrachtes muss nicht immer falsch sein. Das gilt aber gleichermaßen für neuzeitliche Überlegungen. Ist man ihnen nicht zugänglich, so befolgt man zwar durchaus die Dogmen der geltenden wissenschaftlichen Lehrmeinung, ignoriert dabei aber all das, was unvoreingenommene Forscher berücksichtigen sollten: *Objektive Distanz*.

Natürlich muss ein Gegenstand, der aussieht wie das Modell eines Düsenjets, nicht zwangsläufig tatsächlich eine solche Nachbildung sein. Wenn sich aber Indizien dafür finden lassen, sollte man bereit sein, eine Untersuchung dieser Möglichkeit zuzulassen. Dass unsere frühgeschichtlichen Vorfahren technisch viel weiter entwickelt waren, wie wir glauben, davon ist der amerikanische Prähistoriker *Ivan T. Sanderson* überzeugt.

Beim Besuch einer Ausstellung über präkolumbische Kunstschätze fiel ihm einer der Gegenstände auf, machte ihn stutzig. Er untersuchte den vermeintlichen Kultgegenstand, der als „Tiersymbol" eingeordnet war, sehr genau, und fand bald heraus, dass es sich hierbei keineswegs um die Nachbildung irgendeines Tieres zu Wasser oder im Luftraum handeln konnte. Vielmehr entdeckte Sanderson immer mehr Indizien dafür, dass dieses und andere goldene Kleinode in Wahrheit mechanischen Flugobjekten nachgebildet worden waren. Wer die Goldfunde genauer betrachtet, erkennt an ihnen typische Parallelen zu vetrauten Flugzeugformen: Trapezartige Deltaflügel, Maschinenräume, Cockpit, Windschutz sowie kleine gerade Höhen- und Seitenflossen. Durchwegs Merkmale, die man auch bei modernen Überschalljets vorfindet.

Ivan T. Sanderson legte seine gewagte Theorie, hier handle es sich um goldene Minimodelle von prähistorischen Fluggeräten, kurz entschlossen einigen Piloten und Ingenieuren vor – und wurde zu seiner eigenen Überraschung in seiner Auffassung mehrfach bestätigt. *J. A. Ullrich*, ein Pilot, der in zwei Weltkriegen Kampferfahrung gesammelt hatte und sich danach als Lehrer für Aerodynamik betätigte, sah eines der Goldmodelle zum ersten Mal, ohne auch nur im Geringsten zu ahnen, wofür es von der Archäologie bisher gehalten worden war. Spontan meinte er zu Sanderson, als ihn dieser darauf ansprach: „Das sieht aus wie das Modell eines F-102-Kampfflugzeuges!" Ullrich verglich die Form der Flügel des vorgeblichen „Tierschmucks" mit jener von modernen Düsenflugzeugen und bezeugte deren frappierende Ähnlichkeit. Manche Faktoren, wie etwa die Hecksteuerung, seien zwar bei der F-102 nicht vorhanden, präzisierte der Pilot, hingegen gäbe es eine solche bei den in Schweden entwickelten Saab-Maschinen.

Wörtlich ergänzte Ullrich: „Die Bauart ist nur für bestimmte Flugarten wertvoll – für extreme Flughöhe. Dieser Flügeltyp ist

Untersuchungen am Aeronautical Institute, New York, erbrachten Erstaunliches: Bei historischen Artefakten aus Südamerika handelt es sich offensichtlich um goldene Flugzeugmodelle.

für die Atmosphäre bis zu 15.000 oder 18.000 Meter geeignet. Die Pfeilform der Tragflächen dient dazu, Schwingungen zu verhindern, wenn die Schallmauer durchstoßen wird ... Die Konstruktion der Flügel zeigt Möglichkeiten zum Überschallflug ... wenn man mit überhöhter Geschwindigkeit fliegt, bildet sich ein Luftkissen ... Es würde im Stande sein, sich unter Wasser fortzubewegen, ohne dass die Schwingen abreißen. Um ein Fahrzeug mit hoher Geschwindigkeit durch ein solches Medium zu bewegen, müsste es in dieser Art konstruiert sein."

Eines der goldenen „Flugzeugmodelle" wurde später vom *Aeronautical Institute* in New York mehreren Tests im Windkanal unterzogen und für *flugtauglich* befunden. Wen wundert es da, dass die Gesellschaft zur Erforschung von Raumfahrtaktivitäten im Altertum, die *Forschungsgesellschaft für Archäologie, Astronautik und SETI* (A.A.S.), einen dieser „Goldflieger" aus Kolumbien zu ihrem internationalen Vereinslogo ausgewählt hat? Zweck der Gesellschaft ist das Sammeln, Austauschen und Veröffentlichen von Indizien zur Unterstützung vor allem zweier Thesen: Die Erde erhielt in prähistorische Zeiten Besuch aus dem Weltall; die gegenwärtige technische Zivilisation auf der Erde ist nicht die erste. Die nahezu 10.000 Mitglieder, unter ihnen Wissenschaftler, Forscher, Ingenieure, aber auch Freidenker und interessierte Laien aus aller Welt, wollen ihre Arbeit auf eine wissenschaftliche Basis stellen, „ohne die Beengtheit der traditionellen Wissenschaft". 1973 wurde diese gemeinnützige Gesellschaft von dem in Chicago lebenden Rechtsanwalt *Dr. Gene M. Phillips* gegründet. Sie hat in der Schweiz eine deutschsprachige Niederlassung. In ihrem Fachmagazin *Sagenhafte Zeiten* informiert sie über neueste Entdeckungen und Forschungen auf diesem Gebiet.

Mitarbeiter der A.A.S. lieferten kürzlich eine weitere Bestätigung für J. A. Ullrichs Interpretation der Bogotá-Artefakte. Drei deutsche Freizeitforscher, der Zahnarzt Dr. *Algund Eenboom*, der Radaroffizier und Flugmodellbauer *Peter Belting* und der Verwaltungsbeamte *Conrad Lübbers,* wollten mit naturwissenschaftlichen Methoden nachprüfen, ob das Urvolk aus Südamerika bereits Flugzeuge besessen haben könnte. Die Ergebnisse ihrer mehrjährigen Forschungsarbeit übertrafen alle Erwartungen. Die Luftfahrtarchäologen bauten eine Replik aus Styropor und Kohlefaserverstärkung in Form eines stark vergrößerten Modellflugzeuges nach. Den ersten Prototyp versahen die Freizeitforscher mit einem Propeller, angetrieben von einem Elektromotor. Probeflüge wurden in der Schweiz und in Deutschland am Flugplatz von Emden auf Video festgehalten. Ein sechsköpfiges Team des Fernsehsenders ABC aus Los Angeles war im Frühjahr 1997 eigens nach Deutschland gereist, um Aufnahmen des Schaufluges für die Serie „The mysterious world of Erich von Däniken" zu drehen.

„Das Modell ist sehr wendig und gut zu steuern", sagt Peter Belting, selbst Pilot. „Dabei hat es nicht einmal ein bewegliches Seitenruder, denn die senkrechte Heckflosse steht im Modell fest. Dennoch sind exakte Kurvenflüge mit Hilfe der Querruder und des Höhenruders möglich." Belting räumt zwar ein, „mit dem richtigen Antrieb könnte man sogar einen Küchenstuhl zum Fliegen bringen". Aber sein Modell schwebt auch bei abgeschaltetem Motor in elegantem Gleitflug zur Landung und setzt weich auf der Piste auf.

Einige Details der 2000jährigen „Amulette" ließen den Modellbauer und seine Freunde zu dem Schluß gelangen, die Schmuckstücke seien keinem Propellerflugzeug, sondern einem *düsengetriebenen* Flugobjekt nachempfunden. Belting versah also ein zweites Exemplar mit einem ebenfalls elektrisch betriebenen „Impeller". Das Resultat: Auch dieses Modell zeigt hervorragende Flugeigenschaften. Für das Team der Luftfahrtarchäologen ist daher die Studie noch lange nicht zu Ende. Zu spannend sind die Fragen, die sich mit den „Goldfliegern" verknüpfen. Nächster Schritt: Ein Bremer Fliegerklub will eines der Modelle in noch größerem Maßstab bauen und sogar Flugversuche mit Piloten starten.

Manche der „verdächtigen" Flugmodelle, zeigen erstaunliche Konstruktionen. Es fällt auf, dass bei den meisten der präkolumbianischen Artefakte die künstlichen Eigenschaften gegenüber den natürlichen weitaus überwiegen. Wirklich nur eine zufällige Charakteristika? Oder zeigen sie doch Kenntnisse der Mechanik, die im Laufe der Jahrtausende aus unserem Gedächtnis entschwanden? Sind diese Objekte tatsächlich Nachempfindungen einst wirklich existierender Großflugzeuge gewesen? Wenn dem so wäre, wer saß damals am Steuer der Flugmaschinen?

Im Goldmuseum von Bogotá entdeckt der aufmerksame Besucher kostbare Kleinode, die die tiefe Gläubigkeit ihrer indianischen Schöpfer wiedergeben. „Kultobjekte", die ihre Vorstellung von dieser und einer „jenseitigen" Welt deutlich machen, aber auch Anhaltspunkte für missverstandene Technologie aufzeigen. Neben den Gegenständen, die an Flugzeuge erinnern, finden sich eine Vielzahl von Darstellungen „fliegender Menschen" und Figuren, die offenbar in astronautenähnlichen Anzügen stecken. Besonders beeindruckend sind die in „Zeremonialkostümen" gezeigten Schamanen der *Calima*-Kultur. Sie werden heute der *Yotoco*-Kultur zugerechnet. Zwischen den ersten Jahrhunderten vor und rund 1000 n. Chr. legten sie in den Tälern westlich des Andengebirges gewaltige Terrassen an. Sie verarbeiteten dort Gold zu *poporos*, Gefäßen, in denen aus pulverisierten Muscheln gewonnener Kalk, mit gerösteten Coco-Blättern vermischt, aufbewahrt wurde. Diese Mischung erzeugte eine stimulierende Wirkung und war eine betäubende Droge, die ein Teil traditioneller Riten war. Sinn und Zweck sollte es sein, mit „höheren Wesen" in Verbindung zu treten. Um den Kalk, der sich bei der Zeremonie am Boden der poporos-Gefäße angesammelt hatte, zu lösen, wurden spezielle goldene Nadeln benutzt. Das Besondere: Die Köpfe dieser Nadeln schmückten fremdartige Gestalten in Masken und Helmen. Damit sollte die Erinnerung an diese

„himmlischen Geschöpfe", die einst alles, was besteht, geschaffen haben, im Gedächtnis bleiben. Wer waren diese fremden „Vogelmenschen"? Waren diese „Herren der Lüfte" auch Flugtechnikspezialisten? Lieferten sie die realen Vorbilder für die Modelle kleiner „Goldflugzeuge"?

Rätselhafte Funde aus Gold, die mit dem „Fliegen" in Verbindung gebracht werden, kennen wir ebenso aus unseren Breiten. Im Preußischen Kulturbesitz befindet sich ein außergewöhnliches Sammlungsobjekt aus purem Gold, das als „Kopfbekrönung" oder als „Aufsatz eines Priesterstabes" gedeutet wird, der mit 19 umlaufenden Zonen, Halbmonden, Augen und Kreismotiven verziert ist. Die Spitze ziert ein achtstrahliger Stern vor gepunktetem Grund. Der Form nach und mit dem Kranz mehrspeichiger Räder an seiner Basis, ähnelt es einer modernen Raumrakete. Das vollständig erhaltene „Kultobjekt" ist das vierte seiner Art aus der Bronzeit Alteuropas. Die wahre Bedeutung dieser rund 80 cm hohen „Zeremonialhüte" bleibt weiterhin unklar.

Wie auch immer: Die goldenen „Raketenhüte", die goldenen „Vogelmenschen" und die eindrucksvollen „Goldflieger", sie alle werden gehütet wie ein Schatz. Aus gutem Grund: Denn zumindest ihr materieller Wert – ob Flugzeugminiatur oder „Zierrat" – ist unbestritten.

Nazca – Das achte Weltwunder

Ich leide an Flugangst. Besser gesagt: ich litt an ihr. Nach der Besichtigung von *Nazca* aus der Vogelperspektive war ich geheilt. Mein Leben lang werde ich das nicht vergessen. Es war in der Tat unbeschreiblich. Dabei begann es recht harmlos. In Ica, im Süden von Peru, zwängte ich mich gemeinsam mit Freunden in eine winzige Fünf-Sitzer-Maschine. Zielort war das weltberühmte Wüstenwunder – die *Pampa* von Nazca. Ein rund 530 Quadratkilometer großes Gebiet, wo ein Gewirr von Hunderten kilometerlangen Linien, gigantische geometrische Muster und riesige Tierdarstellungen sowie „Fantasiegeschöpfe" das „größte Skizzenbuch der Welt" bilden. Ein wahres Weltwunder, das paradoxerweise von der Erde kaum auszumachen ist. Die Komplexheit der Figuren und Linien ist nur von der Luft aus betrachtet überschaubar. Am Boden nimmt man lediglich Vertiefungen im Erdreich wahr, die an einen Weg, eine Straße oder an lange, flache Rillen denken lassen.

Wenn aber etwas in einem so großen Maßstab angefertigt wurde, dass es nur von „oben" betrachtet erkennbar ist, macht dies doch nur dann Sinn, wenn man es auch aus himmlischer Höhe anschauen kann. Dies hieße aber, dass die einstigen Nazca-Bewohner Mittel und Wege gefunden hatten, sich in die Lüfte zu erheben. Aber welche flugtechnischen Hilfsmittel standen in der Frühzeit zur Verfügung? Unserem traditionellem Geschichtsbild zufolge überhaupt keine. Das Alter der Muster wird in die Zeit zwischen 500 v. Chr. und 500 n. Chr. datiert, da die meisten Keramikfunde aus dieser Epoche stammen. Dennoch ist nicht auszuschließen, dass das ausgeklügelte Liniennetz weit älter ist als bisher angenommen. Archäologen stellen fest, dass viele heute sichtbare Strukturen über älteren Linien angelegt wurden. Erstaunlich ist, dass die pistenähnlichen Zeugnisse einer rätselhaften Vergangenheit überhaupt noch bestehen und entdeckt wurden. Und das ist trotz der überdimensionalen Musterung noch gar nicht so lange her. Abgesehen von einigen Notizen spanischer Chronisten aus dem 16. und 17. Jahrhundert blieb das unbekannte Liniensystem bis vor etwa 70 Jahren nahezu unbemerkt. Selbst der *Pan American Highway* wurde durch die Wüste gebaut, ohne dass jemand die riesigen Gebilde bemerkt hätte, da sie am Boden nicht ersichtlich waren.

Die erste genauere Beobachtung erfolgte im Jahre 1926, als ein Forscherteam unter der Führung von Professor *Julio C. Tello*, dem Begründer der peruanischen Archäologie, Umrisse der ersten aufgefundenen Scharrbilder aufzeichnete. Danach wurde die ungewöhnliche Entdeckung durch Schilderungen und Fotos von Piloten der peruanischen Luftwaffe bestätigt, die das fragliche Gebiet überflogen.

Selbst heute noch werden Bodenmuster entdeckt, die dem aufmerksamen Beobachter bisher entgangen waren. Mein unvergesslicher Propellerflug über Nazca führte zu einigen dieser jüngsten Fundsachen, darunter trapezförmige Gebilde und geometrische Formen mit präziser Genauigkeit.

Begonnen hatte das himmlische Abenteuer mit einem scheinbar gemütlichen und ruhigen Flug. Nach zwanzig Minuten harmonischen Gleitens, setzte unser Pilot ohne Vorwarnung zum Sturzflug über und ergänzte diesen mit den Worten: „Auf der linken Seite erkennen sie das Bild des Astronauten." Diese etwa 30 Meter hohe Figur mit erhobenem rechtem Arm des Grußes war das erste Wüstenbild, das ich von Nazca zu Gesicht bekam. In diesem Augenblick dachte ich, es würde auch das letzte sein. Was unser Flugkapitän, ein ehemaliger Militärpilot, in der Folge an abenteuerlichen und waghalsigen Flugmanövern hinlegte, war atemberaubend. Doch das Gesehene war so aufregend, dass keine Zeit blieb, etwas aus der Magengegend hochkommen zu lassen. Zu beeindruckend war die Wunderwelt seitwärts, um, unter und über uns: Die gigantischen Wiedergaben von menschenähnlichen Figuren mit Strahlenkränzen, Tierbilder wie Affe, Echse, Kolibri, Wal oder ein kondorähnlicher Vogel bis zu 300 Meter lang. Die dargestellten Figuren sind von einer unglaublichen Präzision. Die Proportionen stimmen exakt, sind weder verzerrt noch ungenau. Deutlich wird dies am Zeichen der Spinne. Diese 45 Meter lange Riesenspinne gleicht haarscharf einem Krabbeltier, das zur Gattung der *Ricinulei* gehört, einer der seltensten Spinnenarten der Welt. Sie kommt nur im undurchdringlichen Dschungel des Amazonas vor. Sie ist so perfekt in den Wüstensand gezeichnet worden, dass man selbst das typische Fortpflanzungsorgan dieser Spezies klar erkennen kann. Es befindet sich an der Verlängerung eines Beines. Ist schon die Zeichnung an sich ein Rätsel, fragt man sich, wie im Altertum dieses Detail erkannt werden konnte. Es ist normalerweise nur unter dem *Mikroskop* erkennbar! Wie konnte eine solche Perfektion erzielt werden? Und was war der Verwendungszweck für die Bildwerke, die dem Skizzenblock eines Riesen ähneln? Wer hat sie angelegt, wann, wie und warum?

Den überwiegenden Großteil der Wüstenzeichen bilden die schnurgeraden Linien. Sie laufen parallel, kreuz und quer, bündeln sich, sind manchmal schmäler, dann wieder breitflächig planiert oder verlaufen strahlenförmig und überschneiden ab und zu trapezförmige Figuren und überdimensionale Scharrbilder von Tierarten. Selbst über viele Kilometer weichen die geraden Linien nicht mehr als drei Meter ab. Als ich den ersten Blick vom Flugzeug aus auf die pistenartigen Linien warf, schoss mir als erster Gedanke durch den Kopf: Unglaublich, das wirkt wie ein riesiger prähistorischer Flugplatz. Man muss es selbst mit eigenen Augen gesehen und erlebt haben, aber die imposanten Linien vermitteln tatsächlich den Eindruck, als wären hier Start- und Landebahnen für Flugzeuge oder Spaceshuttles angelegt worden. Unser Looping-Pilot bestätigte mir später nach der unerwarteten und glücklichen Rückkehr zur Erde, dass er auf einigen breiten Linien mit seiner Maschine landen könnte, wenn zuvor Geröll und Steine von der Piste entfernt würden. Haben wir es mit einem UFO-Landeplatz aus grauer Vorzeit zu tun? Noch aus 920 Kilometern Höhe aufgenommene Satellitenbilder zeigen schwach das Liniennetz von Nazca.

Gerade dieser Umstand inspirierte Götterforscher *Erich von Däniken* zu seiner fantastischen Idee: Die Zeichen wurden von Menschen (nicht von Außerirdischen, wie Kritiker dem Schweizer immer wieder gerne unterstellen) angelegt, um Besuchern aus dem Kosmos anzuzeigen – landet hier! Ist das Liniennetz als Erinnerung an himmlische Wesen angefertigt worden? Wollte man mit den Scharrbildern ein Zeichen setzen, hoffend auf die Wiederkehr der „Götter"? In seinem Sachbuch *„Zeichen für die Ewigkeit"* widmet sich Däniken ausschließlich dem Rätsel von Nazca und lässt mit seiner eindrucksvollen Bilderdokumentation über neu entdeckte Bodenmarkierungen die herkömmlichen Anschauungen verkümmern.

Über Nazca wurden mittlerweile unzählig viele Theorien konstruiert, aber keine konnte die Tatsache bisher plausibel erklären, weshalb die sonderbaren Muster am besten nur aus der Luft zu erkennen sind. Jüngste Erkenntnis: Die Liniensysteme beruhen auf einer uralten *Regen-Prozession*. Tausende Pilger, so erklärt der Archäologe Dr. *Tony Spawforth* von der Universität Newcastle, sollen in ihrer Not über Stock und Stein gewandert sein, um Regengötter anzuflehen, die ihnen Wasser geben soll-

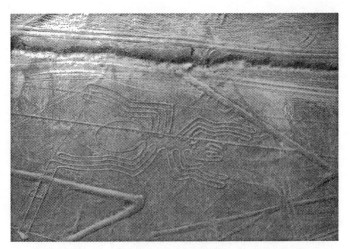

Das Wüstenbild der Riesenspinne zeigt Details, die normalerweise nur unter dem Mikroskop erkennbar sind.

Kilometerlange Pisten ziehen sich durch die Landschaft von Nazca. Wozu wurden die Flächen mühevoll nivelliert und Bergkuppen abgetragen?

ten. Eine Völkerwanderung in immer wiederkehrenden, rituellen Prozessionen soll letztlich die riesigen Spuren hinterlassen haben. Die deutsche *Bild*-Zeitung, bekanntlich ein Garant für seriöse und wahrheitsgetreue Berichterstattung, brachte im August 1997 eilig die Schlagzeile „*Däniken entlarvt!*". Was die Bild-Redakteure allerdings vergaßen zu erwähnen: Es war inzwischen bereits die x-te „Entlarvung". Hat man die vielen anderen Enthüllungsthesen, die von Kollegen des Dr. Spawforth seit Jahren als angeblich beweiskräftige Erklärung angeboten werden, inzwischen vergessen? Dr. *Richard Nikolaus Wegner* glaubte des Rätsels Lösung darin zu erblicken, dass die in der Erde eingefurchten Linien als *Bewässerungskanäle* dienten. Andere wie Professor *Alden Mason* denken an ein „*religiöses Jahrbuch*".

Die inzwischen verstorbene deutsche Mathematikerin *Maria Reiche*, die sich seit 1946 mit diesem verkannten Weltwunder beschäftigte, hielt es für wahrscheinlich, dass die Linien *astronomische* Bedeutung gehabt haben. Doch die computergestützten Untersuchungen des amerikanischen Astronomen *Gerald S. Hawkings* zeigten, dass kaum Hinweise gefunden werden konnten, die darauf schließen ließen, dass die Linien und Zeichen tatsächlich als „*astronomischer Kalender*" gedient hatten.

Zoltan Zelko wiederum, ein ungarischer Gelehrter, bietet die These einer „*riesigen Nazca-Landkarte*" als des Rätsels Lösung an. Und zwar exakt in der Verkleinerung 1:16. Doch wozu sollten Eingeborene eine Riesenkarte geschaffen haben, die sie weder in die Hand nehmen noch überblicken konnten? Es sei denn, sie wurde für jemand angelegt, der sie aus der Luft überblicken konnte.

Weitere wissenschaftliche „Entlarvungen" der flugplatzähnlichen „Pisten": Nazca sei eine vorzeitliche „Olympia-Anlage" gewesen; Indios hätten die Linien in *Wettkämpfen* abspurten müssen (auch über jene senkrecht die Berghänge hinauf und hinab laufenden Linien? Wie soll das möglich gewesen sein?); Nazca diente einer anderen Anschauung nach als Start- und *Landebahn für Ballons* (Ballons? Wozu benötigte man dann pistenähnliche Linien?); es seien *sakrale Stätten* gewesen, an denen irgendwelchen Berg- und Himmelsgöttern geopfert worden sei – oder waren es gar (und das ist wohl das „Ei des Kolumbus" aller vorgebrachten Expertenmeinungen) Zeugnisse für eine vorzeitige *„Beschäftigungstherapie"*?

Durchwegs wissenschaftliche Theorien, die ich hier genannt habe, aber keine überzeugt wirklich, schon gar nicht Dr. Tony Spawforths „Regen-Prozession". Jüngste entdeckte Zeichen von *geometrischen* Anordnungen, *Diagrammen* und *schachbrettartigen* Gebilden auf einer unebenen Bergkuppe im Gebiet von *Palpas* (zwölf Flugminuten vom Nazca-Flughafen entfernt), aber ebenso Darstellungen riesiger *menschenähnlicher* Figuren lassen sich nur schwer in die Regenmacher-These einordnen. Dr. Spawforth, der mit seiner Vorstellung nunmehr gewissermaßen im Regen steht, wird wohl mit einem weiteren Niederschlag rechnen müssen. Faktum bleibt nämlich: Die Konstruktionen und Zeichnungen sind ausschließlich aus großer Höhe erkennbar. Von Betrachtern, die sich in Fluggeräten fortbewegten.

Hat Erich von Däniken also doch Recht? Haben wir es mit Bestandteilen eines antiken Signalsystems zu tun? Angelegt, um den „Göttern", genauer gesagt Besuchern fremder Gestirne ein Zeichen zu geben? Dazu passt folgendes kleines Bonmot: Als meine Mitflieger und ich von unserer zweistündigen Nazca-Flugschau wieder nach Ica zurückkehrten und sicheren Boden unter den Füßen hatten, waren wir alle sprachlos und überwältigt über das zuvor Gesehene. Der Erste, der bemüht war, das Erlebte in Worte zu fassen, war der Museumsdirektor Dr. Willibald Katzinger, dem erklärten Skeptiker unter uns: „So, meine Freunde, jetzt glaub´ich euch alles!", war sein freimütiges Eingeständnis.

Wenn es nicht so kostspielig wäre, würde ich anraten, militanten Kritikern des Konzepts frühgeschichtlicher Aeronauten einen Flug über Nazca zu spendieren. Das scheint himmlische Wunder zu bewirken.

Die Scharrbilder von Nazca sind sicher die überwältigendsten, aber keineswegs die einzigen Gebilde, die ausnahmslos aus großer Höhe gesehen werden können. Auf der ganzen Welt verstreut findet man noch heute magische Hügelfiguren, Bodenmuster und heilige Plätze, die nur aus der Luft in ihrer Bedeutung erkannt werden können. Beispiele? Bitte:

- *Das Medizinrad von Bighorn*
  Im östlichen Vorland des nordamerikanischen Felsengebirges liegen rund fünfzig Steinkreise, die von den *Cheyenne*-Indianern als „*Medizinräder*" bezeichnet werden. Über ihre Verwendung ist nichts bekannt. Nur so viel „Medizin" bedeutet soviel wie „*Magie*". Den Indianern heilig ist das *Bighorn*-Medizinrad im US-Bundesstaat *Wyoming*. Vom Boden betrachtet wirkt es wie ein unbedeutender Steinhaufen, jedoch aus der Luft gesehen erkennt man ein „Sonnenrad". Es misst im Durchmesser etwa 30 Meter.

- *Die Erdhügel von Ohio*
  Die Bilderhügel von *Newark* in Ohio sind Erdanhäufungen (Mounds) von vorkolumbischen Indianerkulturen. Sie stellen möglicherweise *Sternbilder* dar, peilen extreme Mondaufgangspunkte an und sind allumfassende Kraftpunkte der Erde. Zu den imposantesten zählt die *große Schlange*, ein geometrischer Erdwall von 400 Meter Länge. Manche Forscher interpretieren das Gebilde als Darstellung des Sternbilds *Kleiner Wagen*.

- *Der Glastonbury-Tierkreis*
  Zu den berühmtesten Kultstätten der Welt zählt der konische Hügel von *Glastonbury* in Südengland. Auf der Kuppe des Pilgerpfades thront ein Kirchturm, der *Tor* (Tor = Berg) genannt wird. Ganz in der Nähe, in der Abtei von Glastonbury, soll *König Artus* begraben liegen und in *Chalice Wall*, bei der Blutquelle, sei einst der Legende nach der *Heilige Gral* versteckt worden. Die spiralenförmigen Terrassen zum Tor sind Teil des Wassermannzeichens im sogenannten Glastonbury-Tierkreis. Ein kreisförmiges Areal von 16 Kilometern Durchmessser, so alt wie die Hügel, Flüsse, Wege und Umrisse der Landschaft, die den „astrologischen Sternentempel" einst im Boden geformt haben sollen.

- *Avebury-Flügelsonne*
  Beim Dorf *Avebury* in der Grafschaft Wiltshire, 26 Kilometer nördlich von *Stonehenge*, sind vor urdenklichen Zeiten mas-

senweise Riesenmegalithen aufgestellt worden. Niemand weiß, wer sie gebaut hat und wann. Bildeten die aufrecht stehenden Steinkolosse eine Art prähistorisches Machtzentrum? Die Besonderheit bei dieser Steinanlage: Von der Luft aus betrachtet, entspricht die Anordnung der Steingiganten dem altägyptischen Symbol der *geflügelten Sonnenscheibe* mit den beiden *Uräus*-Schlangen.

- *Der Old Sarum Ley*
Von Nordosten nach Südosten führt eine „Kraftlinie", Esoteriker sprechen von *Leys*, 30 Kilometer weit durch die Landschaft von *Wiltshire-Hampshire* in Südengland. Was aus der Luft erkennbar ist, bestätigten Computeranalysen: Weit entfernte Grabhügel sind auf einer Linie mit den Kultstätten *Stonehenge, Old Sarum*, der Kathedrale von *Sailsbury*, dem Steinzeitring *Clearbury* und dem *Frankenbury Camp* aus der Eisenzeit verbunden.
- *Englands Kreide-Hügelfiguren*
Auf Kalksteinhügeln wurden gigantische Bildwerke eingeritzt. Warum wurden sie angefertigt? Wer hat die Figuren wann und wozu geschaffen? Unter ihnen das berühmte „*Weiße Pferd von Westbury*", der 112 Meter lange „*Drache von Uffington*", der „*Riese von Cerne Abbas*" oder der „*Lange Mann von Wilmington*".
- *Kreise und Piktogramme in Kornfeldern*
Sie sorgen seit Mitte der 80er-Jahre für beträchtliche Aufregung, sind in ihrer immer komplizierter werdenden Komplexheit nur aus der „Vogelperspektive" wahrzunehmen und machen die Bevölkerung nervös: Mysteriöse geometrische Muster flachgedrückter Getreidehalme. Bevorzugt treten sie im Gebiet um *Stonehenge* in Erscheinung, seit einigen Jahren auch andernorts in Deutschland, Österreich, Ungarn, Tschechien oder Kanada. Die kuriosesten Theorien wurden aufgestellt: Von Tieren, die im Kreis laufen, Wirbelwinden, Außerirdischen, „Visitenkarten" aus einer anderen Welt, morphogenetischen Feldern oder militärischen Laserexperimenten ist die Rede. Heute wissen wir, dass der Großteil dieser Kreismuster, etwa 80 Prozent, auf bewusste *Fälschungen* zurückgeführt

werden müssen. Aber nicht alle Piktogramme finden deshalb eine logisch-irdische Erklärung. Historische Aufzeichnungen belegen, dass das Phänomen uralt ist. Im Mittelalter brachte man die rätselhaften und plattgedrückten Halme mit dem *Teufel*, *Kobolden* und *Erdgeistern* in Verbindung. Heute müssen UFOs und Außerirdische dafür herhalten.

Unsere Welt ist vollgestopft mit objektiven Tatsachen. Liegt vielleicht gerade darin das Mysterium der Kornkreise und anderer in den Himmel gerichteter Bodenmarkierungen? Kommt in den wundersamen Zeichen die Hoffnung und Sehnsucht nach den Sternen zum Ausdruck? Gibt es ein Fortwirken geheimer Kräfte, die von diesen harmonischen Mustern ausgehen? Von der Steinzeit bis in die Gegenwart? Die Faszination der riesenhaften Erdmonumente und Scharrbilder wäre wohl dahin ohne diese wundersamen Rätsel.

Wer sich standhaft mit solchen und anderen archäologischen Rätseln beschäftigt, lernt nicht aus. Sie scheinen nämlich kein Ende zu nehmen und immer wieder tauchen neue auf. Es ist schon so: Unsere prähistorische Vergangenheit ist nach wie vor in Dunkel gehüllt. Sie ein wenig zu erhellen, das ist die Aufgabe, die sich Altertumsforscher rund um den Erdball zum Ziel gesetzt haben. Unter ihnen befinden sich Wissenschaftler von hohem Rang, aber auch Amateure und Abenteurer. Sie alle vermessen und graben im Boden, stellen über ihre Entdeckungen verschiedene Vermutungen an, schreiben darüber womöglich auch gelehrte Bücher, halten interessante Vorträge – und treten doch oft nur auf der Stelle und das, weil sich mancher archäologische Fund anscheinend jedweder Deutung zu entziehen scheint. Natürlich steht es jedermann frei, zu spekulieren, sehr kluge Abhandlungen zu verfassen: Das Ergebnis unter dem Strich bleibt dennoch mager, ist sehr oft unzureichend.

Vor etlichen Jahren berichtete das renommierte Magazin *Bild der Wissenschaft* über Entdeckungen einiger Archäologen in den *Anden*: Ein kilometerlanges unterirdisches Tunnelsystem, künstlich angelegt, mit gepflastertem Boden, das tief ins Berginnere führt, leicht abschüssig verläuft und schließlich unter der Oberfläche eines gleichfalls unterirdischen Sees endet. Das Tunnellabyrinth besitzt ein riesiges Tor aus Stein, das mittels Steinrollen geöffnet oder geschlossen werden kann. Wer immer diese Anlage einst geschaffen hat (die Entstehung derselben wird in prähistorische Epochen zurückdatiert), muss über beachtenswertes technologisches Wissen verfügt haben. Leider wissen wir nicht, wer diese Stollen geschaffen haben könnte und auch der Zweck dieser gewaltigen unterirdischen Unterführung ist völlig unbekannt. Über den Fund wurde inzwischen der Mantel des Schweigens gebreitet. Jedoch nicht um etwas geheim zu halten, sondern eher aus Verlegenheit.

Wer baute die gewaltigen Megalithdenkmäler, Menhire, Dolmen, Steinkreise und Katakomben, die seit Urzeiten mit Legenden und Mythen verknüpft sind? Welches Geheimnis hüten die Ruinen der Vor-Inkazeit in den peruanischen *Anden*, die massiven Restbestände von *Tiahuanaco*, der Inkafestung *Machu Picchu* oder das steinige Trümmerfeld von *„Pumapunku"* im Hochland von Bolivien? Riesenhafte Steinbauten auf den Britischen Inseln wie *Stonehenge* und *Avebury* sowie die manchmal bis in den Ozean hinausreichenden Monolithen der *Bretagne* sind für astronomische Zwecke genutzt worden. Woher hatten die Priester des Altertums ihr Know-how zum Bau vorgeschichtlicher Observatorien? Welche geheimnisvolle Macht geht von prähistorischen Megalithbauten aus, die man auf den *Mittelmeerinseln*, im *Mittleren Osten* und in Südostasien vorfindet? Wer waren die alten Völker, die zyklopische Monumente auf der *Osterinsel* oder unterirdische Steinkammern wie in *New Grange* in Irland errichteten? Viele prähistorische Steinbauten sind unbekannter Herkunft. Wir finden sie in allen Teilen der Welt. Wir kennen viele dieser verworrenen „Kopfnüsse" und ebenso viele Theorien, die über ihren Ursprung angestellt wurden, aber die ungelösten Fragen bleiben ...

II. Die letzten Geheimnisse aus dem alten Pharaonenreich am Nil

„Jetzt werde ich über Ägypten sprechen, weil es sehr viele Wunder enthält und vor allen Ländern Werke darbietet, die man kaum beschreiben kann."

Herodot (um 484 - 431 v. Chr.), „Historien", Band I.

Sie trotzen den Stürmen der Zeit

*„Der Mensch fürchtet sich vor der Zeit –
die Zeit aber fürchtet sich vor den Pyramiden."*

Prophetischer Spruch im alten Ägypten

Wunder in Stein

Bei der Frage nach den letzten Geheimnissen unserer Welt kommen einem unwillkürlich die Pyramiden von Gise in den Sinn. Von den mehr als neunzig Pyramiden in Ägypten geben uns zwei besondere Rätsel auf. Es sind bezeichnenderweise jene beiden Bauwerke, die einer Pharaonendynastie ihre Existenz zu verdanken haben. Gemeint sind die *Cheops-* und die *Chephren*-Pyramide. Sie stellen, jede für sich allein, eine echte Herausforderung für die moderne Wissenschaft dar.

Seit Jahrhunderten beflügeln die Pyramiden unsere Fantasie und ziehen Besucher aus aller Welt an. Wenn dann die Touristenbusse der Reisegesellschaften ihre schwitzenden Insassen entlassen und diese zur Besichtigung der Pyramiden von *Gise* bei Kairo strömen, geschieht selbst mit unseren sensationsgewohnten Zeitgenossen etwas Überraschendes: Sie werden vom Anblick dieser mächtigen Steinmonumente überwältigt. Und, ich gebe es gerne zu, ich empfinde ebenso. Der Rundblick von der *„Großen Pyramide"* ist heute nur einheimischen Jugendlichen vorbehalten, die das Besteigungsverbot, gleichermaßen wie der „Bakschisch" gebende Autor, leichtsinnig missachten. Für den gewagten Aufstieg über die hohen Stufen (heute im gereiften Alter, würde ich mir das wohl nicht mehr zutrauen) benötigte ich vor mehr als zwei Jahrzehnten zwanzig Minuten, gefährlicher ist der Abstieg.

Die Cheops-Pyramide bedeckt eine Fläche von rund 53.000 Quadratmetern. In ihr wäre ausreichend Platz, um die Kathedralen von Florenz und Mailand sowie den Dom von St. Peter in Rom unterzubringen. Die ursprüngliche Höhe der Pyramide betrug 146,7 Meter, nach dem Wegfall der Spitze durch Raubbau und Erosion misst sie auch heute noch beachtliche 137 Meter.

Vom zehn Quadratmeter großen Spitzenplateau aus schweift der Blick, vorbei an der Chephren-Pyramide, deren Steinumkleidung an ihrer Spitze noch erhalten ist, weit in die Libysche Wüste. Der Sonnenaufgang von Cheops' „Nase" beobachtet und die Panoramasicht auf ein uferlos erstarrtes Meer von Wogen aus gelbbraunem Sand und grauem Geröll werden mir stets in grandioser Erinnerung bleiben. Die Pyramiden, das Symbol für den Aufstieg zum Sonnengott und Ägyptens schlechthin – Denkmäler einer einstmals blühenden Kultur –, sie sind ohne Zweifel die Touristenattraktion Nr. 1.

„Aber weshalb wurden die Pyramiden errichtet? Welchem Zweck diente die Cheops-Pyramide? Wie erklärt sich ihre exakte Geometrie?" Damit beginnt fast jede Unterhaltung zwischen einem „normalen" Menschen und einem Vertreter der Ägyptologie und sie setzt sich fort mit der Frage: „Wie hat man diese Baugiganten geschaffen?"

Auf Standardfragen gibt es naturgemäß Standardantworten: „Es waren *Grabkammern* des Pharao, daran gibt es eigentlich keinen Zweifel", beteuert *Rolf Krauss,* Ägyptologe an der *Humboldt*-Universität in Berlin. Nach ihrem Ableben wurden die Könige mumifiziert und bestattet, um dann zu ihren göttlichen Vorfahren aufzusteigen. In früheren Epochen galten die Pharaonen als Nachfahren der Himmelsgöttin *Isis* und ihres Bruders *Osiris,* der am Himmel als Sternbild *Orion* Verehrung fand. Die Pharaonen galten aber ebenso als „Söhne des Sonnengottes Re". Waren die Pyramiden demnach Sinnbild für göttliche Macht, entstanden vor rund 4500 Jahren unter schweißtreibender Anstrengung einer ganzen Legion von Arbeitern und Sklaven? Eine Vorstellung, die einer erfolgsträchtigen Filmszenerie entsprungen sein könnte, aber als Erklärung nicht zu überzeugen vermag.

Eines der Probleme: Jahrtausendelang wusste niemand, wie es im Inneren der Cheops-Pyramide aussieht. Erst um das Jahr 800 n. Chr. gelang es dem jungen Kalifen von Bagdad, *Al Mamun,* mit einer Gruppe von Männern in das Bauwerk einzudringen. Die Araber entdeckten die „Grabkammer". Doch sie fanden keine Schätze – und der Sarkophag war *leer.* Waren ihnen Grabräuber zuvorgekommen? Nichts deutet darauf hin. Plünderer hätten es auf Goldschätze abgesehen gehabt. Aber warum sollten Räuber den bandagierten Leichnam des Pharao stehlen? Nicht nur in der Cheops-Pyramide fehlt die Pharaonenleiche. Bisher haben Archäologen in keiner einzigen Pyramide die Mumie eines Pharao entdeckt. Wurden die toten Könige wirklich alle geraubt? Oder wurden die einstigen Könige womöglich an einem anderen Ort bestattet und die Pyramiden waren nur gewaltige *Schein*gräber mit ganz anderer Funktion?

Noch rätselhafter wird die Sache, wenn man weiß, dass die Cheops-Pyramide das exakteste Bauwerk ist – nicht nur der Antike. Selbst unsere modernste Bautechnik stieße an ihre Grenzen, wollte man heute ein Monument wie die Cheops-Pyramide mit fast 2,5 Millionen Steinblöcken, die jeweils im Durchschnitt zweieinhalb Tonnen wiegen, konstruieren und formen. Jede Seite der „Großen Pyramide" ist 230,30 Meter lang, was der alten Maßeinheit von 440 ägyptischen Königs-Ellen entspricht.

- Sie ist exakt nach Norden ausgerichtet, liegt exakt im Zentrum der Festlandmasse,
- ein durch die Pyramide gezogener Längengrad teilt die Meere und Kontinente in genau zwei gleiche Teile und ist zudem derjenige, der am weitesten über Land läuft;
- das Verhältnis zwischen ihrer Höhe und ihrem Umfang entspricht exakt dem Verhältnis zwischen einem Kreisradius und dem Umfang des Kreises;
- die Summe ihrer Seitenlängen durch die doppelte Höhe dividiert, ergibt die berühmte Zahl „Pi", also exakt 3,1316...,
- ihre Höhe multipliziert mit einer Milliarde, ergibt etwa die Distanz der Erde zur Sonne,
- ihre Distanz zum Erdmittelpunkt ist identisch mit der Entfernung der Pyramide zum Nordpol.

Das sind nur wenige Zahlenbeispiele von vielen, die deutlich machen, dass die Pyramidenkonstrukteure offenbar mehr von den Rätseln unseres Weltalls wussten als die Generationen, die ihnen folgten. So viel steht fest: Wer auch immer die Cheops-Pyramide erbauen ließ, er hinterließ mit dem Wunder in Stein ein Rätsel genialer Zahlenmystik. Schon das Grundprinzip der Pyramidenform mit ihren fünf Flächen zeigt, dass die Pyramiden nicht bloß riesenhafte Steinberge sind. Die fünf Flächen stehen für die Elemente Feuer, Wasser, Erde, Luft sowie die Quintessenz und symbolisieren somit das All und die Harmonie. Oder ist doch alles nur „Zufälligkeit und Zahlenspielerei", wie Skeptiker mutmaßen? Manches vielleicht. Doch die Grundlage basiert auf exakten Berechnungen und präziser Geometrie. Woher aber hatten die geheimnisvollen Baumeister das erstaunliche Wissen dazu? Ein Volk, das laut Schulweisheit weder Rad noch Kompass kannte? Vieles bleibt ungeklärt. Etwa die „Luftschächte", die irgendwo im Mauerwerk des Pyramidenbaues enden. Oder die „Kammer der Königin", in der nie eine Gemahlin des Pharao bestattet worden ist. Oder die in den Felsuntergrund getriebene, unvollendete Kammer. Welche Bedeutung wurde ihr einst beigemessen?

Die Erklärung der Ägyptologen, die Pyramiden seien lediglich *Grabmäler* gewesen, ist keineswegs so gesichert wie behauptet. Nur eines ist sonnenklar: Die Pyramiden von Gise gehören zum Gewaltigsten, was Menschen jemals geschaffen haben.

Auf Sand gebaute Schulweisheit

Die Wissenschaft hat inzwischen vieles von althergebrachten Vorstellungen widerlegen können. Doch wirklich Sicheres hat auch sie wenig zu bieten. *Wie* die Pyramiden ohne Wunder erbaut wurden, ist nach wie vor umstritten. Aus den Geschichtsbüchern erfährt man, dass die „Große Pyramide" unter der angeblich nur 23-jährigen Herrschaft des Pharao Cheops, ägyptisch *Chufu* (4. Dynastie um 2553–2530 v. Chr.) entstanden sein soll. Das aber bedeutet: Jeden Tag mussten im Durchschnitt 300 Kalksteinquader von insgesamt 800 Tonnen Gewicht gebrochen, gestemmt, behauen, herangeschafft, dann auf einem Damm in die Wüste verlegt und (so wird vermutet) auf Rampen zu den Baustellen gebracht werden. Wohlgemerkt *täglich*. Etwa 100.000 Arbeiter (nach anderer Berechnung lediglich 25.000 Mann) sollen in Akkordzeit ausgereicht haben, um dieses ägyptische Weltwunder zu errichten. Da beweiskräftige Fakten fehlen, sind dies rein fiktive Mutmaßungen der Archäologen. Genügt die Annahme einer „guten Verwaltung", um diese Leistung zu erklären? War es pure Renommiersucht eines größenwahnsinnigen Herrschers, die der Existenz dieses steinernen Giganten zugrunde gelegt werden muss? Die „Große Pyramide" nur eine letzte Ruhestätte für den Pharao Cheops? Oder gab es noch andere Gründe, die diesen gigantischen Aufwand lohnten?

Die ägyptischen Schreiber haben massenweise Hieroglyphentexte verfasst. Darin beschreiben sie ausführlichst die Reise des Königs ins Jenseits und lassen sich über Bestattungsrituale aus. Aber kein Wort zum Bau der Wunderwerke. Weshalb haben uns die Konstrukteure der „Großen Pyramide" keinerlei schriftliche Aufzeichnungen hinterlassen? Oder hat man sie noch nicht gefunden, hat einfach noch nicht zu entdecken vermocht, mit welcher Methodik das vorzeitliche Monument errichtet worden ist? Wie also wurden die tonnenschweren Blöcke hochgebracht?

Die Ägyptologen sind sich bei der Suche nach Erklärungen keineswegs einig. Als geläufigstes Gerät für den Pyramidenbau werden *Holzschlitten* vermutet. Über eine Rampe aus Sand und Erde, die angeblich direkt zum Zentrum führte oder sich um den Bau herumwand, sollen Arbeiter die schweren Lasten nach oben geschafft haben. Allerdings würde dies bedeuten, dass die Auffahrt zu einer der großen Pyramiden mehr als einen Kilometer lang gewesen sein müsste. Zudem wäre das siebenfache Baumaterial

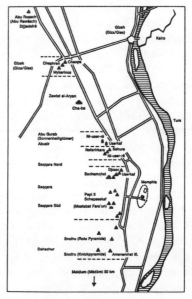

Übersicht der wichtigsten Pyramidenbauten in Ägypten nach Kurt Mendelssohn.

der eigentlichen Pyramide verbraucht worden. Und wohin hat sich der gewaltige Megadamm nach der Schufterei verflüchtigt? Stein für Stein wieder abgetragen und recycelt? Rampenspuren wurden nirgendwo gefunden, obwohl es unfertige Pyramiden gibt, wo zumindest Reste der Konstruktion erkennbar sein müssten. Die These der Rampen- und Schlittentechnik hat noch einen Schwachpunkt. Wie Berechnungen von Forschern zeigen, ist diese Methode zu zeitaufwendig, um den Bau innerhalb der 23-jährigen Amtszeit von König Cheops zu erklären. Bei einem angenommenen Arbeitstag von zehn Stunden an sieben Tagen pro Woche, einem Arbeitsjahr von 270 Tagen, Arbeitstrupps von 25 bis 30 Mann pro Quader und der notwendigen Zeit für den Bau von Erdrampen ergibt sich eine viel zu niedrige Effektivität, zumal körperlich hart gearbeitet werden musste. Eine neue Theorie geht davon aus, dass die Ägypter ein Verfahren gekannt haben, das mit wesentlich weniger Kraftanstrengung auskam, als für die Schlittentechnik benötigt worden wäre. Demnach wurden die tonnenschweren Quader nicht mühsam auf Rampen hochgezogen, sondern *gerollt*. Die Steinblöcke könnten mit einem Viertel der Zugkraft befördert worden sein, wenn sie in radförmige Holzrahmen gespannt wurden. Doch auch für diese Konstruktion gibt es keinen Beweis, zumal die Baumeister der Pyramiden, laut Schulweisheit, das Rad nicht gekannt haben. Überbleibsel solcher runder Holzrahmen wurden niemals gefunden.

Einer der weltweit renommiertesten Pyramidenforscher orthodoxer Schule, der deutsche Ägyptologe Professor Dr. *Rainer Stadelmann,* auf die Problematik des Pyramidenbaues angesprochen: „Die Brocken wurden über Rampen hochgebracht. Aber sicher nicht mit einer Einzelrampe, wie manche Kollegen meinen. Ich glaube auch nicht, dass eine allmählich ansteigende umlaufende Rampe genutzt worden ist. Das hätten die Ägypter mit ihren beschränkten messtechnischen Möglichkeiten gar nicht schaffen können. Eine umlaufende Rampe hätte es unmöglich gemacht, die Ecken der Pyramide präzise anzupeilen und so das Bauwerk auszumessen. Meiner Einschätzung nach haben sie zunächst mit vielen kleinen Rampen gebaut."

Bringen uns viele Rampen dem Rätsel des Pyramidenbaues

näher? Bedeutet das nicht wesentlich mehr Baumaterial, Arbeitshilfen und Zeitaufwand? So „beschränkt" können die „messtechnischen Möglichkeiten" der alten Ägypter jedenfalls nicht gewesen sein, wenn man sich die exakte Präzision der „Großen Pyramide" und die astronomischen Daten, die aus den Pyramidenmaßen abgeleitet werden können, vor Augen führt. Da man unseren Vorfahren die nötigen Hightechkenntnisse, die zum Bau dieser genialen Konstruktion erforderlich wären, nicht zubilligt, wird versucht, das „Unmögliche" mit primitiven Mitteln erklärbar zu machen. Stadelmann vermutet, dass die Rampen auf 90 Meter, vielleicht maximal 110 Meter, Baumaterial mit *Ochsenschlitten* hochgebracht wurden. Abgesehen davon, dass das Befördern der Steinkolosse mit zunehmender Höhe immer schwieriger wird: Irgendwann ist man am Ende der Fahnenstange angelangt. Oben steht dann der Baumeister des großen Pharao auf einem kleinen Plateau – und? „Ich nehme an", sagt der ägyptologische Fachgelehrte, „dass eine Art Turm in der Mitte dieses Plateaus errichtet worden ist, von dem aus man das Baumaterial nunmehr mit *Flaschenzügen* von der Rampe emporhievte." Stadelmann vermutet weiter, dass die Spitze der Pyramide aus einem Block gefertigt wurde. Dieses tonnenschwere Monument soll dann die letzten 20, 30 Meter auf Balken gelegt worden sein, die mühsam unterbaut und so weiter angehoben wurden, bis die Steinspitze schließlich oben auf dem Mittelturm thronte.

Pyramidenbau ganz ohne Wunder. Nicht wirklich, denn die Anwendung der Baumethoden bleiben letztlich reine Spekulation und es gilt auch hier bereits Gesagtes: *Warum* wurden keine Flaschenzüge gefunden? *Weshalb* gibt es auf keinem der zahllosen ägyptischen Bildwerke einen Hinweis darauf? *Wie* wurden Probleme, die beim Bau auftreten konnten, vorausgesagt oder berechnet, wenn angeblich keine schriftlichen Baupläne vorlagen? Und selbst wenn zweieinhalb Tonnen schwere Blöcke vielleicht schrittweise über Rampen oder Flaschenzüge in große Höhen bewegt worden sind: Wie gelang dies bei *70 Tonnen* schweren Monumenten, wie etwa jenem aus Rosengranit, der die Königskammer auskleidet? Der Ägyptologe Rolf Krauss hat bereits aufgegeben die Bautechnik zu hinterfragen: „Man findet zu wenige Anhaltspunkte."

Noch etwas ist seltsam: Generationen von Pyramidenbauern und Arbeitern haben in Gise gewohnt und sollen dort auch bestattet worden sein. Weshalb aber gibt es nirgendwo eine schlüssige Textstelle, aus der hervorgeht, dass ein Arbeiter, Aufseher oder Priester am Bau der Pyramiden mitgearbeitet hat? Ein Widerspruch, den der deutsche Ägyptologieprofessor Rainer Stadelmann nicht gelten lässt. „Der Pyramidenbau war für die Ägypter etwas Sakrales", beteuert der ehemalige Leiter des Deutschen Archäologischen Instituts in Kairo und ergänzt: „Der Bau an der Pyramide war ein Gottesdienst – und unwiederholbar. Und für etwas Einmaliges verbot sich jede Beschreibung."

Die Cheops-Pyramide darf wegen ihrer präzisen Ausrichtung und ihrer perfekten Form zu Recht als etwas Einmaliges angesehen werden. Doch das Land am Nil beherbergt, wie wir wissen, nicht bloß eine einzige Pyramide. Nahezu 100 spitze Baudenkmäler sind als Zeugen für die Ewigkeit erhalten geblieben. Manche Monumente mögen noch unerforscht im Wüstenboden auf ihre Entdeckung warten. Erst vor wenigen Jahren fanden französische Archäologen bei Ausgrabungen in der Wüste bei *Sakkara* das Fundament einer unbekannten Pyramide. Das Alter wird auf rund 4300 Jahre geschätzt. Sie sei für eine unbekannte Königin errichtet worden. Schon Anfang der neunziger Jahre stießen deutsche Archäologen ebenfalls auf eine bisher unbekannte Pyramide bei *Luxor;* einen etwa 3400 Jahre alten Bau mit einer Grundfläche von 100 Quadratmetern.

Was bei allen Pyramidenfunden auffällt: Obwohl die seinerzeitigen Architekten aus den bautechnischen Erfahrungen gelernt haben müssten, sind die späteren Pyramidenbauten nach der Herrschaft des Pharao Cheops allesamt um vieles bescheidener ausgefallen. So als wären es lediglich einfachere *Nachbilder* der großen Pyramiden von Gise. Bis heute – das räumen selbst Ägyptologen ein – ist nicht eindeutig geklärt, was den Niedergang und das schlagartige Ende des Pyramidenbaues bewirkt haben mag. Letztlich spießt sich alles an den drei Schlüsselfragen: Wie, wann und warum wurden die Pyramiden von Gise errichtet?

Es erscheint zunehmend unwahrscheinlich, dass der Bauvorgang auf derart primitive Weise erfolgt sein soll, wie er uns von der Schulwissenschaft gelehrt wird. Die Vollendung der mutmaßlichen Grabanlagen der Könige Cheops und Chephren zeugen von einer technischen Perfektion prähistorischer Baumeister, wie sie selbst in unserem modernen Zeitalter kaum erreicht werden könnte. Dennoch beharrt die ägyptologische Lehrmeinung darauf, dass diese Wunderwerke nur mit bescheidener bronzezeitlicher Technik vollendet worden sind.

Eine Theorie, die man bereits Anfang 1978 in einem praktischen Versuch erproben wollte, um vor aller Welt zu demonstrieren, auf welche Weise die alten Ägypter ihre Pyramiden tatsächlich errichtet hatten. Unter der Regie des japanischen Ägyptologen Professor *Sakuji Yoshimura* war vorgesehen, das Experiment getreu den Annahmen der gängigen Ägyptologie abrollen zu lassen. Ohne irgendwelche technische Gerätschaften und ohne maschinelle Hilfe. Allein mit ihrer Hände Arbeit gedachten die Japaner eine zwölf Meter hohe Minipyramide nahe am Standort der Originalpyramiden in Gise aufzurichten. Aber es kam ganz anders. Die Modellpyramide hielt sich nicht an die Annahmen der Schulweisheit. Bereits nach kurzer Bauzeit bestand bei dem Cheops-Plagiat höchste Einsturzgefahr. Daran vermochten auch die Versuche nichts zu ändern, den Halt der Steinquader durch maschinelles Fräsen zu sichern und den Transport zur Baustelle mit Lastautos zu beschleunigen. Die Bauweise der „Großen Pyramide" nachzuahmen endete letztlich als dilettantischer und untauglicher Versuch. Ganz ehrlich: Solche Stümper waren unsere Ahnen bestimmt nicht gewesen.

Ich bleibe dabei: Es kann sich nicht so abgespielt haben, wie es uns im schulischen Geschichtsunterricht nach wie vor noch eingetrichtert wird. Ein Kontingent von Arbeitern (die Idee der Sklaven hat man inzwischen verworfen) und Soldaten der ägyptischen Armee sollen tonnenschwere Granitblöcke aus den Steinbrüchen von *Assuan* 1000 Kilometer weit über den Nil herbeigeschafft haben. Und zwar auf *Flößen,* denn bessere Beförderungsmittel habe es damals, so wird beteuert, bestimmt nicht gegeben. Keiner dieser Theoretiker hat offenbar bisher in der Praxis versucht, ohne technischer Hilfsmittel einen gewaltigen Steinkoloss auf ein labiles, im Wasser schwankendes Holzfloß zu hieven. Und zwar mit bloßen Händen, denn andere Möglichkeiten werden den alten Ägyptern von unseren Historikern nicht zugestanden. War man glücklich gelandet, wird uns dann weiter versichert, seien diese Steinquader nach herkömmlicher Theorie auf primitiven Holzschlitten verladen und direkt zum Pyramidenbauplatz befördert worden.

Wie so etwas danebengehen kann, haben uns die Japaner unfreiwillig vorexerziert. Aber worin war die eigentliche Ursache für das Scheitern dieses archäologischen Experiments zu suchen? Sollte sich die Gelehrtenwelt womöglich mit ihrer Annahme, die Pyramiden seien samt und sonders im Schweiße des Angesichts und nur unter Zuhilfenahme primitiver Werkzeuge errichtet worden, geirrt haben? Bedarf es einer Neufassung, einer Revision jenes historischen Weltbildes, wie es uns die Ägyptologie so hartnäckig (und offensichtlich falsch) offeriert?

Die „Maschinen des Herodot"

Zweifel an der bisherigen Vorstellung vom Bau der Monumentalwerke sind berechtigt: Bei Analysen des Mörtels stellten Wissenschaftler fest, dass jenes von der Spitze der Cheops-Pyramide stammende Material *älter* ist als das in den unteren Regionen verwendete. Womit klar zu sein scheint: Die Pyramiden wurden – wie bereits *Herodot* vor 2400 Jahren berichtete – ursprünglich stufenförmig gebaut und später von oben nach unten mit weißem Kalkstein geglättet. Wie dies alles bewerkstelligt wurde, bleibt allerdings weiterhin unklar.

Pyramidenfachmann Professor Stadelmann will uns plausibel machen, dass rund 25.000 Menschen genügt hätten, um den Bau der Cheops-Pyramide zu erklären. Mehr Menschen wären nicht benötigt worden, sagt er.

Zu ähnlichen Schlussfolgerungen kommt auch der französische Ägyptologe *Georges Guyon* in seinem Buch „Die Cheops-Pyramide". 25.000 Arbeiter – das wären nur etwa ein Prozent der damaligen (geschätzten) ägyptischen Bevölkerung gewesen. Überraschend wenig. Zu wenig, wie viele meinen. Die renommierten Ägyptologen gehen bei ihren Überlegungen davon aus, dass die Blöcke zum Pyramidenbau in unmittelbarer Nähe von Gise gebrochen und transportiert wurden. Eine Hoffnung, die inzwischen überzeugend widerlegt werden konnte. Die deutsche Ägyptologin *Rosemarie Klemm* und ihr Mann, der Geologe *Dietrich Klemm,* haben über 400 historische Steinbrüche Ägyptens untersucht und die dortigen Gesteinsarten und Formationen mit Blöcken der „Großen Pyramide" verglichen. Ergebnis: Das Material für den Bau der Cheops-Pyramide wurde aus *allen* Teilen Ober- und Unterägyptens herangeschafft.

Damit taucht neuerlich ein Problem auf, bedeutet dies doch, dass der Aufwand zum Pyramidenbau ein wesentlich größerer gewesen sein musste als bisher angenommen. Berechnungen ergaben: Um alle zwei Minuten einen fertig behauenen Stein von durchschnittlich zweieinhalb Tonnen Gewicht in Gise einzupassen, mussten gewaltige Menschenmassen an Arbeitskräften in den Steinbrüchen, beim Transport und beim Bau eingesetzt gewesen sein. Nicht berücksichtigt im Zeitaufwand: das Brechen, Schleppen, Verschiffen und Hochziehen der Kolosse, der Bau der gewaltigen Rampen um die Pyramiden sowie das Ausheben der Schifffahrtskanäle und Hafenbecken zum Antransport der Steine und Versorgungsgüter. Gar nicht zu reden von nahe liegender Mehrarbeit durch Arbeitsunfälle, zerbrochene Verkleidungsblöcke, defekte Werkzeuge, Verschnaufpausen und dergleichen mehr. Und absolut nichts ist von dieser „sinnlosen" Schufterei schriftlich oder bildhaft dokumentiert. Seltsam klingt das schon.

Besaßen die damaligen Machthaber vielleicht uns heute noch unbekannte Hilfsmittel – und wenn ja, woher waren diese beschafft worden? Manche Forscher, die nach Lösungen im Pyramidenbau suchen, berufen sich deshalb auf die „Maschinen des Herodot". In den Jahren um 450 v. Chr. hat *Herodot von Halikarnass,* der „Vater der Geschichte", Ägypten bereist. Der Bericht, den er darüber geschrieben hat, enthält persönliche Reiseaufzeichnungen und Erzählungen ägyptischer Weisheitspriester.

Erwähnt werden Geräte, mit denen der Pyramidenbau durch den Einsatz einfacher Seilwinden, vorhandener Werkzeuge, Rollklötze und Hebelvorrichtungen erfolgte. Das gewaltige Baumaterial wurde angeblich über vier gigantische Rampen befördert, wo sie dann emporgewuchtet wurden. Mit solchen Geräten soll die Fertigstellung einfacher gewesen sein, als man es sich bislang vorgesellt hat. Die meisten unserer Ägyptologen vermuten, dass man sich zum Transport der Blöcke jeweils nur *einer* Rampe bediente, um diese dann von Stufe zu Stufe wieder abzureißen, je tiefer die Arbeit mit der Verkleidung der Pyramide vorankam.

„Die Steine wurden mittels eines Holzgerüstes hinaufgewunden. So hoben die Arbeiter die Steine von der Erde auf den ersten Treppensatz, dort auf ein anderes Gerüst, durch das sie auf den zweiten Treppeneinsatz hinaufgewunden wurden." Auf jeder Stufe bis zur Spitze habe es ein solches Gerüst gegeben, schreibt Herodot. Genauer wird die Hebel-Prozedur leider nicht beschrieben. Kritiker der Theorie verweisen darauf, dass bei einer derartigen Baumethode zu viel Zeit vergangen wäre, ehe man die obersten Verkleidungsplatten zur Spitze der Pyramide hätte befördern können.

Obwohl sich viele Altertumsforscher auf Herodots schriftliche Unterlagen berufen, sind sie lediglich bereit, nur jene Textpassagen zu akzeptieren, die ihrem gängigen ägyptologischen Weltbild entsprechen. Überlieferungen, die neuzeitlichen Wissenschaftlern prähistorischen Gedankengutes zu unwahrscheinlich erscheinen, werden ignoriert oder als „Fantasterei" abgetan. Manche Erzählung der ägyptischen Priester klingt in der Tat märchenhaft. Doch gerade deshalb scheint es mir wert, den Spuren der Legende zu folgen. So werden in einer Gesprächsnotiz 341 Kolossalstatuen erwähnt, die ägyptische Geheimnisträger ihrem prominenten Gast aus Griechenland gezeigt hatten.

Es heißt, jede einzelne Statue (so hatte man Herodot mitgeteilt) versinnbildliche in Wahrheit eine Generation geistlicher Würdenträger, die insgesamt einen Zeitraum von 11.340 Jahren umfasst hätten. Und jeder dieser Tempelhüter, so erfahren wir weiter in dem 2. Buch seiner Historien (histories apodexies), habe schon zu Lebzeiten sein eigenes Erinnerungsstück angefertigt – davor jedoch, ehe die erste Statue geschaffen worden war, hätten die „Götter" *leibhaftig* in Ägypten gelebt und regiert.

Danach aber habe kein Himmlischer mehr das Land am Nil be-

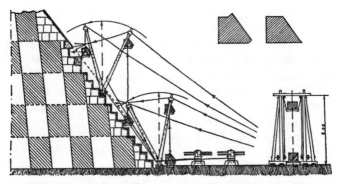

Rekonstruktion der „Maschinen von Herodot" nach H. Straub-Roessler. Wurden die tonnenschweren Steinblöcke nach dieser Methode transportiert?

treten, notiert Herodot am Ende seiner ägyptischen Notizen. Was für „Götter" mögen dies gewesen sein? Wieso besaßen diese Wesen menschliches Aussehen? Hatten sich die Weisheitspriester über Herodot lediglich lustig gemacht? Oder operierten sie ihm gegenüber mit einer bestimmten Methodik? Hielten sie geheim, was für die nichtägyptische Außenwelt unbedingt geheim bleiben sollte? Vielleicht auch die Bautechnik ihrer Ingenieure? Wird nicht auch noch heute in manchen Fällen ein ähnliches System angewandt? Woher wohl hätte sich sonst den Begriff Firmenspionage entwickelt?

Vielleicht war dies der Grund, dass damals die Hohepriester dem arglosen Herodot ihre gängige und plausibel klingende Story vom Bau der Pyramiden mit Hebelvorrichtungen eingeredet haben. Oder die ägyptischen Hohepriester wussten es selbst nicht mehr, weil die Pyramiden lange vor den Pharaonendynastien errichtet worden waren? Ob so oder so, Tatsache ist, dass der weit gereiste Grieche der erste Chronist war, der den staunenden Menschen außerhalb des Pharaonenreiches einen ersten scheinbar umfassenden Überblick über das ägyptische Weltwunder übermittelte. *Scheinbar,* denn in seinem Bericht blieben viele Fragen unbeantwortet.

Die unklaren Angaben des Herodot über den Bau der Großen

Pyramide waren wohl mit ein Grund, dass sich auch der amerikanische Marineattaché *F. M. Barber* damit zu befassen begann. Barber, ein Fregattenkapitän mit großem technischen Verständnis (der Ende des 19. Jahrhunderts in Ägypten stationiert gewesen war), hegte die Überzeugung, dass beim Bau des Cheops-Monuments *Stahlkräne* verwendet worden waren. Denn nur auf diese Weise, behauptete er, wäre es überhaupt möglich gewesen, die tonnenschweren Gesteinsblöcke emporzuheben.

Die Mehrzahl der Ägyptologen lehnte Barbers Behauptung sofort rundweg ab. Man war nicht bereit – wie der aufmüpfige Fregattenkapitän wahrscheinlich gehofft hatte –, den Ingenieuren des Pharaonenreiches technologisches Verständnis zuzugestehen. Eine derartige Möglichkeit deckte sich nicht mit der herkömmlichen Auffassung vom Wissensstand im alten Ägypten. Und an dieser Auffassung hat sich seither auch nichts geändert.

An dem hartnäckigen Boykott jener unkonventionellen Hypothese scheiterte letztlich auch Barbers Idee, sein um die Jahrhundertwende veröffentlichtes Büchlein *„Mechanical Triumphs of the Ancient Egyptians"*, in dem er seine Stahlkran-Theorie erläuterte, unter die Leute zu bringen. Mehr als einhundert Jahre danach ist das engagierte Werk des Fregattenkapitäns so gut wie vergessen.

Was man ursprünglich mit dem Bau der Pyramiden im Pharaonenreich bezweckt hatte, lässt sich nicht mehr nachweisen. Manche Historiker vermuten, die Form dieser Steinmonumente sei auf jenen rechteckigen Sandhügel zurückzuführen, der in prähistorischen Zeiten die einfachen Grabstätten der Ägypter bedeckte. Ob diese Annahme allein stimmt, bleibt umstritten.

Die Macht der Levitation

Keinem Historiker ist es bislang gelungen, eine wirklich beweiskräftige Darstellung über die seinerzeitige Bauweise der ägyptischen Pyramiden anzubieten. Niemand vermag überzeugend zu sagen, zu welcher Zeit etwa die Cheops- oder die Chephren-Pyramide errichtet worden sind. Niemand kann schlüssig darüber Bescheid geben, wie lange man für die Konstruktion und die Fertigstellung des Riesenbauwerkes gebraucht hat und wie es den Alten jener Tage möglich gewesen ist, ihr Kunstwerk ohne Kompass so vollkommen nach astronomischen Gesichtspunkten zu orientieren. Unbekannt ist auch, wie man es fertig gebracht hat, die Steinblöcke sowie jene heute nicht mehr erhaltenen glatt polierten Kalksteinplatten der pyramidalen Außenverkleidung exakt zusammenzufügen. Und letztlich blockiert sich der Rätselkreis bei der Frage, wofür die Große Pyramide eigentlich errichtet worden ist, da man sie zwar für die Grabstätte des Cheops ansieht, jedoch trotz aller Bemühungen bisher keine Pharaonenmumie gefunden werden konnte, weder in der berühmten *Königskammer* noch sonst wo im Bereich dieses imposanten Bauwerks.

Alles in allem ist unser Wissen über die wirklichen Kenntnisse vorchristlicher Wissenschaftler äußerst karg. Selbst ein anerkannter Forscher und Ägyptologe, *I. E. S. Edwards* von der ägyptischen Abteilung des Britischen Museums in *London,* muss hier passen. In seinem Buch „*Pyramids of Egypt*" gibt er zu, dass uns die erhalten gebliebenen hieroglyphischen Texte sowie die bildlichen Darstellungen nichts Entscheidendes darüber verraten, welcher tatsächlicher Hilfsmittel sich die Pyramidenbauer bedient haben könnten.

Es gibt jedoch einige wenige arabische Quellen, die sich überaus fantastisch, wenn auch nur äußerst vage zum Pyramidenbau äußern. Wenn man davon ausgeht, dass es sich dabei nicht samt und sonders um reine Erfindungen und Märchen handelt, dann scheint es vielleicht nützlich zu sein, diese alten Texte einmal aufmerksamer zu studieren. Da lesen wir von „großen Steinen", die aus Steinbrüchen von weit hergebracht wurden. Man legte sie auf Papyrusblätter, auf welche orakelhafte Symbole geschrieben waren. Darauf wurden „die Steinblöcke mit einem Stab berührt, danach bewegten sie sich durch die Luft über eine Strecke, die einem Bogenschuss entsprach". „Auf diese Weise gelangten", so weiß es wieder die Überlieferung, „die Steine an den Ort, wo die Pyramiden errichtet wurden."

Was hier angedeutet wird, weist in eine gänzlich andere Richtung. Sollten die ägyptischen Priester – Wissenschaftler ihrer Zeit

– bereits Kenntnisse über die Aufhebung der Schwerkraft besessen haben? Kannten sie das Geheimnis der *Levitation?* Besaßen die Priester paranormale Fähigkeiten? Das Phänomen der Levitation ist vielfach bei Heiligen verschiedener Religionen bezeugt. Allein aus dem christlichen Bereich sind 230 Fälle bekannt. Unter anderem sollen frei in der Luft geschwebt haben: die *heilige Agnes, Anna Katharina Emmerich, Franz von Assisi, Joseph von Copertino,* der *heilige Peter von Alcantara,* die *heilige Theresia* und – nach den Aufzeichnungen von *Giordano Bruno – Thomas von Aquin.* Die katholische Kirche wertet allerdings die Gravitationsphänomene nicht als parapsychologisches „Wunder", sondern entweder als göttliche Gnade, manchmal aber auch als Ausdruck dämonischer Besessenheit. Die Aufhebung der Schwerkraft gilt auch als schamanistisches Phänomen. Tibetanische Mönche sollen heute noch imstande sein, durch Anwendung bestimmter Atemübungen einen Schwebezustand zu erreichen.

Erklärungshypothesen für solcher Art Gravitationsphänomene gibt es wenige. Der 1920 verstorbene Naturwissenschaftler und Professor an der Universität Belfast, *William Jackson Crawford,* beschrieb Levitationsexperimente. Er glaubte, dass Menschen und Gegenstände, die auf unerklärliche Weise emporschweben, auf verhärteten, aber unsichtbaren elektromagnetischen *Plasmagebilden* ruhen. Bedienten sich die Priester des Altertums solcher Techniken? Wurden unbekannte, heute längst vergessene Energien, angezapft und genutzt? Berichten die arabischen Quellen wahrheitsgetreu? Sollten die schweren Steinblöcke tatsächlich auf solch magische Weise – durch die Luft hinweg – transportiert worden sein? Sind Zeugnisse dieses Bildungsstandes bis in die heutige Zeit erhalten geblieben? Gab es sie auch auf technologischem Gebiet?

Hinter all den bis heute weitgehend ungelösten Rätseln der ägyptischen Kultur steckte ein tiefes, umfassendes *Geheimwissen,* das nur den Eingeweihten vorbehalten war. Überlieferungen sprechen davon, dass eine privilegierte Kaste von Priestern die Fähigkeit besaß, enorme Lasten mit Hilfe des „Klanges" emporzuheben. Um sie befördern zu können, bediente man sich der „Musik". Die dabei erzeugten harmonischen Töne waren imstan-

Das Phänomen der Levitation ist vielfach bezeugt. Daniel Douglas Home, das Medium des 19. Jahrhunderts, soll bei verschiedenen Gelegenheiten freies Schweben vor Augenzeugen demonstriert haben. Ist den Pharaonenpriestern beim Transport schwerer Lasten ein ähnliches Kunststück geglückt?

de, jenen ungewöhnlichen Transporteffekt zu bewirken. Verschiedene altgriechische Überlieferungen berichteten von merkwürdigen „singenden Häusern", die es am Nil gegeben haben soll. Wir lesen von versteckten Glockenspielen, die durch das Gewicht und die Schritte darüber hinwegschreitender Personen in Bewegung gesetzt wurden. Die Rede ist von automatischen Vorrichtungen, durch die sich Tempeltore „auf wunderbare

Weise" geöffnet haben sollen und sich ebenso magisch wieder schlossen.

War es der Klang, mit dessen Hilfe es unseren gelehrten Vorfahren in Ägypten möglich gemacht wurde, *Schallwellen* zu erzeugen und Gegenstände von unterschiedlichem Gewicht von der Stelle zu bewegen? Konnten so auch schwere Lasten – etwa tonnenschwere Steinblöcke – befördert werden? Handelte es sich bei den priesterlichen Demonstrationen um die Anwendung von Zauberkräften? Beherrschten die Tempelhüter die Magie? Oder liegen all dem wissenschaftliche Erkenntnisse zugrunde, die wir noch nicht wiedergewonnen haben?

An Hokuspokus glaube ich nicht – aber es geht auch nicht um billige Taschenspielertricks. Magie war vielmehr ein erklärendes Wort für eine Fähigkeit, die die ahnungslose und ungebildete Umwelt – das so genannte „gemeine Volk" – nicht zu überblicken vermochte. Ähnlich wie man den Begriff „Götter" für Wesen anwendete, deren überlegenes Wissen ihnen bei den „gewöhnlich Sterblichen" den Ruf des Übernatürlichen, ja sogar den der Unsterblichkeit einbrachte, so versteckt sich hinter der Magie mit größter Wahrscheinlichkeit ein beachtliches *technisches* Wissen, das innerhalb der eingeweihten Priesterschaft von Generation zu Generation weitergegeben wurde. Eines dieser verborgenen Geheimnisse könnte die Kenntnis der *Levitation* gewesen sein.

Pyramidenrätsel und kühne Theorien

Wir nehmen an, dass der Name „Pyramide" eine Wortschöpfung der Griechen gewesen ist. Jedenfalls wurde diese Bezeichnung von dem griechischen Wort *pyramis* abgeleitet. Es bedeutet in freier Übersetzung „spitzer Kuchen". In Ägypten selbst werden die Pyramiden *mer* genannt – ein Wort, über dessen ursprüngliche Bedeutung gestritten wird. Die deutsche Schriftstellerin Milo Sediq schreibt dazu in ihrem Buch *„Imhotep – Arzt und Baumeister der Pharaonen":* „Der Sinn dieses Wortes wurde aber auch schon mit der Bedeutung ‚Instrument' übersetzt und mit der Übersetzung des Doppelwortes ‚*Mer-Khet*' in Verbindung gesetzt. Daraus ergibt sich der Begriff *Instrument des Wissens*, nämlich genau ein Instrument zur Sternenbeobachtung."

Die Pyramiden als riesige Observatorien und „Sitz der Weisheit"? Eine Vorstellung, die mir plausibler erscheint als jene, wonach die „spitzen Kuchen" einzig und allein als letzte Ruhestätte für den verstorbenen Pharao errichtet worden seien. Der eigentliche Bauzweck bleibt undurchschaubar. Historiker mutmaßen, die Form dieser Steinmonumente sei wahrscheinlich auf jene rechteckigen Sandhügel zurückzuführen, die in vorgeschichtlichen Zeiten die einfachen Grabstätten der Ägypter bedeckt haben. Ob man mit dieser Deutung der Wahrheit näher gekommen ist, darf zumindest bezweifelt werden. Wie wurde aus einem kleinen Grabhügel das Weltwunder der Antike? Was war der Auslöser für diesen bautechnischen Quantensprung?

Nach ägyptologischer Annahme gelang der Bau der Cheops-Pyramide erst im dritten Anlauf. Die 62 Meter hohe Stufenpyramide von *Sakkara*, die wie die Pyramiden von Gise zu den größten Wundern der Baukunst gezählt werden muss, sei demnach die älteste. In der dritten Dynastie, um 2680 v. Chr., soll sie für König *Djoser* vom berühmten Architekten *Imhotep* erdacht und konstruiert worden sein. In der zweiten Phase entstand die 92 Meter hohe, als Stufenpyramide gebaute, später mit glatter Oberfläche verkleidete Pyramide von *Meidum*. Für König *Snofru*, dem ersten Pharao der 4. Dynastie, soll sie um 2630 v. Chr. errichtet worden sein. Sie gilt als logische Fortsetzung der Stufenpyramide und soll als gigantische „Baukatastrophe" ein unrühmliches Ende gefunden haben. Ein Irrtum, wie sich inzwischen herausstellte: Die merkwürdige Deformation der Meidum-Pyramide, etwa 8 Kilometer südlich von Kairo, war *beabsichtigt*. Der ägyptische Archäologe Dr. *Alu El-Khou Ri* stieß bei Grabungen am Fuße des monumentalen Gebäudes auf *geglättete* Steine. Da die Verkleidung der Pyramiden stets von oben nach unten erfolgte, muss auch die von Meidum mit ihrem ungewöhnlichen Aussehen bewusst so konstruiert und vollendet gewesen sein.

König Snofru benötigte für seine Reise ins Jenseits offenbar mehrere Grabmäler. Denn um 2620 v. Chr. ließ er die 104 Meter hohe *„Knickpyramide"* von *Dahschur* errichten. Knickpyramide deshalb, weil in halber Höhe der Neigungswinkel plötzlich verringert wurde. Die Pyramide hat noch lange nicht all ihre Geheimnisse gelüftet: Archäologen, die seit dem 19. Jahrhundert im nördlichen Gang immer wieder einen ungewöhnlichen Luftzug verspüren, deuten dies als Indiz für noch unentdeckte Räume im Pyramideninneren. Snofru gab sich auch mit zwei Ruhestätten nicht zufrieden und so folgte um 2610 v. Chr. sein angeblich drittes Grabmal: die „*Rote Pyramide*" von Dahschur, ursprünglich „Die Strahlende" genannt. Sie gilt als erste Pyramide, deren Außenseiten von Beginn an horizontal geschichtet und mit glatt polierten Seitenwänden versehen wurden, ehe um 2550 v. Chr. mit dem „Arbeitsbeschäftigungsprogramm" am Gise-Plateau begonnen wurde.

Über die Entwicklung und Bedeutung des Pyramidenbaues existieren viele kuriose Theorien. Im Mittelalter vermuteten Europäer in den „Steinbergen" die *biblischen Kornkammern* Josephs, in denen der Pharao das Getreide der sieben fetten Jahre sammelte. Sie wurden auch schon als *Bibliotheken, Luxus-Sonnenuhren, Ortungsstationen für Besucher aus fremden Welten* und „*Kraftwerke*" für kosmische Energien gedeutet. Eine ungewöhnliche Interpretation stammt von dem österreichischen Elektrofachmann *Hermann Waldhauser*. Er hält die Cheops-Pyramide für ein Instrument, mit dessen Hilfe es den alten Priestern möglich war, das Wetter zu ihren Gunsten zu beeinflussen. Unter anderem stützt sich Waldhauser bei seiner Hypothese auf ein Detail im Bericht des griechischen Geschichtsschreibers *Herodot*, das klar und eindeutig aussagt, „dass vom Nil her ein Wasserkanal in die Cheops-Anlage gebaut wurde, dass Wasser eingeleitet worden sei und das Innere des ‚Grabmals' vom Wasser durchflossen war".

Nach den Überlieferungen des Elektroexperten war schon die Form der Pyramiden prädestiniert, um als eine „ideale Verdunstungsfläche" zu dienen. Um diese Wasserverdunstung voranzutreiben, vermutet Waldhauser die einstmalige Existenz einer regelrechten Pumpanlage innerhalb der Pyramiden. Wasser wurde auf diese Weise, so erklärt der Elektrofachmann in seinem Buch „*Regenzauber der Pharaonen*", durch die vorbereiteten Kanäle im Inneren der Pyramiden auf die Flanken geleitet. Das „Feuer" der Sonnenstrahlung habe danach den Verdunstungsprozess eingeleitet und die Luft sei in Bewegung geraten. Was danach kam, war jener „Regenzauber", der die ägyptische Landschaft damals vor der Dürre bewahrte – dank den technischen und mathematischen Kenntnissen eingeweihter Adepten, den Alchemisten und Wissensträgern geheimer Mysterienkulte.

Vor einigen Jahren hat sich ein an der *Barry*-Universität in Florida, USA, lehrender Archäologe zu Wort gemeldet. Professor *Joseph Davidovits* will durch eigene Forschungen herausgefunden haben, dass die Pyramiden von Gise (in besonderem Maße jene, die den Pharaonen Cheops und Chephren zugeschrieben werden) nicht aus Natursteinblöcken, sondern aus betonähnlichem *Kunststein* erbaut worden sind.

Der amerikanische Wissenschaftler teilt nicht die von Ägyptologen vertretene Ansicht, dass die Steine zur Errichtung der so genannten Königsgräber durch Tausende von Arbeitern befördert wurden. Er habe aus den alten Schriften herauslesen können, kor-

Vom berühmten Architekten Imhotep erdacht: die „Sakkara-Pyramide". Sie gilt als älteste Pyramide und zählt zu den größten Wundern der Baukunst.

rigiert Professor Davidovits, wonach der Pharao *Djoser,* dem die Stufenpyramide von *Sakkara* als Grabmal zugeschrieben wird, vor über 4600 Jahren entsprechende Anweisungen „von einem Gott" erhalten habe. Djoser wurde aufgetragen, Baumaterialien aus in der Nähe vorhandenen Gesteinsarten zu zerstoßen und zu mischen.

Sollte sich der amerikanische Archäologe nicht geirrt haben, wäre das fürwahr ein bemerkenswerter Auftrag gewesen. Es erscheint mir nicht allein wichtig, ob Davidovits' Behauptung, die Pyramiden von Gise seien aus Kunststein errichtet worden, wirklich in allen Einzelteilen zutrifft. Ebenso interessant ist jener Passus, in dem es um den Auftraggeber geht. Um diesen angeblichen „Gott", von dem der Pharao Djoser bei seinen Planungen offenbar abhängig gewesen ist. Um wen oder was könnte es sich dabei gehandelt haben? Verbarg sich hinter dieser Gottheit in Wirklichkeit ein mächtiger Hohepriester? Bezieht sich der Fingerzeig auf den genialen Arzt und Architekten *Imhotep,* der als Erfinder der ägyptischen Steinbaukunst gilt? Von seinem Leben und seinem Werk wissen wir nur, dass er der Ratgeber des Königs Djoser war. Eine Legende erzählt, Imhotep hätte in der Wüste nördlich von Memphis ein Buch von geheimnisvollen „Göttern" erhalten. Darin sollen sich die Konstruktionspläne für die Sakkara-Pyramide befunden haben. Imhoteps Bücher blieben bis heute ebenso verschollen wie sein Grab. Milo Sediq zweifelt daran, dass Imhoteps Ruhestätte jemals gefunden werden wird, und knüpft daran die kühne Frage: „Ist jener große Arzt und Baumeister, dem Ägypten so viel zu verdanken hat, nicht nur mit seiner Seele, sondern auch mit seinem Leib zu seinen kosmischen Lehrern zurückgekehrt?"

Ob fremde Besucher aus dem Kosmos beim Bau der Pyramiden „mitgeholfen" haben und die Behauptung des Forschers Davidovits, die Gise-Pyramiden seien aus Kunststein hergestellt worden, einer ernsthaften Überprüfung standhalten würde, bleibt vorläufig unbeantwortet. Die ägyptischen Behörden haben ihm ausdrücklich untersagt, Materialproben aus dem Gemäuer im Labor untersuchen zu lassen. Die japanische Blamage mit der Miniaturpyramide des Jahres 1978 war den Nachfahren des Cheops offenbar Warnung genug ...

Steinalte Zeugen für die Ewigkeit

Keine Frage, im alten Ägypten müssen geniale Architekten am Werk gewesen sein, vor deren Können selbst Baumeister der Jetztzeit ihren Hut zu ziehen hätten. Heute ist man bereits zufrieden, wenn bei diversen Gebäudekonstruktionen die Einzelteile nur um ein oder zwei Millimeter auseinander liegen. Fehlerquellen, die bei den „Pharaonengräbern" von Gise auszuschließen sind.

Fällt die Bauzeit der Großen Pyramide wirklich in die Regentschaft des Pharao Cheops? Wer war dieser Cheops überhaupt? Wie gesagt, sein Leichnam wurde nie gefunden. Vom mutmaßlichen Erbauer der größten Pyramide von Gise existiert lediglich ein winziges Figürchen aus Elfenbein. 1903 wurde es bei Ausgrabungen entdeckt. Es ist das einzige überlieferte Bild des Gottkönigs. Die meisten Pharaonen haben gewaltige Statuen ihrer Dynastien hinterlassen. Nicht so bei Cheops. Weshalb hat ein angeblich so mächtiger Herrscher der Nachwelt sonst keine bedeutenden Monumente vorzuweisen? War die Cheops-Pyramide sein Grabmal, wie von der traditionellen Ägyptologie hartnäckig versichert wird?

Eine berechtigte Frage, wenn man Untersuchungen der *Eidgenössi-*

Weshalb ist von dem mächtigen Pharao Cheops nur dieses winzige Figürchen erhalten geblieben? Es ist das einzige überlieferte Bild des Gottkönigs.

schen Technischen Hochschule heranzieht. Physiker entwickelten eine exakte Datierungsmethode, mit der sie eindeutig nachwiesen, dass die (zwischen zweiter und sechster Dynastie errichteten) ägyptischen Pyramiden durchwegs um mindestens 400 Jahre älter sind, als bisher angenommen wurde. Damit aber wird deutlich, dass viele von der Ägyptologie vorgegebenen Datierungen zweifelhaft erscheinen.

Historische arabische Quellen rücken das Alter der Steindenkmäler weit in die Vergangenheit zurück. In der *Bodleian Library* in Oxford, England, gibt es ein Manuskript, das der Kopte *Abu'l Hassan Ma'sudi* verfasst haben soll. Koptisch wurde früher von einer Gruppe eingeborener Christen gesprochen und geschrieben, die sich der Bekehrung zum Islam widersetzte. Ma'sudi behauptete, sowohl die Cheops- als auch die Chephren-Pyramide seien bereits dreihundert Jahre „vor der großen Flut" gebaut worden, seinen Angaben nach exakt 3537 vor Christus. Bauherr der Großen Pyramide soll der vorsintflutliche König *Surid* (oder *Saurid*) gewesen sein, wie der arabische Historiker *Ibrahim ben Ibn Wasuff Schah* überliefert hat.

Surid soll geträumt haben, ein riesiger Planet würde in dem Augenblick auf die Erde stürzen, „da das Herz des Löwen die erste Minute des Hauptes des Krebses erreicht". Dieser Albtraum veranlasste den Herrscher, das älteste der Sieben Weltwunder zu errichten und darin alles Wissen seiner Zeit zu verbergen. Surid wird als ein weiser und gütiger König geschildert. Er soll nach einer anderen Legendenversion die Anweisungen zum Bau der Pyramide von den „Göttern" erhalten haben.

Ob diese Sage wahr ist, lässt sich nicht mit Bestimmtheit sagen. Geteilte Ansichten gibt es trotz dieser alten Dokumente über den Ursprung und das Alter der „Großen Pyramide". Ernsthafte Zweifel an der beharrlichen Behauptung der Ägyptologen, wonach die Gise-Pyramiden von einem Pharao errichtet worden sind, belegen noch andere Widersprüche. Wenn kein Pharao, wer dann?

Gar nicht so unwahrscheinlich ist, dass jene drei Hauptpyramiden lange vor Herrschaftsantritt von Cheops, Chephren und Mykerinos entstanden sind: Beweise? Sind vorhanden. Beispielsweise eine Kalksteinstele, die vor mehr als 150 Jahren in den Ruinen des Isis-Tempels unweit der Cheops-Pyramide entdeckt wurde. Die Stele ist im Besitz des Ägyptischen Nationalmuseums von Kairo.

Aus der Inschrift geht hervor, dass König Cheops bzw. Chufu den darauf befindlichen Text seiner Selbstverherrlichung erst zu dem Zeitpunkt anfertigen ließ, als er die Restaurierung des Isis-Tempels vollendet hatte. Dass dieser Pharao unter keinen Umständen als Bauherr der Großen Pyramide angesehen werden kann, davon ist der Altertumsforscher und Orientalist *Zecharia Sitchin* überzeugt. In seinem Buch *„Götter, Mythen, Kulturen, Pyramiden"* liefert der Forscher stichhaltige Hinweise für seine These. Der in Russland geborene, in Palästina aufgewachsene Neo-Amerikaner gilt als Experte im Hinblick auf die nahöstlichen vorchristlichen Kulturen. Sitchin entschlüsselte die Inschrift der Stele, wo es heißt: „Es lebe Horus Mezdau; dem König von Ober- und Unterägypten, Chufu, ist Leben gegeben. Für seine Mutter Isis, die göttliche Mutter, Herrin von Hathors Westberg, machte er (diese) Schrift auf eine Stele. Er brachte (ihr) ein neues heiliges Opfer. Er baute (ihr) ein Haus (Tempel) aus Stein, erneuerte die Götter, die in ihrem Tempel gefunden wurden."

Chufus einziger Anspruch auf den Bau einer Pyramide bezieht sich auf jene für die Prinzessin *Henutsen*. Da die Göttin Hathor als Herrin der Halbinsel Sinai angesehen wurde, schreibt Zecharia Sitchin, und der höchste Gipfel der Halbinsel ihr „Ostberg" war, dann sei wohl der *Westberg* die Große Pyramide gewesen. Chufu „gründete" also das Haus der Isis, jedoch habe die Große Pyramide laut Inschrift auf der Stele bereits existiert, als Chufu seine Herrschaft über Ägypten antrat. Sitchin weiter: „Ihre Herrin (die der Pyramide. Anm. d. Verf.) war die Göttin Isis – sie gehörte dieser Göttin, nicht dem Chufu. Außerdem kauerte der Sphinx – den Chephren zusammen mit der zweiten Pyramide gebaut haben soll – bereits an derselben Stelle wie heute. Des Weiteren wird in der Inschrift die genaue Lage des Sphinx angegeben und die Tatsache erwähnt, dass ein Blitz ihn beschädigt hat – die Beschädigung ist bis zum heutigen Tag erkennbar geblieben."

Dass Chufu alias Cheops nicht der wirkliche Erbauer der Großen Pyramide gewesen sein kann, erkannte seinerzeit bereits der nordamerikanische Historiker und Orientalist *James Henry Breasted*. Sein Buch „*Ancient Record of Egypt*", 1906 erschienen, gilt als eines der Standardwerke über ägyptische Inschriften. Breasted meint zum Inhalt der Stele im Isis-Tempel, dass zwar „diese Hinweise ... von höchster Bedeutung" wären, sollte das monumentale Bauwerk tatsächlich während Chufus Regierungszeit errichtet worden sein, jedoch würde „die Orthographie ... schlüssig ein späteres Datum der Inschrift" deutlich machen. Obgleich die Stele alle Anzeichen der Echtheit aufweise, so Sitchin, konnten sich „die Forscher zur Zeit der Entdeckungen (und viele nach ihnen) ... mit den unvermeidlichen Schlussfolgerungen nicht anfreunden. Da sie das ganze Gedankengebäude der Pyramidenforschung nicht einreißen wollten, erklärten sie die Stele für eine *Fälschung* – die Inschrift sei ‚lange *nach* Chufus Tod gemacht worden und trage seinen Namen als Verfasser, um romanhafte Vorstellungen der ortsansässigen Priester zu unterstützen'".

Die Ägyptologen hatten sich nämlich inzwischen auf den scheinbar schlüssigen Beweis *roter Zeichen* festgelegt, die man in versiegelten Kammern über der „Königskammer" entdeckt hatte. Diese Zeichen wurden als Steinmetzzeichen aus Chufus 18. Regierungsjahr gedeutet und deshalb als echt angesehen, weil diese Kammern vor ihrer Entdeckung im Jahr 1837 nie betreten worden waren.

Da aber andererseits die Inschrift auf der Stele geradezu gegenteilige Informationen lieferte, musste diese ganz offensichtlich eine Fälschung sein. Der Orientalist Zecharia Sitchin neigt jedenfalls zu der Ansicht, dass eine solche eventuelle Fälschung dann aber keineswegs in ferner Vergangenheit, sondern 1837, also genau vor 163 Jahren, stattgefunden hat, „,... und die Fälscher waren nicht ‚ortsansässige Priester', sondern zwei oder drei skrupellose Engländer ..."

Konkret bezichtigt Sitchin drei Hobby-Archäologen der bewussten Manipulation im Pyramidengemäuer: *Richard Howard Vyse*, einen britischen Oberst; seinen Landsmann *J. R. Hill*, damals Oberaufseher einer Kupfermine, sowie *John Perring*, in jenen Tagen als Ingenieur beim ägyptischen Staatsamt für öffentliche Arbeiten und Bauten beschäftigt. Sitchin ist sich sicher, „dass Vyse und seine Helfershelfer die roten Inschriften in der Großen Pyramide angebracht haben, keineswegs die Erbauer".

Es bestünde „kein Grund mehr, die Echtheit der Stele anzuzweifeln, auf der steht, dass die Pyramiden und die (oder der) Sphinx schon da waren, als Chufu den Gottheiten *Isis* und *Osiris* dieses Denkmal setzte".

Auch wenn manches dafür spricht, dass Zecharia Sitchin im Recht sein dürfte – die offizielle Ägyptologie ist anderer Ansicht: Cheops, wird erklärt, habe den Pyramidenbau zu seiner Ehre angeordnet. Offiziell hat man sich festgelegt, dass die Pharaonen der 4. Dynastie das Land am Nil zwischen 2575 und 2465 regierten, in diese Epoche fällt der Baubeginn der Großen Pyramide.

Uneinig ist man sich hingegen über die Länge der Bauzeit. Behaupten einige Archäologen, das Monument sei in zwanzig Jahren fertig gestellt worden, so beharren Kollegen derselben Zunft auf einer Arbeitslänge von mindesten 30, wenn nicht sogar 56 Jahren. Auch der Baubeginn wird von ihnen um mehr als vier Jahrhunderte in die jüngere Zeit verlegt – in das Jahr 2200 v. Chr. Um das wirre Bild der Altertumsforschung noch weiter zu verzerren, sei auch die Ansicht mancher Fachgelehrter nicht verschwiegen, die die Entstehungszeit des ägyptischen Weltwunders um ein volles Jahrtausend in die vorchristliche Vergangenheit zurückverlegt wissen wollen.

Der tatsächliche Baubeginn der Cheops-Pyramide verbirgt sich im Dunkel der Geschichte. Unzählige denkbare, aber auch ebenso viele unglaubwürdige Theorien wurden und werden über ihr Ursprungsalter angeboten. So waren sich Ägyptologen früherer Tage beispielsweise sicher, den Zeitpunkt ihres Entstehens herausgefunden zu haben. Dafür wurden zwei plausible Gründe angegeben: Zum einen hatte man errechnet, dass im Jahr 2170 v. Chr. der Polarstern sich auf einer Geraden mit der Achse des Pyramideneingangs befunden hatte. Was die Wissenschaftler folgern ließ, der dunkle lange Gang dahinter sei an einer Stelle angelegt worden, wo er das Licht dieses Sterns aufzufangen vermochte.

Eine Schlussfolgerung, die sich als Trugschluss erwies: Die

Forscher hatten nämlich nicht bedacht, dass die Sterne durch die scheinbare Bewegung des Firmaments im Verhältnis zu unserer Erde ihre Stellung wechselten und weiterwanderten. Das aber hätte bedeutet, dass die Himmelsleuchten erst in 25827 Jahren (vom Jahr 2170 v. Chr. an gerechnet) wieder jene Position einnehmen würden, die sie damals innegehabt hatten.

Gutgläubige Esoteriker hingegen meinten, damit endlich den „Stein der Weisen" gefunden zu haben: Sie behaupteten kurzerhand, die Cheops-Pyramide wäre bereits vor 26.000 Jahren entstanden. Ein Datum, das gewiss ebenso angezweifelt werden darf wie die Datierung der herkömmlichen Lehrmeinung.

Sphinx, wer bist du?

Jeder Reisende, der in Ägypten die riesige Fläche des Pyramidenstandortes in Gise betritt, wird zuallererst eines Kunstwerkes ansichtig, das wie eine steinerne Warnung alle pharaonischen Bauwerke dahinter zu bewachen scheint: *der Sphinx.*

Aber wer hat den gewaltigen Steinlöwen mit dem Kopf eines Mannes errichtet? Wann geschah dies und warum? Schon über die Geschlechtszugehörigkeit des Zwitterwesens herrscht Verwirrung. Was ist nun richtig, *die* oder *der* Sphinx? Beides. Ursprünglich wurde der griechisch-lateinische Name für eine Löwin mit dem Kopf einer Frau verwendet, die in der Nähe von Theben gehaust haben soll und Vorübergehende auffraß, wenn sie ihre Rätsel nicht lösen konnten. Erst durch Ödipus, so erzählt die Sage, konnte „die schreckliche Sphinx" bezwungen werden. Der Sphinx von *Gise* ist jedoch *männlich* und trägt den Kopf eines Mannes. Daher die Bezeichnung „Androsphinx" – männlicher Sphinx.

Selbst wenn es dem „Wächter der Pyramiden" zurzeit nicht gerade blendend geht – sein bejammernswerter Zustand hat teure Renovierungen notwendig gemacht –, für Rätsel ist der Sphinx noch immer gut genug: Sein Riechorgan dürfte der Pyramidenwächter schon vor Jahrhunderten durch mutwilliges Abschlagen verloren haben oder wurde, wie man erzählt, Opfer von Schießübungen der Mamelucken. Dass dem dicken Obelix beim Versuch, den Sphinx zu besteigen, ein kleiner Fauxpas passiert sei, so wie es der französische Zeichner *Albert Uderzo* in seinem köstlichen Comicband „*Asterix und Kleopatra*" witzig verarbeitet hat, darf freilich zu Recht bestritten werden.

Doch ernsthaft: die bezeugten historischen Quellen über die Geschichte des Sphinx sind dürftig. Lange Zeit hatte man kein Wort über diese 74 Meter lange und 20 Meter hohe Steinfigur verloren. Sie besteht nicht wie die Pyramiden aus Steinblöcken, sondern wurde aus dem vorhandenen Fels gemeißelt. Herodot, der die mächtige Gestalt bei seiner Ägyptenreise im 5. Jahrhundert vor Christus hätte sehen müssen, erwähnt sie mit keinem Wort. Der Grund hierfür ist banaler, als man denkt: Im Laufe seiner Geschichte war das göttliche Mischwesen des Öfteren unter dem Wüstensand begraben. In manchen Epochen ragte wenigstens der Kopf aus dem Wüstensand hervor. Davon erzählt auch die so genannte *Traumstele von Tutmosis IV.*, die zwischen den Pfoten des Sphinx gefunden wurde. Demnach soll der junge Prinz etwa um 1400 v. Chr. bei einem Jagdausflug einen völlig versandeten Sphinx vorgefunden haben. Nur ein Teil des Kopfes ragte heraus. Als Tutmosis sich im Schatten schlafen gelegt hatte, sei ihm der Sonnengott *Re-Harachte* erschienen. Er versprach dem Prinzen die Königswürde, wenn er den Sphinx vom Sand freischaufeln würde. Gesagt, getan und aus dem thronberechtigten Prinzen wurde der Pharao Tutmosis IV. Zuletzt musste der Sphinx 1925 von der ägyptischen Altertümerverwaltung freigelegt werden.

Einer, der dem Sphinx großes Interesse widmete, war der berühmte amerikanische Spiritist *Edgar Cayce*. Man nannte ihn den „schlafenden Propheten". Cayce war Hellseher, im Wachzustand ein Durchschnittsmensch wie wir alle, jedoch im Zustand hypnotischer Trance ein Medium mit nahezu unbegrenztem Wissen. Seine Gabe machte es ihm möglich, Krankheiten zu diagnostizieren, die von der Schulmedizin nicht erkannt wurden. Doch der „schlafende Prophet" erstreckte seine seherische Begabung auch auf andere Wissensgebiete.

So bestätigte und erläuterte er im Trancezustand das Faktum der *Reinkarnation* und trug auch einiges zur Erhellung altägyptischer Überlieferungen bei. Cayce prophezeite die Entschlüsselung der Botschaft der „Großen Pyramide" und er schrieb auch dem Sphinx eine wichtige Rolle zu. Der Hellseher verlegte das angeblich wirkliche Baujahr der „Großen Pyramide" in das Jahr 10490 v. Chr., wobei die Bauzeit hundert Jahre betragen haben soll. Um das Jahr 1998 werde irgendwo zwischen Sphinx und Nil die „Halle der Aufzeichnungen" entdeckt werden und der künftige Aufstieg und Fall der Nationen sowie der Entwicklungsgang des religiösen Denkens der Welt offen gelegt werden. Den Standort dieses antiken Tresors hat Edgar Cayce, der 1945 in den USA gestorben ist, folgendermaßen beschrieben: „Wenn die Sonne sich aus den Wassern erhebt, fällt die Schattenlinie zwischen die Pranken des Sphinx, der erst zu späterer Zeit als Hüter gesetzt wurde, den man nicht durch die Verbindungskammern (von der rechten Pranke aus) betreten darf, ehe die Zeit nicht erfüllt ist und die Wandlungen sich auf diese Sphäre der menschlichen Erfahrung auswirken. Diese Halle liegt zwischen dem Sphinx und dem Fluss."

Cayces Prophezeiung über das Aufspüren der „Halle der Aufzeichnungen", die er mit der Legende um das sagenumwobene Atlantis in Verbindung brachte, sollte sich kurz vor Ende des 20. Jahrhunderts erfüllen. Ist dies geschehen? Beruhen Cayces seherische Aussagen bloß auf Träumen, Fantasien und Wunschdenken? Oder hat man inzwischen Funde gemacht, die seine Angaben bestätigen könnten? Tatsächlich wurden in den letzten Jahren auf dem Gise-Plateau eine ganze Reihe ungewöhnlicher Entdeckungen gemacht. Eine davon: 1996 hatten seismografische Messungen einen unterirdischen Gang lokalisiert. Just an jener Stelle, an der Cayce sie vorausgesagt hatte. „Niemand weiß, was sich in dem Tunnel befindet, aber wir werden ihn demnächst öffnen ...", versprach vor einigen Jahren Dr. *Zahi Hawass,* Leiter der Ausgrabungsstätte bei den Pyramiden. Doch geschehen ist bisher nichts – zumindest nicht *offiziell.* Wer weiß, ob nicht immer wieder stattfindende „Restaurierungsarbeiten" dazu benutzt werden, um – unbeobachtet von neugierigen Blicken – gezielte Ausgrabungen vorzunehmen? Sinnvoll scheint diese Vorgangsweise aus der Sicht der Ägyptologie dann zu sein, wenn der begründete Ver-

Mysterien im Sand der Wüste: Die Cheops-Pyramide und ihr „Wächter" – der rätselhafte Sphinx. Bleiben ihre letzten Geheimnisse ungelöst?

dacht besteht, Aufzufindendes könnte die bisherigen konservativen Theorien von der Entstehung der ägyptischen Kultur aus den Angeln heben.

Es gibt noch andere Indizien, die darauf hinweisen, dass die Pyramiden und das sphinxische Wahrzeichen weit älter sind als allgemein angenommen. Die Steinfigur mit dem Löwenleib und dem Kopf eines Mannes wird der 4. Dynastie unter der Herrschaft des Pharao *Chephren* zugeschrieben. Er regierte um 2521–2495 v. Chr. und gilt ebenso als Erbauer der gleichnamigen zweitgrößten Pyramide von Gise. Die meisten Ägyptologen sind davon überzeugt, dass das Haupt des Sphinx mit dem Antlitz des Pharao Chephren identisch sei. Chephren habe den Bau mit seinem

Ebenbild in Auftrag gegeben und bemalen lassen. „Dafür gibt es eindeutige Beweise", versichert der Ägyptologe Dr. Zahi Hawass. Eine im Ägyptischen Museum in Kairo aufbewahrte berühmte Diorit-Statue des Königs Chephren wird als Beleg dafür angeführt, weil sie die gleiche Gesichtsstruktur zeige wie der Sphinxkopf. Doch genau das scheint ebenso zweifelhaft wie das Alter des ägyptischen Wahrzeichens. Der amerikanische Gerichtszeichner *Frank Domingo* hat 1993 durch detaillierte Vergleiche beider Gesichter den Nachweis erbracht, dass die Skulpturen zwei *verschiedene* Personen darstellen. Manche Fachgelehrte sprechen der These zu, dass das Abbild den mächtigen *Haurun* darstellen sollte, eine Variante des Sonnengottes *Re*. Beweisen lässt sich das ebenso wenig.

Da sich die Ungereimtheiten mehren, ist auch innerhalb der ehrwürdigen Ägyptologengilde ein Gelehrtenstreit entfacht. Der Disput entzündet sich bereits in der Frage nach dem Bart des Pharao bzw. des Löwen. Einerseits sollen sich in der ägyptologischen Sammlung in Kairo und im Britischen Museum in London Originalteile des Corpus Delicti befinden. Andererseits hat der deutsche Ägyptologe Professor Stadelmann das Kinn des Sphinx gründlich untersucht und dort nicht die geringste Spur eines Bartansatzes finden können. Wenn wirklich König Chephren den Sphinx errichten ließ, dann hätte der zylinderförmige „Zeremonialbart" kaum gefehlt, weil diese Sitte bereits von Chephrens Vorgänger und älterem Bruder *Radjedef* eingeführt wurde. Weil aber unter Pharao Cheops das königliche Kinn noch glatt war, folgert Stadelmann, dass eben dieser Pharao den Sphinx gebaut habe. Andere Fachgelehrte widersprechen heftig und weisen die Errichtung und das Aussehen dem König Radjedef zu. Wer hat den Sphinx nun errichtet? Chephren, Cheops oder Radjedef?

Wahrscheinlich liegt man mit allen drei Lösungsvorschlägen daneben. Denn: eine Inschrift, die eine dieser Behauptungen zweifelsfrei bestätigen könnte, wurde bislang nicht gefunden, weder im Bereich des Sphinx noch in nahe gelegenen Tempeln, die der Chephren-Epoche zugeschrieben werden. Einzig die Silbe „*Khaef*", die als Hinweis auf Chephren gedeutet wird, und auf der Gedenkplatte von König Tutmosis IV. (entstanden mehr als

1000 Jahre nach Chephren) eingraviert wurde, kann als Indiz vorgelegt werden. Allerdings ein höchst fragwürdiger „Beleg". „Das beweist gar nichts", geben sogar selbstkritische Ägyptologen freimütig zu. Da die so genannte *Kartusche,* eine ovale Umrandung um den Namen, fehlt (sie wurde immer angebracht, wenn ein Pharao namentlich genannt wurde), ist höchst ungewiss, ob sich die Silbe tatsächlich auf Chephren als Erbauer des Sphinx bezieht.

Älter als das Reich der Pharaonen?

Eine fantastisch anmutende Theorie offerieren uns der in Ägypten geborene Ingenieur und Autor *Robert Bauval* und der bekannte englische Forscher *Graham Hancock.* Ihrer Überzeugung nach ist der Sphinx ein Überbleibsel einer unbekannten Hochkultur aus grauer Vorzeit. Untermauert wird diese Behauptung durch Computerberechnungen, die deutlich machen, dass der Sphinx präzise nach astronomischen Gesichtspunkten ausgerichtet ist. Die passenden Daten sind allerdings nicht jene um 2500 v. Chr., sondern die um 10500 v. Chr. Die Rekonstruktionen und Berechnungen decken sich erstaunlich genau mit den prophetischen Aufzeichnungen des Sehers Edgar Cayce. In der genannten Epoche muss der exakt nach Osten ausgerichtete Pyramidenwächter zum Zeitpunkt der Frühjahrs-Tagundnachtgleiche auf sein Pendant am Himmel geblickt haben – auf das Sternbild des *Löwen.* Weitere Untersuchungen ergaben, dass der Kopf des Sphinx besser erhalten ist als sein Körper und im Größenverhältnis zum Rest auffallend klein wirkt. Bauval und Hancock behaupten nun, dass die Figur ursprünglich auch einen zum Körper passenden Löwenkopf besaß, der aufgrund starker Regenfälle am Ende der Eiszeit verwitterte. Als die Niederschläge schließlich aufhörten und sich die ägyptische Savanne in eine Wüste verwandelte, lag der riesenhafte Steinlöwe durch starken Wind und Wetter bald bis zum Hals im Sand vergraben. Dadurch war der Körper des Löwen geschützt, während der Kopf weiter den Umwelteinflüssen ausgesetzt wurde. Erosionsschäden trugen in Folge dazu bei, dass der Löwenkopf über die Jahrhunderte kleiner wurde. Erst in pharaonischen Zeiten, so will es das Autorenduo Bauval und Hancock wissen, begann man den Sphinx zu restaurieren und er erhielt sein Menschengesicht, das wir heute noch erkennen können.

Die Theorie, dass die ägyptische Kultur wesentlich älter sei als gemeinhin angenommen, wird durch Studien eines amerikanischen Archäologenteams unter der Leitung des Geologen *Robert M. Schoch* von der Universität *Boston* unterstützt. Die Wissenschaftler stellten im April 1991 ungewöhnliche Erosionsschäden in dem Sphinxfelsen fest. Kurz gesagt: Gesteinswände sehen genauso aus, als sei hier jahrhundertelang Wasser heruntergeronnen. Nun gab es aber während dieser Epoche nachweislich keine lang anhaltende Regenperiode. Außerdem konnten im Baumaterial umliegender Gräber, die zum Gise-Komplex gehören, keine vergleichbaren Risse im Gestein entdeckt werden, die auf ähnliche Unwetterursachen schließen lassen. Die Erosionsmuster sind so unterschiedlich, dass es laut Schoch und seinem Team auszuschließen sei, die Bauten in dieselbe zeitliche Datierung zu verlegen und Pharao Chephren somit keinesfalls der Erbauer des Sphinx gewesen sein kann. Das Alter des rätselhaften Zwitterwesens müsste aufgrund der Verwitterungsspuren mindestens in die neolithische Feuchtigkeitsperiode zurückdatiert werden – soll also bereits vor ungefähr 9000 Jahren entstanden sein. In seinem abschließenden Untersuchungsbericht schreibt Schoch: „Fasse ich die verfügbaren Belege als Geologe zusammen, so komme ich zu der Vermutung, dass der große Sphinx von Gise wesentlich älter ist als das zugeschriebene Datum von etwa 2500 v. Chr. Aufgrund dieser Belege komme ich vorläufig zu der Schätzung, dass der Ursprung der monumentalen Skulptur mindestens in den Jahren 7000 bis 5000 v. Chr. zu suchen ist, vielleicht sogar in einer noch weiter zurückliegenden Zeit."

Die Sensation war mit dieser Erklärung perfekt und verbreitete sich in Windeseile um den Globus. Besagt sie doch, dass nicht die Sumerer in Mesopotamien (um 5000 v. Chr.) am Anfang der Geschichte standen, sondern eine viel ältere „Vor-Zivilisation" mit enormen technischen Leistungen. Diese unbekannte Hochkultur soll den Löwe-Mensch-Zwitter in die Wüste gesetzt haben; Pharao Chephren war also nur Nachfolger gewesen – er hatte lediglich den Kopf und den Körper des Sphinx *renovieren* lassen.

Solche „unfassbaren Behauptungen" konnten von offizieller Seite natürlich nicht unwidersprochen bleiben. „Die Kampagne, den Sphinx einer unbekannten vorägyptischen Kultur zuzuschreiben, ist nicht seriös", schimpfte Professor *Dieter Arnold*, Leiter der Ägypten-Abteilung des Metropolitan-Museums in New York. „Eine wilde Behauptung", replizierte der deutsche Mineraloge Professor *Dietrich Klemm*.

„Die Porosität kann ebenso gut natürliche Eigenschaft dieser Gesteinsschicht sein", gibt auch der bekannte deutsche Pyramidenexperte Ingenieur *Rudolf Gantenbrink* zu bedenken. Der Forscher vermutet, dass herabrieselnde Sandkörnchen die ungewöhnlichen Erosionsspuren verursacht haben. Der Forscher rät dazu, Gesteinsschichten einmal im Sphinxbassin anzubohren und zu vergleichen: „Von hier aus sind es vom Bodenniveau bis zur Gesteinsschicht viele Meter. Sollte sie in dieser Tiefe ebenfalls porös sein, kann dies kaum durch Regen bewirkt worden sein." Eine solche Bohrung unterblieb bisher. Doch dieser Vorwurf kann Robert Schoch und seinem Geologenteam nicht wirklich gemacht werden. Denn nach Bekanntwerden der ersten Studien und ihrer Schlüsse vertrieben die ägyptischen Behörden das Geologenteam aus dem Pharaonenland und verboten seit 1993 jede weitere geologische Forschung.

Schoch reagierte gelassen auf solche heftigen Attacken: „Wenn meine Ergebnisse mit der herkömmlichen Theorie über die Anfänge der Zivilisationsgeschichte kollidieren, könnte es vielleicht angebracht sein, dass sie sich Gedanken über eine Revision ihrer Theorie machen."

„Wir wissen nicht, *wer* den Sphinx gemacht hat", ergänzt hierzu der Autor und Forscher *John A. West* bei einem Jahrestreffen der Geologischen Gesellschaft Amerikas in *San Diego* (Kalifornien). „Wenn wir aber nachweisen können, dass es so viel früher eine Kultur gegeben hat, die so etwas schaffen konnte, wäre das für die Geschichtsschreibung das, was Einsteins Relativitätstheorie für die bis dahin geltende Physik war."

Muss die Geschichte Ägyptens umgeschrieben werden? Stehen die Theorien der traditionellen Lehrmeinung in vielen Bereichen auf einem wackeligen Fundament? Angesichts vieler außergewöhnlicher Entdeckungen und neuer aktueller Erkenntnisse kann man sich diesem Eindruck nicht verschließen. Die Frage nach dem Ursprung unserer Kultur, die Suche nach den ersten Zivilisationen, neue Grabungen und die Analysen über rätselhafte Funde der Vorgeschichte – all das steckt noch weitgehend in den Kinderschuhen. Aber schon jetzt zeichnet sich ab, dass mit weiteren verblüffenden Überraschungen zu rechnen sein wird. Noch schweigt der Sphinx ...

Magie, Mystik und Mumien

*„Jede weit genug entwickelte Technologie
ist von Magie nicht zu unterscheiden."*

Artur C. Clarke, Wissenschaftler und Sciencefiction-Autor

Kreischende Klänge

Esoterische Kreise halten die Räume innerhalb der Cheops-Pyramide hartnäckig für religiöse Kultstätten. Einer ihrer bekanntesten Vertreter, *Paul Brunton*, schildert in seinem Buch *„Geheimnisvolles Ägypten"* die Erlebnisse einer unheimlichen Nacht in der „Großen Pyramide", wo er angeblich mit Geistern von verstorbenen Hohepriestern und Monstern der altägyptischen Unterwelt in der Königskammer in Berührung gekommen sein will.

Gibt es *Geisterstimmen*? Die Erforscher des Paranormalen kennen das Phänomen der angeblich auf übersinnliche Weise produzierten Geräusche, Stimmen und Töne, die man auf *Tonbändern* aufzeichnen konnte. Stammen die Laute von Verstorbenen? Lässt sich eine physikalische oder technische Erklärung dafür finden? Wer hat die Stimmgeräusche erzeugt? Spirituelle Geistwesen?

Die Frage, wodurch unheimliche Töne hervorgerufen werden können, stellt sich auch bei ägyptischen Monumenten des Altertums. Während meiner Aufenthalte im Land der Pharaonen bestaunte ich zwei gewaltige Statuen, die sich am Westufer des Nil, gegenüber der Stadt *Luxor* befinden. Die Kolosse stehen mutterseelenallein in der thebischen Wüste, weit entfernt von jedem anderen Bauwerk. Ihr tonnenschweres Gewicht und ihre imposante Größe von fast 20 Meter Höhe sind so gewaltig, dass vor rund 3400 Jahren allein der Transport und das Aufstellen der beiden steinernen Giganten eine technische Meisterleistung gewesen ist. Die bautechnische Leistung wirkt umso erstaunlicher, wenn man berücksichtigt, dass die jeweils aus einem Steinblock gefertigten Kolosse über eine Entfernung von mehr als 600 Kilometer aus dem Roten Gebirge bei Kairo zum heutigen Standort geschafft worden waren.

Aus griechischen Überlieferungen wissen wir außerdem von einem ungewöhnlichen Phänomen, das seinerzeit mindestens durch eine dieser beiden steinernen Giganten – die als so genannte *„Memnonkolosse"* Berühmtheit erlangten – herbeigeführt wurde. Eine Memnonstatue besaß nachweislich bis 196 n. Chr. eine „Stimme"! Sie hatte im Übrigen ihren Namen durch die Griechen erhalten, weil diese das Riesending mit dem mythischen Sohn der Morgenröte in Verbindung brachten. Tatsächlich aber handelte es sich bei jener Statue um eine Darstellung entweder des berühmten Baumeisters und Arztes *Amenhotep,* der ebenso als Bauherr des berühmten *Luxor*tempels gilt, oder um Abbilder des Pharaos *Amenophis III.*

Wie verhielt es sich aber mit dessen Stimme? Nun, sie konnte damals, vor fast zweitausend Jahren, nur bei Sonnenaufgang gehört werden – und während zwei Jahrhunderten zählte deshalb das Steingebilde zu den erklärten Weltwundern. Besonders hübsch „sang" Amenhotep bzw. Amenophis allerdings nicht: Die Akustik der Statuen machte sich in Form eines dünnen, kreischenden Tons, der sich anhörte, als sei eben eine Harfensaite gerissen, bemerkbar.

Möglicherweise hatte sich der Ton, den der Koloss von sich gab, erst in späterer Zeit zum Missklang verzerrt. Es ist nämlich bekannt, dass die klingende Statue im Jahre 524 v. Chr. von einem kurzfristigen Eroberer Ägyptens, dem Perserkönig *Kambyses,* verunstaltet worden ist, wozu dann 27 v. Chr. noch ein Erdbeben kam, das zu einer weiteren Beschädigung des vormaligen Weltwunders beitrug. Es könnte durchaus sein, dass sich erst dadurch ein zunächst vielleicht wohltönender Klang in einen Misston verwandelte. Sicher ist jedenfalls, dass die Memnon-Statue während der Herrschaft des ersten römischen Soldatenkaisers *Lucius Septimius Severus* (193–211 n. Chr.) endgültig verstummte. Wahrscheinlich hervorgerufen durch Restaurationsarbeiten, die der römische Feldherr angeordnet hatte. Neue Steinlagen, die von Bildhauern in Körper und Kopf des Monuments eingefügt worden waren (so wird vermutet), dürften damals zum Verstummen des

Eine der beiden Memnonkolosse war bereits im Altertum durch seine „Geisterstimme" berühmt.

Steinriesen geführt haben. Es gibt aber immer wieder Leute, die behaupten, der seltsame Ton aus dem Inneren der Statue sei auch noch im 19. Jahrhundert einige Male vernommen worden – so jedenfalls kann es in der Pariser *„Revue Encyclopédique"* aus dem Jahre 1821 nachgelesen werden. Forscher vermuten, hier habe es sich um eine zufällige „Wiederkehr" der Töne gehandelt, vielleicht darauf zurückzuführen, dass jener Spalt im Koloss nur unzureichend abgedichtet wurde.

Von dem mysteriösen Schauspiel um die einstmalige Geisterstimme blieb heute nur der Name in Erinnerung, allerdings erstreckt sich jenes Phänomen nun auf *beide* Statuen – daher *die* „Memnonkolosse".

Doch wie könnten diese Töne aus dem Inneren der Memnonstatue überhaupt zustande gekommen sein? „Die Franzosen *Langlès* und *Salvert* sprechen von einem komplizierten *Mechanismus* im Inneren der Statue, den die Sonne mit Hilfe einer zwischen den Lippen der Statue steckenden Linse in Gang brachte", schreibt der aus Südtirol stammende italienische Okkultautor *Peter Kolosimo*. Seine Behauptung blieb natürlich nicht unwidersprochen. Doch mussten jene Ägyptologen, die das Klangphänomen als „zufällig" einstuften und mit Temperaturschwankungen in Gesteinsrissen zu erklären versuchten, letztlich zur Kenntnis nehmen, dass das Wörtchen Zufall als alleiniger Deutungsbehelf nicht ausreicht, um außergewöhnliche Dinge überzeugend zu definieren.

Wenn wir nicht von vornherein sämtliche überlieferten Texte der ägyptischen Sagen zu verwerfen versuchen und, was oft geschieht, in überheblicher Manier ins Reich der Fabeln verbannen, dann sollten wir jenen Hinweisen Aufmerksamkeit schenken, die den Begriff der *Magie* ins Spiel gebracht haben.

Fluch des Verderbens

Die ältesten Formen der „Schwarzen Magie" sind aus dem Ägypten der Pharaonen überliefert. Die magischen Künste wurden dort von ausgewählten Priestern ausgeübt und auch von den einfachen Menschen sehr ernst genommen. Ein Blick auf die unüberschaubare Anhäufung von Amuletten und Zauber abwehrenden Gegenständen, die in den Vitrinen der Museen zu bestaunen sind, zeigen deutlich – im alten Ägypten waren Zauberei und Magie zu Hause. Die Magie diente als Schutz und Abwehrmittel. „Götter haben den Menschen die Zauberei gegeben als Waffe, damit sie sich vor Unheil schützen können", heißt es in alten Hieroglyphentexten. Beschwörungsformeln wurden angewandt um zu verhindern, dass Abbilder gefährlicher Wesen plötzlich *lebendig* würden. Aus diesem Grunde hat man in der Hieroglyphenschrift bestimmte Symbole wie *Löwen* oder *Schlangen* eines Körperteiles beraubt, damit sie im Ernstfall lebensunfähig und damit unschädlich sind. Ähnliches geschah mit Götterbildern. Sie wurden mit Zaubersprüchen gegen fremde Mächte beschrieben. Magie, Mysterien und Alchemie, das alles wurde als geheime Kunst auch in den Dienst des Staates gestellt und half die drei wichtigsten Aspekte der ägyptischen Religion und Metaphysik zu erklären: die Schaffung der Welt, den Götterglauben und die Vorstellung vom Leben nach dem Tod.

Aber wodurch war die damit verbundene Todesangst vor unbekannten Dämonen begründet? Fühlte man sich bedroht und verfolgt? Gab es für die alten Ägypter berechtigte Motive, sich vor bösen Geistern zu fürchten? Beruhen die magischen Verwünschungen, Beschwörungsformeln und eine Welt der dunklen Mächte und satanischen Erscheinungen nicht auf bloßen Einbildungskraft?

Der auf Haiti bekannte *Voodoo-Kult* stammt ursprünglich ebenfalls aus Ägypten. Dort formten die Priester kleine Figuren aus Wachs, auf die sie die Namen ihrer Feinde schrieben. Die Figuren wurden danach mit Nadeln durchbohrt, mit den Füßen zerstampft und ins Feuer geworfen.

Wachsfiguren mussten für vieles herhalten. Aus der Zeit *Ramses' III.* ist die Anwendung „Schwarzer Magie" mehrfach überliefert. Es heißt, ein Verbrecher hätte die königlichen Zaubertexte missbraucht und Wachsfiguren hergestellt, um die Wächter des Harems zu verzaubern. Und der Ritualpriester *Uba-oner* soll sich mit Hilfe eines magischen Spruches, durch den ein Krokodil aus Wachs in ein lebendiges verwandelt wurde, von einem Rivalen befreit haben. In der demotischen Erzählung von *Setni*, ebenso in den *magischen Papyri* des Neuen Reiches und in den *Verfluchungsformeln* späterer Zaubertexte finden sich weitere Beispiele dieser tätlichen und übel wollenden Art von Magie. Ist der berühmte Pharao *Tutanchamun* ebenfalls solcher okkulten Praktiken zum Opfer gefallen? Oder wurde er brutal ermordet?

Untersuchungen aus dem Jahre 1998 zeigen: Pharao *Tutanchamun* wurde wahrscheinlich mit einem stumpfen Gegenstand der Schädel eingeschlagen. Nicht einmal 20 Jahre alt wurde der ägyptische Herrscher, der Berühmtheit erlangte, als der britische Archäologe *Howard Carter* 1922 seine Grabkammer fand. Die Röntgenaufnahmen der Mumie zeigen eine ungewöhnliche Schädelfraktur. „Es sieht so aus", erklärt der anerkannte Ägyptologe *Robert Brier* von der Long-Island-Universität in New York, „als wäre sie durch einen harten Schlag auf den Hinterkopf entstanden. So als ob er im Schlaf ermordet worden wäre." Als Täter wird der Wesir des Königs, *Aye*, bezichtigt. Er soll um 1337 v. Chr. den Mordbefehl gegeben haben. Nach dem Tode Tutanchamuns wurde Aye der neue Pharao, weil er die Witwe des Ermordeten zur Heirat zwang. Die Einzelheiten der atemberaubenden Geschichte hat Robert Brier in seinem spannenden Buch „*Der Mordfall Tutenchamun*" zusammengefasst. Der Ägyptologe gibt allerdings zu, dass kein schriftlicher Beweis für den Mordauftrag existiert, wohl aber Briefe der Königswitwe, die auf ein geplantes Verbrechen schließen lassen.

Immer noch gerätselt wird über den angeblichen *Fluch des Pharao,* der nach der Öffnung der Grabkammer für den mysteriösen Tod unzähliger Archäologen verantwortlich gemacht wurde. Bereits Carters Mitentdecker und Geldgeber Lord *Carnarvon* starb keines natürlichen Todes. Die Begleitumstände, wie Dutzende Menschen im Umfeld der Pharaonenentdeckung aus dem Leben schieden, sind gruselig. Zahllose Forscher, Schriftsteller und Drehbuchautoren haben sie beschrieben und kommentiert. Seit damals sind Wissenschaftler in aller Welt damit beschäftigt, die merkwürdigen Begebenheiten logisch zu erklären.

Ein *Schimmelpilz* soll die Ursache für die Todesfälle sein, wurde von Forschern erklärt. Ausgelöst durch eine Allergie von organischen Substanzen wie Früchten und Gemüse, die dem Pharao auf seine Reise in die Ewigkeit ins Grab mitgegeben worden waren. Diese organischen Materialien seien im Laufe der Jahrtausende verfallen, hätten zunächst Schimmelpilze und später giftige Staubpartikel hervorgerufen. Archäologen, die eine lange geschlossene Grabkammer ohne Atemschutz betreten und den mit Bakterien beladenen Staub einatmen, können, laut klinischer Tests, allergische Entzündungen auslösen und schließlich zu einer tödlichen Lungenschwäche führen. Eine Theorie, die vieles für sich hat, aber keineswegs alle Rätsel löst, die sich in Jahrtausenden rund um die Pharaonengräber aufgestaut haben. Vieles bleibt ungeklärt.

So etwa die Frage nach den mysteriösen Begleitumständen, die zum Tod von Lord Carnarvon führten. Ihm schlug als Erstem die Stunde. Über Nacht bekam er hohes Fieber, wurde nach Kairo ins Krankenhaus geschafft, dort aber nach eingehender Untersuchung entlassen, weil sich der Verdacht, er habe Malaria, nicht bestätigt hatte. Er zog ins Hotel Continental-Savoy. Dort wurden

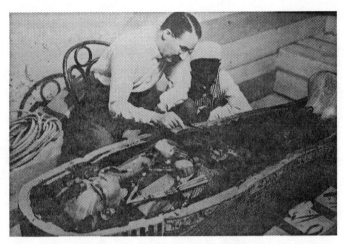

Mit der sensationellen Entdeckung der noch unversehrten Grabstätte des Pharaos Tutanchamun und ihren wertvollen Schätzen fing der angebliche Fluch zu wirken an.

die Fieberanfälle schlimmer, er begann zu fantasieren. „Ein Vogel zerkratzt mein Gesicht!", wiederholte er immer wieder. Diese im Koma gesprochenen Worte haben später die Archäologen beschäftigt.

„Dieser Satz ist deshalb von besonderem Interesse, weil es in einem ‚Verfluchungstext' sinngemäß heißt: „Der *Nechbet-Vogel* soll jedem das Gesicht zerkratzen, der gegen ein Grab vorgeht!", entsann man sich. Die alten Ägypter sahen Grabfrevel als ungeheures Verbrechen an, weil Grab und Mumie die irdische Wohnstätte des „*Ka*" sind, also der bewahrenden Lebenskraft, die nach dem Tod des Menschen weiterlebt.

Kannte Lord Carnarvon den Wortlaut des Fluches? Oder waren seine Fieberträume lediglich ein Zufall gewesen? Zweifel sind angebracht, denn in der Folge haben sich noch viele merkwürdige Dinge zugetragen. So ging, etwa zur Zeit, als Lord Carnarvon mit dem Tode rang, auf dem heimatlichen Landsitz im englischen Hampshire der bis dahin völlig gesunde Hund des Hausherrn in die ewigen Jagdgründe ein. In der Todesnacht am

6. April 1923 ereignete sich noch etwas Seltsames: Es ist dokumentiert, dass in ganz Kairo die Stromversorgung zusammenbrach. Bis heute konnte die Ursache für diesen Ausfall nicht geklärt werden. Das Verblüffendste: die Lichter der Millionenstadt gingen von selbst wieder an ohne jedes Zutun eines Technikers.

Ein Phänomen, das bereits bei der Entdeckung des Tutanchamun-Schatzes aufgetreten war. Spätere Recherchen haben ergeben, dass just zu jenem Zeitpunkt, als Carter und Lord Carnarvon den letzten Steinwall zum Grab durchbrachen, im mehr als 1000 Kilometer entfernten Kairo die Lichter ausgingen.

Dazu passt ein weiteres Kuriosum, das an unbekannte Kräfte denken lässt und mit dem Pharaonenfluch im Zusammenhang stehen könnte. Es betrifft die kostbaren Grabbeigaben des Gottkönigs, die größtenteils im Ägyptischen Museum in Kairo bestaunt werden können. Der Millionenschatz enthält eine Reihe ungewöhnlicher Artefakte. Dazu zählen die drei silbernen und bronzenen *„Trompeten und Stopfer"*. Eine dieser Fanfaren hat es in sich. Als nämlich im Jahre 1954 die Trompete gereinigt, gewartet und sodann probeweise geblasen wurde, fiel in ganz Kairo und Nachbarstädten die Elektrizitätsversorgung aus. Dasselbe soll sich 1974 bei einer turnusmäßigen Wartung wiederholt haben: Der Energieausfall von 1954 (ebenso jene am Tag der Grabauffindung und in der Todesnacht von Lord Carnarvon) war inzwischen in Vergessenheit geraten. Doch das mysteriöse Phänomen wiederholte sich mit demselben Effekt: Die Stromversorgung brach neuerlich zusammen, wenngleich diesmal nur Groß-Kairo vom Energieausfall betroffen war. Alle Stromausfälle sind bezeugt, auch die ägyptischen Zeitungen haben darüber berichtet.

Das sind nur einige Signale, die dafür verantwortlich gemacht werden, dass man „übersinnlichen Mächten" die Schuld dafür anlastet. Wirkt der „Fluch der Pharaonen" also weiter? Und wenn ja, worin besteht er eigentlich?

Jüngste Erklärung: *Radioaktivität* soll den berühmten Pharaonen-Fluch ausgelöst haben. Durch „Zufall" entdeckte ein ägyptischer Mediziner im großen Museum in Kairo, dass viele Mumien aus pharaonischer Zeit radioaktiv strahlen. Als er mit seinem Geigerzähler durch die Abteilung der Mumien wanderte, fiel ihm auf, dass dieser regelrecht "verrückt spielte" und wild ausschlug. In der Folge kam es Anfang der 90er Jahre zu einer genauen Untersuchung durch Nuklearmediziner. Dabei stellte sich zur Verblüffung der Wissenschaftler heraus: Beinahe alle ägyptischen Mumien strahlen tatsächlich überhöhte Radioaktivität aus! Jetzt wird vermutet, radioaktive Substanzen könnten zur Mumifizierung verwendet worden sein. Verfügten die Weisheitspriester des alten Ägypten über "Geheimwaffen", um ihre Heiligtümer und Kunstwerke vor Grabschändern und der Vergänglichkeit zu schützen? War das der berühmte *Fluch des Pharaos?*

Die "Trompeten des Pharaos" – harmlose Dekoration oder gefährliche magische Waffe?

Kann damit auch ein weiteres aufklärungsbedürftiges Geschehen gelöst werden? Piloten kleinerer Propeller-Flugzeuge, die seit den 20er Jahren über das oberägyptische "Tal der Könige" hinwegbrausten, berichteten immer wieder, dass ihre Bordinstrumente kurzfristig ausfielen. Nachdem diese Zone passiert war, funktionierte die Technik wieder normal. Mehrmals konnten diese Maschinen nur wie durch ein Wunder dem Absturz entgehen. Das Wirken dieser physikalischen Kräfte hat bereits zu Beginn der Tutanchamun-Entdeckung den Verdacht aufkommen lassen, die Kaste der altägyptischen Gelehrten hätte bereits vor Jahrtausenden mit gefährlichen Strahlen experimentiert. Die Sache wäre eine weitere Untersuchung an Ort und Stelle wert.

Verschollen im "Tal der Könige"

Nach altem Volksglauben vieler Kulturen wohnen in der Dunkelheit der Nacht und an bestimmten Orten übernatürliche Wesen, die ebenso viel Angst wie Faszination erregen. Es ist das

Heer der Gespenster, Spukgestalten, Dämonen, Teufel und unsichtbaren Gestalten. Unheimliche Kräfte werden ihnen nachgesagt. Aberglaube? Oder können diese Kräfte tatsächlich zur teuflischen Wirkung gelangen, wenn ihre Ruhe gestört wird, wie dies in der Geschichte immer wieder bezeugt wird? An das Übernatürliche beginnt man zu glauben, wenn man Schlagzeilen wie diese liest: *„12 tote Forscher – der Fluch des Maya-Gottes?"* So fragte 1995 eine deutsche Tageszeitung auf der Titelseite. Was war geschehen? In Mexiko starben 12 Hobby-Forscher nach einer Expedition in einer Höhle der Maya.

Das geheimnisvolle Gewölbe liegt abseits der berühmten Tempelruinen von *Bonampak* im Süden von Mexiko. An den Wänden befinden sich wertvolle Malereien der Maya-Ureinwohner. Die Höhle liegt versteckt im Dschungel und wird unter einheimischen Forschern als Geheimtipp gehandelt. Doch dann gab es plötzlich diese mysteriöse Todesserie:

Ramon Valdes (53) fiel in eine Schlucht, kurz nachdem er die Höhle verlassen hatte. Er brach sich das Genick.

Guadalupe Olmeca (27) verblutete auf der Heimfahrt nach einem Autounfall.

Raul Magli (19) starb einen Tag nach der Rückkehr von der Höhlenexpedition.

Grausig: Forscher *Antonio López* (38) erhängte sich in der Höhle. Die Polizei untersuchte acht weitere Todesfälle, die möglicherweise mit den Zwischenfällen in der Höhle zusammenhängen.

Tschank Chuhu (83), ein weiser Mann der Indios, warnt: „Die Höhle ist der Sitz des Regengottes *Chac*. Er erlaubt es keinem Menschen, sie zu betreten. Wer sie entweiht, ist verflucht – und er muss sterben!"

Haben unbekannte Energien oder böse Geister hier ihre verborgenen Kräfte im Spiel? Das mag sich auch der bekannte deutsche Autor und Forscher *Peter Fiebag* gefragt haben, der in seinem jüngsten Werk *„Geheimnisse der Naturvölker"* uralte Riten und ihre kosmische Bedeutung untersucht.

Von Peter Fiebag erfuhr ich eine unglaubliche, aber wahre Geschichte. Der Forscher weiß über seine Expeditionsberichte so

spannend und fesselnd zu erzählen, dass ich seine Story nicht „zerreißen" möchte. Hier also ungekürzt Peter Fiebags abenteuerliche Eindrücke als Wüstensohn in Ägypten:
„Im Jahr 1988 hielt ich mich im Auftrage der Braunschweiger Fernsehproduktionsgesellschaft MOT zu Dreharbeiten für einen Dokumentarfilm in Ägypten auf. Monatelange Recherchen, das Festlegen der Drehorte, Kontaktaufnahme zu Ämtern, Botschaften und Universitäten lagen hinter uns. In Kairo hatten wir die Dreherlaubnis des Ministeriums für Antiquitäten erhalten, so dass wir selbst im *Tal der Könige* jahrtausendealte Grabkammern filmen durften. Der Inspektor für Theben, *Hassan*, öffnete uns zahlreiche versiegelte Gräber und begleitete uns hinab in die stickig heißen, dunklen Wohnstätten der Pharaonen für das Leben nach dem Tod. Farbenprächtige Gemäldeprozessionen taten sich so im Lichtkegel unserer Scheinwerfer auf.

Doch dann, unvermittelt und überraschend, stoßen wir auf die Grenzen unserer ‚permission'. Ahnungslos fragen wir den Inspektor, ob wir in *Dra Abu el Negga,* einer bis heute rätselhaften Grabstätte, filmen dürfen. Hassan reagiert nicht, stellt sich taub, als hätte er unsere Frage nicht gehört. Erneut setzen wir an: Der Ägyptologe Professor Dr. *Ali Hassan* aus Kairo habe doch 1982 den oberen Teil eines verschütteten Schachtes freilegen lassen. Soweit wir wüssten, läge dieses Grab ganz in der Nähe der Beamtengräber ... Hassan drehte sich zur Seite und kommentierte: ‚It's unpossible.' Damit ist das Thema für ihn erledigt.

Wir schauen uns ein wenig ratlos an. Unsere beiden ägyptischen Freunde und Begleiter scheinen verunsichert. Auch sie können sich das abrupte ‚Unmöglich' nicht erklären, hatte sich doch der Inspektor bislang als stets kooperativ und hilfsbereit erwiesen: Er stoppte den Touristenstrom im Grab *Tutanchamuns* für uns, zeigte uns selbst so abgelegene Stätten wie die Gruft des Baumeisters *Senemut* und geleitete uns mit einem ‚Let's go!' durch Tempel und Ausgrabungen hindurch. Was war passiert?

Faruk, der uns durch den staubigen Wüstensand Ober- und Unterägyptens gefahren hatte, lässt uns durch knappe Gesten wissen, dass wir in diesem Falle auch mit Bakschisch nur Schlimmeres erreichen würden.

Am Abend sind wir Gäste bei *Scheich Ali,* einem von der Bevölkerung wie ein Halbgott verehrten uralten Manne. Er entstammt einer legendären ‚Grabräuber-Dynastie'. Erst als die Kolonialherren um die Jahrhundertwende den Raum unter hoher Strafe stellten, hatte sich der damals noch junge Mann entschlossen, sein Wissen in den Dienst der Archäologie zu stellen. Zusammen mit *Howard Carter* zogen er und sein Vater aus, die Gräber der Pharaonen zu entdecken. Sein größter Fund sollte das Grab des Tutanchamun werden.

Aus einem dunklen lederartigen Gesicht, umrahmt von einem breiten Turban, blicken uns seine Augen schwarz und alt entgegen. Sie sprühen vor Leben, wenn er – wie das Urbild eines orientalischen Märchenerzählers – unter einem großen schattigen Baum seines Hofes von einer aufregenden Vergangenheit erzählt.

‚Yes, Sir', sagt er mit fester Stimme, als wir ihn auf Dra Abu el Negga ansprechen. 1895 seien die Dorfbewohner in einem schon entdeckten Grab auf einen weiteren Schacht gestoßen. Männer seien in der Hoffnung, hier einen Schatz bergen zu können, in den Gang hinabgestiegen. Das Tageslicht hätten sie nie wieder erblickt. Auch andere Einwohner, ihre Ehefrauen, Verwandte, Schatzgräber, seien hinuntergestiegen, um sie zu suchen, um Gold zu finden. Aber sie alle kehrten nicht mehr wieder. 50 Menschen seien auf diese Weise in dem verfluchten Grab verschwunden. Die zuständigen Behörden ließen daraufhin die Todesstätte zuschütten und setzten ein Gitter vor den Eingang. Dann geriet die geheimnisvolle Gruft in Vergessenheit, weil Howard Carter, dessen handschriftliche Eintragungen den Grabfund bestätigen, mit der sensationellen Entdeckung des jungen Pharaos Tutanchamun aufwarten konnte.

Der ehrwürdige alte Mann schenkt jedem von uns zum Abschied einen *Skarabäus,* das Glückssymbol des alten Ägyptens. Abergläubisch waren wir nicht, aber vielleicht konnten wir doch noch den Inspektor ‚überreden'.

Hassan begleitet uns auch am nächsten Tag. Gegen Abend unternehmen unsere ägyptischen Begleiter einen erneuten Vorstoß. Was sie uns mitteilen, passt nicht gerade zur Aura des Skarabäus. Denn erstens erwähne man den Namen von Prof. Ali Hassan aus

Kairo hier besser nicht und zweitens läge einer von zwei Schlüsseln für das Grabtor sowieso in Kairo. Das klang nicht gut. Prof. Ali Hassan, das hatten die beiden inzwischen herausgefunden, habe in den Augen der Dorfbevölkerung ein Sakrileg begangen, als er kraft seines Amtes den Grabeingang habe öffnen lassen. Denn dahinter befänden sich bekanntlich die Leichen von 50 Moslems. Und sie dürften, entsprechend der islamischen Gesetzgebung, nicht mehr bewegt werden.

Der Tag unserer Weiterreise ist gekommen. Termine in *Dendera* müssen eingehalten werden. Als wir uns vom Inspektor Thebens verabschieden wollen, fragt er, ob wir noch immer das Grab von Dra Abu el Negga sehen möchten. Natürlich wollen wir das. Aber für dieses Mal ist es zu spät. Unser Terminkalender drängt. Bereits jetzt liegen wir erheblich hinter unserer Zeitvorgabe zurück. Die Entscheidung gegen Dra Abu el Negga fällt schwer. Vielleicht war es ein Fehler, dass wir dieses Abschiedsgeschenk Hassans ausschlagen mussten. Denn noch immer bewahrt das mysteriöse Grab an den Ufern des Nils sein Geheimnis. Auch im 21. Jahrhundert vermag noch niemand zu sagen, warum 50 Menschen spurlos in dem Schacht verschwanden und was am Ende des tödlichen Ganges auf seine Besucher wartet."

Fiebags Worten aufmerksam lauschend, frage ich mich: Sind die merkwürdigen Ereignisse in den unterirdischen Gewölben von Dra Abu el Negga letzten Endes doch nichts anderes als die Folgen eines „Pharaonenfluches"?

Geheimnisvolle Pyramidenenergie

Steinalte Gemäuer bergen manches ungeahnte Geheimnis. Besonders dann, wenn es sich um Pyramiden handelt. Eine seltsame Kraft geht von den Bauwerken aus. Die wirksame Strahlung ist, den Göttern sei es gedankt, nicht schädlich. Im Gegenteil. Heute wissen wir: Jede Pyramide wird von einem magnetischen Feld umgeben. Durch die Form sei sie in der Lage, kosmische Energien mit dem Erdmagnetismus zu verbinden, erklärt *Paul Liekens* in seinem Werk „*Die Geheimnisse der Pyramiden-Energie*". Pyramiden fangen Licht und Raum-Energie ein, sammeln sie und strahlen diese Kraft gleich einem Akkumulator in die Umgebung ab. Eine heilende Kraft, die sich jeder zunutze machen kann. Esoterik-Läden haben die Marktlücke erkannt und bieten bereits fertige Pyramidenmodelle aus unterschiedlichem Material und in verschiedenen Größen für Meditationszwecke an. Was ist dran an der Heilkraft der Pyramiden? Kranke Tiere sollen durch ihre Kraft wieder gesund werden, Pflanzen besser gedeihen, Obst und Gemüse länger frisch bleiben und Wasser selbst nach Monaten nicht schal werden. Kann man die Pyramiden-Energie messen? Gibt es überzeugende Belege ihrer Kraft?

Das fragte sich auch der tschechische Radioingenieur *Karel Drbal* aus Prag, als es ihm gelungen war, die Entdeckung eines anderen Kurzentschlossenen zu realisieren – was ihm eine ziemliche Überraschung bescherte. Drbal hatte gelesen, was der französische Ägyptologe *Antoine Bovis* niedergeschrieben hatte. Dem Wissenschaftler waren beim Besuch der Cheops-Pyramide in den Abfalltonnen der Königskammer die Kadaver von Katzen und anderem Kleintier aufgefallen, die sich ganz offensichtlich in dem riesigen Steinlabyrinth verirrt hatten und dann umgekommen waren. Ihre leblosen Körper waren beim Abfall gelandet. Zu seinem Erstaunen bemerkte Bovis an den Tierkadavern völlig untypische Symptome: Die Leichen waren allesamt geruchlos und an ihnen waren keine Anzeichen von Verwesung zu erkennen.

Eingehendere Untersuchungen der Kadaver ergaben, dass sämtliche toten Tiere dehydriert (ausgetrocknet) und mumifiziert (einbalsamiert) waren. Offensichtlich waren diese Tiere nach ihrem Tod achtlos in die Abfalltonnen geworfen worden. Erstaunt registrierte der französische Forscher, dass keiner der Kadaver trotz hoher Luftfeuchtigkeit in der Königskammer Spuren von Verwesung aufwies und fast unbeschadet geblieben war.

Bovis grübelte über diesen Umstand nach und kam zu dem Ergebnis, dass die „automatische" Einbalsamierung der Tierleichen offensichtlich der Pyramidenform der Begräbnisstätte zugeschrieben werden musste. Wieder daheim, machte er sich daran, dieses Phänomen anhand eines praktischen Versuchs zu überprüfen. Er fertigte ein Pyramidenmodell aus Holz an, welches exakt

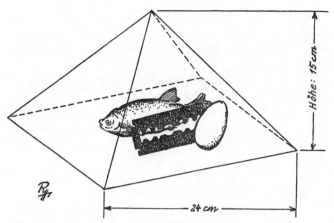

Können geheimnisvolle Pyramidenkräfte Rasierklingen schärfen und Verwesungsprozesse verlangsamen?

der Cheopspyramide (im entsprechend verkleinerten Maßstab) nachgebildet worden war, orientierte es gleich dem Original in nördliche Himmelrichtung und deponierte in seinem Modell (in genau jener Höhe, wie sie maßstabsgerecht dem Standort der Königskammer entsprach) die Leiche einer kurz zuvor verendeten Katze. Dem Kadaver fügte Bovis organische Stoffe bei, die bekanntermaßen schnell verwesen. Im gegenständlichen Fall: das Hirn eines Kalbes.

Was der Franzose vermutet hatte, traf tatsächlich ein: Der tote Katzenkörper verweste nicht. Es gab auch keine Fäulnis. Das war dem Ägyptologen Beweis genug, dass die Pyramidenform (originalgetreu platziert) die Zersetzung organischer Stoffe nicht nur verhindert, sondern auch deren Mumifizierung bewirkt.

Karel Drbal war fasziniert. Er unternahm nun selbst einige Versuche mit Pyramidenmodellen aus Pappe oder Holz und registrierte in seinen Notizen „eine zweifellose Beziehung zwischen dem Innenraum einer solchen Pyramide und den physikalischen, chemischen und biologischen Prozessen, die in ihm vorgehen".

Drbals Experimente blieben nicht unbemerkt. Er demonstrierte sie auch vor wissenschaftlichen Gremien und schließlich wurde ihm der Lohn seiner Anstrengungen zuteil: Er erhielt vom Patentamt seines Landes das Patent Nr. 91.304. Seine Minipyramide nannte Drbal künftig liebevoll „*Cheops-Rasierklingenschärfer*".

Die obskure Bezeichnung war durchaus zutreffend. Drbal hatte nämlich mit seinem Pyramidenmodell von sich aus einen interessanten Versuch gewagt: Auf einer Unterlage aus Pappe (später verwendete er dafür Holz) legte er seine stumpfe Rasierklinge. Diese Unterlage war genau ein Drittel so hoch wie das 24 cm breite und 15 cm hohe Modell.

Der Schärfungsprozess währte sechs Tage. Um ihn erfolgreich verlaufen zu lassen, stülpte Drbal seine Pyramide über die stumpfe Rasierklinge und richtete beides exakt in originaler Nord-Süd-Richtung aus. Bei dem Experiment erschien Karel Drbal wichtig, seinen „Rasierklingenschärfer" während jener sechs Tage dem Tageslicht auszusetzen. Nach Ablauf dieser Frist stand der Patentinhaber vor einem faszinierenden Ergebnis: Die vormals stumpfe Rasierklinge war jetzt scharf wie neu gekauft!

War den Weisheitspriestern im alten Ägypten Ursache und Wirkung energetischer Prozesse geläufig? Zwei Phänomene, die die moderne Wissenschaft noch nicht wieder zu entdecken vermochte? Faktum bleibt in jedem Fall: Die Pyramidenform eignet sich im Großen wie im Kleinen hervorragend als Konservator. Sie trägt außerdem dazu bei, den Verwesungsprozess von Toten zu verlangsamen und – wie das Beispiel mancher Mumien zeigt – über Jahrtausende zu konservieren.

Noch zwei unerwartete Folgen, die sich bei Drbals Experimenten ergeben haben: Leicht verderbliche Lebensmittel wie Fisch, Eier, Obst und Innereien bleiben darin über lange Zeit frisch, gehen nicht in Fäulnis und Verwesung über. Und auch Menschen kann die Pyramidenkraft zu Ruhe und Entspannung verhelfen. Weshalb? Eine These: Der Erdkern besteht hauptsächlich aus flüssigem, magnetischem Eisen. Flüssig deshalb, weil im Erdinneren Temperaturen von mehreren tausend Grad Celsius herrschen. Durch die ungeheure Hitze wird ständig eine gewaltige Energie frei, die als Strahlung an die Erdoberfläche gelangt. Durch die besondere Dreiecksform der Pyramide – unten breit und oben spitz zulaufend – sowie die Ausrichtung ihrer Diagonalen in genauer Ost-West- und Nord-Süd-Richtung sind Pyramiden in der Lage, diese Kraft aus dem Erdinneren aufzufangen, zu bündeln und in den Körper weiterzuleiten. Dort üben sie dann ihre positive Wirkung auf jedes Molekül, auf jede Materie aus. *Wie* die alten Ägypter davon wissen konnten und *warum* das so funktioniert, konnten Wissenschaftler bis heute nicht klären.

„Die Energie der Pyramide ist keine Zauberei und kein Unterrichtsfach. Man muss die Harmonie zwischen Geist, Körper und Seele *selbst* erleben, um das alles auch verstehen zu können", sagt der Heilpraktiker *Walter Sagan.* Er muss es wissen. Denn „Pharao" Sagan hat sich in seinem Garten am Stadtrand von Wien eine Holzpyramide mit 64 Quadratmeter Grundfläche errichtet, die für Meditationsübungen genutzt wird: „Ideal für gestresste und erschöpfte Menschen. Hier wird der Verstand ausgeschaltet und das Nervensystem beruhigt. Wer müde ist, tankt heilende Kraft in der hohen Schwingung."

Lebende Mumien

Nachforschungen über verborgenes Geheimwissen im alten Pharaonenreich führten mich – gemeinsam mit meinem Autorenkollegen *Peter Krassa* – mehrmals nach Ägypten. Beim Besuch des *„Museums für prähistorische Medizin und Pharmazeutik"* in Kairo zeigte uns dessen Direktor und Gastgeber *Dr. Fawzi Soueha* einige Reliefdarstellungen und Artefakte aus Ägyptens Vorgeschichte. Auch ein Mumienkopf war darunter.

Dabei fiel uns ein Zeitungsausschnitt ein, den wir vor unserer Abreise mit größtem Interesse und noch mehr Erstaunen studiert hatten. Von einer größeren Anzahl altägyptischer Mumien war darin die Rede, alle etwa 4000 Jahre alt, die im Jahre 1915 aus Ägypten zur Untersuchung an die berühmte deutsche Universität Tübingen geschickt worden waren – und die man dann in einem Depot im Keller offenbar vergessen hatte. Als man sich schließlich dieser geschichtlich wertvollen Relikte erinnerte und die Mumien nach und nach einer genaueren Untersuchung unterzog, standen die Wissenschaftler Kopf: Mit Hilfe der Computertomografie wurden am Schädel einiger Mumien Operationsspuren gefunden, die auf eine erstaunliche chirurgische Perfektion der prähistorischen Ärzte schließen ließen. Die Spuren des Eingriffes, so ergab die genaue Analyse, sind mit großer Wahrscheinlichkeit darauf zurückzuführen, dass der etwa 30-jährige Mann vor mehr als vier Jahrtausenden von einem Gehirntumor befreit worden war und überlebt hatte.

Dr. Fawzi Soueha zeigte sich uns gegenüber von der Tübinger Entdeckung nicht überrascht. Derartige medizinische Kenntnisse hat es, seinen Studien zufolge, im alten Ägypten in mehrfacher Weise gegeben und füllen eine ganze Enzyklopädie. Dann berichtete uns der Ägypter vom Fund mehrerer Mumien aus dem alten Reich, deren Haut auch heute noch völlig straff sei – und deren Zellen immer noch lebensfähig wären. Diese Mumien, sagte Soueha, würden selbstverständlich in der Öffentlichkeit nicht gezeigt und werden nach wie vor wissenschaftlich untersucht. Alles, was diesen im Grunde lebensfähigen „Behältern" fehlte – sei der „Geist", meinte unser Gastgeber, selbst anerkannter Mediziner in Kairo und ehemaliger Leiter einer Klinik in Ägyptens Hauptstadt. Nun wissen wir, dass man den Pharaonen vor ihrer Einbalsamierung das Gehirn aus dem Schädel nahm, in eine Urne legte und dessen wertvollen Inhalt in Öl konservierte.

Ägyptologen sind der Ansicht, dass man mit der Mumifizierung von Verstorbenen lediglich Kulthandlungen vollzog mit der religiös motivierten Absicht, den Toten auch im Jenseits ein schönes und bequemes Leben zu garantieren. Den Pharaonen gab man außer Schmuck, magischen Amuletten und Gold auch Getreide, Öle und Nahrung mit. Somit brauchte der Verstorbene nicht zu hungern, dachte man. Wurden aber später diese Gräber wieder geöffnet – sei es durch nachfolgende Pharaonen oder goldgierige Grabfrevler –, dann fand man natürlich sämtliche Vorräte wohl erhalten und unberührt vor. Wäre es deshalb nicht nahe liegend, sich über den eigentlichen Zweck solcher Mumifizierungen Gedanken zu machen?

Der Fund jener Mumien, von denen Dr. Soueha berichtete, lässt fast zwingend die Frage laut werden, ob denn ursprünglich nur an eine geistige Wiedererweckung gedacht worden war oder ob der altägyptische Jenseitskult nur in den Vorstellungen der Geschichtsforscher Platz gefunden hat. Wäre es womöglich denkbar, dass man in prähistorischer Zeit in Wahrheit an eine *körperliche* Wiedererweckung glaubte? Dass im Laufe der Zeit nur das Wissen um die Methode dieser körperlichen Regenerierung, Hand in Hand mit dem Aussterben der Priesterkaste, verloren gegangen ist?

Führt die überlieferte Zeremonie der *„Mundöffnung"* auf die richtige Spur? Dieses uralte ägyptische Ritual hat seinen Ursprung in der *Thinitenzeit,* wurde also bereits zu Beginn der 1. Pharaonendynastie vor 5000 Jahren angewandt. Auf vielen Papyri ist es abgebildet, besonders deutlich auf dem berühmten *Papyrus Hunefer* aus dem Neuen Reich um 1300 v. Chr. Die Szenerie zeigt Priester, die dem Verstorbenen einen gekrümmten Gegenstand zum Mund halten. Auf einem Beistelltisch sind weitere „Krummstäbe" und andere Geräte zu sehen. Was hat es damit auf sich? Im *„Wörterbuch der Ägyptologie"* heißt es dazu, dass diese Handhabung „ursprünglich offenbar der letzten Fertigstellung und *Belebung* von Statuen galt, wobei der Ausdruck ‚Mundöffnung' (im Ritual auch verbunden mit *‚Augenöffnung'*) auf die Öffnung des Nahrung aufnehmenden Organs als ein Kennzeichen des *Lebendigseins* hinweist." Gleiches bei den einbalsamierten Körpern: „Es diente der Belebung der Mumie", die mit „magischen Praktiken" aus dem Totenreich zurückgeholt werden sollte.

1995 fiel dem Mediziner Dr. *Andreas Ocklitz* beim Studium solcher Totenrituale die Ähnlichkeit mit modernen medizinischen Geräten auf. Das häufig abgebildete U-förmige Objekt und die dargestellten Handlungen entsprechen exakt heutigen *Laryngoskopen,* die bei Wiederbelebungsversuchen zum Einsatz kommen. Ocklitz' Kernthese: Das Mundöffnungsritual der alten Ägypter ist nichts anderes als eine Einlage eines *Luftröhrentubus* für künstliche Beatmung. Seinen Studien zufolge beruht das Ritual auf *realen* Wiederbelebungen in frühägyptischer Zeit. Später seien die Kenntnisse der Wiederbelebung verloren gegangen, übrig geblieben ist eine religiöse Zeremonie. Geglückte Versuche von Anästhesisten am Intubationssimulator mit einem originalgetreuen Nachbau des altägyptischen Vorbildes haben gezeigt, dass Ocklitz mit seiner These Recht haben dürfte.

Damit könnte selbst die Bedeutung der Pyramiden eine neue Rolle erhalten: Dienten sie einst als eine Art *Wiederbelebungskapsel?* Waren Weisheitspriester darum bemüht, Verstorbene ins Leben zurückzuholen, ähnlich wie das in den Vereinigten Staaten mit der *Kyronik* (Einfrieren von gerade Gestorbenen zum Zweck späterer Wiederbelebung) versucht wird?

Einer, der schon lange davon überzeugt ist, dass die Ägypter mit Mumien experimentierten, ist der bekannte Schweizer „Astronautengötter"-Forscher *Erich von Däniken*. Seine fantastischen Bücher mit Titeln wie *„Aussaat und Kosmos"* und *„Zurück zu den Sternen"* ergrimmen noch heute die Wissenschaft, behauptet er doch, dass fremde Astronauten unsere Erde in ferner Vergangenheit aufgesucht hätten. Darin sieht Däniken die Grundlage zur Entstehung der Mythen und Religionen in aller Welt.

„Schon vor vielen Jahren habe ich die Meinung vertreten und habe sie auch in meinem ersten Buch *‚Erinnerungen an die Zukunft'* publiziert", erklärt mit Däniken in einem Interview, „dass die Mumifizierung ursprünglich etwas ganz anderes war als das, was unsere Ägyptologen darin sehen." Nicht um eine geistige Wiedergeburt, um eine Wiedergeburt in einem Totenreich ging es damals, ist sich der Schriftsteller seiner Überlegung völlig gewiss: „Ich glaube, es war ursprünglich *umgekehrt*. Es ging in Wahrheit um eine körperliche Wiedergeburt. Unsere Vorfahren hatten vielleicht gesehen, wie fremde Astronauten die Leichname ihrer Kameraden behandelten, oder ein außerirdischer Besucher hat vielleicht einem Pharaonen oder sonst einem seiner Lieblinge gesagt: ‚Wenn du es fertig bringst, einen Teil – es müssen nur einige wenige sein – deiner Körperzellen in einer Art und Weise aufzubewahren, dass sie auch nach Jahrtausenden noch lebensfähig sind, dann besteht für uns die Möglichkeit, diese später einmal wieder zu erwecken."

Diese Wiedererweckung ist kein Hirngespinst des Erfolgsautors. Die modernen Errungenschaften der Medizin, die Genforschung und die Methode des *Klonens* hat solche utopisch klin-

Darstellung des „Mundöffnungsrituals" auf dem Papyrus Hunefer, Neues Reich, um 1300 v. Chr. Beruht die Zeremonie auf realen Wiederbelebungsversuchen?

genden Gedanken längst realisiert. Im Jahre 1990 begann das ehrgeizige *Human Genome Projekt* mit dem Ziel, das Erbgut des Menschen komplett zu entschlüsseln. Heute ist die Studie der Molekularbiologen so gut wie abgeschlossen – viel früher als erwartet. Das heißt, es sind alle Bestandteile des menschlichen Erbgutes bekannt – wir kennen nun die genaue Abfolge seiner kleinsten Bestandteile, der Basen. Aber wie werden wir Menschen nun mit diesem neuen Wis-

Moderner medizinischer Beatmungstubus. Verwendeten die alten Ägypter ähnliche „Mundöffnungsgeräte" bei ihren religiösen Zeremonien?

sensgut umgehen? Wird der Schöpfung nicht ins Handwerk gepfuscht? Wird es Babys geben, gezüchtet im Labor, absolut identisch in Aussehen und genetischem Code? Werden vom Aussterben bedrohte Tierarten rückgezüchtet und kopiert werden? Wird das Leben durch manipulierte Gene verlängert werden und im Labor aus eigenen Zellen organische Ersatzteillager herangezüchtet werden?

Und *Menschen*klone? Wie soll das funktionieren? Wissenschaftler meinen, dass dem zu klonenden Menschen zunächst eine intakte Hautzelle entnommen wird. Im Zellkern befinden sich alle seine Erbinformationen, die *Gene*. Diese Zelle oder auch mehrere werden im Labor vermehrt. Dann wird die Erbinformation einer unbefruchteten Eizelle durch die des zu klonenden Menschen ersetzt. Aus der manipulierten Eizelle wachsen im Labor Embryos heran, die einer Leihmutter eingepflanzt werden. Diese gebärt schließlich eine exakte *Kopie* des geklonten Menschen.

Trotz moralischer Bedenken scheint im gerade begonnenen neuen Jahrtausend alles „Unmögliche" möglich zu werden. „Dass es demnächst durch Genveränderungen einen ‚neuen Menschen' geben wird, der völlig anders aussieht als heute", davon ist auch der berühmte britische Astrophysiker *Stephen Hawking* (Autor des Bestellers *„Eine kurze Geschichte der Zeit"*) überzeugt. „Klonexperimente mit Menschen werden nicht verhindert werden können." 30.000 „Klon-Willige" allein in Amerika scheinen ihm Recht zu geben.

Derzeit liegt das Hauptproblem beim Klonen noch in der großen Zahl der *Fehlversuche*. Bei 22 Klonmäusen, die kürzlich von Wissenschaftlern der Universität *Hawaii* aus *einer Körperzelle* eines erwachsenen Tieres geklont wurden, waren etliche hundert Versuche missglückt. Beim Menschenklon müssten gleichfalls monströse Missgeburten eingeplant werden. Welcher Wissenschaftler mag ein solches Szenario ethisch verantworten können? Wie ließe sich diese Technik kontrollieren?

Geben uns die in den alten Mythen und Überlieferungen erwähnten „fremdartigen Götter" und „monströsen Mischwesen" einen Fingerzeig darauf, wie solche Experimente fehlschlagen könnten? Die Kulte, die um solche Wesen vor allem im alten

Ägypten betrieben wurden, legen den Verdacht nahe, sie seien keine Fantasiegebilde von Märchenerzählern, sondern hätten *real* existiert. Auf Abbildungen vieler Kulturen sind *Mischwesen* dargestellt, die von Wärtern an der kurzen Leine gehalten werden. Ein Motiv, das sich auch auf der berühmten Narmer-Palette aus der Reichseinigungszeit von Ober- und Unterägypten wieder findet. „Schlangenhalspanther" werden die frühzeitlichen Ungeheuer genannt, die vor allem aus dem sumerischen Kulturkreis überliefert sind.

Erich von Däniken hält es für möglich, dass „Astronautengötter" im Altertum Genmanipulationen bei Menschen und Tieren durchführten, die letztlich zu den beschriebenen Zwitterwesen geführt hätten. Und die Mumien? Wie sieht es mit ihrer Wiederbelebung aus?

„Alles, was man für eine solche Wiedererweckung im Grunde benötigt", weiß Däniken, „ist eine intakte Zelle, denn jede Zelle enthält das gesamte genetische Programm zum Aufbau des vollständigen Körpers. Man kann also mit einer lebenden Mumienzelle den betreffenden Körper bis zum kleinsten Härchen wieder wachsen lassen."

Was ist mit dem „Geist" der Mumie? Ist das Geschöpf blöd oder hat es auch einen Ver-

In vielen Kulturen sind Darstellungen von Mischwesen dargestellt und überliefert. Fabelwesen oder Geschöpfe aus dem Labor vorzeitlicher Gentechniker?

stand? Hier bringt Däniken einen anderen Forschungszweig ins Spiel, der auf so genannte *Gedächtnismoleküle* verweist. So hat man die Gehirne von Ratten *zentrifugiert*, hat daraus eine Flüssigkeit gewonnen und diese anderen Ratten eingespritzt. Siehe da: „Die injizierten Ratten hatten plötzlich ein größeres Wissen als ihre nicht präparierten Genossen. Im Klartext bedeutet dies: dass man das Gedächtnis einer Dressurrate einer nicht dressierten Ratte mit Hilfe der Injektion eingegeben hat und diese imstande war, nunmehr auch selbst den ihr ursprünglich völlig unbekannten Dressurakt nachzuvollziehen." Ähnliche Methoden könnten laut Däniken in längst vergangenen Zeiten, in denen die medizinischen Kenntnisse keineswegs primitiv gewesen sind, bei den Mumien angewandt worden sein.

Dänikens Gedankengang ist ungewöhnlich – aber unmöglich scheint mir seine Realisierung nicht zu sein. Vielleicht liegt der Mumifizierung tatsächlich im ursächlichen Sinn eine Motivation zugrunde, die heute (wieder) nachvollziehbar wäre. Dazu passt auch eine Meldung, die vor wenigen Jahren publik wurde: Amerikanischen Forschern gelang es, lebende *tiefgekühlte* Paviane nach Stunden wieder zum Leben zu erwecken. Das von der Forschungsgesellschaft „Biotime" durchgeführte Experiment wurde beim Jahrestreffen des Verbandes für Medizin gegen das Altern verkündet.

Schlüssel des Geheimnisses ist eine „revolutionäre" Ersatzflüssigkeit für Blutplasma. Sie wird dem betäubten Körper im Austausch gegen entzogenes Blut zugeführt, während die Körpertemperatur auf ein Grad Celsius gesenkt wird. Die Flüssigkeit durchdringt das Gewebe und verhindert eine Zerstörung durch niedrige Temperaturen. Könnten mit dieser Anwendung künftige Raumfahrer bei möglichen *interstellaren* Reisen zu fernen Gestirnen in einen künstlichen „Winterschlaf" versetzt und am Zielort wieder „aufgetaut" werden? Klingt nach Sciencefiction. Doch was galt nicht alles schon als „unmöglich", von der ersten Mondlandung bis zum Klonschaf „Dolly"?

Funde, die nicht ins Schema passen

> *„Es ist die Pflicht der Wissenschaft, nicht einfach Fakten beiseite zu schieben, weil sie außergewöhnlich erscheinen und weil sie sich nicht in der Lage sieht, sie zu erklären."*
>
> Alexis Carrel, Arzt, Biologe und Nobelpreisträger (1873–1944)

Alles schon einmal da gewesen?

Erkundungsdrang und Aufdeckungsgelüste sind die Zeichen unserer Zeit. Doch aus unerfindlichen Gründen (oder womöglich doch mit gezielter Absicht?) werden rätselhafte Funde verschwiegen, die engagierte Forscher aus dem Wüstensand buddelten. Diese in Tempeln und Grabanlagen gefundenen Exponate machen deutlich, dass noch längst nicht alle Geheimnisse der alten Ägypter enträtselt sind. Wie sie ihre Lehmziegel herstellten, ist bekannt. Aber bei der Erklärung, wie die Handwerker der Pharaonen aus Leinen und Wolle feinste Stoffe webten oder härtestes Gestein bearbeitet haben, da beißen die zuständigen Historiker auf Granit.

Was ist mit jenen Artefakten, die nachweislich existieren, aber nicht in das gewohnte wissenschaftliche Dogma passen? Stimmt die Lehrmeinung, wonach das Wissen der Vorzeit *unter* jenes zu stellen sei, das uns heute zu eigen ist? Bildlich gesehen könnte dieses *Vor*urteil mit einem Berg verglichen werden, auf dessen Spitze unsere Wissenschaft des 21. Jahrhunderts thront, während die Gelehrten aus vorgestrigen Tagen sich noch mehr oder weniger am Fuße dieses Berges befinden. Etwa so lautet das wissenschaftliche allgemeingültige Bekenntnis. Doch orthodoxe Altertumsforscher berücksichtigen dabei eines nicht: dass es im Verlauf der Menschheitswerdung *mehrere* „Berge" gegeben haben könnte. Mehrere Höhepunkte und Tiefpunkte im wissenschaftlichen Forschen. Dass sich Gelehrte aus vergangenen Jahrtausenden kulturell ebenfalls bereits am „Gipfel" ihres Bemühens befunden haben könnten – und dass sie diesen mühsamen Weg im Verlaufe der Geschichte mehrmals gehen mussten.

So hätte beispielsweise der dem schottischen Mikrobiologen Sir *Alexander Fleming* 1945 zuerkannte Nobelpreis in Wahrheit einem unbekannt gebliebenen „Kollegen" aus altägyptischer Zeit gebührt: *Penicillin* entdeckte man nicht erst im Jahre 1928 – es war (wie *Aureomycin* und *Terramycin*) schon vor vier Jahrtausenden im Pharaonenreich bekannt gewesen. Das wissen wir aus einem Papyrus der 11. Dynastie. Darin ist von einem *Pilz* die Rede, der auf stehenden Wassern gedeiht und für die Behandlung von Verletzungen und langwierigen offenen Wunden verschrieben wurde.

Das alte Land am Nil besitzt, abseits gewohnter Touristenrouten, noch eine große Fülle an erstaunlichen Ausgrabungen, die auf ein geheimes, längst vergessenes Know-how schließen lassen. Schon die ungelöste Frage nach dem Bau der Pyramiden sorgt für heftige Kontroversen. Weitere Seltsamkeiten wirft neuerlich die Frage auf, ob nicht manche Theorie, die uns von der ägyptologischen Fachwelt offeriert wird, so richtig ist wie immer wieder behauptet.

Auf den folgenden Seiten möchte ich weitere Beispiele rätselhafter Entdeckungen anführen. Merkwürdige Dinge also, die bisher offenkundig übersehen – oder aber *ignoriert* worden sind.

Funde, die nicht ins Schema passen ...

Ungereimtheiten bei der Altersbestimmung

Mit den Datierungen der ägyptischen Pharaonendynastien stimmt etwas nicht. Nach ägyptischer und griechischer Überlieferung soll der erste König Ägyptens Menes geheißen haben. Mit seiner namentlichen Nennung und der 1. Dynastie beginnen die Königslisten. Angeblich habe Menes um 2920 v. Ch. das Gebiet von Memphis trockenlegen und den Nil umleiten lassen, weil dort das Zentrum der Hauptstadt Ägyptens errichtet werden sollte. Diese Angaben übernahm die Ägyptologie aus den Niederschriften des griechischen Historikers Herodot. Doch im selben Bericht werden noch andere bemerkenswerte Daten genannt. Es heißt, Menes sei der erste *menschliche* König Ägyptens gewesen, der auf die

Götterdynastien gefolgt sei. Und weiter lesen wir: „Auf Menes folgten *330 Könige*, deren Namen mir die Priester aus einem Buch vorlasen".

Seltsam. Die Umleitung des Nils und der Name passen ins zeitliche Schema. Die genannten 330 Könige hingegen nicht und werden deshalb ignoriert. Herodot berichtet auch, dass ein Pharao namens *Cheops* die „Große Pyramide" errichten ließ und vor 11.340 Jahren die Götter noch unter den Menschen gelebt hätten. Cheops wird begeistert akzeptiert, da die Erwähnung ins Bild der traditionellen Ägyptologie passt – die 11.340 Jahre hingegen nicht, also werden sie verdrängt. Man erklärt sie zu ominösen Mondjahren, obwohl bekannt ist, dass die alten Ägypter nicht in Mondjahren rechneten und Herodot die Regierungsjahre der Könige penibel genau auflistet.

Die berühmte Narmer-Palette wurde Ende des 19. Jahrhunderts in Hierakonpolis gefunden. Das Fundstück datiert aus dem Jahr 3000 v. Chr. und zeigt König Narmer, der Ober- und Unterägypten vereint haben soll. Ist Narmer mit dem legendären Gottkönig Menes wirklich identisch?

Hinzu kommt, dass sich der Name Menes als Königsname auf den zeitgenössischen Denkmälern der 1. Dynastie nicht finden lässt. In der Not wurden deshalb verschiedene Hypothesen aufgestellt. Ägyptologen vermuten, dass der anonyme Herrscher mit König *Narmer,* dem Reichseiniger von Ober- und Unterägypten, identisch sei. Ebenso käme Narmers Sohn und Nachfolger *Horus-Aha* in Frage. Aber wissenschaftlich gesichert ist das keineswegs.

Sind die bisher bekannten Theorien und Datierungen zur pharaonischen Hochkultur wirklich bindend? Oder stehen sie womöglich auf einem falschen Fundament? Und was war *vor* den Pharaonen?

Verschiedenste Gebrauchsgegenstände wurden ans Tageslicht befördert, darunter auch becherförmige Gefäße aus Ton, die am oberen Rand geschwärzt wurden und mit Wellenhenkel oder Schnur-Ösen versehen wurden. Sie sind meist bemalt und zeigen, so wird vermutet, *Tragnetze.* Man kennt diese „Strickleiter-Symbolik" jedoch aus vielen anderen vorgeschichtlichen Kulturen, wo sie mit der mythischen *„Himmelsleiter",* der kosmischen Vorstellung von der Verbindung zwischen Himmel und Erde, im Zusammenhang stehen.

Beim Rundgang durch das berühmte *Kestner-Museum* in *Hannover* fiel mir einer dieser Tonkrüge auf. Merkwürdig, dachte ich, auf ihm sind deutlich erkennbar *drei spitze Hügel* abgebildet, die spontan an die drei Pyramiden von Gise erinnern. Damit aber haben wir neuerlich eine Unstimmigkeit in der Datierung. Während die Entstehungszeit der *Cheops-, Chephren-* und *Mykerinos-*Pyramide in der 4. Pharaonendynastie um 2500 v. Chr. angesiedelt werden, ist das Tongefäß nachweislich um etliche Jahrhunderte älter und stammt aus dem 4. Jahrtausend v. Chr.

In den überfüllten Kellerabteilungen archäologischer Museen in aller Welt verschwanden und verschwinden brisante Schätze, die Jahr für Jahr bei Grabungen aufgespürt werden. Gelegentlich passiert es dann doch, dass ein Wissenschaftler im Kellerdepot spazieren geht und einen ungewöhnlichen Fund „wieder entdeckt". Was aber geschieht, wenn das gefundene Artefakt bisherige Ansichten revolutionieren würde? Unbequeme Fragen wären die Folge. Soll man das Aufgespürte publik machen oder den Gegenstand schnell wieder verpacken, zwischen anderen Altertümern verstecken und über die Entdeckung schweigen?

Das mag sich vielleicht auch der Archäologe *Bodil Mortensen* gefragt haben, als er in den 80er Jahren auf vier vollständig erhaltene Keramikgefäße stieß. Sie wurden bereits im Jahre 1907 „am Fuß der Großen Pyramide" ausgegraben. Sie wurden deshalb der 4. Pharaonendynastie zugeschrieben und im Kellerarchiv abgelegt. Mortensen, der „zufällig" wieder auf die Gefäße stieß, untersuchte sie und bemerkte mit großem Erstaunen, dass sie gar nicht aus der 4. Dynastie stammen, sondern aus der in *Maadi* existierenden Kultur. Diese aber blühte bereits mindestens tausend Jahre *vor* dem offiziellen Baudatum der Cheops-Pyramide. 1907 war es gar nicht möglich, die Gefäße korrekt zu datieren, da die Ruinen von Maadi erst 1930 entdeckt wurden.

Neue archäologische Untersuchungen führten zu dem Schluss, dass die gut erhaltenen Maadi-Gefäße damals nicht einfach auf den Müll wanderten, sondern aus einem Grab stammen mussten. Dies bedeutet aber, dass es in Gise vordynastische Bestattungen gegeben hatte und der Platz, wo heute die Pyramiden stehen, schon lange vor den Pharaonen als heilige Grabstätte benutzt worden war. Der Historiker *Michael Baigent,* Co-Autor des Bestsellers „*Verschlusssache Jesus"* vermutet, dass durch den Bau der Pyramiden fast alle früheren Überreste zerstört wurden, und folgert: „Was dort wirklich stand, werden wir wahrscheinlich nie erfahren. Aber Gise war eindeutig nicht nur eine königliche Grabstätte der Vierten Dynastie, sondern schon lange vorher ein besonderer Ort."

„Heilige Zeichen" und sonderbare Symbole

Bisher hieß es in den Lehrbüchern, dass die Sumerer um 2600 v. Chr. die ersten Schriftzeichen verfasst hätten. Der genaue Zeitpunkt war allerdings immer umstritten. Lange wurde diskutiert, ob Ägypten die Technik in Form der bekannten Hieroglyphen aus dem Zweistromland, dem heutigen Irak, übernommen habe.

Neue Funde machen den Sumerern den Vorrang streitig und bringen das bisherige Bild von den Königslisten samt Datierungen ordentlich ins Schwanken. Auslöser dafür sind jüngste Funde in *Abydos,* dem Mekka des alten Ägyptens. Hier haben Archäologen Belege bislang unbekannter Pharaonen sowie Zeugnisse der ersten Schrift dingfest gemacht.

„Die Funde von Abydos haben die Grenze zwischen Geschichte und Vorgeschichte zurückgeschoben", erklärt der Ausgrabungsleiter Professor Dr. *Günter Dreyer.* Besonders bedeutsam ist die Entdeckung von einer regierenden Herrscherlinie, der so genannten *„Nullten Dynastie",* die bis in die Zeit um 3300 v. Chr. zurückreicht. Damit wird das Raster von 31 ägyptischen Dynastien um eine erweitert. Ob sie wirklich die allererste ist, müssen weitere Ausgrabungen klären. Rund 160 ausgebuddelte winzige, kaum zwei mal zwei Zentimeter große Elfenbeinplättchen enthalten verschiedene Ritzzeichen. Inzwischen steht fest: Es handelt sich nicht nur, wie zunächst vermutet, um einfache Bildersymbole, sondern tatsächlich um eine *Schrift.* Dazu der Ägyptologe Dreyer: „Es ist Schrift, weil die Zeichen als reines Symbol unsinnig wären." Eine der Übersetzungen lautet: *„Schlange über Bergspitzen neben Himmelblitz."* Damit ist klar, es sind wirklich Texte. Die ältesten *entzifferbaren,* wenngleich die Bedeutung in allen Einzelheiten noch Fragen offen lässt. Noch weit ältere Schriftformen, wie etwa jene aus *Harappa* in Pakistan, bleiben gänzlich unverstanden, da ihre Sprache völlig unbekannt ist.

Dreyer geht davon aus, dass es „noch zehn Jahre dauern wird, bis die Fachwelt die neuen Erkenntnisse annimmt." Ob der deutsche Archäologe hier mit seiner Einschätzung nicht zu optimistisch ist? Faktum ist: Das Reich am Nil wird immer älter.

Durch die Übersetzungen der Hieroglyphen auf dem berühmten *Stein von Rosette* seien heute, so heißt es, alle ägyptischen Texte lesbar geworden. Wirklich alle? „Es wird häufig vergessen, dass die früheste Form der Hieroglyphen noch immer nicht übersetzt werden kann", schreibt der Historiker Michael Baigent in seinem Buch *„Das Rätsel der Sphinx".* Ebenso wenig sei bekannt, wann, wo und wie diese Zeichen sich entwickelt haben und welche Art von Information sie verbergen.

Ungewöhnliche Hieroglyphen, die den zuständigen Sprachforschern Mühsal bereiten, befinden sich im *Sethos*-Tempel von Abydos: Die Gravuren zeigen Gegenstände, die ob ihrer Gleichklänge mit modernen technischen Errungenschaften verblüffen. Die merkwürdigen Darstellungen zieren den Deckenbalken über einem Türfries, das sich im Gang der *„Allee des Amun-Re"* befindet und einen Zugang zum

Merkwürdige Hieroglyphen im Sethos-Tempel von Abydos verwirren die Betrachter. Die 5000 Jahre alten „heiligen Zeichen" erinnern an moderne Waffensysteme: 1. „Hubschrauber", 2. Panzer, 3. U-Boot. Zufall?

„1. Säulensaal" des Tempels ermöglicht. Das Relief enthält Abbildungen und verleitet unvoreingenommene, fantasiebegabte Betrachter dazu, Vergleiche anzustellen: *„Sieht aus wie ... "*

Eine der Illustrationen „sieht aus wie ... ein *helikopterähnliches Fluggerät*". Deutlich sind die Rotoren zu erkennen. Rechts davon – ein „Fahrzeug"; es sieht aus ... wie ein *Kampfpanzer* oder ein *Kanonenboot*. Das Rohr ist nicht zu übersehen. Darunter: ein stromlinienförmiges „Gefährt". Es könnte sich dabei um ein Fluggerät mit Höhen- und Seitenleitwerken oder um eine Art *Unterseeboot* handeln. Eine Etage tiefer: ein Gegenstand, der verdächtig einer (auf den Kopf gestellten) „Schusswaffe" ähnelt. Eine altägyptische *Maschinenpistole?*

Der an der Universität in *Trier* tätige deutsche Professor Dr. *Erich Winter* widerspricht einer solchen Auffassung: „... für Ägyptologen, die über entsprechende Erfahrung auf dem Gebiet der Inschriften verfügen, ist die Frage leicht zu lösen: Die Ägypter haben oftmals ihre eigenen Inschriften überarbeitet, indem sie ein versenktes Relief mit einer Stuckschicht überzogen und die neue Version in die wieder geglättete Fläche einmeißelten. Im Laufe der Zeit fiel der Stuck ab. Was man heute sieht, sind die übereinander geschriebenen *beiden* Versionen, also ein Eindruck, den man zur Zeit der alten Ägypter niemals hatte."

Wir sind wieder einmal beim „Zufall" gelandet. Sicher mag es vorkommen, dass eine Hieroglyphe durch Überarbeitung zufällig ein technisches Erscheinungsbild erhält. Unklar bleibt aber, weshalb sich hier gleich eine ganze Gruppe von Hieroglyphen im modernen Sinn als „Waffensysteme" interpretieren lässt. Man tut sich schwer, hier bloß an „Zufälle" zu glauben. Erst recht, wenn man weiß, was in den Überlieferungen der Pyramidentexte steht: Ausgerechnet die alte Stadt Abydos wird dort als *„Kriegsschauplatz der Götter"* genannt. Wiederum nur eine „zufällige" Übereinstimmung?

Abydos ist kein Einzelfall. Die Entzifferung der ägyptischen Hieroglyphenschrift ist zwar weitgehend abgeschlossen, dennoch gibt es etliche Zeichen und Symbole, die in ihrer Deutung umstritten sind.

„Bei vielen ägyptischen Schriftzeichen ist unklar (bei einigen sogar ungeklärt)", schreibt der deutsche Mysterienforscher *Hans-Werner Sachmann*, „auf welche ‚Vorbilder' (Personen, Gegenstände, Geschehnisse usw.) ihre späteren Abbildungen ursprünglich zurückgehen und ob sie nicht in der Folgezeit – wegen vorliegender Ähnlichkeiten im Aussehen für ganz andere Begriffe Verwendung fanden." Sachmann führt als Beispiel eine Glyphe an, die auf einer Mauer des „Heiligen Teichs" in der Tempelanlage von *Karnak* abgebildet ist. Es sei das Zeichen für eine „Papyrusrolle" sagen die Gelehrten. Modern interpretiert, erinnert die ungewöhnliche Abbildung eher an ein *gepanzertes Fahrzeug*. Eine Spekulation, zugegeben. Aber was stellt das ominöse Zeichen wirklich dar? So eindeutig scheint die Gegebenheit nämlich selbst für fachkundige Ägyptologen nicht zu sein.

Hieroglyphen haben oft mehrfache Bedeutung. So steht das Symbol für „Buchrolle" mit leichten Veränderungen für „Opfermatte", „Opferbrot auf einer Matte", gleichzeitig für „Opfer" und „Ruhen", aber genauso gut für „Zufrieden sein". Die „Buchrollen"-Glyphe bedeutet seltsamerweise ebenso „Der Geliebte

Was stellt diese seltsame Hieroglyphe an einer Mauer der Tempelanlage von Karnak wirklich dar? Eine „Papyrusrolle" oder ein gepanzertes Fahrzeug?

von ...", „Der Bevorzugte von ..." und „Der in der vordersten Reihe steht".

Ägyptologen grübeln: „Leider wird dieser theoretisch recht einfache Sachverhalt dadurch wesentlich verkompliziert, dass viele Hieroglyphen in ihrer Funktion *variabel* sind und bald als Lautzeichen, bald als Wortzeichen, bald als Deutzeichen erscheinen. Die theoretische Erklärung der Hieroglyphen wird dadurch in einigen Fällen so kompliziert, dass sogar die Meinungen der Fachwissenschaftler nicht immer übereinstimmen."

Theorie scheint bei den zuständigen Linguisten eine besondere Rolle zu spielen. Zeigt die „Buchrolle" aus Luxor vielleicht doch etwas ganz anderes? „Eingerollter Papyrus" oder „vorzeitlicher Panzer"? Oder liegen alle bisherigen Deutungsbemühungen daneben? Hieroglyphen-Auflistungen warnen: „Es ist außerdem zu berücksichtigen, dass bei den hier aufgenommenen Schriftzeichen *keineswegs alle* Bedeutungsmöglichkeiten notiert sind."

Altägyptische Kernbohrung

Im Ägyptischen Museum in Kairo lagern viele beeindruckende Schätze aus dem geheimnisvollen Reich der Pharaonen. Die berühmte *Diorit*statue des Herrschers *Chephren* wirkt besonders imposant. Im Jahre 1860 wurde sie aus dem zur Chephren-Pyramide gehörenden Taltempel von dem französischen Ägyptologen *Auguste Mariette* gefunden.
Der König der 4. Dynastie ist auf dem Thron sitzend mit Faltenrock dargestellt. Der Falkengott *Horus* umgibt mit ausgebreiteten Flügeln schützend das Haupt des Chephren. Der Pharao galt als *irdische* Verkörperung des himmlischen Horus. Rätselhaft bleibt die Statue deshalb, weil sich die Frage nach der Bearbeitung stellt. Mit welchen „primitiven" Werkzeugen wurde das Gestein von ungeheurer Härte und Widerstandsfähigkeit bearbeitet? Die üblichen dieser Epoche zugeschriebenen Steinwerkzeuge, Knochen oder andere weichere Bearbeitungshilfen können eine derartig präzise Musterung nicht erklären. Wir wissen: Der Diamant ist mit dem Härtewert 10 das härteste Material. Diorit nimmt auf dieser Skala den Wert 8,4 ein. Mit heutigen Diamantbohrern kann Diorit mit einem Pressdruck von 200 Atmosphären bearbeitet werden. Wie aber waren die Ägypter vor mehr als 4500 Jahren dazu in der Lage?

Diese Frage stellt sich ebenso beim Besuch der elf Kilometer südlich von Kairo am westlichen Wüstenrand liegenden Ausgrabungsstätte *Abusir.* Neben den Überresten von Pyramiden und Sonnenheiligtümern stolpert man hier über undefinierbare Gesteinsbrocken aus der 5. Dynastie um 2500 v. Chr. Das Rätselhafte: Auf einigen gut erhaltenen Blöcken aus Granit, Diorit und Basalt finden sich Gravuren und perfekt bearbeitete Bohrlöcher mit unterschiedlichen Durchmessern und Tiefen. Die antiken Bearbeitungen zeigen die gleichen Rillenmuster, Bearbeitungsspuren und eine erstaunliche Präzision, die man nur mit modernen *Kernbohrungen* erreicht. Eine Methode, mit der hartes Gestein im hohlen Bohrer stecken bleibt und nach außen geführt wird. Selbst heute sind nur Spezialisten imstande damit umzugehen. Skeptiker sind deshalb davon überzeugt, dass die Kernbohrungen in

Die Ruinen von Abusir zeigen deutlich Spuren von High-Tech-Bearbeitung.

Wirklichkeit aus unserer Zeit stammen. Ein Einwand, der jedoch nicht sticht. Der englische Archäologe Sir *Flinders Petrie* beschreibt die exakten Bohrlöcher in seinem Buch *"The Pyramids and Tempels of Gizeh"*. Das Werk erschien bereits im Jahre 1883!

Hinweise auf vorgeschichtliche Kernbohrungen und Kreissägearbeiten gibt es viele. Einige solcher Fundstücke werden im Ägyptischen Museum in Kairo aufbewahrt und können von aufmerksamen Beobachtern besichtigt werden. Etwa in einer Glasvitrine im Saal 34. Dort liegt ein kleines schalenförmiges Gefäß, etwa 15 Zentimeter im Durchmesser. Der Gegenstand ist aus hartem Granit und zeigt wiederum die typischen Bearbeitungsspuren einer Kernbohrung, eine in der Mitte und sieben weitere um diese mittlere Vertiefung herum. Spuren der Bohrwindungen sind deutlich erkennbar. Das kuriose Artefakt wird als „Schlüssel" bezeichnet, jedoch ohne weitere Angaben über Zweck und Herkunft.

Neben antiker Kernbohrung finden sich genauso Spuren, die auf *Kreissäge*arbeiten schließen lassen. Im Mai 1993 fiel dem

Ägyptenreisenden *Guido Meys* im Ägyptischen Museum von Kairo ein unscheinbarer Sarkophag auf. Er ist unter den Nummern 54.938 (Sarkophag) und 6.193 (Sockel) im linken Hauptflur des Erdgeschosses platziert. *Klaus-Ulrich Groth*, ein Rechtsanwalt aus Deutschland, der den fraglichen Sarkophag ebenfalls zu Gesicht bekam, schreibt in seinem Reisebericht: „Interessant wird es, wenn man sich zwischen Museumswand und Rückwand des Sarkophags zwängt, denn dort wird deutlich, dass aus der Rückwand des Sarkophags der Deckel *herausgeschnitten* werden sollte, die Arbeiten aber nicht zu Ende geführt worden sind, vermutlich weil von diesem Deckel etwa 60 Prozent abgebrochen sind. Noch sehr gut erkennbar sind aber die *Säge*spuren zwischen Rückwand und Deckelrest."

Der Fachmann Ingenieur *Michael Ebert* aus Dresden besah sich die Steinbearbeitung genauer und bestätigte die Deutlichkeit der Kreissägespuren. Doch weshalb erscheint der Sarkophag in keinem offiziellen Katalog? Steht er vielleicht nur deshalb noch im Erdgeschoss in der 34. Galerie, weil niemand daran gedacht hat, ihn rückseitig zu besichtigen? Und weil niemand glaubt, dass sich ein Besucher für dieses vermeintlich unwichtige Artefakt die Mühe macht, sich zwischen ihn und die Wand zu zwängen?

Da schon meterhohe Fundstücke unbeachtet bleiben, fragt man sich, welche brisanten Informationen jene Fundstücke enthalten mögen, die verpackt in unzähligen Pappschachteln, in kilometerlangen Museumskellern abgelegt, verstaubt und schließlich vergessen wurden?

Notieren wir ergänzend im Fragenkatalog: Wie wurden diese Steine bearbeitet? Welches technologische Verfahren kannten die alten Ägypter? Waren tatsächlich Kernbohrer und Kreissägen im Einsatz? Wie und mit welcher Energie wurden sie in Rotation versetzt? Mit Werkzeugen aus Kupfer kommt man nicht weit. Kamen diamantbesetzte Bohrer zur Anwendung? Diamanten kommen allerdings, wenn überhaupt, in Ägypten nur sehr selten vor. Gab es für die antiken Baumeister andere Möglichkeiten?

Vielleicht liefern alte jüdische Überlieferungen einen Lösungsansatz: Da ist die Rede von einem „Wunderwurm", der als *„Schamir"* bezeichnet wird. Es sei ein „göttliches Werkzeug", ein „diamantener Schneidewurm" gewesen, der unter anderem in verschiedenen Größen und Ausführungen beim Bau des *Salomonischen Tempels* in *Jerusalem* als Bohrer verwendet worden sein soll. Dem jüdischen *Talmud* zufolge stammen diese Geräte nicht aus irdischen Werkstätten, sondern wurden von engelhaften Wesen, den „*Wächtern des Himmels*" bereitgestellt. Wer waren diese himmlischen Beobachter? Gab es Hilfe von „oben"? Erhielt die Erde in vorgeschichtlichen Zeiten Besuch aus dem Weltall? Haben außerirdische Geschöpfe, die einst wegen ihrer fortgeschrittenen Technologie als „Götter" verehrt wurden, ihre „Wunderwerkzeuge" eingesetzt? Diese Spekulation würde zumindest erklären, weshalb bislang kein antiker Diamantenbohrer gefunden wurde. Denn auch Handwerker und Baumeister unserer Tage lassen ihre Werkzeuge nicht einfach nach getaner Arbeit liegen. Haben die „Wächter des Himmels" ihre „Wundermaschinen" ins Weltall wieder mitgenommen?

Geheimes Know-how der Priester und Handwerker

Dass die alten Ägypter erstaunliches Geschick in der Architektur und Baukunst bewiesen, ist bekannt. Aber auch als clevere Chemiker verblüffen sie. Ihre Kenntnisse über komplexe chemische Prozesse war heutigen Wissenschaftlern durchaus ebenbürtig. Das zeigen neue Analysen französischer Forscher, die auf 4000 Jahre alten Statuetten Reste von Kosmetika entdeckten. Sie wurden seinerzeit auf komplizierte Art durch chemische Prozesse, bei denen sich Bleiverbindungen bildeten, erzeugt. Gefunden wurde *Laurionit* und *Hornblei,* beides chlorhaltige, oxidierte Bleiverbindungen, die in der Natur sehr selten vorkommen. Wurden die Bestandteile künstlich hergestellt?

Manchen erstaunlichen Fertigkeiten ist man in den letzten Jahren auf die Spur gekommen. Mit dem Ergebnis, dass die Verblüffung noch größer geworden ist. Zum Beispiel bei der Frage, wie es den altägyptischen Glasherstellern vor über 5000 Jahren möglich war, Gefäße und Schmuckstücke mit *durchscheinend gläsernen* türkis- und lapislazuliblauen Überzügen zu versehen.

Man weiß zwar, dass schon um 5500 v. Chr. Töpfern in Mesopotamien gelungen war und farbige Oberflächen hergestellt werden konnten, aber die ersten wirklich glasartigen Glasuren entstanden am Nil. Lange wurde gerätselt, heute weiß man: die Kunstwerke wurden nicht von Töpfern, sondern von findigen Steinmetzen geschaffen. Die prachtvollen „ägyptischen Fayencen" sind nämlich nicht aus Ton. Hergestellt wurden sie aus einem raffinierten Gemisch von fein zerriebenem Quarzsand, Kalk oder Malachit sowie einem Silikat aus Flussmittel.

Dieses Mineraliengemisch wurde zunächst mit Wasser zu einem Brei verrührt und erhitzt. Der so entstandenen Paste fügte der Handwerker vor dem Formen noch ein Kupfersalz zu, das sich beim Trocknen des Rohlings als „Ausblühung" an der Oberfläche abschied. Beim anschließenden Brennen des Objekts schmolz diese Schicht zu einer blauen Glasur.

Eine komplizierte Prozedur, die vor einigen Jahren an wissenschaftlichen Instituten durch Analysen entschlüsselt wurde. Das Rätsel, wie Steinarbeiter am Nil vor 5000 Jahren auf dieses Know-how-Verfahren gekommen waren, bleibt jedoch ungelöst. War es wieder einmal purer Zufall? War es zielstrebiges Tüfteln? Oder ein spielerisches Ausprobieren unterschiedlicher Gemische und Brennverfahren?

Wenn wir in den Museen vor den prachtvollen Kleinoden und filigranen Kunstwerken stehen, die meisterhafte Handwerker vor Tausenden von Jahren schufen, kommt man aus dem Staunen nicht mehr heraus. Obwohl aus „primitivem" Material geschaffen, waren Werkzeuge damals so rasiermesserscharf wie heutige Skalpelle. Gleiches gilt für Klingen und Pinzetten aus Bronze und Obsidian. In der Medizinwissenschaft standen die Nilbewohner modernen „Göttern in Weiß" nicht nach. In den „Zauberformeln für Heilungen" werden Rezepte erwähnt, die sich auf verschiedene pflanzliche, tierische und alkalische Substanzen beziehen. Unter den aufgelisteten Arzneien finden sich allerdings großteils Pflanzenarten, die man bis heute nicht identifizieren konnte.

In einer Papyrusrolle, die der britische Ägyptologe *George Smith* entdeckte, werden *Narkosepräparate* erwähnt. Nicht weniger als *48* klinische Fälle werden aufgezählt sowie eine Beschreibung über den Vorgang der Betäubung damaliger Patienten. Ebenso geht aus den hieroglyphischen Aufzeichnungen hervor, dass die Operateure in jener Zeit über die Beziehung zwischen *Nervensystem* und Bewegung der *Glieder* Bescheid wussten. Gleiches gilt für die Ursachen der *Paralyse*. Auch die Funktion des *Herzens* sowie der *Arterien* war damals geläufig. *Kieferbehandlung* und *künstlicher Zahnersatz* war, wie Mumienfunde aus dem Tal der Könige bestätigen, ebenfalls nichts Ungewöhnliches.

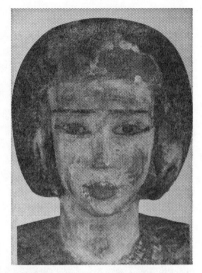

Farbanalysen, die bei dieser 4000 Jahre alten Statuette vorgenommen wurden, bestätigten einwandfrei: Die alten Ägypter waren clevere Chemiker.

Erstaunliche medizinische Kenntnisse sind auch aus vorpharaonischer Zeit belegt. Eine Schieferpalette aus dem 4. Jahrtausend v. Chr. zeigt eine kuhköpfige Gottheit, die von Sternen umkreist wird und deren erhobene Arme in Sternen auslaufen. Die Darstellung der „Himmelskuh" entspricht exakt heutigen wissenschaftlichen Zeichnungen des *Uterus* mit *Ovarien* und *Eileitern*.

Bemerkenswert auch dieses Beispiel: Ärztliche Mullbinden waren um vieles feiner gewebt und damit wirksamer als heutige. Geheimnisumwittert bleiben auch manche rund 4000 Jahre alte Kleidungsstücke, die mit einem hauchzarten Stoff aus Wolle und Leinen gefertigt wurden. Wie die alten Ägypter im Einzelnen dabei zu Werke gingen, ist selbst Ägyptologen weiterhin noch ein Rätsel.

Rätselhaft bleibt auch das Auffinden und Verschwinden eines außergewöhnlichen Gegenstandes. Er wurde vor einigen Jahrzehnten in der Oase *Dakhla* in der *Libyschen Wüste* von ägyptischen Archäologen entdeckt. Es handelt sich dabei um eine Art *Spiegel,* jedoch nicht im üblichen Sinn. Vielmehr weist das Gerät gewisse Ähnlichkeit mit jenem „Zauberspiegel" auf, wie ihn nach der Behauptung einer chinesischen Sage Kaiser *Ts'in Shi* (259–210 v. Chr.) besessen haben soll. Die Legende erzählt, dass es mit diesem „Zauberspiegel" möglich war, „die Knochen des Körpers zu erhellen". Trat also ein kranker Mensch vor dieses 1,76 Meter hohe und 1,22 Meter breite Gerät, so zeigte sich darin das Spiegelbild des Patienten – jedoch mit dem Kopf nach unten. Das Wunderbare an dem Spiegel aber war, dass mit seiner Hilfe sämtliche menschlichen Organe sowie die Knochen durchleuchtet werden konnten, das Ding also wie ein moderner Röntgenapparat funktionierte. Noch im Jahr 206 n. Chr. soll sich diese unglaubliche Apparatur im Palast von *Hien-Jang* in *Shensi* befunden haben. Und genau so ein „Zauberspiegel" soll bei Ausgrabungen in Ägypten aufgespürt worden sein, versicherte mir der Kairoer Arzt Dr. *Soueha.* Das geheimnisvolle Relikt ist seit seiner Auffindung aus der Öffentlichkeit verschwunden. Warum wohl?

Nicht alle mysteriösen Entdeckungen lassen sich problemlos unter den Teppich kehren. Bei weltberühmten Grabbeigaben, wie etwa jenen des Pharaos Tutanchamun, würde das Verschwinden eines Gegenstandes sicherlich nicht unbeachtet bleiben. Gold und Juwelen, Blumen und Wein, Sessel und Throne, Wagen und Betten gaben die Ägypter ihrem toten König mit auf seine letzte Reise. Die Kostbarkeiten, die im Grab gefunden wurden, sind von überwältigender Schönheit. Die Schätze haben manche Geheimnisse enthüllt, aber sie haben auch Rätsel aufgegeben, die noch immer ungelöst sind. Dazu zählt Tutanchamuns *rostfreier Edelstahldolch* mit einer hohen Legierungsqualität, die selbst mit unserer heutigen Technik nur unter Vakuumbedingungen hergestellt werden kann. Der mysteriöse Dolch wird im Ägyptischen Museum in Kairo aufbewahrt. Er liegt neben einer zweiten Klinge aus Gold in der Zentralvitrine im Hauptraum für die Grabschätze des Pharaos, allerdings ohne Katalognummer. Der klassischen Lehrmeinung zufolge kannten die alten Ägypter nicht einmal Ei-

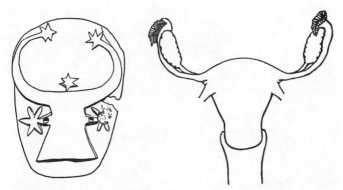

Die Palette der ägyptischen Kuh- und Sterngöttin (a) entspricht im Grundriss genau heutigen wissenschaftlichen Zeichnungen des Uterus, der Eileiter und der Ovarien (b).

sen und verstanden erst recht nicht, Eisenerz zu Edelstahl zu verarbeiten. Ein Widerspruch, den es wert wäre, genauer zu untersuchen.

Bleiben wir noch bei den Schätzen des Tutanchamun: Prunkstück der Sammlung im Nationalmuseum in Kairo ist die 3300 Jahre alte Totenmaske. Vor 20 Jahren wurde sie erstmals im Rahmen einer kreuz und quer durch Europa ziehenden Tutanchamun-Ausstellung gezeigt und von Millionen Besuchern bestaunt. Die Maske der Pharaonenmumie ist aus massivem Gold und hochwertigem Lapislazuli gefertigt. Ihr Gewicht beträgt elf Kilo.

Was die damaligen Ausstellungsbesucher nicht zu Gesicht bekamen: eine rätselhafte Röntgenaufnahme. Das Foto wurde von Experten der französischen *Eastman-Kodak*-Tochterfirma in Paris gemacht. Das entwickelte Bild auf dem Kodak-Röntgenfilm verblüffte die Fachleute: Die äußerlich makellose Maske zeigt nämlich im Röntgenbild auf der rechten Wange eine *Strukturunregelmäßigkeit,* die mit bloßem Auge nicht sichtbar ist. Das Seltsame: Der „Fehler" ist exakt an jener Stelle, die auch am Leichnam eine kleine Narbe erkennen lässt und von einer Bisswunde stammen soll. Die Strukturveränderung im Metall war also offensichtlich beabsichtigt.

Tutanchamuns Goldmaske zeigt in der Röntgenaufnahme eine Strukturunregelmäßigkeit, die Fotoexperten ins Staunen versetzt.

Wie aber haben das die altägyptischen Goldmacher technisch fertig gebracht? Wie konnte die kleine Narbe im Gesicht der Mumie auf die Totenmaske „unsichtbar" übertragen werden? Die Röntgenfachleute haben für dieses Phänomen keine Erklärung. Knoff-hoff war im Altertum offenkundig keine Seltenheit.

Wenn Gräber reden könnten

25 Kilometer von Gise liegt das Dorf *Sakkara*. Die Herkunft des Namens ist ungeklärt. Auf dem Gelände der weitläufigen, sieben Kilometer langen Nekropole befinden sich die Ruinen der einstigen Hauptstadt Ägyptens – *Memphis*. Alle Epochen der ägyptischen Geschichte sind hier vertreten, von den ältesten Zeiten an bis zu den Griechen, Römern und Kopten. Heute sind von der glänzenden Stadt, die neben Babylon die größte der Antike war, nur noch Überreste vorhanden, da ihre Bauwerke in späterer Zeit als „Steinbrüche" missbraucht wurden. Die Hoffnung der Archäologen liegt unter dem Wüstenboden verborgen: Nur ein

Bruchteil der ehemaligen Pharaonenresidenz ist bisher ausgegraben worden.

Weltberühmt ist die Stufenpyramide des König *Djoser*, die so genannte „Sakkara-Pyramide". Sechs gewaltige, bis zu 10 Meter hohe Stufen ragen empor zu den Göttern. Mit 60 Metern Höhe, um 2680 v. Chr. errichtet, gilt sie als älteste Pyramide. Ihre Konstruktion, angelegt in verschiedenen Bauperioden, wird von manchen Altertumsforschern als Sinnbild einer *„Himmelsleiter"* interpretiert, die den verstorbenen König ins Jenseits führen sollte. Die Stufenpyramide von Sakkara ist die einzige, deren Grundfläche rechteckig (109 mal 121 Meter), also nicht quadratisch ist. Interessant wird es unterhalb der Pyramide. Der Zugang zum Gebäude liegt im Innenhof eines Tempels und führt über eine zentrale Treppe in die Tiefe. Im Zentrum liegt die Kammer aus Granitplatten, direkt unter einem imposanten 28 Meter tiefen, 7,5 mal 7,5 Meter großen Schacht, der später zugeschüttet wurde.

Im Pyramideninneren begegnen wir einem verwirrenden System aus Kammern, Gängen und Galerien, die sich bis 32 Meter tief unter dem Totentempel hinziehen. Es sind die kompliziertesten Labyrinthe, die je unter einer Pyramide angelegt wurden. Gab es dafür bestimmte Gründe? Weshalb machte man sich die Mühe, ein derart ausgeklügeltes unterirdisches Wirrwarr an Gängen anzulegen? Nur um als Ruhestätte für den Pharao zu dienen? Da hätte eine Grabkammer doch genügt?

Ägyptologen meinen, dass die unzähligen Räume als „Scheinkammern" oder „symbolische Wohnstätten des Königs" dienten. Ähnlich verhält es sich mit der 10 Meter hohen Umfassungsmauer sowie Resten zahlreicher Gebäude, die im Rechteck um die Stufenpyramide errichtet wurden. Sie enthielten keinerlei Innenräume, nur Nischen und „Scheintüren". Weshalb wurden viele „Tempel" aus massivem Kalkstein angelegt, die dann nicht begehbar waren? Es waren „Kultbauten, damit der König auch im Jenseits seine Feste feiern konnte", urteilen die Experten. Doch die Bedeutung mancher Hohlräume ist bis heute nicht endgültig geklärt.

Mysteriös ist eine von mehreren „blauen Kammern", die sich im Südteil der Sakkara-Anlage befindet. Neben der eigentlichen

Grabstätte existiert diese zusätzliche Grabkammer, *Mastaba* genannt, deren Wände mit Plättchen blauer Fayence verkleidet wurde. Aber wozu hat sie gedient? Waren hier – oder in anderen „Scheinkammern" der Pyramide – die verschollenen Bücher des weisen Arztes, Baumeisters und Architekten *Imhotep* versteckt? Wir werden es nicht mehr erfahren, denn die Totenruhe des Herrschers Djoser währte nur für einige Jahrhunderte. Wahrscheinlich bereits gegen Ende des Alten Reiches schlugen Grabräuber einen Tunnel in die Sakkara-Anlage, der sie bis zu den verborgenen Schätzen brachte ...

Das weitläufige Freilichtmuseum der ehemaligen Totenstadt von Memphis hat der Nachwelt beeindruckende Funde hinterlassen, die selbst von habgierigen Grabfrevlern nicht geplündert werden konnten. Dazu gehört das abseits gelegene, vom täglichen Touristenstrom weitgehend unbeachtet gelassene *Serapium*. Was einen hier erwartet, kann einem wirklich den Atem verschlagen.

Da stehen in unterirdischen Gängen und Gruften 24 riesenhafte Steinsarkophage, jeder an die vier Meter lang, zweieinhalb Meter breit und dreieinhalb Meter hoch. Zwischen 65 und 70 Tonnen beträgt das Gewicht jeder dieser monströsen Steinkammern, die massiv aus einem einzigen Granitblock herausgearbeitet, geglättet und dann nach Sakkara transportiert wurden. Anschließend mussten sie durch die unterirdischen Gänge gezogen und in ihrer Nische verankert werden. Wie die technische Organisation der schwergewichtigen Ungetüme in der Praxis funktionierte, wissen wohl nur mehr die Götter.

Wozu haben die Riesensarkophage überhaupt gedient? Was wurde in ihnen aufbewahrt und war so wichtig oder gefährlich, dass es mit Granitwänden von 42 Zentimetern geschützt werden musste? Aus Reiseführern erfahren wir, dass das Serapium als *Begräbnisstätte* für die heiligen *Apis-Stiere* errichtet wurde. Stimmt das wirklich? Was waren diese Apis-Stiere und wo sind sie heute? Der renommierte Ägyptologe und Archäologe Dr. *Hartwig Altenmüller* von der Universität *Hamburg* darauf angesprochen: „Seit Beginn der ägyptischen Geschichte um 3000 v. Chr. gibt es heilige Apis-Stiere. Die Tiere, die die Fruchtbarkeit des Landes garantieren sollten, waren an einer besonderen Rückenmarkierung zu erkennen. Nach dem Tod wurden sie balsamiert, mumifiziert und in großen Sarkophagen im Serapium beigesetzt. Der Name Serapium geht dabei auf die Bezeichnung der toten heiligen Stiere als ‚Osiris-Apis' zurück."

Alles klar? Nicht im Geringsten! Als *August Mariette* im Jahre 1850 die unterirdischen Galerien entdeckte und die Sarkophage öffnen ließ, fand er in ihnen nichts als eine stinkende, bitumenartige Masse mit Tausenden kleiner, zersplitterter Knochen. Nachzulesen in Mariettes Grabungsbericht. Es stimmt zwar, dass der französische Archäologe in der Erwartung war, Stiere zu finden. Er ließ einen Sarkophag nach dem anderen öffnen. Doch die Enttäuschung wurde mit jedem Mal größer. Nicht in einem der steinernen Särge konnte ein einbalsamierter Stier gefunden werden, nur zerstampfte Knochen in einer undefinierbaren Masse.

Fantasiebegabte denken an Überreste genmanipulierter Zwitterwesen. Reine Utopie, Sciencefiction, Dr. Frankensteins Abenteuer im alten Ägypten? Weshalb wurden winzige Knochensplitter mit einer Bitumenmasse vermischt? Wollte man so eine Wiedergeburt von sphinxhaften Mischwesen und Ungeheuern verhindern?

Dr. *Holeil Ghaly,* der viele Jahre lang Chefarchäologe der Sakkara-Ausgrabungen war, bestätigt: Ja, Stiere seien im Serapium nie gefunden worden, und was künstlich geschaffene Sphingen oder Zwitterwesen anbelangt, da habe er schon manche Tiermumie gesehen, deren Proportionen und Einzelteile ihm seltsam erschienen seien. Aber angesichts von Millionen und Abermillionen mumifizierter Tiere in Ägypten könne sich einfach niemand die Mühe machen, jeden einzelnen Kadaver im Detail zu untersuchen. Schade darum. Andererseits, die Suche nach den angeblichen Apis-Mumien wäre vermutlich ohnedies vergeblich.

Dennoch wurden gerade in Sakkara unzählige Schätze ans Tageslicht befördert, die habgierigen Grabräubern zum Glück nicht in die Hände fielen. Dazu gehört ein eigenartiges, scheibenförmiges Objekt, das 1936 bei Ausgrabungen von dem Altertumsforscher *Walter B. Emery* aufgespürt wurde. 1980 sah ich das ominöse Artefakt im Ägyptischen Museum als Original ausgestellt, allerdings ohne nähere Angaben und Katalognummer. Museumsbesucher, die in den Jahren danach das „Schwungrad" zu Gesicht bekommen wollten, wurden enttäuscht. Er wurde inzwischen wieder aus den Augen der Öffentlichkeit entfernt und vermutlich im Depot verstaut.

Aus dem Grabungsbericht geht hervor, dass dieses 5000 Jahre alte Objekt neben einem Skelett und zahlreichen Beigaben gefunden wurde. Wegen seiner radialsymmetrisch angeordneten flügelartigen Einbuchtungen erinnert es an eine *Schiffs-* oder *Luftschraube.* Was war der eigentliche Verwendungszweck?

Ich legte dem ehemaligen NASA-Raketeningenieur *Josef F. Blumrich* Fotos des seltsamen Fundes vor und wollte seine kompetente Meinung dazu hören. Blumrich antwortete mir brieflich 1994: „Wie so oft sind alte Dinge doch sehr interessant anzusehen. Über dem von Ihnen gesandten Material habe ich wiederholt gesessen und auch die Anmerkung dazu gelesen. Auf den ersten Blick sieht die Schale wie etwas ‚*Technisches*' aus; aber ich habe keine Ähnlichkeit mit irgendeinem tatsächlichen technischen Detail finden können." Wurde hier ein *unbekanntes* Antriebsaggregat nachgebildet? Blumrich gibt zu bedenken, dass das aufgefundene Relikt aus *Schist* besteht, einem ziemlich weichen Gestein, ebenso wie der im Grabungsbericht erwähnte Alabaster. „Beide Gesteine wären technisch kaum brauchbar – schon wegen ihrer raschen Abnutzung bei ernsthafter Verwendung", stellt Blumrich klar, lässt aber die Möglichkeit einer *Nachbildung* offen. „Aber da habe ich", so Blumrich, „wie gesagt keine Vergleichsmöglichkeit in meiner Erinnerung gefunden."

Offenbar neugierig geworden, wollte der Raketenexperte weiter wissen: „Im Übrigen ist die Formgebung des Objekts von einer geradezu raffinierten Schönheit; war in dem Grab sonst nichts von irgendeiner Bedeutung?"

Leider waren wieder einmal Grabschänder und Plünderer den Wissenschaftlern zuvorgekommen. Mögliche Goldschätze und Kultgegenstände, die vielleicht das Geheimnis der „Luftschraube" hätten preisgeben können, waren entwendet worden. Übrig geblieben waren lediglich zahlreiche zerbrochene Behälter und Reste von Rinderknochen, die auf eine für den Verstorbenen angelegte Vorratskammer schließen ließen, um diesen auch im jenseitigen Leben mit irdischen Gütern zu versorgen. Neben dem polierten scheibenförmigen Gegenstand fand man Keramikscherben. Eine der Inschriften auf diesen Gefäßen nennt den Namen des Verstorbenen. Demnach handelte es sich bei dem Toten um *Prinz Sabu,* einen Administrator einer Provinzstadt, genannt „Stern aus der Familie des *Horus*".

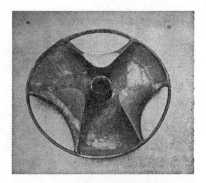

Soll dieser 5000 Jahre alte „Kultgegenstand" die Nachbildung eines Schwungrades sein?

Von dem falkengestaltigen Horus wiederum wissen wir, dass dessen Name „der Ferne" bedeutet. Horus zählt zu den ältesten und ranghöchsten Himmelsgöttern aus der ägyptischen My-

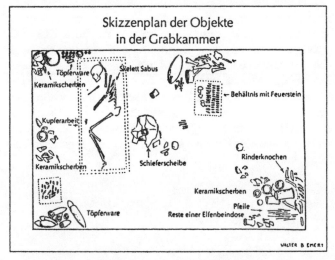

Fundstücke im Grab von Prinz Sabu. In der Mitte lag die ominöse Scheibe. Welchem Zweck diente sie?

thologie. Weiter erfahren wir aus den Grabinschriften, dass Prinz Sabu in der ersten Dynastie, das heißt um 2900 v. Chr., lebte. Mindestens so alt ist auch der rätselhafte Gegenstand in seinem Grab. Mit dieser kurzen Auskunft erschöpft sich aber bereits unser Wissen.

Ein bekannter Raumfahrtexperte, den ich neben Ing. Blumrich zu diesem ungewöhnlichen Fund befragte, ist Professor Dr. Ing. *Harry O. Ruppe*, der lange Zeit den *Lehrstuhl für Raumfahrttechnik* an der Universität in *München* leitete. Ruppe ist zwar skeptisch und hält es für wahrscheinlich, „dass auch Vögel, Insekten, Fledermäuse und dergleichen für einige Funde Pate gestanden haben könnten", räumt aber ein, dass dies für die Anfertigung von „Luftschrauben natürlich nicht gilt, obwohl einige Pflanzensamen propellerhafte Eigenschaften haben."

War der technisch anmutende „Steinteller" eine Kopie eines Gegenstandes, der vielleicht im Original aus Metall bestanden hat? Ist er die Nachbildung einer antiken Schiffsschraube? Oder kannte Prinz Sabu den Antrieb für Flugmaschinen?

Aus dem hier Vorgebrachten lässt sich resümieren, dass die alten Ägypter in der Summierung ihres Wissens einen Sonderplatz unter den antiken Völkern beanspruchten. Wir ahnen, dass viele erstaunliche Kenntnisse verloren gegangen, anderes über lange Zeit in Vergessenheit geraten sind und manches erst wieder entdeckt werden muss. Die alten Ägypter profitierten von dem alles überragenden Wissen ihrer Priesterschaft, das im Altertum zum Bereich der *Geheimwissenschaften* gehörte. Doch *woher* bezogen die Eingeweihten ihre profunden Kenntnisse? Wer war ihr genialer Ideenlieferant? Kam das Wissen, so wie es die alten Mythen behaupten, von den *Sternen?*

Als Thot vom Himmel stieg

> *„Das Weltall ist ein kosmisches Buch, eine Handschrift, eine riesenhafte Papyrusrolle, welche von Göttern geschaffen worden ist. Strebet an jenes vor euch entrollte Buch zu lesen und jene Offenbarung der Götter zu verstehen."*
>
> Ausspruch des göttlichen Thot, überliefert im „Ägyptischen Totenbuch"

Kosmisches Universalgenie

Vor einigen Jahren machten Forscher eine überraschende Entdeckung: Sie untersuchten den einbalsamierten Leichnam der Prinzessin *Makare,* die, so war man überzeugt, zusammen mit ihrem Kind bestattet wurde. Erst eine vom *Griffith-Institut* in *Oxford* durchgeführte Röntgenanalyse der Mumie förderte eine verwirrende Tatsache ans Tageslicht: Kein Kind, sondern ein *Pavian* ist in ihrem Sarg beigesetzt worden. Warum das geschah, ist bis heute ein Rätsel.

So viel ist bekannt: Mit dem Symbol des Pavians hat es eine ganz besondere Bewandtnis. Fällt ein Gespräch auf das Thema Weisheit, Allwissenheit oder Erfindungsgabe, kommen mir stets zwei ungewöhnliche Persönlichkeiten in den Sinn: der geniale italienische Allroundkünstler *Leonardo da Vinci* und ein geheimnisvolles, affenartiges Wesen. Ein Paviangott, hinter dem sich – was altägyptische Überlieferungen verdeutlichen – der rätselhafte Gott der Wissenschaften, *Thot,* verbirgt. Er ist eine der wichtigsten Gestalten der ägyptischen Mythologie. Das tatsächliche Aussehen dieser geheimnisvollen Gottheit kannte und kennt niemand. Stets tarnte sich Thot in zweierlei Gestalt: Er trat immer nur als *ibisköpfiger* Mann mit Mondscheibe oder als weißer *Affe* in Erscheinung. Von ihm berichten Legenden, er sei vor urdenklichen Zeiten auf einer „Lotosblume" vom Himmel gestiegen und habe den altägyptischen Priesterkasten sein Wissen weitergegeben.

Thot war für die alten Ägypter der Künder eines tugendhaften Lebens, eines erfüllten Daseins, denn er war es, der die Menschen Schreiben, Lesen und die Kunst der Rede lehrte. Den Priestern Ägyptens galt er als Erfinder der Sprache, der Mathematik, der Astronomie und der Technik. Er war der „Steuermann in der Barke des Sonnengottes Re" und soll aus himmlischer Höhe mit einem „Strahlensender", so die wörtliche Bezeichnung in einer altägyptischen Sage, die Feinde des Sonnengottes vernichtet haben. Seine friedlicheren Züge wurden mehr geschätzt: So hat er den Menschen das Licht gebracht und ihnen Religion, Kunst und Musik vermittelt. In den Pyramidentexten wird Thot vor allem als „Herr der göttlichen Worte" und „der Heiligen Zeichen" gewürdigt, die er sogar erfunden haben soll – die *Hieroglyphen*. Eine Legende erzählt, dass Thot ein „Zauberbuch" und 22 wissenschaftliche Werke verfasst haben soll, die alle Weisheit der Welt enthielten. Und auch das berühmte *„Ägyptische Totenbuch"* soll seine Handschrift tragen.

Thots wahre Herkunft ist unbekannt. Mythische Texte bezeichnen ihn als den „Dolmetscher der Götter", „Herr der Gottesworte", „Herr der Wahrheit", „Hüter der Gesetze" und „Kenner aller Rituale". Dieses antike Superwesen hatte zweifellos einen unmittelbaren Bezug zur *Magie*. Denn es wird überliefert, dass Thot mit Hilfe seltsamer *Zaubergeräte* und dank seiner umfassenden Fähigkeiten imstande war, medizinische Wunder zu vollbringen. Von einigen Chronisten wird er deshalb mit dem gleichfalls genialen Architeken *Imhotep* in Verbindung gebracht, dem Baumeister der Stufenpyramide von *Sakkara*. Seine Grabstätte konnte bis heute nicht gefunden werden. Ebenso wie der Ursprungsort Thots rätselhaft bleibt. So viel ist bekannt: Die Griechen setzten den Paviangott mit *Hermes* gleich und in der magischen Literatur der Spätantike lebte Thot unter dem Namen *Hermes Trismegistos*, „der dreimal große Hermes", weiter. Doch haben diese esoterischen Lehren mit den Erfindungen des ägyptischen Weisheitsgottes wohl nichts mehr zu tun. Es sind bestenfalls verblasste Reste von dem universellen Wissensgut einer geheimnisvollen Göttergestalt.

Wer verbirgt sich nun hinter diesem Universalgenie? Ist Thot eine aus Naturmythen entstandene Fantasiefigur? Eine mystische Symbolgestalt, die soziales Verhalten regeln und verständlich machen sollte? Oder war dieser Weisheitsgott tatsächlich ein Wesen aus Fleisch und Blut gewesen? Eine nichtirdische Erscheinung, die in den Mythen der Welt ihre Fingerabdrücke hinterlassen hat? Gehörte der Fremde zu jenem Rest versprengter Atlantiden, die der von *Platon* so anschaulich geschilderten Katastrophe in ihrer Heimat *Atlantis* zu entkommen vermochten? Kam Thot womöglich von den Sternen? War er ein fremder Kosmonaut?

In den uns zugänglichen Überlieferungen aus dem alten Pharaonenreich finden sich hierzu eine Reihe von verschlüsselten Hinweisen, die den Gedanken an einen Kulturbringer aus

Thot in Gestalt eines „großen weißen" Pavians. Er wurde als Wissenschaftsgott verehrt und soll in Hermopolis aus einer vom Himmel herabgekommenen Lotosblume oder einem „geheimen Ei" entstiegen sein.

dem All tatsächlich erlauben. So soll Thot, der nach altägyptischen Aufzeichnungen ursprünglich selbst mit dem Sonnengott Re *gleichgesetzt* wurde, einst in Gefolgschaft von acht Urgöttern aus einem „strahlenden Stein" oder einem „geheimen Ei" gestiegen sein, das sich auf einem Urhügel in *Hermopolis* niedergelassen hätte. Und an einer anderen Stelle ist in den Pyramidentexten von einem „großen himmlischen Thron" und dem „Lichtmeer" die Rede, von dem „der große Weiße", „der leuchtende Thot" herabgestiegen sei. Diese „Thronstätte" wird selbst von strenggläubigen Ägyptologen als *Kosmos* interpretiert. Demzufolge kam der himmlische Fremde direkt aus dem Weltall zur Erde. War dieser Thot also ein *Außerirdischer?*

Wie bei allen Mythen und Texten mit ungewöhnlichem Inhalt stellt sich hier die Frage, ob solche Schilderungen auf reiner Erfindung beruhen. Oder müssen diese alten Aufzeichnungen weit eher als vergessene, missverstandene Erinnerungen an eine *erlebte* Wirklichkeit aufgefasst werden? Bei vielen Gelehrten rauchen die Köpfe. Probleme bereitet ihnen schon der Name Thot, altägyptisch *Dehuti.* Sprachlich scheint er eine Ableitung von einem Ortsnamen zu sein, den man jedoch vergeblich topografisch in Ägypten sucht. Dieses Wesen scheint urplötzlich von „oben herab"gekommen zu sein. In der Thinitenzeit, vor 5000 oder mehr Jahren, soll Thot erstmals die Bildfläche von *Hermopolis* betreten haben. Exakt zu jenem Zeitpunkt, als sich Ägypten scheinbar wie aus dem Nichts zum „Wunder" der plötzlichen Pharaonenhochkultur entwickelte.

Hermopolis – Stätte des Uranfangs

Was wissen wir über Hermopolis, jenen geheimnisvollen Schauplatz, wo Thot mit Gefolgschaft erstmalig in Erscheinung trat? Nun, der Ort wird heute *El-Aschmunen* genannt, liegt etwa 300 Kilometer südlich von Kairo in Mittelägypten. Es ist die „Stadt des großen Hermes", den die Griechen mit Thot gleichsetzten und den Beinamen *„Trismegistos"* gaben. Die Stadt trug einst den Namen *Schmunu*. Man leitet das vom altägyptischen *khemenov,* „acht" ab. Schmunu war die „Stadt der acht Urgötter", die an diesem Ort das erste Mal erschienen waren, heißt es in der ägyptischen Mythologie. Neben *Memphis* und *Heliopolis* gilt Hermopolis als die älteste Kultstätte Ägyptens. Sie soll auf einem alten

Hügel, dem Ortsgebiet von *Wenu,* errichtet worden sein. Und zwar genau an jener Stelle, wo sich der Legende nach das „kosmische Ei" oder eine „Lotosblume" niedergelassen hatte und daraus der Sonnengott entstiegen war. In einer erhalten gebliebenen Inschrift heißt es dazu: „Deine Stätte ist seit der Urzeit auf dem Hügel von Wenu; du bist an Land gestiegen aus dem Meer der Messer und du bist erschienen in dem Wasser aus dem *geheimen Ei.*"

Was war das für ein himmlisches Gefährt, mit dem Thot zur Erde herabgestiegen ist? Das Symbol des „Eies" galt bei nahezu allen Völkern als Sinnbild für jenes Objekt, aus dem die „Götter" oder die „Söhne der Götter" oder die „Wächter des Himmels" von den Sternen zur Erde herabstiegen. Der Schweizer Autor und Bibliothekar *Ulrich Dopatka* nennt weltweit namentlich 18 verschiedene Mythen, die ihrerseits wieder zahlreiche Variationen besitzen. In einer der Überlieferungen des Hohepriesters *Pet-Osiris* wird auf das Göttergefährt Bezug genommen: „Das Ei hat in einem Nest auf dem Urhügel auf der ‚Flammen-Insel' in dem Messer-See gelegen." Die Schalen dieses mysteriösen Eies wurden, so erfahren wir wieder aus den Texten, als Reliquien an der heiligen Stätte verehrt und steinerne Nachbildungen im großen Park von Hermopolis aufgestellt und Pilgern gezeigt. Es wird ausdrücklich darauf hingewiesen, dass dort *„die beiden Hälften des Eies mit allen Wesen in ihm"* beigesetzt wurden.

Überreste davon wurden bislang nicht gefunden. Weder von dem eiförmigen Relikt noch von seinen Insassen. Sehr wahrscheinlich hat man es bisher auch gar nicht der Mühe wert befunden, gründlich danach zu suchen. Von der ursprünglichen Heimstätte des Thot sind heute nur noch kärgliche Ruinen erhalten geblieben. Das Ortsgebiet gilt einerseits als reichste Schatzkammer von Denkmälern aus allen Epochen, vom Alten Reich bis zum römischen Imperium und in die christliche Zeit hinein. Andererseits wurden große Flächen des Geländes verbaut, versanken im Grundwasser oder wurden als Schuttmaterial zur Düngung der Äcker verwendet. Deshalb ist über die vorpharaonische Frühzeit relativ wenig ans Tageslicht gebracht worden.

Vorhandene Relikte, die aus der Urgeschichte bei Ausgrabungen ausgebuddelt wurden, geben viele Rätsel auf. So hat man riesige Brunnenschächte und nicht enden wollende unterirdische Gänge entdeckt. In dem Areal, das sich über mehr als 15 Hektar erstreckt, wurden Abermillionen mumifizierter *Storchvögel* und *Paviane* ausgehoben, die heiligen Tiere des altägyptischen Weisheitsgottes. Wer sie angelegt hat und wozu, weiß niemand.

In den 30er Jahren hatten deutsche Archäologen bei einer groß angelegten Hermopolis-Expedition einen ungewöhnlichen Fund gemacht. Sie legten die Überreste eines unbewohnten heiligen Bezirkes frei, etwa 630 Meter im Quadrat, der wie eine gewaltige Festung mit dicken Mauern umgeben war. Was immer sich in jenen Tagen hinter diesen Mauern befunden hatte, musste geschützt werden und war offenbar nicht für jedermanns Augen bestimmt. Inmitten dieser Gemäuer befand sich der „See der beiden Messer". Aus ihm erhob sich der pyramidenähnliche „Urhügel", am Fuße umspült von einem lodernden „Flammen-Meer", auch als „Insel des Aufflammens" bezeichnet. Auch die wahre Bedeutung für den Beinamen des Sonnengottes, mit dem Thot ursprünglich gleichgesetzt wurde, scheint nun offensichtlich: „Der große Schnatterer" und „Großer Herr des Himmels". Waren dies Versuche der Altägypter, eine für sie damals unverständliche Technik sowie das Aussehen und die Akustik raumschiffähnlicher Flugvehikel zu beschreiben? In ganz ähnlicher Weise, wie Amerikas Indianer beim ersten Anblick der *Eisenbahn* nicht von einer Lokomotive gesprochen hatten, sondern von einem *„Feuerross"*, obwohl damit bekanntlich kein Pferd, sondern ein für sie unbegreiflicher Gegenstand beschrieben wurde?

Viele seltsame Geräte, die sich angeblich im Besitz unseres Allroundgenies befanden, erwecken den Eindruck modernster Technik. Der *Seh-Vogel* und der *Hör-Vogel* gehören zu diesen Mysterien. Der Sage nach waren es fliegende Werkzeuge der Götter. Mit dem Seh-Vogel soll man imstande gewesen sein, „bis ans Ende der Finsternis zu sehen", und es war sogar möglich, „durch das Meer hindurchzublicken bis zum Urwasser *Nun*" (mit „Nun" wird altägyptisch der Weltrum bezeichnet). Thots geheimen „Zauberspiegel" werden ähnliche Fähigkeiten nachgesagt. Vom Hör-Vogel wiederum heißt es, er könne „hören, was am

Himmel vorging". Selbst als sich der Sonnengott Re „immer weiter zum Himmel entfernt" hatte, konnte der Hör-Vogel noch Botschaften empfangen. Gleiches wird in den Pyramidentexten vom „Haus des Horus" erzählt. In den Schriften wird ausdrücklich hervorgehoben, dass sich dieses Haus „*am Himmel*" befunden habe, in dem zu bestimmten Zeiten „das Wort der Götter" gehört werden konnte. Hier wurden Gerätschaften beschrieben, die unzweideutig der Nachrichtenübermittlung gedient haben müssen. Man kann sich deshalb des Eindrucks nicht ganz erwehren, dass die alten Texte die Anwendung von Kommunikationsmitteln wiedergeben, die sich durchaus mit unseren modernen Funkgeräten, mit dem Fernsehen und den Satelliten vergleichen lassen. Aber wie ist das möglich? Hat es in der Vorzeit tatsächlich bereits ein fortgeschrittenes High-Tech-Wissen gegeben? Erstaunliche Kenntnisse, die heute zum Teil als unverstandene Geheimlehren und „Zaubertexte" eingestuft werden? Überirdische Magie oder hoch entwickelte Technik? Lassen sich tief im Wüstenboden unterhalb der Urstätte von Hermopolis noch vergessene Zeugnisse dieser Errungenschaften aufspüren? Wenn ja, würde man sie richtig zu deuten wissen?

War Thot ein außerirdischer Kulturbringer?

Modern und fremdartig wirkt auch die Persönlichkeit des Thot. Sein Aussehen wird mit „*Lichthaftigkeit*" gleichgesetzt und manche Überlieferung sagt ganz klar: Sein „Antlitz" war „mit Strahlenkräften aufgeladen". Somit wird verständlich, weshalb man Thot den Beinamen „der Strahlende" gegeben hatte. Ebenfalls nahe liegend ist seine große Verehrung in der Gestalt des *Ibis*. Denn die Federn des Storchvogels werden, wie die Falkenfedern des Horusgottes, mit „in den Himmel auffliegen" interpretiert und gelten seit alters her als „Lichtsymbol". Erinnern wir uns: Thot soll einst aus einem „goldglänzenden Stein" oder einem „geheimen Ei" gestiegen sein. In einer Sage wird er als „Sohn des Steines, der aus den Eierschalen hervorging" bezeichnet. Sollte damit die Beschreibung des himmlischen Gefährts gemeint gewesen sein, während sein wahres humanoides Aussehen eher in der Gestalt des weißen Pavians zu finden war?

Im *„Magischen Papyrus 500"* lesen wir: „Heil dir, du Pavian von 7 Ellen, dessen Auge aus Gold ist und dessen Lippe aus Feuer ist, und alle deine Worte sind aus Glut."

Die Darstellung Thots als „riesiger Pavian" wird in einem Text auf dem Denkstein des Königs *Mer-en-Ptah* im Amun-Tempel von Hermopolis bestätigt: „Ich trete ein vor dir (dem König) in der Gestalt eines *großen weißen* Pavians."

Den Angaben zufolge wäre Thot fast dreieinhalb Meter groß gewesen. In anderen Texten – etwa auf einem Denkstein aus der Ära des Königs *Nacht-nebof* – wird Thot als „zweimal groß" bezeichnet, später dann als „dreimal großer" Hermes Trismegistos. Wir sehen hier die sich im Laufe der Zeit ergebende „Zunahme der Körpergröße" allein aufgrund mythologischer Übertreibung. Dennoch scheint die Annahme berechtigt, dass es sich bei Thot ursprünglich um eine sehr große Person gehandelt hat, was den Gedanken seiner „fremdartigen" Herkunft stützt.

Aber wie ist es mit den sonstigen Attributen, mit denen Thot belegt wurde – „Auge aus Gold", „Lippe aus Feuer", „Worte aus Glut"? Sie erinnern auffallend an eine Textstelle aus dem altjüdischen *Henochbuch:* „Da erschienen mir zwei sehr große Männer, wie ich solche niemals auf der Erde gesehen hatte. Ihr Angesicht leuchtete wie die Sonne, ihre Augen glichen brennenden Fackeln; aus ihrem Mund ging Feuer hervor ..."

Der Patriarch *Henoch* beschreibt ferner, die Kleider der „großen Männer" seien „weiß" gewesen, hätten „einer Verteilung von Schaum" geähnelt und ihr Gewand wie ihr Antlitz habe geleuchtet „wie Schnee". Im Grunde sagen die ägyptischen Überlieferungen bezüglich Thot nichts anderes. Die „großen Männer", denen der biblische Henoch begegnete, nannten sich auch „die Wächter des Himmels". Sie nahmen den Patriarchen mit zu einer Reise um die Erde und ins All und man geht wohl nicht fehl in der Annahme, diese Überlieferung beruhe auf einem Kontakt mit Vertretern einer außerirdischen Intelligenz.

Der Name „Thot" ist in den ägyptischen Mythologien eng mit dem Begriff „Fliegen" verbunden. Eine interessante Textstelle findet sich im 136. Kapitel des „Ägyptischen Totenbuches". Da heißt es über Thots Himmelsreise:

„Ihr Sterngeister von Junu und ihr, Lichtwesen
   von Kher-aha!
Seht, ein Gott wurde soeben geboren!
Vollzählig ist das Tauwerk seiner himmlischen Barke.
Nun ergreift er die Ruder ...
Wahrscheinlich, kräftig bin ich genug,
   um der Götter Waffen zu führen!
Nun lass ich gleiten mein Boot und sieh!
Ich bin schon inmitten des Himmels;
   seine Kanäle durchstreifend
Gelang ich zu Nut; als ein affenähnliches Wesen
Begleit ich die Re-Barke; ferne halt ich
   vom Weltall die Übel,
die es bedrohen, wie sie auch Sbagu's Treppe bedrohen."

Bei den „Sterngeistern von Junu" und den „Lichtwesen von Kher-aha" dürfte es sich um Wesen gehandelt haben, die im Alten Reich Ägyptens als „göttlich" betrachtet wurden. Im Regelfalle wird mit *Junu* eine im Niltal angesiedelte Stadt gemeint, deren

Das „Ägyptische Totenbuch" trägt die Handschrift des Weisheitsgottes Thot. Mit der „himmlischen Barke" unternahm er Reisen ins Weltall.

Name sich von dem Wort *Jun* ableitet. Jun wiederum bedeutet so viel wie „Pfeiler" und galt als Fetisch der Stadt Heliopolis, und mit den „Pfeilern" waren nichts anderes als die ägyptischen *Obelisken* gemeint. Und Kher-aha, die zweite Stadt, die im „Totenbuch" Erwähnung findet, lag nahe bei Memphis und kann heute als Fustat (Alt-Kairo) identifiziert werden.

Aber waren damit wirklich nur zwei Ortschaften im Niltal gemeint? Der Ägyptologe *Gregoire Kolpaktchy* schreibt im Kommentar zum „Ägyptischen Totenbuch": „Es handelt sich hier, wie überall, wo im Totenbuch Städte erwähnt werden, *nicht* um eine irdische Stadt, sondern um ihren Prototyp, um ihr Urbild auf einem höheren ‚Plan'."

Ein „Urbild auf einem höheren ‚Plan'"? Wir wissen, dass die alten Ägypter konkrete Bezugspunkte im „Götterreich" immer mythologisch verfremdeten und so für die Nachwelt nahezu unkenntlich machten. Waren mit diesen Stätten auf „höherem Plan" ganz konkrete Städte im „Himmel", das heißt im Weltall gemeint? Immerhin spricht das „Totenbuch" unzweideutig von einer „himmlischen Barke", in der Thot zu „Nut" gelangte, die „das Himmelsgewölbe" symbolisierte; es charakterisiert Thot und seine „Barke" nach kurzer Zeit als „schon inmitten des Himmels" und als Aufgabe Thots: „Ferne halte ich vom Weltall die Übel, die es bedrohen."

Götterforscher *Erich von Däniken* müsste bei diesen Texten seine wahre Freude haben. Denn das Ganze mutet in der Tat fast wie ein militärischer Kontrollflug ins Sonnensystem an. Hinweis darauf gibt auch der letzte Halbsatz, in dem von „Sbagu's Treppe" die Rede ist. Kolpaktchy übersetzt dieses Wortgebilde mit dem Planeten *„Merkur"*.

Nun ist Merkur fraglos eine der lebensfeindlichsten Welten im Sonnensystem. Am nächsten zur Sonne gelegen, herrschen auf seiner Oberfläche bis zu 400 Grad Celsius, auf der Nachtseite hingegen die Kälte des Weltraums. Er verfügt über keine nennenswerte Atmosphäre und ist ein von Kratern bedeckter Himmelskörper. Aber vielleicht hatte man ja gerade deswegen irgendwo auf der Oberfläche Basen oder Stationen errichtet (eventuell in der Nordpolarregion, die niemals von den Strahlen der Sonne erfasst wird und in der sich in einigen Tälern und Kratern nach neuesten Erkenntnissen sogar Wassereis befinden könnte.

Der Name Merkur (lateinisch) leitet sich vom römischen Gott *Merkurius* ab. Dessen griechisches Pendant hieß *Hermes*. Und Hermes wiederum war, wie bereits erwähnt, niemand anderer als der uns in Ägypten begegnende göttliche *Thot!* Als „Hermes der Babylonier" erwähnt ihn auch *Abu'l Farag* im 13. Jahrhundert n. Chr. in seiner „*Dynastiengeschichte*". Hermes/Thot lebte angeblich nicht lange „nach der Sintflut" in „Kalluba, einer Stadt der Chaldäer". Ihm hatte, so heißt es bei Abu'l Farag, dieses semitische Volk die „vornehmsten Kenntnisse von den Gestirnen" zu verdanken. „Hermes/Thot soll „als Erster nach Nimrod, dem Sohn Kuschs, die Stadt Babylon wieder aufgebaut" haben. Auch der Chronist *Al Bitrugi* (er lebte im 12. Jahrhundert) weiß von einem „babylonischen Hermes" zu berichten. Die Sabier des Mittelalters betrachteten ihn als ihren Religionsstifter und bewunderten seine hervorragenden astronomischen Kenntnisse. Wie die alten Ägypter vor ihnen sahen auch sie in Hermes/Thot eine herausragende Persönlichkeit, die im gesamten alten Orient größte Hochachtung genoss.

Somit begegnet uns in Thot einer jener im mythologischen Dunkel der Geschichte verlorenen „Götter" der Urzeit wieder, ein „Wächter des Himmels", der bei allen antiken Kulturen – wenn auch unter verschiedenen Namen – bekannt war. Am tiefsten scheint er sich in das Gedächtnis der Völker Ägyptens eingeprägt zu haben und die Priester huldigten ihm als „Gott der Weisheit".

Eine schöne Ehrung für einen aus dem Weltall zur Erde herabgestiegenen Kulturbringer!

Wunderglaube oder Wissenschaft?

Skeptiker halten die Idee von außerirdischen Eingriffen für „Nonsens". Doch was spricht wirklich gegen die Hypothese einer vorgeschichtlichen Weltraumvisite? Wenn keine Besucher von fremden Sternen, wer waren dann die verehrten und gefürchteten „Wächter des Himmels", von denen so anschaulich in den Zeugnissen des Propheten Henoch die Rede ist? Alle großen Menschheitsüberlieferungen sprechen von ihnen in der einen oder anderen Weise als von überirdischen Lehrmeistern aus einer fernen Welt. Sie beherrschten eine überlegene Technik und wurden deshalb von den Menschen für „Götter" gehalten. In der Vorstellungswelt der alten Ägypter ist dieser Gedanke besonders tief eingeprägt.

Von Fachgelehrten wird das Wirken dieser überirdischen Gottheiten in den Bereich okkult-religiöser Vorstellungen angesiedelt. Und „okkult" wird gemeinhin mit Aberglauben gleichgestellt. Genau da aber liegt der „Hase im Pfeffer". *Okkultismus* hat mit Aberglauben ganz und gar nichts zu tun. *Okkult,* dieses Wörtchen kommt aus dem Lateinischen und bedeutet (laut *Duden*) so viel wie *verborgen, heimlich* oder *geheim.* Folgerichtig muss der Begriff Okkultismus mit *„Geheimwissenschaft"* gleichsetzt werden. Okkultismus, das beinhaltet (wieder laut *Duden*) „die Erforschung des Übersinnlichen" – und das hat ebenfalls in keiner Weise irgendetwas mit „Aberglauben" oder *Irr*glauben zu tun.

Unter diesem Gesichtspunkt müsste auch das berühmte „Totenbuch" einer neuen Betrachtungsweise unterzogen werden. Bei den Ägyptologen gilt es als ein Sammelsurium von Begräbnistexten, kultischen Überlieferungen und rituellen Formeln. Alldem wird lediglich symbolhafter Charakter zugesprochen.

Aber ist dieses Werk lediglich eine Art Religionsbuch mit Gebetsformeln aus pharaonischer Zeit? Erhebt das darin Enthaltene keinerlei Anspruch auf Realität? Verbirgt sich in den dunklen Texten nicht vielmehr eine geheime Wissenschaft, die nicht Eingeweihten ungewöhnlich und gar absurd erscheinen mag? Alles nur Kultsymbole und Aberglauben? Oder doch tiefe Wissenschaft sowie Beschreibungen parapsychologischer Praktiken und Reisen in den Weltraum?

Gestützt durch die „Totenbuch"-Texte und andere alte Mythen, möchte ich deshalb folgende Hypothese zur Diskussion stellen: Die mächtige Priesterkaste im Pharaonenreich hat ihre erstaunlichen Kenntnisse von fremden Wesen geerbt, die am Beginn des kulturellen Aufstiegs des Landes am Nil standen, nachdem sie mit ihren „himmlischen Archen" und „Sonnenbarken" im Bereich der alten Stadt Hermopolis, Memphis und Heliopolis gelandet waren. Diese „Götter" waren außerirdische Raumfahrer, die von einer Gruppe so genannter „Urgötter" angeführt wurden und an deren Spitze der mächtige Kulturbringergott Thot stand, der in der ägyptischen Mythologie zum „Gott der Wissenschaften" avancierte.

Raumfahrt und Geheimwissenschaft beinhalten somit das ererbte Wissen der pharaonischen Tempelherren, welches ihnen einstmals die als „Götter" im unwissenden Volk verehrten himmlischen Besucher vermittelt hatten. In der Tat steckt hinter jeder Symbolik – und davon wimmelt es in der ägyptischen Mythologie – auch ein Körnchen Wahrheit. Von der offiziellen Ägyptologie wird manches verzeichnet, dogmatisiert und einseitig ausgelegt, während gleichzeitig rätselhafte Funde und Hieroglyphentexte ignoriert werden, weil sie offenkundig in das althergebrachte Lehrbild schwer einzuordnen sind.

Über die Jahrtausende in Vergessenheit geraten sind geheime Wissenschaften an jenem Uranfang des kulturellen Aufstiegs Ägyptens, als die „Götter" noch leibhaftig vorhanden waren – im alten Ägypten der *vor*pharaonischen Ära. Erinnerungen sind erhalten geblieben in jenen Übersetzungen aus späteren Epochen, als Tempelherren und Priester das Erbe der außerirdischen Kulturheroen verwalteten, zu einer Religion verformten und im Schutz ihrer heiligen Domizile ihren Götterkult betrieben. Ein Kult, der imstande war, die nicht eingeweihten, unwissenden Ägypter – in großem Maße Analphabeten – zu täuschen, während die eigentlich Mächtigen im Pharaonenreich ihr überkommenes Wissen mittels geheimer Experimente alchimistisch auswerteten.

Alte Texte können so ausgelegt werden, dass es damals bereits Waffensysteme gegeben haben muss, die offenbar auf der Basis paranormaler Anwendung funktionierten, es gab Computer, Radar- und Fluggeräte und vieles Unglaubliche mehr. Unschätzbare Kenntnisse gingen durch Kriege, Naturkatastrophen oder Großbrände verloren, wie etwa die Bibliothek von *Alexandria*. Heute muss man sich damit begnügen, die vorhandenen hieroglyphischen Texte in Pyramiden, Tempeln und Denksteinen zu übersetzen.

Die wirkliche Bedeutung dieser oft hinter Symbolismen verschlüsselten Überlieferungen liegt größtenteils immer noch im Dunkel der Geschichte verborgen. Doch was wir bisher herausgefunden haben, ist sensationell und zwingt uns dazu, Ägyptens bewegte Geschichte faktisch neu zu schreiben. Eine Geschichte, die vielfach andere Länder der Erde befruchtete und beweist, dass auch die Kulturen fremder Völker, von Australien bis Südamerika, von ihr beeinflusst worden sind. Was allein schon der weltumfassende Bau von Pyramiden deutlich macht, die wir ja nicht nur in Ägypten, sondern auch in Mexiko, Guatemala – ja selbst im fernen China wieder finden.

Wie Phönix aus der Asche

Wo finden wir jene Textstellen, die an Raumfahrt im Altertum denken lassen? Kostproben wurden bereits zitiert: Eine wahre Fundgrube an Schilderungen über göttliche Fluggeräte und ihre Insassen liefert das angeblich von Thot verfasste *„Ägyptische Totenbuch"*. In manchen Textabschnitten wird darin der Flug zu den Sternen so lebendig beschrieben, dass man unwillkürlich an moderne Raumfahrt erinnert wird. Etwa wenn es heißt, dass Gott „Horus in seinem göttlichen, fliegenden Auge weilt, inmitten seiner Strahlen, und eintaucht in den Abgrund des Lichtmeeres".

Und an anderer Stelle: „Seht, wie von Strahlen umleuchtet, segelgespannt, gleite ich in der himmlischen Barke empor zu den Sternen inmitten der Flammeninsel!"

Das Erscheinen und Landen der Götterfahrzeuge wird in vielen Legenden anschaulich beschrieben. Bei dem westafrikanischen Stamm der *Dogon* im Staat Mali besonders präzise. Die Arche des göttlichen *Nommo* soll, so wissen es die Dogon-Priester, im Nordosten ihres ursprünglichen Stammesgebietes gelandet sein. Auch die Geräusche der Arche wurden in Erzählungen genau wiedergegeben. Sie sagen, ein Nommo habe, während er auf die Erde herabkam, das „Wort" in die vier Himmelsrichtungen verkündet. Es habe sich angehört wie ein Geräusch, das entsteht, wenn man in einer Höhle im bestimmten Rhythmus Steine gegen große Felsblöcke wirft. Vermutlich muss man sich dieses Geräusch als vibrierenden Donner vorstellen – oder als das Getöse eines startenden Spaceshuttles. Andere Überlieferungen der Dogon erzählen davon, wie die „Arche" auf ausgedörrtem Land aufsetzte und „eine Masse Staub in die Luft wirbelte". Das Aussehen und Herniedersteigen dieser Himmelsbarke wird von den Dogon als *Sirigi*-Zeichen symbolisiert. Es zeigt die Darstellung von obeliskartigen Säulen.

Sind auch die ägyptischen *Obelisken* steinerne Nachbilder der Götterfahrzeuge? In den Pyramidentexten finden sich tatsächlich Anspielungen darauf. Dort begegnet man häufig dem Motiv der bereits erwähnten „Flammeninsel", aus dem sich ein hügelartiger Gegenstand mit Donner und Rauch zum Himmel erhob. Aus den heutigen Ruinenstätten Hermopolis, Memphis und Heliopolis sind diese Überlieferungen bekannt. Geheime Relikte genossen dort im Altertum große Verehrung. Einer dieser merkwürdigen Gegenstände war der obeliskartige *Benben*-Stein. Er wird um 3000 v. Chr. mit dem Auftauchen des Sonnengottes Re in Verbindung gebracht. Mit ihm soll der Sonnengott einst vom Himmel zur Erde gekommen sein. Benben war laut Mythe eine „erhabene Stätte", die ebenso als „Wohnung der Götter" oder „Himmelskammer" bezeichnet wurde. Es heißt, er sei ein festes Element gewesen, das fliegen konnte und aussah „wie eine Art harter, glänzender Stein". Archäologische Funde zeigen steinerne Modelle dieses ominösen „Himmelsthrons". Im Endeffekt handelt es sich um ein pyramidenförmiges Monument mit einer geöffneten Türe. Darin ist der Sonnengott Re mit der Gebärde des Willkommensgrußes dargestellt. Wenn man die beschriebene Flugtauglichkeit des Benben kennt, verwundert es kaum, dass dieser einer modernen Raumfahrtkapsel verblüffend ähnlich sieht. Aus einem gleichen Gefährt, das vom Himmel kam und als phallusartiger *Lingam* bezeichnet wird, soll übrigens auch der indische Weisheitsgott *Shiva* herausgetreten sein, nachdem sich eine Türe öffnete.

Es gibt noch andere Merkwürdigkeiten. So wird Benben mit dem heiligen *Benu*-Vogel, auch *Phönix* genannt, gleichgesetzt. Beide Namen sind von einem Verbalstamm abgeleitet, der „feuerglänzend", „emporsteigen" und „in den Himmel aufschießen" bedeutet. Solche Beschreibungen und Eigenschaften des antiken Luftschiffes lassen durchaus Gemeinsamkeiten mit wieder verwendbaren Raketentypen ähnlich unseren Spaceshuttles erkennen.

Vergleichbare Raumfahrtsymbole, wo fremde „Götter" mit „fliegenden Bäumen", „glänzenden Pfählen" oder „steinernen Säulen" vom Himmel stiegen, kennen wir zugleich aus anderen Kulturkreisen. Eine, wie ich finde, interessante Textstelle entdeckt der aufmerksame Leser beispielsweise im *„Wörterbuch der Mythologie"*. Darin wird *Moses von Choren* erwähnt, ein Geschichtsschreiber aus Armenien, der im 5. Jahrhundert in seinem Werk ein altes heidnisches Lied zitiert, das von der Geburt des armenischen Sonnengottes *Vahagn* handelt:

> „In Wehen lag Himmel und Erde,
> in Wehen lag auch das purpurne Meer
> und Wehen hatte auch das blutrote Schilfröhrchen.
> Durch des Schilfes Röhre stieg Rauch auf,
> durch des Schilfes Röhre stieg Flamme auf
> und aus der Flamme ein Knäblein sprang,
> es hatte Feuer als Haar, Flamme als Bart
> und seine Äuglein waren Sonnen."

Vahagn ist mit göttlichen Gestalten aus der persischen und indischen Mythologie verwandt, was sich schon in seinem Namen zeigt, der mit dem indischen Wort *agni,* dass heißt *Feuer,* gleichgesetzt wird. Noch etwas fällt auf: Die Legende des kleinwüchsigen Wesens, das hier aus dem Zentrum des „Rohres, aus dem Feuer kam", geboren wurde, hat Ähnlichkeit mit der griechischen Mythe des *Prometheus*. Dieser erschien nämlich aus dem Inneren eines flammenden Narthex-Stängels, der einst vom Himmel fiel.

Unverstandene Symbolik oder die Beschreibung eines Raketenfahrzeuges? Es muss kein Raumschiff für interstellare Reisen gewesen sein, eher ein Zubringerschiff, das im erdnahen Weltraum operieren konnte, während vielleicht irgendwo zwischen Merkur und Jupiter eine Raumstation der „Götter" stationiert gewesen war. Ein noch nicht serienreifer Raumgleiter, der sich in der Entwicklungsphase befindet, ist der *Delta-Clipper.* Dabei handelt es sich um ein Konzept für eine einstufige Rakete, die sich mit ihren Triebwerken vom Boden abhebt, beliebig in der Luft stoppen kann und in den Weltraum beschleunigt, um nach erfolgreicher Mission durch Zünden derselben Motoren wieder weich auf dem Erdboden zu landen. Die ersten Tests innerhalb der Atmosphäre waren nicht immer erfolgreich. Doch beim Delta-Clipper-Modell handelt es sich vorerst nur um jenen Prototyp, der aber sicherlich mit neuer Technologie verbessert werden kann. Die Rakete ist ein 1:3-Modell einer weltraumtauglichen Version, die 40 Meter hoch und 500 Tonnen schwer wäre. Einige Raketenspezialisten halten es für denkbar, dass damit die bemannte Weltraumfahrt revolutioniert werden könnte, zumal die Startkosten ein Zehntel der Spaceshuttle-Preise betragen sollen.

Wird somit der wahre Ursprung des berühmten

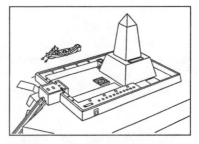

Das Sonnenheiligtum von Abu Gurab. Kernstück der Anlage war der „Benben-Stein", etwa 60 Meter hoch mit einer vergoldeten Spitze. Er symbolisierte jene „Säulen" der Götter, mit denen diese – gleich unseren Astronauten – ins Weltall flogen.

Die Beschreibung des Benben-Steines gleicht einem modernen technischen Fluggerät wie etwa dem „Delta Clipper".

Phönix-Mythos verständlich? Bei jenem mythischen „Vogel des Lichts", der aus der Asche scheinbar unverwundet und wie neubelebt zum Himmel emporzustreben vermochte, kann es sich nicht bloß um ein Tier gehandelt haben oder um ein geistiges Symbol für Wiedergeburt, sondern offensichtlich um ein *mechanisch* betriebenes Fluggerät, das in den legendären Überlieferungen, wie etwa in alten Papyrus- und Pyramidentexten, aus der urägyptischen Epoche auch als Benben bezeichnet wird.

Alle 500 Jahre soll sich dieses adlergleiche Wesen nach Heliopolis begeben haben, um dort aus seiner eigenen Asche wieder aufzusteigen. Wir wissen, dass der Vogel in Ägypten seit der Frühzeit als ein Symbol des Fliegens gilt. Im Zusammenhang mit unserer Raketendeutung der Obelisken könnte also der Vogel des Lichts deshalb gewählt worden sein, um den Bezug zum auf- und absteigenden Götterfahrzeug zu zeigen. Eine Überlegung, mit der sich auch der deutsche Sachbuchautor und Germanist *Peter Fiebag* eingehend beschäftigt hat. Sein Resümee aus der Raketendeutung der Obelisken: „Der aus seiner eigenen Asche aufsteigende Phönix- oder Benu-Vogel versinnbildlicht die am Startplatz („Flammeninsel") entstandenen Verbrennungen („Asche"), aus der periodisch wieder derselbe Vogel zum Himmel stieg, der zur allgemeinen Verblüffung nicht verbrannt war."

Wie in anderen Mythen auch, gibt es zur Phönix-Legende etliche Überlieferungen, die den Aufstieg ins All lebensnah beschreiben. In manchen Texten ist die Rede davon, dass die „Götter" Menschen zu einer Reise ins All mitgenommen hätten. *König Pepi* war einer von ihnen. Doch bevor er die himmlische Barke betreten durfte, musste sich Pepi in bestimmte Kleidungen hüllen, geschmückt wie Horus und Thot. Das Abheben des Benben-Steines lässt wiederum Erinnerungen an einen Shuttle-Start wach werden. Der Pyramidentext beschreibt ihn so:

> „Der Himmel spricht, die Erde bebt, die Erde erzittert;
> die beiden Gebiete der Götter rufen,
> der Boden bricht auf,
> wenn der König aufsteigt zum Himmel,
> wenn er über das Gewölbe fährt.

Die Erde lacht, der Himmel lächelt,
wenn der König aufsteigt zum Himmel.
Der Himmel jubelt ihm zu, die Erde bebt für ihn.
Der donnernde Sturm treibt ihn, er donnert wie Seth.
Die Himmelwächter öffnen ihm die Türen."

Die auf der Erde Zurückgebliebenen beobachten das unglaubliche Schauspiel mit großer Ehrfurcht und Faszination und wörtlich heißt es:

„Sie sehen den König wie einen Falken fliegen,
wie einen Gott, zu leben bei seinen Vätern,
zu essen mit seinen Müttern.
Der König ist ein *Himmelsstier,*
dessen Bauch voller Magie ist von der Flammeninsel."

Nimmt man die Mythen beim Wort, dann machen viele dieser beschriebenen Ereignisse deutlich, dass unsere Vorfahren offensichtlich nicht nur Kontakte mit außerirdischen Intelligenzen gehabt haben, sondern dass diese Kontakte auch in erstaunlicher

 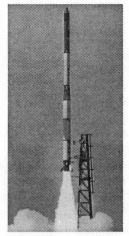

In seiner Urform brachte ein Obelisk, so ist überliefert, den Sonnengott auf die Erde (links). Sind die raketenähnlich geformten Steinsäulen Nachbilder moderner Raumschiffe (rechts)?

Offenheit beschrieben worden sind. Wir müssen allerdings lernen, ihre Überlieferungen zu verstehen.

Nicht ausgeschlossen, dass die schöne *Kleopatra* kurz vor Zeitenbeginn beim Anblick der Obelisken an *Cäsars Phallus* gedacht haben mag. Warum auch nicht. Ursprünglich jedoch, Jahrtausende zuvor, dürften die markanten Säulen tatsächlich steinerne *Nachbilder* des Ur-Benben gewesen sein. Zumindest die Spitzen der Pfeiler lassen sich von der Bedeutung des Benben-Steines und damit auch von der Phönix-Legende herleiten. Die Pfeiler selbst könnten demnach das Abbild der „lodernden Flammensäule" sein, auf der sich der Sonnengott inmitten seines „Benben" zum Himmel erhob. Für die Ureinwohner in Heliopolis, Memphis oder Hermopolis blieb das Starten und Landen der Himmelsfahrzeuge eine unverstandene Technik. Aber sie bauten in Stein nach, was sie mit eigenen Augen sahen. Ein Nachahmungskult, ein so genannter *Cargo-Kult,* entstand, und Pfeiler wurden seitdem vor Tempeln aufgestellt: zur Erinnerung an das Erscheinen der „Götter" und ihr Raumschiff, das die Altägypter Benben nannten. Ein „feuerglänzender, harter Gegenstand", der „in den Himmel aufschießen" konnte.

Im Zeichen der Flügelsonne

Eine ähnliche Flug-Charakteristik, wie sie den Obelisken zugeschrieben wird, muss wohl auch dem Symbol der *geflügelten Sonnenscheibe* beigemessen werden. Eine goldene Kugel oder ein ebensolcher Diskus, auch *Flügelsonne* genannt, mit ausgebreiteten Flügelschwingen. Meist sind noch zwei „Stützen" angebracht, die Fachgelehrte mit der Feuer speienden *Uräusschlange* gleichsetzen. Gelegentlich steuert ein menschliches Wesen oder eine Gottheit die vorzeitlichen Flugwagen, schwebend über einer Menschenmenge dargestellt und auf Felsdenkmälern verewigt, wie etwa in *Persepolis,* im heutigen Iran. Darstellungen, die der gängigen Lehrmeinung widersprechen, wonach es sich bei den geflügelten Scheiben lediglich um das Abbild der *Sonne* oder anderer *Gestirne* handle.

Einfacher in ihrer Ausführung, jedoch ihren eigentlichen Zweck als Fluggerät verratend, erscheint die Flügelsonne auf zahlreichen assyrischen und sumerischen Stelen, Tafeln und Rollsiegeln. Und natürlich finden wir das göttliche Zeichen auf Monumenten biblischer Epochen, wo es stets mit der Erscheinung Gottes in Verbindung gebracht wird.

Besondere Verehrung genoss die geflügelte Sonnenscheibe in *Yazilikaya*, einem Felsheiligtum bei *Boghazköy* in der Türkei. Durch längst zerstörte Torbauten der *Hethiter*-Kultur stößt man auf Reste einer 18 Meter breiten und 30 Meter tiefen Felskammer. Von dort mündet ein enger Verbindungsgang zu einer weiteren Felsspalte, an deren Wände über sechzig Reliefdarstellungen, größtenteils Flügelsonnen mit hethitischen Inschriften, eingraviert sind. Auf einer Steinplatte von *Karakuyu* ist ein von den Schwingen klar abgesetztes Speichenrad erkennbar, ähnlich Propellerflügeln. Die Schwingen sind an den Enden gezackt, werden unter dem Rumpf durch gebogene Kufen unterbrochen und sind mit Kreuz- und Querlinien bedeckt. Manche dieser dargestellten fliegenden Räder, Flügel und Felgen wecken Erinnerungen an Beschreibungen des biblischen Propheten *Ezechiel*, als dieser der „Herrlichkeit des Herrn" begegnete. Historiker, wie die Herren *Kurt Bittel, Rudolf Neumann* und *Heinz Otto,* wollen dieser Interpretation freilich nicht folgen. Sie mutmaßen: „Die Deutung der entweder glatten oder – gleich babylonischem und hethitischem Brauche – mit Innenzacken versehenen Scheibe als *Sonne* wird ihre Richtigkeit haben."

Wird ihre Richtigkeit haben? Im Klartext: man weiß es nicht genau. Festlegen will man sich nur bei den Kufen oder Stützen. Sie werden von den Altertumsforschern schlicht als „herunterhängende, eingerollte Bänder" entwertet. Was diese auf einer „Sonne" zu suchen haben, kann allerdings niemand plausibel erklären.

Mindestens ebenso unklar ist jene Wiedergabe auf einem hethitischen Elfenbeintäfelchen mit über 30 Figuren sowie vier Sphingen und vier Stieren. Jeweils eine Reihe von sechs und mehr Gestalten trägt die Figuren der nächsthöheren Gruppe. Am obersten Register werden *zwei* Flügelsonnen von jeweils zwei doppelköpfigen Geschöpfen gestützt. Da wir in unserem Sonnensystem bekanntlich nur eine und nicht zwei Zentralgestirne kennen, gesteht der Historiker Professor *Heinz Demisch* freimütig ein: „Die Verdoppelung des Sonnengottes und der Sonnenscheibe ist bisher so wenig geklärt wie die Bedeutung der ganzen Szene überhaupt."

Abbildungen solcher Flügelsonnen sind bei den vorderasiatischen Völkern seit Mitte des vorchristlichen 2. Jahrtausends nachweisbar. Der Ursprung dieser Symbolik liegt jedoch viel weiter in der Vorgeschichte zurück. Und wie so oft führt die Spur ins Pharaonenreich, ins alte Ägypten. Dort war die älteste Form dieses Emblems schon in der ersten Dynastie um 3000 v. Chr. bekannt. Die Flügelsonne ist auf sämtlichen altägyptischen Tempelbauten angebracht, meist begleitet mit der Inschrift *hut* oder *api*. Die Übersetzung dieser Begriffe lautet wortgetreu „*Flügelausspanner*" bzw. „*Flieger*".

Ein weiteres Indiz dafür, dass mit diesem Symbol eben nicht die Sonne gemeint sein kann, geht aus der Verbindung mit dem Falkengott *Horus* hervor. Dieser nämlich, der Sohn des Re, hatte seinen Stammsitz in Apollinopolis, dem heutigen *Edfu*, 100 Kilometer südlich von Luxor. In seinem Tempelbezirk wurde der Falkengott stets als *Hor-hut* benannt, das mit „Herr des Himmels, großer buntfiedriger Gott, der aus dem Lichtland hervorging" übersetzt wird.

Von der einstigen Horus-Kultstätte sind nur noch Reste vorhanden. Tempelinschriften, die an noch vorhandenen Mauermonumenten die Jahrtausende überdauerten, schildern gewaltige Kampfszenen in Edfu und Tentyra, dem heutigen *Dendera*. Die geflügelte Sonnenscheibe soll dabei als todbringende Waffe eingesetzt worden sein, die erbarmungslos gegen die Feinde des Gottvaters Re angewandt wurde. Der Ägyptologe Professor *Heinrich Brugsch,* ein Gelehrter, der sicher unverdächtig ist, aus alten Mythen Technologisches herauszulesen, übersetzte im Jahre 1870 Originaltexte aus Edfu. An einer Stelle heißt es wörtlich: „Hor-hut, er flog empor gegen die Sonne als große, geflügelte Scheibe. Auch nahm er die Süd- und die Nordgöttin zu sich in Gestalt zweier Schlangen, *damit diese durch ihren Feueratem die*

Feinde bei lebendigem Leibe verzehren. Ihr Mut war gesunken, denn sie hatten Angst vor ihm. Sie widerstanden nicht mehr, sondern starben auf der Stelle."

Eigenartig. Selbst wenn der Vergleich an Sciencefiction sowie an das umstrittene amerikanische Raketenabwehrsystem SDI erinnern mag, das im Weltall installiert werden soll, stellt sich die Frage: Kam mit Hor-hut ein *Laserstrahl* zum Einsatz? Eines ist jedenfalls sonnenklar: Das Zentralgestirn, der Mond, sowie der Morgen- oder Abendstern können für dieses Szenario aus luftiger Höhe gewiss nicht verantwortlich gemacht werden. Als „Hor-hut emporstieg *gegen* die Sonne", befand sich diese ja bereits am Horizont. Dass die Kräfte der Sonne nicht zu unterschätzen sind, wissen gerade in heutiger Zeit die Sonnenanbeter, die sich mit hohem Schutzfaktor vor unangenehmen Brandblasen oder gar Hautkrebs schützen müssen. Doch von der Sonne „auf der Stelle durch sie vernichtet" wurde meines Wissens noch niemand.

Flügelsonnen sind das Symbol für die Präsenz einer *überirdischen* Erscheinung. Im ägyptischen Tempel von Edfu findet sich dazu noch eine weitere Inschrift, aus der hervorgeht, dass *Re-Harachte* seinem Stellvertreter Thot befahl: „Mache diese Flügelsonne an jedem Platze, wo ich mich niedergelassen habe, auch an den Plätzen der Götter in Oberägypten und an den Plätzen in Unterägypten." Und „da machte Thot dieses Bild", so lässt uns der alte Text wissen, „an jedem Gottessitz an jedem Ort, wo sie gewesen waren, und wo Götter und Göttinnen sind bis zum heutigen Tage."

Wie aber kommt es, dass das Zeichen der geflügelten Sonnenscheibe, ähnlich wie die Pyramidenbauten, sich an vielen weit auseinander liegenden Orten der Welt wieder findet? Wie ist eine solche globale Verbreitung zwischen Kulturen denkbar, die doch sonst, wie von der Gelehrtenwelt behauptet, keinen Bezug zueinander hatten?

Ein Musterbeispiel möchte ich besonders hervorheben. Dazu müssen wir einen großen Sprung an die Nordwestküste von Amerika machen. Dort stoßen wir auf den Indianerstamm der *Kwakiutl*. Ihre Mythologie enthält Vorstellungen über Kontakte mit götterartigen Überwesen, die „im Himmel wohnten, in großen fliegenden Häusern lebten" und gelegentlich mit dem mythischen „Donnervogel" zur Erde herniederstiegen. Der „Donnervogel" scheint hier eine ganz ähnliche Funktion ausgeübt zu haben wie das Götterfahrzeug aus der altägyptischen Phönix-Legende.

Eberhard Schneider, ein Studienrat und Forschungsreisender aus Bargteheide in Norddeutschland, hat das mythologische Motiv der „Doppelschlange" genauer studiert. Bei seinen Recherchen fiel seine Aufmerksamkeit auf ungewöhnliche Holzschnitzereien, die Szenen aus der Kwakiutl-Mythe wiedergeben. Eines der Relikte sprang Schneider besonders ins Auge: Ein Himmelsgott in Gestalt einer humanoiden Figur mit überdimensionalem Schädel und großen, mandelförmigen Augen. Er hockt zwischen den so genannten *Sisiutl*-Doppelschlangen, einem alten Symbol, das exakten die ägyptischen Uräusschlangen erinnert. Die Kopfbedeckung des Götterwesens ist am ehesten mit einem Pilotenhelm vergleichbar. Und noch etwas fällt auf: Das fremde Wesen hat nur je *vier* Finger!

All das zeigt erstaunliche Querverbindungen zu den modernen „UFO-Entführungs"-Berichten. UFO-Opfer, nicht nur in Amerika, auch in Europa, erzählen bekanntlich unabhängig von Kontakten mit fremdartigen Wesen, die birnenförmige, kahle Köpfe, große, mandelförmige Augen, kleinwüchsige Körper und *vierfingrige* Hände gehabt hätten. Menschen berichten, sie seien von diesen Kreaturen in „seltsame Lichtgefährte" verschleppt worden, wo sie einem medizinischen Programm unterworfen wurden. Man untersuchte sie, oft verbunden mit der Entnahme von Eizellen und Spermien. Nach einem Gespräch wurden die Entführten am Ausgangspunkt wieder abgesetzt, oft mit Gedächtnis- oder Zeitverlust. Zurück bleiben Betroffene, die sich ein Erlebnis nicht erklären können. Als schemenhafte Erinnerung an das Vorgefallene bleibt meist nur der hypnotische Blick der fremden Wesen mit den großen, bis in die tiefsten Winkel der menschlichen Seele blickenden Augen.

Das amerikanische UFO-Opfer aus New York, der Schriftsteller *Whitley Strieber,* vergleicht den tranceartigen Ausdruck der Fremden mit den „riesigen, starren Augen der Götter", er empfindet „Schrecken", „Faszination" und „tiefes Unbehagen", weil

Das Symbol der Flügelsonne mit zwei Uräusschlangen kennt man nicht nur in Ägypten. Diese indianische Holzschnitzerei zeigt ein behelmtes Wesen mit mandelförmigen Augen und vier Finger. Es sitzt in der Mitte des himmlischen „Donnervogels".

„jedes verletzliche Detail des Bewusstseins" vor ihrem Blick offenbart wird. Schließt sich hier der Kreis zwischen Vergangenheit, Gegenwart und Zukunft? Sind die beschriebenen übermächtigen und dunklen Augen identisch mit den in den Mythen der Völker beschriebenen „alles sehenden, göttlichen Augen", dem allwissenden Gottessymbol aus vielen Kulturkreisen rund um den Globus?

Eberhard Schneider ist ein kritischer, aber kein dogmatischer Skeptiker. Er findet die These vom Eingreifen außerirdischer Besucher „durchaus nachvollziehbar", gibt aber zu bedenken, dass „nicht jede rätselhafte Schilderung alter Mythen automatisch auf das Wirken einer fortgeschrittenen Technologie außerirdischer Intelligenzler schließen lassen muss". Schneider verweist hier beispielsweise auf „übernatürliche Aspekte", etwa „jenseitigen Bereichen, in denen seelenentführende Dämonen und Götter hausen und Engel nicht mit Astronautenanzügen dahergestampft kommen, sondern Lichtwesen von unirdischem Charakter." Verbindungen zu so genannten Out-of-body-Erlebnissen, also außerkörperlichen PSI-Erfahrungen, müssten bei einer genaueren Untersuchung der alten Überlieferungen ebenso berücksichtigt werden wie etwa „psychische und parapsychische

Traumvorstellungen, Astralreisen und andere Wirklichkeitsebenen".

Die auf Torbögen angebrachte geflügelte Sonnenscheibe, was stellt sie nun wirklich dar? Ist sie bloß eine künstlerische Dekoration? Eine Darstellung des Zentralgestirns? Ein symbolisches Durchgangstor ins Jenseits, zum Paradies oder in eine „andere Welt"? Ein Tor zu den Sternen? Oder haben wir es vielleicht doch mit illustrativen Erinnerungen an das Wirken außerirdischer „Astronautengötter" und ihrer Luftfahrzeuge zu tun?

Spiegelbild der Sterne

> *„Die Menschen sind unsterbliche Götter und die Götter unsterbliche Menschen. Glücklich, wer den Sinn dieser Worte erfasst, denn er besitzt den Schlüssel zu allem!"*
>
> Letztes äußerstes Geheimnis des Osiris

Eine Pyramide wird „röntgenisiert"

Birgt die Cheops-Pyramide bislang unentdeckte Kammern? Wo liegen die Schätze des Pharaos? Wurde sein einbalsamierter Körper in einem geheimen Versteck vor Grabfrevlern geschützt? Was hat es mit der legendären „Kammer des Wissens" auf sich, die in den ägyptischen Mythen immer wieder Erwähnung findet? Existiert sie tatsächlich? Kann ihr Geheimnis enthüllt werden?

Dies mag sich Ende der 60er Jahre auch der prominente amerikanische Physiker und spätere Nobelpreisträger Professor Dr. *Luis Alvarez* gefragt haben. Alvarez hatte sich zunächst mit einem Vorschlag seines Freundes, des Astronomieprofessors *William Kingsland*, beschäftigt. Dieser plädierte nämlich für ein ungewöhnliches Experiment, in dem *Radiowellen* mit einer Länge von fünf Metern in der „Königskammer" ausgesandt werden sollten. Dieser Versuch, so war man überzeugt, würde es möglich machen, noch bislang unentdeckte Hohlräume zu lokalisieren.

Luis Alvarez imponierte dieser Gedankengang. Er wollte Kingslands Idee in die Tat umsetzen. Es folgten erste Experimente und schließlich – als das Ergebnis längerer Forschung – ein Gerät, das sein Konstrukteur *„Funkenkammer"* nannte.

Der nächste Schritt des US-Physikers war, seine „Funkenkammer" an Ort und Stelle zu erproben. Dort fasste man, nach einem vorangegangenen Studium des Geländes, den Entschluss, das „Strahlengerät" nicht in der Cheops-, sondern in der Chephren-Pyramide einzusetzen. Insgesamt zwölf amerikanische und ägyptische Behörden sowie Institute beteiligten sich an dem kostspieligen Unternehmen, unter anderem die *US-Atomenergie-*

Behörde, die *Altertümerverwaltung der Vereinigten Arabischen Republik,* die *Smithsonian Institution Washington* – sowie die *Naturwissenschaftliche Fakultät* der *Ein-Shams-Universität* in Kairo.

Der Sachbuchautor *Peter Tompkins* berichtet darüber:

„Das Projekt von Professor Alvarez ging von der Tatsache aus, dass kosmische Strahlen, die mit ihren Teilchen Tag und Nacht unseren Planeten bombardieren, beim Durchdringen eines Festkörpers einen Teil ihrer Energie verlieren, und zwar im Verhältnis zu dessen Dichte und Stärke. Durch die Errichtung einer ‚Funkenkammer' in dem unterirdischen Gewölbe der Pyramide wollten die Wissenschaftler die Anzahl der kosmischen Strahlen, die das Bauwerk durchdrangen, ermitteln. Die Strahlen, die ihren Weg durch einen Hohlraum in der Pyramide nahmen, mussten bei diesem Experiment die Funkenkammer häufiger erreichen als jene, die kompakten Fels oder festes Mauerwerk zu durchdringen hatten. Der so festgestellte Unterschied in der Strahlung würde das Vorhandensein von geheimen Gängen oder Kammern anzeigen."

Von Tompkins erfahren wir weiter, dass bei solchen Untersuchungen jeder einzelne Strahl elektronisch aufgenommen und auf einem *Magnetband* festgehalten wird. Die Magnetbänder werden dann in einen Computer eingegeben, der den Punkt berechnet und festhält, an dem jeder aufgenommene Strahl die Oberfläche der Pyramide durchdrang.

Damit nur ja nichts dem Zufall überlassen würde, planten die Wissenschaftler, die „Funkenkammer" in der Chephren-Pyramide *mehrfach zu verlegen.* Auf diese Weise würde es möglich sein, die Lage der dabei entdeckten (bis dato unbekannten) Hohlräume exakter zu bestimmen.

Ohne nennenswerte Schäden an dem Pyramidengemäuer zu verursachen, hatte Alvarez vor, einen engen Stollen jeweils die Richtung bohren zu lassen, die ihm der „Röntgenschirm" seines Gerätes anzeigen würde. Zusätzlich standen der Crew moderne optische Geräte zur Verfügung. Es konnte also eigentlich nichts schief gehen.

Der Wissenschaftler installierte seine „Funkenkammer" zunächst in einer zentralen Kammer der Pyramide – einem unterir-

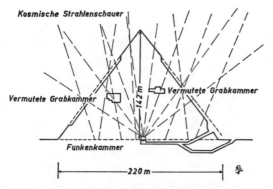

Die Geräte der „Funkenkammer" spielten „verrückt". Dennoch vermuten Forscher, dass in der Chephren- und ebenso in der Cheops-Pyramide noch viele unentdeckte Hohlräume und Kammern existieren.

dischen Gewölbe, das der Italiener *Giovanni Belzoni* 1818 entdeckt hatte und das unmittelbar vor dem Eintreffen des amerikanisch-ägyptischen Forscherteams vom Schutt befreit worden war. Zusätzlich wurden mehrere Kammern und Gänge in der Pyramide mit elektrischem Licht ausgestattet. Den Strom dafür hatte man aus dem nahe gelegenen *Mena*-Haus herübergeleitet.

Als dann die Magnetbänder zum ersten Mal im Rechenzentrum von Kairo analysiert werden konnten, rechneten alle Beteiligten mit einem hervorragenden Ergebnis. Tatsächlich zeigte die Auswertung deutlich und an der richtigen Platzierung die Ecken und Flächen der Pyramide, so wie sie von den Geräten aufgenommen worden waren. Ebenso konnten durch Alvarez' Spürgerät die kosmischen Strahlen – so genannte *Myonen* – für das Auge sichtbar gemacht werden, wobei sich ihre Existenz in Gestalt einer orangefarbenen Feuerspur offenbarte.

Die Instrumente funktionierten also einwandfrei, genauso wie vorgesehen. Doch dann ereigneten sich rätselhafte Dinge und die wissenschaftliche Welt geriet aus den Fugen ...

Chephren blieb Sieger!

Dass die Geschehnisse überhaupt publik gemacht wurden, war einem britischen Journalisten zu verdanken – dem Korrespondenten der Londoner „*Times*" in Ägypten, *John Tunstall*. Er wollte über die Ergebnisse des ungewöhnlichen Experiments in der Chephren-Pyramide berichten und flog nach Kairo. Der Nobelpreisträger selbst war aber inzwischen in die Vereinigten Staaten zurückgekehrt. Mit ihm auch sein erster Assistent Dr. *Lauren Yazolino*, der drüben vorhatte, einige Bänder mit Hilfe von Elektronikrechnern zu analysieren. So traf John Tunstall in der Ein-Shams-Universität mit Dr. *Amr Goneid* zusammen, dem das Pyramidenprojekt während der Abwesenheit Yazolinos anvertraut war. Goneid empfing den Engländer vor einem damals modernen 1130-IBM-Computer, um den herum Hunderte von Kassetten mit Magnetbändern aufgestapelt waren. Heutige Internet-Freaks und Cyberspace-Kids mögen bei dieser Vorstellung in hämisches Gelächter ausbrechen, aber Ende der 60er Jahre waren Wissenschaftler damit am modernsten Stand der Technik.

Tunstall erwartete einen sachlichen Bericht, aber stattdessen eröffnete Dr. Goneid die Unterhaltung mit den Worten: „Was hier geschehen ist, widerspricht allen bekannten Gesetzen der Physik!"

Der Journalist glaubte seinen Ohren nicht zu trauen. Was sollte dies bedeuten? Dr. Amr Goneid klärte ihn auf. Sämtliche Geräte des Instituts seien beeinträchtigt worden. „Entweder weicht die Geometrie der Pyramide von allen uns bekannten Gesetzen ab und führt dadurch bei Messungen zu verwirrenden Resultaten oder aber wir stehen vor einem unerklärlichen Rätsel. Man mag es nennen, wie man will: Okkultismus, Fluch der Pharaonen, Zauberei oder Magie – jedenfalls ist in der Pyramide eine Kraft am Werk, die allen Naturgesetzen zu trotzen scheint."

Goneids Ratlosigkeit wurde aufmerksam notiert und danach veröffentlicht. Die Worte des ägyptischen Wissenschaftlers gingen um die Welt, ihre Bedeutung bleibt umstritten.

Wie nicht anders zu erwarten, gab es postwendend akademischen Widerspruch. Zu viel wissenschaftliche und wirtschaftliche Interessen standen auf dem Spiel. So darf es nicht überraschen, dass die Aussage Dr. Goneids nie offiziell akzeptiert worden ist. Vor allem das Prestige der in der Chephren-Pyramide tätig gewesenen Gelehrten-Crew, in erster Line wohl jenes von Professor Luis Alvarez selbst, schien gefährdet. Der Nobelpreisträger beeilte sich deshalb die behauptete Darstellung des britischen Journalisten Tunstall zu dementieren. Sämtliche Geräte hätten ausgezeichnet funktioniert, widersprach er, und im Bereich jenes Pyramidenabschnittes, der mit der „Funkenkammer" abgetastet worden war, habe man keinerlei Anzeichen für irgendwelche noch unentdeckte Gänge oder Kammern finden können.

Dr. Yazolino wiederum leistete seinem Chef loyal Beistand und bot neugierigen Fragestellern eine eigene Deutung für die teilweise widersprüchlichen Messwerte des Spürgeräts an. Demnach soll das Gerät wegen Überlastung immer wieder ausgefallen sein und hätte dadurch negative Messwerte erzeugt. Bei den danach auf dem Bildschirm sichtbaren „dunklen Flecken" habe es sich somit keineswegs um unbekannte Hohlräume gehandelt – diese seien vielmehr durch den gelegentlichen Ausfall der „Funkenkammer" verursacht worden. Ein „gewundenes" Dementi, man mag es glauben oder nicht.

Damit jeglicher weiterer Verdacht zerstreut wurde, erfolgte der wohl klügste Schachzug von Professor Alvarez: Er rehabilitierte öffentlich seinen ägyptischen Kollegen Goneid, machte ihn wissenschaftlich wieder „hoffähig" und lud ihn zur einjährigen Mitarbeit in seinem Laboratorium an der Universität von Berkeley ein. Die ihm unangenehme Aussage Goneids wischte Alvarez vom Tisch, indem er die Angelegenheit bewusst verharmloste: „Wenn ich Dr. Goneid auch nur einen Augenblick den Unsinn zugetraut hätte, der ihm zugeschrieben wird, dann hätte ich ihn doch niemals aufgefordert, in meiner Forschungsgruppe mitzuarbeiten."

Der Ägypter Goneid schwieg zu alldem. Ob aus Zustimmung oder beruflicher Rücksicht, bleibt offen. Fühlte er sich womöglich an ein Stillhalteabkommen gebunden? Vielleicht wäre es heute nach über drei Jahrzehnten wieder an der Zeit, das alte „Funkenkammer"-Experiment mit moderner, neuer Technologie zu wiederholen?

„Kammerspiele" um Cheops

Legendäre Überlieferungen erzählen von der Existenz geheimer Archive in der „Großen Pyramide", in denen angeblich das universelle Wissen der ägyptischen Priesterschaft aufbewahrt wird. Nach einer Version des arabischen Forschungsreisenden *Ibn-Battuta* (er lebte im 14. Jahrhundert) soll *Hermes Trismegistos* alias Thot die Pyramiden erbaut haben. Er soll dies getan haben, nachdem ihm die Konstellation der Gestirne von einer baldigen *Sintflut* kündeten. Demnach habe der weise Thot in den Pyramiden einstmals die „Bücher der Wissenschaft und Erkenntnis" untergebracht, um sie vor Vergessenheit und Vernichtung zu bewahren.

Haltlose Fantastereien, Wunschdenken – oder vielleicht doch das berühmte „Körnchen Wahrheit"? Legionen von Forschern und Abenteurern, Tüftlern, Physikern, Romantikern und Träumern haben sich seit mehr als zwei Jahrhunderten auch diese Frage gestellt. Wo ist die „Kammer der Wahrheit", der Hort des Wissens, versteckt bis heute als das vielleicht größte Geheimnis der menschlichen Frühgeschichte?

Vielleicht schon bald werden wir darüber mehr erfahren, dann nämlich, wenn sämtliche Untersuchungsergebnisse ausgewertet worden sind. Denn das, was mancher mutige Ägyptologe schon längst vermutet hat – dass es im Inneren des Cheops-Pyramide weit mehr Räumlichkeiten gebe, als bisher angenommen wurde –, konnte in den vergangenen Jahren auch wissenschaftlich bestätigt werden.

Ein japanisch-französisches Forscherteam, das in sich Physiker und Ingenieure vereinigte und von dem uns bereits bekannten Lehrbeauftragten der *Waseda*-Universität in Tokio, Professor *Sakuji Yoshimura* geleitet wurde, entdeckte in der Großen Pyramide unbekannte Hohlräume und unterirdische Gewölbe, wobei man sich modernster Computer und hochempfindlicher Radarpeilungen bediente.

Nur wenig ist aus dieser Forschungsarbeit an die Öffentlichkeit gedrungen und der Waseda-Bericht, dem jene japanische Universität in Tokio ihren Namen gab, wird geradezu als „Geheimpapier" gehandelt. Nur wenigen Instituten liegen die umfassenden Ergebnisse der japanisch-französischen Wissenschaftler-Crew auch im Detail vor. In jedem Fall verlief aber die von Professor Yoshimura gesteuerte Suchaktion erfolgreicher als sein 1978 missglücktes Experiment in Gise: der versuchte Neubau einer Minipyramide.

Zurück zu Cheops. Hier eine Aufschlüsselung des Untersuchungsergebnisses. Außerhalb der Großen Pyramide, und zwar unterhalb des Sphinx, gelang es Forschern, mit Hilfe von flexiblen elektronischen Geräten einen großen, noch unerschlossenen Hohlraum auszuloten, von dem offenbar ein unterirdischer Gang direkt zum pharaonischen Heiligtum führt. In der Umgebung der so genannten Königinnen-Kammer entdeckte man weitere verborgene Räumlichkeiten. Eine solche Kammer wurde westlich der Königinnen-Kammer geortet. Erinnern wir uns an die Prophezeiung des Sehers Edgar Cayce. Findet sie in den neuen Entdeckungen ihre Bestätigung? Hat man eine heiße Spur zur legendären „Kammer des Wissens" geortet?

Überraschende und nie erwartete Hinweise auf Verbindungen zu unbekannten Räumen entdeckten die Forscher auch in der Nähe der so genannten „Druckentlastungskammer", die sich oberhalb des als „Königsgrab" bezeichneten Raumes in der Cheops-Pyramide befindet. Da die Spalten in Ost-West-Richtung verlaufen, wird von den Archäologen angenommen, dass sich östlich von der Kammer ein weiterer leerer Raum befinden dürfte.

Auch hinter der Wand des Königinnen-Ganges konnten mehrere Hohlräume festgestellt werden, deren Größe man jedoch nicht abzuschätzen vermochte. Sicher ist nur, dass sich dort ein mit Sand gefüllter Raum befindet, der mehrere unbekannte Gegenstände enthält und sich nach unten in die Pyramide fortsetzt. Der Sand selbst, den man durch präzise Bohrungen entnahm, stammt aus dem geologischen Oligozän-Erdzeitalter und weist einen hohen Schwermetall-Gehalt auf. Seltsamerweise wurde dieser Sand nicht in unmittelbarer Umgebung, sondern sechs Kilometer südlich der Pyramide herbeigeschafft. Es sieht so aus, wird im Waseda-Bericht notiert, als sei der Sand *gesiebt* worden.

Auch der Kalkstein, der für die Auskleidung dieses Hohlraumes verwendet worden war, findet sich nirgendwo innerhalb, sondern stets nur außen an der Pyramide. Einige der neu entdeckten Räumlichkeiten sind so groß, dass man noch nicht feststellen konnte, wie tief deren Boden tatsächlich liegt. Ein eventueller Zusammenhang einzelner hohler Stellen untereinander ist vorderhand noch nicht erkennbar.

Wie viele Kammern könnte es in der Großen Pyramide geben? Hat man mit den bisher aufgefundenen Hohlräumen erst einen kleinen Teil der insgesamt vorhandenen Innenräume aufgespürt? Französische Archäologen sprechen von 15, japanische Kollegen sogar von 20 Prozent Hohlraum-Anteilen am Gesamtvolumen des steinernen Weltwunders in Gise. Was das japanische-französische Forscherteam herausgefunden hat, scheint zu bestätigen, was manche aufgeschlossene Ägyptologen schon lange vermuten: dass die Cheops-Pyramide von geheimen Kammern geradezu durchsetzt sein könnte.

Ein Hobbyarchäologe aus Leidenschaft ist der australische Eisenbahningenieur *Robert Ballard.* Er hält es für möglich, dass die drei Pyramiden von Gise seinerzeit mit einer Anzahl von Katakomben errichtet worden sind. Die Pyramiden selbst, so vermutet Ballard, dürften mit zahlreichen Kammern und Galerien durchzogen sein. Sie dienten möglicherweise als Behausung für die Priesterschaft und Tempelwächter.

Ballard nimmt auch an, dass ein großer Teil der Kalksteinblöcke, die für den Bau der drei Wahrzeichen am Nil benötigt worden sind, aus solchen Katakomben herbeigeschafft wurden. Sein Vorschlag: Probebohrungen auf dem Plateau von Gise mit Hilfe einer leistungsfähigen Tiefbohrmaschine und Gestänge von 70 bis 100 Metern. Robert Ballard ist überzeugt, durch derartige Bohrungen auf eine unterirdische Stadt zu stoßen, mit geheimen Zugängen für Priester und Aufseher und mit Verbindungsgängen zu jeder Pyramide.

In diesem Gewölbe sollen die Weisheitspriester sowie der Pharao das gesamte Wissen jener Zeit gehortet haben. Glas, das man falten kann, Metall, das nicht rostet, sowie schriftliche Dokumente über die vormals großen Kenntnisse von Mathematik, Geografie, Physik, Astronomie und Astrologie und vieles mehr. Wird man den Schlüssel zum Geheimnis dieses beispiellosen

Monuments, die „Kammer des Wissens", in absehbarer Zeit entdecken?

Noch etwas haben die Messergebnisse des japanisch-französischen Forschungsteams deutlich gemacht: Mit Hilfe der *Gravimetrie* konnten Schwerkraftüberprüfungen vorgenommen werden, mittels *Echoskopie* gelangen erfolgreiche Laufzeitmessungen durch Radarwellen und schließlich kam ein besonderer „Spürhund" zum Einsatz: ein *Electromagnetic scanning*. Dieses Gerät, ein „Bodenradar", macht es möglich, mit Hilfe von elektromagnetischen Impulsen verborgene Objekte zu orten, auch wenn sich diese tief im Untergrund oder – wie im Fall der Cheops-Pyramide – hinter dicken Mauern verbergen. Zudem ist das Gerät imstande, Grenzflächen sichtbar zu machen sowie die Konturen von Gegenständen erkennbar werden zu lassen.

Was auch immer die weiteren Forschungen erbringen sollten, fest scheint jedenfalls zu stehen, dass sich sowohl *in* als auch *unter* der Pyramide ein Labyrinth von Gängen und Hohlräumen befinden dürfte, das bisher der Aufmerksamkeit entgangen war. Unter dem Felsplateau des Cheops-Monuments wurde zusätzlich ein zweites Holzmodell einer Sonnenbarke (das Symbol des Göttervaters Re) aufgespürt. Sollten Pyramidenforscher weiter fündig werden und es ihnen gelingen, jene legendäre „Kammer des Wissens" zu orten, dann könnte davon nicht nur die Ägyptologie im Besonderen, sondern wahrscheinlich die gesamte Menschheit profitieren. Möglicherweise wäre das in diesem Geheimgewölbe aufbewahrte Wissensgut der altägyptischen Weisheitspriester oder ihrer Vorfahren von großer Bedeutung für das Verständnis unserer gesamten Menschheitsgeschichte. Würden bei einer solchen sensationellen Entdeckung endlich geistige Werte über materielle triumphieren?

Sesam, öffne dich!

Am 22. März 1993 machte der Münchner Ingenieur *Rudolf Gantenbrink* eine atemberaubende Entdeckung. Ein vermeintlicher Luftschacht in der Kammer der Königin sollte erkundet werden.

Von diesem Raum aus kontrollierte Gantenbrink über einen Monitor, was ihm die auf ein sechs Kilogramm schweres Raupenfahrzeug montierte Minivideokamera an gestochen scharfen Bildern offenbaren würde.

Der Roboter auf vier Zahnrädern ist nur 37 cm lang, angetrieben von sieben unabhängigen Elektromotoren. Ihre Mikroprozessoren sind ferngesteuert. An der Vorderseite des Geräts sind zwei Halogenscheinwerfer sowie jene Minivideokamera, Typ Sony CCD, angebracht. Letztere ist sehr beweglich, kann geschwenkt und auch gekippt werden. Das winzige Roboterfahrzeug wurde aus leichtem Aluminium hergestellt, ist aber trotzdem in der Lage, eine Zuglast von immerhin 40 Kilogramm zu befördern.

Rudolf Gantenbrink hat seiner technischen Kreation einen originellen Namen gegeben. Er nennt sein „Kind" *UPUAUT.* So heißt – dem Anlass entsprechend – eine altägyptische Gottheit: Der Name lässt sich sinnigerweise mit „Öffner der Wege" übersetzen. Die Idee zu dieser Namensgebung stammte von dem deutschen „Ägyptologiepapst" Professor *Rainer Stadelmann,* der zu Beginn dem Projekt „UPUAUT" des Ingenieurs Gantenbrink durchaus wohlwollend gegenüberstand. Wenigstens so lange, als er noch nicht befürchten musste, dass ihm sein deutscher Landsmann „die Schau" stehlen würde. Was sich zwangsläufig an jenem 22. März Punkt 11.05 Uhr ergab.

Der Miniroboter UPUAUT wurde in den Schacht geschickt. Doch nach 65 Metern war die mühsame Reise zu Ende. Sensationelle Videoaufzeichnungen zeigten, dass die Wände überraschenderweise mit hellem *Turakalk* versehen sind, der sonst nur in Kammern verwendet wurde und den Pyramidenbauern als *heilig* galt. Kurz darauf blieb der Roboter plötzlich stecken. Endstation. Der Schacht war von einer Steinplatte mit zwei Kupferbeschlägen blockiert, die an Fallsteine erinnern. Ein Mysterium, das bisher keine ägyptischen Parallelen kennt.

Dass der Roboter auf das bislang unauffindbare Pharaonengrab Cheops' gestoßen war, ist eher unwahrscheinlich, da der Schacht zu schmal ist und manche Indizien dafür sprechen, dass Cheops gar nicht der Erbauer der „Großen Pyramide" war. Sicher ist nur, dass den Schacht eine Steinplatte blockiert. Somit kann der Gang nicht,

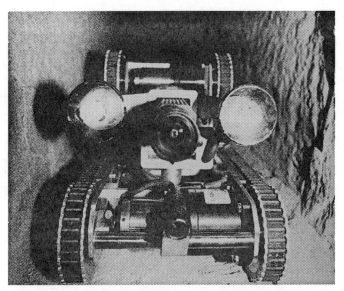

Der von Ing. Rudolf Gantenbrink entwickelte Roboter Upuaut – „Öffner der Wege". Er stand 1993 vor einer verschlossenen Schachttüre. Die jüngsten Untersuchungen ergaben: hinter der „Türe" befindet sich wieder eine „Türe". Was hindert Wissenschaftler daran sie zu öffnen?

wie bislang von Ägyptologen immer wieder behauptet, zur Belüftung der Pyramide gedient haben. Welche Funktion, welche Aufgabe erfüllt der mysteriöse Schacht aber dann?

In mehreren offiziellen Stellungnahmen, etwa durch den ägyptischen Pyramidendirektor Dr. *Zahi Hawass,* wurde immer wieder beteuert, dass die Untersuchungen fortgesetzt würden und der so genannte „Gantenbrink-Schacht" spätestens 1998 geöffnet werden würde. Geschehen ist – zumindest augenscheinlich für die Öffentlichkeit – nichts. Stattdessen tobte hinter den Kulissen ein heftiger Gelehrtenstreit und es herrschte konfuse Ratlosigkeit darüber, wie man mit dieser unbequemen (weil viele neue Fragen aufwerfenden) Entdeckung weiter verfahren sollte.

Am 17. September 2002 sollte dann endlich das Geheimnis gelüftet und der Weltöffentlichkeit ein Blick hinter die Kulissen gegönnt werden, organisiert von der „National Geographic Society" und einem amerikanischen Fernsehsender. TV-Zuschauer in 141 Ländern erlebten *live,* so jedenfalls wurde die spektakuläre Inszenierung verkauft, wie der neue Mini-Roboter „Pyramid Rover" den südlichen der so genannten „Seelenschächte", die von der Königinnenkammer ausgehen, erforschte. Doch statt einer Sensation blieb der Vorwurf eines manipulierten Medienspektakels.

Der Direktor des Ägyptischen Museums in Berlin, *Dietrich Wildung,* bestätigte, dass große Teile der angeblich live gesendeten Bilder bereits vor Tagen aufgezeichnet waren. Das ZDF räumte zudem ein, dass die Live-Übertragung mit einstündiger Verzögerung ausgestrahlt wurde.

Die ägyptischen Archäologen hatten die Kamera auf eine zweistündige Reise durch den 20 mal 20 cm breiten Schacht geschickt, der nach 64 Metern beim verschlossenen Kalksteinquader endet. Durch ein – natürlich zuvor gebohrtes – Loch (durch das man gewiss bereits schon einmal vor der angeblichen Live-Übertragung guckte) fotografierte die Kamera einen bislang unbekannten Hohlraum. Er ist leer, aber: Im Abstand von 45 cm wird wieder eine massive Steinplatte sichtbar, die einer versiegelten Tür ähnelt. Wie schon zuvor stellt sich die alte Frage aufs Neue: Was verbirgt sich wohl hinter dieser jetzt entdeckten „Steintüre", die mehrere Risse aufweist?

Wenige Tage nach der angeblichen Live-Übertragung haben Wissenschaftler eine weitere, bis dahin unbekannte „Tür" entdeckt. Sie befindet sich 64 Meter tief im *Nord*schacht, und ist wie die erste „Tür" im *Süd*schacht mit zwei Kupfergriffen versehen. Damit erhalten die Spekulationen über das noch unerforschte Innenleben der Cheops-Pyramide neue Nahrung.

Rudolf Gantenbrink arbeitete schon kurz nach der Entdeckung der ersten „Tür" im Jahre 1993 mehrere vernünftige Vorschläge aus, wie das Rätsel gelüftet werden könnte. Doch seine Ideen wurden von der ägyptischen Altertumsverwaltung und vom Deutschen Archäologischen Institut mit fadenscheinigen, lächerlichen Gründen verworfen. Offenbar spielte ein gewisser Neidkomplex gegenüber dem Quereinsteiger und Nichtägyptologen

1993 von Upuaut mit der Videokamera in der Cheops-Pyramide erfasst: die erste „Tür" am Ende des südlichen Schachtes mit einzigartigem Metallbeschlag.

Gantenbrink dabei eine nicht unwesentliche Rolle. Der tiefere Grund für den Forschungsstopp dürfte aber im ägyptologischen Dogma beheimatet sein. Professor Stadelmann: „Es gibt mit Sicherheit keine weitere Kammer. Es gibt keinen Raum hinter dem Stein." Und damit basta!

Stadelmann gilt als Vertreter der traditionellen „*Dreikammer-Theorie*", wonach es in den Pyramiden des Alten Reichs nur die bekannten Kammern gibt: „Wir wissen ganz genau, es gibt ein Dreikammersystem", sagt er, „und die drei Kammern sind vorhanden." Gemeint sind die in das Felsmassiv geschlagene untere Kammer, die mittlere bzw. „Königinnenkammer" und die obere, auch „Königskammer" genannt. Da passt eine vierte Kammer (eigentlich fünfte, wenn man die „Große Galerie" mit 47 Metern Länge und 8,50 Metern Höhe als Kammer mitzählt) nicht ins Konzept. Damit wäre die „Dreikammer-Theorie" erledigt und Professor Stadelmann samt Ägyptologen-Crew hätten mit einer ordentliche Prestigeniederlage zu rechnen.

Das mag vielleicht der wahre Grund dafür sein, warum wir bei den neuen Entdeckungen rund um Cheops nicht so schnell mit Informationen rechnen dürfen. Was hinter der jetzt gefundenen „Türe" liegt, bleibt vorläufig ein Geheimnis – die ägyptische Regierung verweigerte die Zustimmung zur Öffnung. Hat man womöglich Angst davor, dass neue Funde gemacht werden könnten, die bisherige ägyptologische Ansichten auf den Kopf stellen würden?

Allein die Existenz des türartigen „Blocksteins" im Schacht bringt die Ägyptologie in ziemliche Verlegenheit. Was kommt auf uns zu, wenn demnächst neue Gänge entdeckt, andere Kammern geöffnet werden? Räume, vollgestopft mit Papyrusrollen und unbekannten Botschaften? Tafeln mit Aufzeichnungen über das gesamte antike Wissen, Planetenberechnungen, Nil-Überflutungs-Voraussagen und Architekturgeheimnisse? Womöglich Mitteilungen aus einer Zeit, als man in Europa noch in Höhlen hauste? Oder eventuell sogar Aufzeichnungen irgendwelcher himmlischer Lehrmeister? Vielleicht die in den Pyramidentexten erwähnten Weisheitsbücher des Kulturbringergottes Thot? Wird man kosmische Hinterlassenschaften finden, die, im Sinne Erich von Däniken, *außerirdischen* Urspungs sind?

Wenn es so wäre, würde die Öffentlichkeit davon überhaupt in Kenntnis gesetzt werden? Wäre es denkbar, dass die „Kammer des Wissens" inzwischen geöffnet und Schätze mit unangenehmem Inhalt längst sichergestellt wurden? Hat man auch andere Hohlräume lokalisiert, weiter untersucht und freigelegt? Dass seither unter Ausschluss der Öffentlichkeit weitergeforscht wurde, scheint nicht so abwegig. In den letzten Jahren war die Cheops-Pyramide immer wieder über viele Monate für Besucher gesperrt. Umweltgifte bedrohen die Pyramiden und machen Renovierungsarbeiten notwendig, hieß es.

Die Westseite wurde im März 1998 durch eine riesige Plane abgedeckt, es herrschte absolutes Fotografierverbot. Soweit bekannt, sollen Mitarbeiter der *NASA,* eine japanische Forschergruppe der *Waseda*-Universität (jenes Team, das bereits vor der Entdeckung des „Gantenbrink-Schachtes" Hohlräume in der Pyramide geortet hatte) sowie französische Wissenschaftler und

Mitarbeiter der Universität *Saarbrücken* mit Arbeiten an der Pyramide und beim Sphinx betraut gewesen sein. Augenzeugen berichten, dass knapp *vier Tonnen* Geröll aus der Cheops-Pyramide herausgeschafft und in mehreren LKW-Ladungen abtransportiert wurde. Außerdem hätten ägyptische Wissenschaftler zwei *Hydraulikpumpen* in die Pyramide gebracht, deren Zweck sie nicht zu erklären wünschten.

Für die Beseitigung von Graffiti-Schmierereien oder Schweißabsonderungen, die sich durch Touristen auf den Steinen ablagern und diese langsam zerstören, dürften die Geräte kaum verwendet worden sein. Wozu aber dann? Wurden wir bewusst abgelenkt und an der Nase herumgeführt? Wer besitzt den Schlüssel zum *Sesam, öffne dich?*

Tor zu den Sternen

Undurchsichtig und verworren wirkt die Interessenlage mancher Wissenschaftler, die in der „Cheops-Affäre" verwickelt sind. Welches Ziel verfolgt der Direktor der Altertümerverwaltung des Gise-Plateaus – Dr. *Zahi Hawass?* Klar ist das keineswegs. Einerseits ist der angesehene Ägyptologe auf sein seriöses Image bedacht, andererseits hat er freundschaftliche Verbindungen mit Forschern, die durch ihre Theorien dem gängigen Lehrbild der Ägyptologie widersprechen. Dazu zählen die bekannten „Pyramidenmystiker" *Robert Bauval, Adrian Gilbert* und *Graham Hancock.* Sie führen eine internationale Szene von Gläubigen an, die in den Pyramiden Überreste einer unbekannten Hochkultur vermuten. Einer fortschrittlichen Zivilisation, die vor über 10.000 Jahren existiert haben soll. Hawass pflegt des Weiteren Kontakte zu einer Gesellschaft, die sich auf den amerikanischen Propheten Edgar Cayce bezieht: der *„Association for Research und Enlightenment".* Zu Deutsch: Vereinigung für Forschung und Erleuchtung. „Sie sieht die Pyramiden letztlich als mystische Hinterlassenschaft des sagenumwobenen Kontinents Atlantis", schreibt dazu der „P.M"-Journalist *Gerhard Wisnewski.*

Inzwischen haben die Forscher Bauval, Hancock und Gilbert

den „Gantenbrink-Schacht" nach astronomischen Gesichtspunkten untersucht. Sie prüften mit Hilfe des Computers, ob es Sterne gebe, die vor rund 5000 und mehr Jahren nach diesen und anderen vermeintlichen „Luftschächten" ausgerichtet waren. Das sensationelle Ergebnis: Die alten Ägypter hatten tatsächlich eine ganz bestimmte Sternenkonstellation um den Gürtelstern *Al Nitak* des *Orions* und den Stern *Sirius* fixiert. Beide Gestirne sind am Firmament leicht auszumachen und spielten in der ägyptischen Mythologie eine ganz wesentliche Rolle. Das Sternbild Orion wird dem Gott *Osiris,* Sirius hingegen der Göttin *Isis* gleichgesetzt, die bekanntlich in enger Verbindung zur Zauberkraft und Magie stand.

Aber es gibt noch andere Dinge, die zu denken geben. Die alten Ägypter hatten ein Weltbild, das für unsere Begriffe auf dem Kopf steht: Sie orientierten sich an dem *südlichen* Sternenhimmel. Das fruchtbare Nildelta, auch Unterägypten genannt, wo der Nil ins Mittelmeer fließt, liegt somit am oberen Ende der Landkarte. Die drei großen Pyramiden *Cheops, Chephren* und *Mykerinos* liegen somit nicht links, sondern rechts vom Nil. Die erstaunliche Geometrie der drei Pyramiden, deren Seitenflächen exakt nach den vier Himmelsrichtungen ausgerichtet sind, hat nur einen Schönheitsfehler: Zwei der drei Pyramiden sind beinahe gleich groß und liegen auf einer diagonalen Achse – die dritte aber ist wesentlich kleiner. Mykerinos war ein ebenso mächtiger Pharao wie Cheops und Chephren. Wenn die Pyramiden tatsächlich von den Pharaonen erbaut wurden, warum sollte sich Mykerinos mit einer kleineren Pyramide zufrieden geben, die die strenge Ordnung der anderen beiden durchbrach?

Eine Erklärung dafür fanden Bauval und seine Kollegen in den *Sternen*: Das Muster der drei Gestirne des *Oriongürtels* deckt sich haarscharf mit der Anordnung der Pyramiden von Gise. Die alten Ägypter hatten demnach nichts Geringeres getan als ein Stück Himmel auf Erden *nachgebaut.* Im Sternbild *Orion* (altägyptisch Sahu) sollen laut Mythe „die Seelen der Götter" beheimatet sein. Eine Glaubensvorstellung, die exakt mit dem erstaunlichen astronomischen Wissen der *Dogon*-Stämme in Westafrika übereinstimmt. Die Eingeborenen berufen sich bekanntlich noch heute in ihren alten Traditionen auf kosmische Besucher, die einst vom Sirius-Sonnensystem mit ihren himmlischen Archen zur Erde gelangt sein sollen.

Robert Bauval entdeckte mittels Computerprogramm eine ganze Reihe weiterer astronomischer Übereinstimmungen. So entspricht die jeweilige Distanz der Pyramiden zum Nil der Position des Orion zur Milchstraße. Ebenso haben noch andere Pyramiden und Tempelbauten, etwa die berühmte Knickpyramide von *Dahschur* oder die Pyramide des *Nepka*, ein himmlisches Gegenstück. Selbst die kleinen Pyramiden von *Abusir* finden ihr stellares „Double" in drei kleinen Gestirnen im Kopfe des Orion.

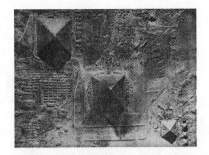

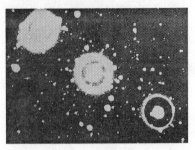

Oben die drei Pyramiden aus der Luft (a), unten die Gürtelsterne des Sternbilds Orion (= Osiris). Verblüffend die Übereinstimung, sogar in den Größenverhältnissen. Sind die Pyramiden das „Tor zu den Sternen"?

Aber wie ist eine solche präzise Konstruktion und astronomische Perfektion überhaupt möglich? Schon das bisherige Wissen über die Pyramiden verblüffte: Wie war es möglich, dass die Höhe der Cheops-Pyramide, multipliziert mit einer Milliarde, etwa die Distanz der Erde zur Sonne ergibt? Mit welcher Technik haben die Konstrukteure es geschafft, das Bauwerk nicht nur exakt nach den vier Himmelsrichtungen auszurichten, sondern auch den Standort so auszuwählen, dass der durch die Pyramide laufende Meridian Kontinente und Ozeane in zwei gleiche Hälften teilt? Wie kommt es, dass der Abstand von der Großen Pyramide zum Mittelpunkt der Erde ebenso groß ist wie deren Distanz zum Nordpol? Dividiert man die Pyramiden-Grundfläche durch die doppelte Höhe des Monuments, ergibt dies die berühmte Zahl Pi 3,1416. Geschaffen von einem Volk, das der Lehrmeinung zufolge nicht einmal den Kompass gekannt haben soll?

„Je weiter sich das Wissen ausbreitet, desto mehr Probleme kommen zum Vorschein", wusste schon der alte *Goethe* treffend zu formulieren. Und tatsächlich, die bisherigen Erkenntnisse machen es deutlich: Die jüngsten sensationellen Entdeckungen bereiten der ägyptologischen Fachwelt ernsthafte Kopfschmerzen. Weitere Probleme könnten folgen.

Ein altägyptischer Text, der dem Weisheitsgott Thot in den Mund gelegt wird, bestätigt Bauvals Theorie, wonach die Ägypter ein Stück Himmel ans Gestade des Nils projizierten. Was die Zukunft anbelangt, sieht die alte Überlieferung die Sachlage jedoch eher skeptisch:

„Weißt du nicht, o Asklepios, dass *Ägypten das Bild des Himmels und das Widerspiel der ganzen Ordnung der himmlischen Angelegenheiten* ist? Doch du musst wissen: Kommen wird die Zeit, da es den Anschein haben wird, als hätten die Ägypter dem Kult der Götter vergeblich mit so viel Frömmigkeit obgelegen, als seien all ihre heiligen Anrufungen vergeblich und unerhört geblieben.

Die Gottheit wird die Erde verlassen und zum Himmel zurückkehren, da sie Ägypten, ihren alten Sitz, aufgibt, verwaist von Religion, beraubt der Gegenwart der Götter ...

Dann wird dies von so viel Heiligtümern und Tempeln geheiligte Land mit Gräbern und Toten übersät sein. O Ägypten, Ägypten! Von deiner Religion werden nur leere Erzählungen, die die Nachwelt nicht mehr glauben wird, und in Stein geschlagene Worte bleiben, die von deiner Frömmigkeit erzählen."

III. Die letzten Geheimnisse um das verschollene Inselreich Atlantis

*„Von erloschenen Sternen fällt der Strahl
immer noch wie einst auf Berg und Tal.
Und so leuchten mir noch aus der Ferne
meiner Jugend längst erlosch'nen Sterne."*

Julius Sturm, deutscher Dichter, (1816-1896)

Die Wunderwelt des Dr. Cabrera

„Glauben ist leichter als denken."

Sprichwort

Im Jahre 1969 brachen Wissenschaftler der Gesellschaft für Anthropologie von Turkmenistan, unter der Leitung des russischen Professors *Leonidow Marmadscheidschan*, zu einer Expedition nach Zentralasien auf. In einer Höhle machten sie eine unglaubliche Entdeckung. Sie stießen auf ein Massengrab mit 30 menschlichen Gerippen, die bis zu 100.000 Jahre alt sein sollen. Das Ungewöhnliche: Eines der Skelette zeigte eindeutige Spuren eines chirurgischen Eingriffs an der linken Seite des Brustkorbes. Nach der Operation hatte der Patient noch mindestens drei bis fünf Jahre gelebt, was die Dicke der nachgewachsenen Knochenhaut beweist. Bestimmte Merkmale sprechen sogar für die Durchführung einer Herzoperation.

Zweifellos, es gibt beeindruckende Beweise dafür, dass es schon in prähistorischen Zeiten operative Eingriffe und anderes High-Tech-Wissen gegeben hat. Doch leider sind nicht alle vorgebrachten „Beweisstücke" so überzeugend. Die *„Bibliothek von Ica"* muss wohl eher in die Kategorie „dubios" eingeordnet werden. Angelegt hat sie der Mediziner Prof. Dr. *Javier Cabrera*, der in der peruanischen Stadt *Ica* lebt und arbeitet. Durch sein nicht alltägliches Privatmuseum hat es der Chirurg zu einer gewissen Popularität gebracht.

Als ich vor wenigen Jahren mit einem vierköpfigen Team in Südamerika unterwegs war, galt mein Besuch auch der 304 Kilometer südlich von Lima entfernten Stadt Ica. In Cabreras Privatsammlung wird nur Einlass nach Voranmeldung gewährt. Als unsere kleine Gruppe vor seinem Museum stand, wurden wir bereits von einem älteren braun gebrannten Herrn in weißem Gewand erwartet, der mit einem Krummstab herumfuchtelte – Dr. Cabrera.

Er führte uns in sein groteskes Büro und öffnete einen Nebenraum, der mit rund 11.000 gravierten Steinen (ich habe sie nicht wirklich gezählt) übersät war. Überall lagen in Regalen geschlich-

Kuriositätenkabinett aus Stein und Ton: die Sammlung von Dr. Cabrera in Ica

Einige Motive der Cabrera-Kollektion zeigen unbekannte Landmassen. Erinnerungen an versunkene Kontinente wie Atlantis und Mu?

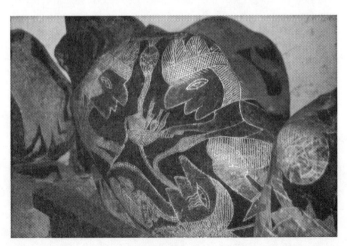

Fälschung oder archäologische Sensation: Herztransplantation in vorsintflutlicher Epoche

tet und am Boden übereinander getürmt kaum überschaubare steinalte Zeugen von einprägsamer Originalität. Auf den Steinen, manche bis zu 200 Kilogramm schwer, sind viele seltsame Motive eingraviert, die, so behauptet Cabrera, von einer unbekannten Vor-Zivilisation hinterlassen wurden: fremdartige Landkarten versunkener Kulturen, unbekannte Inseln, Menschen mit Teleskopen, urzeitliche Monster, vor allem aber chirurgische Eingriffe, frühzeitliche Operationen.

Die Zeichnungen sollen eine Vor-Menschheit bei ihren Tätigkeiten darstellen. In vorsintflutlichen Zeiten sei, so erklärt Cabrera, diese vergessene Kultur in Nazca angesiedelt gewesen. Da auf etlichen Abbildern Dinosaurier erkennbar sind, will der Peruaner den Ursprung dieser unbekannten Spezies in einer Epoche angesiedelt wissen, die rund 65 Millionen Jahre zurück in der Vergangenheit liegt. Das wäre wahrlich eine Sensation. Auf vielen Steindokumenten, die der Professor in ausgetrockneten Flussbetten sowie in (von ihm geheim gehaltenen) unterirdischen Gängen eher zufällig gefunden haben will und im Verlauf von Jahren mit viel Enthusiasmus gesammelt hat, sind Herztransplantationen in allen Einzelheiten mittels Ritzzeichnungen verewigt worden.

Nachdem uns Dr. Cabrera seine kuriose Steinsammlung gezeigt und ausführlichst bis zu den Schuppen der Dinosaurier erklärt hatte, führte er uns ins Nebengebäude zu einem weiteren Archiv, das für die Öffentlichkeit nicht zugänglich ist. Erst 1995 wurde bekannt, welches Geheimnis in diesem langen, verschlossenen Gang versteckt wird. Der Sachbuchautor *Walter-Jörg Langbein* war einer der ersten Forscher, die den bis dahin „geheimen Raum" betraten und den ungewöhnlichen Inhalt studieren konnten. Nun folgten wir seinen Spuren und standen in einem dunklen, schlauchartigen Korridor mit bis zu der Decke reichenden Regalen, die alle mit Tausenden von bizarren Tonfiguren angeräumt waren. Im Wesentlichen zeigten die Relikte die gleichen Motive wie auf den Steinen: Saurier als Haustiere von Vorzeit-Menschen, Fabelwesen, Menschen, die auf ihnen ritten, Götterfiguren, Szenen von Transplantationen der Niere und des Herzens, Operationen von Brustkrebserkrankungen und sonstige operative Ein-

Die Tonfiguren zeigen die gleichen Szenen wie auf den Ica-Steinen: bizarre Gerschöpfe bei medizinischen Eingriffen.

griffe. Der Anblick war sagenhaft. Und ich fragte mich: alles Fälschungen? Aber wer fälscht eine solche Unmenge von Figuren, ohne etwas damit bewirken zu können?

Die Cabrera-Kuriositäten sind nicht die einzigen ihrer Art. Vergleichbares liefert die *Acambaro*-Sammlung. Der Kaufmann *Waldemar Julsrud* entdeckte 1944 beim Ausritt einige Keramikfragmente, die der Regen aus der Erde gewaschen hatte. Zwischen 1944 und 1952 wurden dann vor Ort in Acambaro, nordwestlich von Mexico City, rund 33.500 weitere Figuren entdeckt, die seltsame Attribute zeigen: fremdartige Menschenrassen, manche erinnern an Europäer, andere an Eskimos. Und ebenso Fundstücke, die auch aus der Cabrera-Kollektion stammen könnten: monsterhafte Kreaturen mit Dinosaurier-Motiven. 1954 schickte das *Instituto Nacional de Antropologia e Historia* vier Vertreter an den umstrittenen Fundort. Geleitet wurde das mexikanische Expertenteam von dem Prähistoriker Dr. *Eduardo Noguera*. In einem Bericht wurde vermerkt, dass während der Ausgrabungen alles

Acambaro-Skulpturen aus Mexiko. Wer hat sie wann und wozu angefertigt?

mit rechten Dingen zugegangen sei. Dennoch äußerten sich die Archäologen offiziell kritisch zu den aufgefundenen Gegenständen. Die Schlussfolgerung, dass es zwischen Menschen und Dinosauriern womöglich eine bislang unbekannte Verbindung gab, schien ihnen doch zu fantastisch.

Anders beurteilte Professor *Charles H. Hapgood* die Sachlage. Sein Leben lang widmete sich der mittlerweile verstorbene amerikanische Historiker der seltsamen Sammlung. Er war mehrmals bemüht, vor Ort dem Rätsel auf den Grund zu gehen. Unterstützt wurde der Amerikaner vom lokalen Polizeichef in Acambaro. An den unmöglichsten Orten wurden weitere Figuren ausgegraben. Im *Teledyne Isotopes Laboratories in Westwood* (New Jersey) hat man 1968 eine Altersdatierung über den Herstellungsprozess der Plastiken durchgeführt. Die Fachleute wiesen dem Material ein Alter von rund 6500 Jahren zu. Datierungen gleicher Objekte, die vom renommierten *Applied Science Center for Archaeology (MASCA) des Universitätsmuseums der University of Pennsylvania* vorgenommen wurden, belegten ebenfalls das hohe Alter:

2400 bis 2700 v. Chr. Ein Ergebnis, das von 18 Kontroll-Messungen bestätigt werden konnte.

Dennoch sind Zweifel an der Echtheit solcher Figuren gegeben. Im Besonderen bei den Ica-Steinen. Nicht nur, weil Cabrera Mediziner ist und daher weiß, wie man chirurgische Eingriffe bildlich und plastisch nachstellen könnte. Es gibt schon seit Jahren offenkundige Hinweise, dass es sich bei einem Großteil der Steine und Keramiken um *Fälschungen* handelt. Was als bedauerlich bezeichnet werden muss. Inzwischen werden den Touristen zuliebe ganz offiziell Ica-Steine mit Nazca-Motiven hergestellt und in verschiedenen Museen und Souvenirshops zum Kauf angeboten. Ein Großteil der Artefakte kann daher gesichert als moderne *Nachbildung* angenommen werden. Nachbildung heißt aber, dass es ursprünglich durchaus authentische Steine mit rätselhaften Gravuren gegeben haben könnte. Schließlich gibt es auch gefälschte Geldscheine und niemand käme auf die Idee, deshalb alle als „Blüten" zu deklarieren. Dr. Cabrera sieht das genauso. Zankapfel bei der Wahrheitssuche ist seine hartnäckige Verweigerung, darüber nähere Auskünfte zu geben, wo sich die unterirdischen Stollen befinden und die gravierten Steine aufbewahrt werden: „Weil die Menschen von Peru und die Menschen der Welt noch nicht vorbereitet sind, um das archäologische weltumfassende Erbe der Menschheit zu verstehen", beteuert der Professor. Untersuchungen an den Steinen haben jedenfalls Widersprüchliches ergeben. Was als bewiesen gilt ist, dass die Steine sehr alt sind. Aber ob das auch auf die darauf befindlichen Gravuren zutrifft, konnte bislang trotz aller Analysen und Gutachten noch nicht eindeutig nachgewiesen werden.

Hingegen behaupten etliche Indios, sie hätten die Steindokumente im Auftrag Cabreras angefertigt. Einer von ihnen ist der Peruaner *Basilo Uschuya*. Schon 1973 hatte er *Erich von Däniken* gegenüber zugegeben, dass der Großteil der Ica-Steine von ihm gefälscht worden sei. Nunmehr als „aktuelle Entlarvung" angekündigt, versicherte der peruanische Bauer erneut dem Regisseur *Bert Wiedenfeld*, der 1997 für den Fernsehsender Kabel 1 die Dokumentation *„Das Geheimnis der Steine von Ica"* drehte, dass er mehr als die Hälfte der Cabrera-Steine gefälscht hätte. Uschuya demonstrierte dann dem Fernsehteam die Entstehung eines gefälschten Steines: Nachdem die zeichnerische Vorlage aufgetragen und mit einem Sägeblatt sowie einem Stahlstift nachgraviert worden war, erhielt der Stein seine Patina in einem Feuer von Eselsmilch.

Der Fälscher Uschuya, der sich von dem Museumsdirektor ausgebeutet fühlt, forderte aufgebracht von dem TV-Team: „Heraus mit der Wahrheit, denn es kann sein, dass Cabrera mich morgen umbringt! Aber die Steine habe ich angefertigt und ich allein habe ihm dadurch zu Ruhm verholfen. Alle medizinischen Steine sind von mir, ich habe sie von einem Fachbuch leicht verändert nachgezeichnet." Und zu den Keramiken: „Das zum Beispiel ist ein Ei, darin ist ein Dino geboren worden. Cabrera wollte es so. Tausende Relikte dieser Art sind von mir." Dem Fernsehteam wurden fertige und in Arbeit befindliche Tonstücke von Dinosauriern gezeigt. „Cabrera wollte nie, dass ich sie jemandem zeige", beteuert der Indio vor laufender Kamera. Tatsächlich zeigen die Nachbildungen Uschuyas die*selben* Charakteristiken wie jene Skulpturen aus den geheimen Gemächern des Cabrera-Museums.

Man gewinnt leider den Eindruck, dass die „sensationelle" Keramiksammlung offensichtlich wirklich von Uschuya imitiert wurde. Käme sie nämlich tatsächlich aus einem geheimen Depot, hätte Cabrera sie wohl nie Uschuya und seiner Familie gezeigt. Wie sonst hätte der Fälscher aber dann seine Keramiken so exakt kopieren können?

Es würde mich allerdings auch nicht erstaunen, sollte Dr. Cabrera tatsächlich einige echte Steine mit jenen ungewöhnlichen Motiven entdeckt haben, und vielleicht sind sie immer noch in seinem Besitz. Irgendeinmal jedoch, so scheint es, dürfte er jedoch damit begonnen haben, Steine fälschen zu lassen, um seine Theorien zu stützen. Der grundlegende Unterschied zwischen den echten und falschen Steinen liegt möglicherweise darin, dass die echten Steine *reliefartig* gearbeitet sind, während die falschen *geritzte* Gravuren aufweisen. Einer der Fälscher erzählte, dass man dies aus ökonomischen Gründen getan habe, weil das Ritzen in Steine viel weniger Arbeit beanspruche als im Relief zu gravieren.

Auch wenn der wahre Beweggrund rätselhaft bleibt, weshalb

Dr. Cabrera an seiner Story festhält: Durch die Irreführung um die Steine und Keramiken dürfte nun jedwede Chance vertan worden sein, die *echten* Steine, die es zweifellos ebenso geben dürfte, endlich wissenschaftlich zu erforschen. Offiziell gelten jetzt nämlich *alle* Steine als Fälschung.

Dr. Cabrera hat sich zum Abschluss meines Besuches einen Lapsus geleistet. Er öffnete einen dritten, bisher streng geheim gehaltenen Raum, in dem nicht fotografiert werden durfte. Aus verständlichem Grund, denn mit guten Fotos hätte ich der Ica-Sammlung wohl den letzten Funken der ohnedies schwindenden Glaubwürdigkeit geraubt. Als ich die kleine Kammer betrat, erblickte ich rund fünfzig Skulpturen, UFO-ähnliche Keramiken und Steine mit christlichen Symbolen, darunter Kreuzigungsszenen und Krippenmotive mit dem Jesuskind. Für Dr. Cabrera eindeutige Belege dafür, dass bereits vor Jahrmillionen ein Christentum existierte. Das war selbst für mich, jemand der bekanntlich ein Freund fantastischer Gedanken ist, dann doch zu viel.

Müssen aber deshalb sämtliche prähistorischen Funde, die auf Steinzeit-Chirurgen schließen lassen, als Unsinn eingestuft werden? Keineswegs! Bei meiner Museumstour durch Südamerika habe ich archäologische Stücke bestaunen können, die durchaus Gleichklänge an die Cabrera-Sammlung erkennen lassen. Beispielsweise ist im staatlichen Anthropologischen Museum von *Lima* eine Keramik ausgestellt, die ein gebeugtes Wesen bei einer Operation dokumentiert. Das Alter reicht zwar nicht in die Dinosaurier-Epoche zurück, aber der präkolumbische Ursprung ist unbestritten. Gleiches gilt für Steine mit eingeritzten Bildmotiven. Ihre Echtheit ist unbestritten, allerdings zeigen sie keine Saurier oder versunkene Länder, sondern geometrische Zeichen und Tierdarstellungen. Dennoch wissen wir, dass unsere Vorfahren bereits in vorchristlicher Zeit erfolgreich Operationen durchführten. Das belegen zahlreiche Knochenfunde, die unzweifelhaft auf *Trepanationen* schließen lassen. So nennt man operative Schädelöffnungen, die es nachweislich in Europa schon seit dem zehnten Jahrtausend v. Chr. gegeben hat. Die chirurgischen Eingriffe erforderten mehr Wissen und Können als etwa die Amputation eines Beines oder das Einrenken einer Hüfte. Die Knochenfunde beweisen außerdem, dass über fünfzig Prozent dieser steinzeitlichen Schädeloperationen erfolgreich durchgeführt wurden. Zumindest insofern erfolgreich, als die Wunden wieder gut verheilten, die Patienten also überlebten. Schädeloperationen von gleicher Präzision fand man auch bei den Maya-Priestern in Mittelamerika sowie bei den „Medizinmännern" der Inka in Peru.

Über die erstaunlichen medizinischen Kenntnisse und Fähigkeiten unserer Vorfahren brauchen wir uns eigentlich nicht länger zu wundern. Dagegen löst das hartnäckige Schweigen von Professor Cabrera sowie die Geschichte um seine ko(s)mische Stein-Bibliothek irgendeiner versunkenen Superzivilisation sehr wohl Verwunderung aus. Dr. Cabrera nahm das letzte Geheimnis rund um seine umstrittene Sammlung mit ins Grab. Nur wenige Monate nach meinem Besuch verstarb der Arzt und Hobbyarchäologe im Alter von 78 Jahren in Ica.

Nahm sein Geheimnis mit ins Grab:
Dr. Cabrera im Gespräch mit dem Autor.

Rätselhafte Landkarten

„Ich verstehe die Welt nicht mehr!"

Friedrich Hebbel (1813–1863)

Um 150 n. Chr. zeichnete der Geograf und Astronom *Ptolemäus* eine Weltkarte. Unbekannte Landgebiete gestaltete er nach hypothetischer Vorstellung. So ließ er etwa im unteren Teil seiner Karte die beiden Erdteile Afrika und Asien zusammenfließen und nannte diesen Kontinent „*Terra Incognita*" – das unbekannte Land. Jahrhundertelang wagten sich die Menschen auf die unendliche Weite des Pazifischen Ozeans, um es zu suchen. Legenden entstanden, die von Reichtum an Bodenschätzen und wundersamen Pflanzen erzählen. Wer immer dieses geheimnisvolle Paradies als Erster betreten würde, könnte die sagenhaften Schätze für sich in Anspruch nehmen. Es war ein Traumland voller Verheißungen. Schon die Griechen hatten auf ihren Karten die Existenz eines solchen „unbekannten Südlandes" vorausgesetzt und im 16. Jahrhundert schließlich war es für die meisten Menschen Realität. Die ersten großen Seereisen der Portugiesen und Spanier bewiesen, dass die Welt rund ist. Eine Tatsache, die allerdings nicht wirklich Neuigkeitswert hatte, denn schon den Gelehrten der Antike war dies bekannt. Über Jahrhunderte ging dieses Wissen wieder verloren. Im 16. Jahrhundert argumentierte der flämische Kartograf *Gerhard Merctor*, dass die Erde eine Symmetrie erfordere. Zum Ausgleich der ungeheuren Landmasse im Norden, vor der man ja Kenntnis hatte, sei es erforderlich, ein Landgebiet in der südlichen Halbkugel anzunehmen. Andernfalls würde die Welt aus dem Gleichgewicht geraten und ins Universum stürzen.

Heute, im 21. Jahrhundert, wissen wir es besser. Nach verborgenen Kontinenten wird aber immer noch emsig gesucht. Haben uns versunkene Vor-Zivilisationen Spuren ihrer Heimat hinterlassen? Warten noch unbekannte Erdteile auf ihre Entdeckung? Lassen sich auf alten Landkarten Anhaltspunkte dafür finden? Viele Originalmanuskripte wurden zerstört oder haben sich mittlerweile in ihre Bestandteile aufgelöst. Abschriften viel älterer Vorlagen sind erhalten geblieben. Können wir aus ihrem Inhalt irgendwelche „Botschaften" versunkener Kulturen herauslesen? Es gibt diese Hinterlassenschaften tatsächlich, aber wie zuverlässig sind diese altertümlichen Landkarten? Daran anknüpfend eine kleine Übersicht der sonderbarsten Kartenfunde aus der Geschichte:

Die Chronik Navigatio Brendani

Einige Berichte untermauern die Behauptung, dass die Iren Amerika vor den Spaniern und bereits vor den Wikingern entdeckt haben. Die Reise des heiligen *Brendan* aus dem 9. Jahrhundert erzählt davon, dass ein irischer Mönch im 6. Jahrhundert den Versuch unternommen habe, das christliche Utopia zu finden, das er irgendwo im Westen Irlands vermutete. Er segelte vom Kloster Tralee an der Westküste Irlands los und fand schließlich das gesuchte Land. Oder wenigstens etwas Ähnliches. Aber was? Die Beschreibungen in *„Navigatio Brendani"* lassen vermuten, er könnte die Kanarischen Inseln erreicht haben. Es könnte aber auch Grönland gewesen sein. Die Insel, die er fand, war „höher als der Himmel und schien aus reinem Kristall gemacht". Bei anderen Inselgruppen mit einem Berg, „der nicht umwölkt war, himmelhohe Flammen ausspeite und wieder in sich hineinsog, so dass das ganze Felsmassiv bis hinunter zum Meeresspiegel wie ein Scheiterhaufen erglühte", scheint ein Vulkan eine Rolle gespielt zu haben. Es ist durchaus möglich, dass St. Brendan den Atlantik über das vulkanische Island überquerte und nach Utopia, der Neuen Welt, weiterfuhr – zehn Jahrhunderte vor Kolumbus.

Gleichgültig wie viel davon wahr ist, die Insel des heiligen Brendan erscheint auf vielen Landkarten des 17. u. 18. Jahrhunderts im westlichen Atlantik. Die Portugiesen erhoben sogar Anspruch auf die Insel, und Grundstücke wurden an Adelsfamilien verkauft. Trotz einiger Anstrengungen – die Suche wurde von den in Verlegenheit geratenen Portugiesen finanziert – ist die genaue Lage unbekannt.

Die „Vinland"-Karte

Diese mittelalterliche Seekarte dürfte es eigentlich gar nicht geben. Wer genau der Verfasser ist, bleibt ungeklärt. Dafür ist das

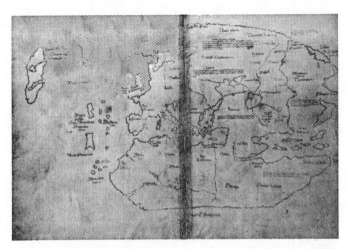

Die Vinland-Karte aus dem Mittelalter zeigt Island, Grönland und Vinland oben links. Ebenso dargestellt: die mythischen Glücklichen Inseln und die St.-Brendans-Insel.

Entstehungsdatum fix: 1440. Ein Zeitpunkt, zu dem „Amerika-Entdecker" *Christoph Kolumbus* nicht einmal noch auf der Welt war. Auf der Karte sind Europa, Island, Grönland und links oben Vinland dargestellt. Als Vinland wurde auch jenes Gebiet bezeichnet, das vermutlich der Wikinger *Leif Eriksson* einem neuen Land gab, das er rund 1000 n. Chr. im nördlichen Atlantik entdeckte. *Thomas Marston* von der Yale University wurde gemeinsam mit Studenten beim Anblick der Grafik stutzig: Die Illustrationen der Hudsonbai, Neufundlands und des St.-Lawrence-Stromes decken sich mit aktuellen Karten. Allerdings sind auf der Karte auch die mythischen „Glücklichen Inseln" und die unbekannten „St.-Brendans-Inseln" aufgezeichnet. Die Vinland-Karte geriet durch Zufall und über verschiedene Umwege in Marstons Hände. Angeblich existiert noch ein älteres Exemplar davon. Der Benediktinermönch *Ranulf Hidgen* soll sie schon 1350 herausgegeben haben, nur mit dem Unterschied, dass man damals Amerika nördlich von Europa vermutete. Eine Bestätigung dafür, dass die Nordländer tatsächlich, wenn auch vielleicht nur kurzfristig, die Neue Welt besuchten, wurde zu Beginn der 60er Jahre gefunden, als an der nördlichsten Spitze Neufundlands die Ruinen einer nordeuropäischen Siedlung ausgegraben wurden.

Die Amerika-Karte von Martin Waldseemüller

Sie zeigt eine fast vollständige Kenntnis des südamerikanischen Kontinents, noch ehe dieser offiziell entdeckt wurde. *Martin Waldseemüller* zeichnete sie im Kloster von Saint-Dié (Lothringen), wo der „Taufschein Amerikas" im Jahr 1507 gedruckt wurde. Der vollständige Atlas besteht aus zwölf Blättern von 45,5 mal 67 cm und stellt ganz Amerika zweimal dar. Der nördliche Teil der westlichen Hemisphäre wird in eher schematischer Form reduziert. Dagegen ist Südamerika mit außerordentlicher Genauigkeit dargestellt. Anno 1507 hatte *Balboa* noch nicht den Pazifik erreicht (1513), war *Magellan* noch nicht durch die später nach ihm benannte Meerenge von einem Ozean in den anderen gelangt (1520), noch war Pizarro nach Peru gekommen (1532). Ja, man glaubte damals sogar noch, dass das als „Westindien" bezeichnete Amerika einen Teil des asiatischen Kontinents bildete. Hatte Martin Waldseemüller Zugang zu außeramtlichen Unterlagen? Offenkundig, aber welche? Wieso konnte er damals den südamerikanischen Kontinent derart präzise darstellen?

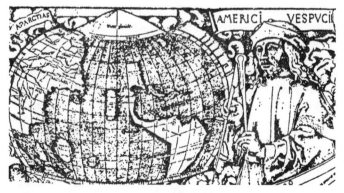

Die Amerika-Karte von Martin Waldseemüller aus dem Jahr 1507

Die Südamerika-Karte von Henricus Martellus
Henricus Martellus (Heinrich Hammer) lebte nachweislich zwischen 1480 und 1496 in Florenz und Rom. Das von ihm dargestellte Flussnetz Südamerikas ist mit der heutigen Realität nahezu ident. Die kartografischen Wiedergaben der Antarktis sowie Grönlands sind hingegen ungenau. Dennoch gibt es auch gute Darstellungen dieser Erdteile, aus einer Zeit, als man diese Landteile „offiziell" noch gar nicht kannte. Um seinerzeit solche Karten anfertigen zu können, hätten die Kartenspezialisten Flugkenntnisse haben müssen, meint ein US-Kartenexperte.

Die Karte des Eratosthenes
Sie enthält ebenso wie die Karte des römischen Kartografen *Pomponius Mela* eine Verbindung zwischen dem Kaspischen Meer und dem Arktischen Ozean. Eratosthenes, der im 3. Jahrhundert v. Chr. lebte, fand vermutlich in der Bibliothek von Alexandria ältere Aufzeichnungen über einen derartigen Durchzug, der bis vor etwa 10.000 Jahren tatsächlich bestanden haben dürfte. Sowohl geologische als auch zoologische Argumente bestätigen diese Annahme. Noch heute kommen die Ringelrobben und andere arktische

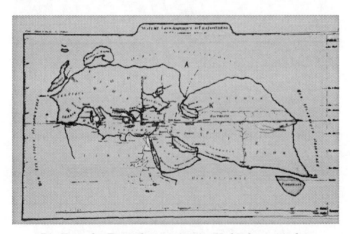

Die Karte des Eratosthenes zeigt eine Verbindung zwischen Kaspischem Meer und Arktischem Ozean.

Tiere im Kaspischen Meer vor. Diese Kälte liebenden Tierarten haben sich, so hat es jedenfalls den Anschein, erstmals nach der Polverschiebung und der damit verbundenen Abkühlung vor rund 12.000 Jahren im zuvor warmen Arktischen Ozean angesiedelt und sind von dort aus auf dem Wege über die bestehende Wasserverbindung in das Kaspische Meer vorgedrungen.

Die Zeno-Karte zeigt Grönland ohne Eis
Meteorologen warnen schon lange vor globalen Klimaverschiebungen, die durch Ozonloch, Flutwellen, Wirbelstürme, Dürreperioden und das El Niño-Phänomen bereits spürbar sind. Es gibt auf

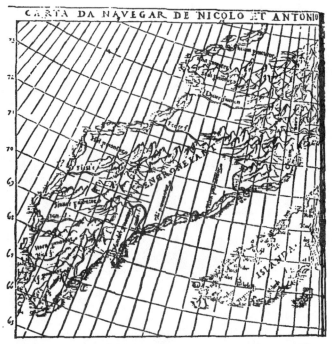

Die Zeno-Karte des Nordens aus dem Jahr 1380 zeigt Grönland weitgehend eisfrei. Ein Zustand, wie er bis vor 10.000 Jahren herrschte.

einigen alten Karten Hinweise darauf, dass solche Klimaveränderungen in der Vorgeschichte des Öfteren stattgefunden haben können. Eine der ersten Karten, die in diese Richtung zu deuten sind, ist die *„Zeno-Karte des Nordens"* aus dem Jahr 1558. *Nicolás Zeno* hatte sie aufgrund von Kartenskizzen und Reisenotizen seiner Vorfahren aus dem Jahr 1380, der Brüder *Antonio* und *Carlos Zeno*, angefertigt. Das Unverständliche an dieser Karte ist die Tatsache, dass sie Grönland ohne Eiskappe zeigt. Ein Zustand, wie er bis vor etwa 10.000 Jahren herrschte. Neben den Gebirgen im Norden und Süden ist in der Mitte der Karte eine ausgedehnte Ebene erkennbar. Das macht die ganze Angelegenheit noch mysteriöser: Moderne seismische Untersuchungen haben nämlich ergeben, dass sich unter der gegenwärtigen mächtigen Eisdecke tatsächlich eine solche Ebene befindet. Wie aber konnte der mittelalterliche Kartenzeichner davon wissen?

Eine andere Hypothese besagt, die Karte würde gar nicht das eisfreie Grönland darstellen, sondern mit dem als „Engronelant" bezeichneten Kartenteil sei die Küste Labradors bzw. Neufundlands gemeint. Man kann es drehen und wenden wie man will: in jedem Fall höchst ungewöhnlich.

Die Antarktis-Karte 250 Jahre vor ihrer Entdeckung
Sollte sich das Ozonloch weiter ausbreiten, unser Klima nachhaltig verändern und den mächtigen antarktischen Eispanzer weiter abschmelzen, dann erschienen Inseln vor der antarktischen Küste. Im Archiv der amerikanischen Kongressbibliothek fand Charles H. Hapgood, Professor für Geschichte der Wissenschaften, eine Reihe erstaunlicher Landkarten aus alter Zeit. Darunter eine Karte von *Oronteus Finaeus*, die 1531, das heißt rund 250 Jahre vor der Entdeckung des sechsten Kontinents, entstanden war. Das Unfassbare: Die Karten zeigen Details, die deutlich machen, dass die Antarktis kartografiert wurde, allerdings so, als würde sie sich in einem eisfreien Zustand befunden haben.

War die Antarktis jemals eisfrei? Vielleicht vor geologisch gar nicht so langer Zeit? Tatsächlich existieren Beweise dafür. Im Jahr 1949 wurden von der Byrd-Antarktis-Expedition dem Boden des Rossmeeres einige Bohrproben entnommen. Die darin ent-

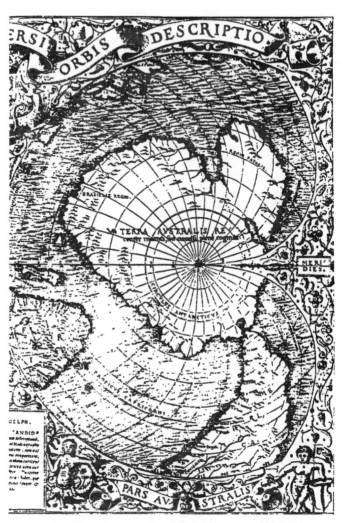

Die rätselhafte Karte von Oronteus Finaeus zeigt die Antarktis 250 Jahre vor ihrer „offiziellen" Entdeckung.

haltenen Sedimente unterzog man im *Carnegie Institute* in Washington einer genaueren Analyse. Das Ergebnis verblüffte die Experten: Während der letzten Million Jahre müssen Teile der Antarktis im Bereich des Rossmeeres mehrmals *eisfrei* gewesen sein. Die Bohrproben enthielten nämlich an verschiedenen Stellen größere Mengen extrem feinkörniger Sedimente, wie sie von Flüssen aus eisfreiem Land ins Meer transportiert werden. Alle Bohrproben ergaben übereinstimmend, dass die letzte Wärmeperiode in dieser Region vor 6000 Jahren endete. Begonnen hatte sie vor annähernd 25.000 Jahren. Ein erstaunliches Ergebnis! Es bedeutet gleichzeitig: Die Ursprungskarte mit den Küsten des Rossmeeres müsste demnach vor mehr als 6000 Jahren entstanden sein! Woher bezog Finaeus diese Kenntnisse? Aus welchen älteren Archiven kopierte er sein Kartenmanuskript?

Weitere Grafiken, die die Antarktis Jahrhunderte vor ihrer „offiziellen" Entdeckung kartografiert wiedergeben, sind die *Piri-Reis-Karte* (1513), die *Mercato-Karte* aus dem Jahr 1538 und die *Buache-Karte* aus dem Jahr 1737. Hier wird die Antarktis wiederum ohne Eis darstellt, so als wäre sie vor der Sintflut angefertigt worden.

Vergessene Begebenheiten aus der Vor- und Urzeit, die auf kartografischen Manuskripten festgehalten wurden, können nur unendliche Kopien von älteren Vorlagen sein. Als Original hätten sie die Zeiten wohl nicht überlebt, wären längst zu Staub verfallen. Anders verhält es sich bei Relikten aus Stein. Wäre blitzgescheiten Kartenzeichnern der Frühzeit daran gelegen, der Nachwelt einen Beweis ihrer Existenz zu hinterlassen, hätten sie das vermutlich in Stein getan. Manche taten es auch. Einige prähistorische Karten in Stein sind belegt. Die berühmteste davon ist die *„Mappe die Bedolina"*, 207 mal 386 cm groß und präzise in Stein gehauen. Es soll die älteste geografische Karte sein, die bisher in Europa entdeckt worden ist. Sie befindet sich im norditalienischen Gebiet von *Val Camonica* inmitten Hunderttausender Felsgravuren, darunter auch rätselhaften Darstellungen, die wegen ihrer fremdartigen Attribute von der einheimischen Bevölkerung als *„Astronauti"* bezeichnet werden. Ich habe mir die steinerne Landkarte vor Ort angesehen, sie ist wirklich imposant: Siedlungen aus der Vorzeit sind darauf ebenso exakt wiedergegeben wie mehrstöckige Bauwerke, Flüsse, Seen, Wege, Wiesen und sogar verschiedene Metallvorkommen. Vergleiche mit modernen Landkarten ergab eine überraschende Deckungsgleichheit mit den Steinzeitkartografien. Teilweise sind topografische Einzelheiten sogar *verzerrungsfrei* und *maßstabsgetreu* wiedergegeben. Welche Projektionsverfahren kannten die Kartografen der Frühgeschichte? Was befähigte sie, dermaßen exakt zu arbeiten? Und überhaupt: Woher bezogen sie ihr Wissen von der Vermessungstechnik?

Diese Frage stellte ich mir wieder, als ich in Ecuador vor einem merkwürdigen „Weltkartenstein" stand. Wer immer diesen Gegenstand mit seinen außergewöhnlichen Gravuren angefertigt hat, wusste nicht nur über die bekannten Erdteile Bescheid. Die Einritzungen lassen Kontinente wie Amerika, Afrika und Asien erkennen und zeigen weitere schemenhafte Umrisse, die man mit den versunkenen Inselkontinenten *Atlantis* im Atlantik und *Mu* im Pazifik interpretieren könnte. Die Darstellungen sind so angelegt, als würde der Betrachter aus dem Weltraum auf die Erde blicken. Ein weiteres Kuriosum: Auf dem Stein, dem magische Kräfte nachgesagt werden, sind Linien eingraviert, die an eine Verbindung von Babylon nach Ecuador denken lassen. Wanderten vor Urzeiten die Sumerer nach Südamerika? Das ist nur schwer zu glauben. Und doch gibt es noch andere archäologische Ausgrabungsstücke, die den Verdacht auf sumerischen Einfluss durchaus erlauben.

Das skurrile Unikat wird heute vor einem Sonnentempel, der als Privatmuseum und Seminarraum dient, in der Umgebung von *Tumbaca* aufbewahrt. Gefunden hat man das kuriose Artefakt in den 80er Jahren nahe einem Vulkan. In dem betreffenden Grabungsgebiet, der ehemaligen Goldgräberstätte La Mana, wurden neben dem „Weltkartenstein" ebenso eine Reihe weiterer mysteriöser Steinfunde gemacht, darunter sonderbare Steinpyramiden, befremdende Götterfiguren, steinerne Schlangenköpfe, Steine mit eingravierten Symbolen oder Gesichtern, die den Eindruck vermitteln, zwei unterschiedliche Gesteinsarten seien miteinander verschmolzen worden und viele andere Kuriositäten. Viele dieser Gegenstände sind mit komplizierten Einlegearbeiten bestückt.

Manche Symbole, wie jene auf einem schwarzen „Gralsbe-

Der „Weltkartenstein" aus Ecuador

cher", konnten inzwischen als *Sternbilder* identifiziert werden. Sie zeigen Konstellationen des *Orion*, *Sirius* oder die *Plejaden*. Doch damit nicht genug. Die Artefakte haben noch eine Besonderheit, die zu verblüffen vermag: Sie sind erzhaltig, ziehen Magnete an und offenbaren unter UV-Licht gespenstische, nie gesehene *Leuchteffekte*. Von Indios werden die „Energiesteine" als heilig verehrt. Es gibt aber ebenso Einheimische, die der etwa dreihundert Fundstücke umfassenden Sammlung dunkle magische Kräfte nachsagen. Mancher Zeitgenosse wendet sich sogar ängstlich davon ab, weil ihm die ganze Geschichte unheimlich vorkommt.

Dr. *Heinz Valentin Hampejs*, Arzt und Heilpraktiker aus Österreich, der sich in Ecuador mit seiner Familie niedergelassen hat, ist Experte auf dem Gebiet der Schamanen-Medizin. Er führt selbst heilende Rituale durch und warnt vor negativen Einflüssen, die von den Steinfunden ausgehen könnten: „Da die Objekte magnetisch sind, wird auch das Blut beeinflusst, weil der rote Blutfarbstoff eisenhaltig ist. Wird das Blut beeinflusst, kommt es aber auch zu einer Beeinflussung der Gehirnströme. Das ist der Grund, weshalb man aufpassen muss. Wir wissen noch zu wenig über den Ursprung dieser Steine, kennen die Programme nicht, die sie enthalten, und wissen daher auch nicht, welche Energien diese Steine auslösen."

Empfindliche Personen, die mit den Steinen in Berührung kamen, klagten über Kopfschmerzen und Unwohlsein. Es scheint auch eine Rolle zu spielen, wie man die Steinobjekte in die Hand nimmt. Das gilt insbesondere für ein Pyramidenstück mit Augensymbol, das sich als Motiv auf der One-Dollar-Note wieder findet. Angeblich strahlen geheimnisvollen Energien von dem mysteriösen Gegenstand aus, der erstmals im Rahmen der „Unsolved Mysteries"-Schau 2001 in Wien zu sehen war. Ein versuchter Diebstahl durch eine internationale Kunstraubmafia, konnte nur mit Glück in letzter Minute vereitelt werden.

Alle diese Fundsachen, die Verbindungen zum Atlantis-Mythos erkennen lassen, werden in eine unbekannte, eiszeitliche Epoche zurückdatiert. Man schätzt ihr Alter auf 10.000 bis 25.000 Jahre, einige Esoteriker sprechen sogar von 100.000 bis 500.000 Jahre Zurückdatierung in die Vergangenheit. Wer hat diese Fragmente *wann*, *wie* und *wozu* angefertigt? Liefert der „Weltkartenstein" mit den eingeritzten Landmassen den Beweis dafür, dass es Atlantis und andere versunkene Vor-Zivilisationen einst wirklich gegeben hat? Oder muss man das Aufgefundene in die Kategorie „moderne Nachbildung" einordnen, analog zu einem Großteil der Ica-Steine von Dr. Cabrera aus Peru? Endgültige Klarheit darüber, ob wir es vielleicht doch mit einer archäologischen Sensation zu tun haben, können nur exakte wissenschaftliche Untersuchungen bringen. Die bisherigen Bemühungen in diese Richtung brachten leider noch keine schlüssigen Ergebnisse.

Platon ist an allem „schuld"

„Es gab eisige Steinhaufen ... Dort – unter meinen Augen lagen Ruinen einer Stadt – die zerstörten Dächer gaben den Blick auf Innere Häuser frei ... Weiter hinten die Überreste eines mächtigen Aquädukts ... hier die Spuren eines Kais ... Dahinter die langen Reihen versunkener Mauern und breiter, verlassener Straßen – Wo war ich? Wo war ich? ... Kapitän Nemo ... hob ein Stück Kreide auf ... ging zu einem Felsen ... und schrieb nur ein einziges Wort: ATLANTIS."

Jules Verne (1828–1905) in seinem Roman „Zwanzigtausend Meilen unter dem Meer"

Was halten Sie von Atlantis? Uralte Sage oder wahre Überlieferung? Seit mehr als hundert Jahren beschäftigen sich Forscher, Autoren und interessierte Laien mit der Legende um den versunkenen Kontinent, von dem man nicht einmal weiß, ob er wirklich existiert hat. Die einen vermuten die Reste der untergegangenen goldenen Stadt auf Helgoland, manche glauben sie mit den Kanarischen Inseln gleichsetzen zu können oder wollen Überreste im berüchtigten „Bermudadreieck" geortet haben. Andere wiederum halten die Erzählung schlicht für ein Märchen.

Es mag schwer vorstellbar sein, dass eine Kultur vor etwa 11.500 Jahren existierte, die erstaunlich hoch entwickelt gewesen sein soll. Die Prähistoriker kennen die Geschichte der Menschheit seit knapp 5000 Jahren, also bis etwa ins Jahr 3000 vor Christus. Von früheren Zeiten wissen sie kaum mehr als die Überlieferungen der Bibel und anderer religiöser Bücher. Es gibt aber geschichtliche Aufzeichnungen, die sich auf Ereignisse um 9500 vor Christus berufen. Diese stammen nicht, wie so viele andere, aus Griechenland, dessen klassische Epoche von 600 bis 300 vor Christus beispielhaft für das gesamte Abendland wurde, sondern aus *Ägypten*, wo man bereits um 600 vor Christus daranging, Altertumsforschung zu betreiben. Trotzdem hat die ägyptische Kultur niemals auch nur annähernd so viel Einfluss auf das Abendland gehabt wie die griechische.

Die uns erhalten gebliebene schriftliche Überlieferung von der Existenz des Inselkontinents stammt wiederum von einem Griechen, nämlich von dem bedeutenden Philosophen *Platon* (427–347). Er beruft sich allerdings auf altägyptische Quellen. Der berühmte Gelehrte stammte aus einem vornehmen Geschlecht Athens. Acht Jahre lang war er Schüler des ebenso berühmten Philosophen *Sokrates*. Platon bereiste zu seiner Zeit Italien und Sizilien, viele griechische Inseln und das geheimnisvolle Land der Pharaonen. In der von Platon gegründeten Philosophenschule wurden gerne scharfsinnige Gespräche geführt. Einige davon sind der Nachwelt erhalten geblieben. Zwei dieser Dialoge, *„Timaios"* und *„Kritias"* genannt, enthalten den Atlantis-Mythos. Nach Platon hatten die Bewohner von Atlantis ein starkes Heer, ihre Landwirtschaft war hoch entwickelt, sie gewannen und verarbeiteten bereits Metall und hatten eine eigene Schriftsprache. Folglich müsste Atlantis die Wiege aller heutigen Zivilisationen sein. Nachfolgend die wichtigsten Passagen daraus.

„Die Ursache hievon aber ist die folgende: es haben viele Vernichtungen der Menschen stattgefunden, und zwar auf verschiedene Weise, und werden in der Folge stattfinden – die größten durch Feuer und Wasser, durch tausend andere Ursachen, aber andere geringere. Was auch bei euch erzählt wird, dass einst *Phaeton*, des Helios Sohn – nachdem er des Vaters Wagen bespannt, es aber nicht vermocht hätte, auf des Vaters Wegen zu fahren –, alles auf Erden verbrannt habe und selbst durch einen Blitzstrahl getötet worden sei – dies wird zwar als etwas erzählt, was den Anschein einer Fabel hat; das Wahre davon ist aber die Bahnabweichung der um die Erde am Himmel sich bewegenden Gestirne und die nach langen Zeiträumen durch viel Feuer erfolgende Vernichtung von allem, was sich auf der Erde befindet ... Es war nämlich einst, o Solon, vor der größten Zerstörung durch Wasser der jetzt von den Athenern bewohnte Staat sowohl in Beziehung auf das Heerwesen als auch in jeder Art mit den trefflichsten Gesetzen ausgestattet. Auch werden ihm die schönsten Taten und die ausgezeichnetste Verfassung von allem unter dem Himmel zugeschrieben, von denen wir Kunde erhielten ... Die Schriften berichten nämlich, welch große Macht einst euer Staat besiegt hat, als sie, von außen vom Atlantischen Ozean einbrechend, im Übermut gegen ganz Europa und Asien zu Felde zog. Denn damals war das Meer daselbst befahrbar. Es lag vor der Mündung, die bei euch ‚Säulen des Herakles' heißt, eine Insel, größer als Asia und Libya zusammen, und von ihr aus konnte man damals noch nach den anderen Inseln hinüberfahren und von diesen Inseln auf das ganze gegenüberliegende Festland, das jene Wahrheit so heißende Meer umschließt ... Auf dieser Insel Atlantis bestand nun eine große und bewundernswerte Königsmacht, welche sich sowohl in den Besitz der ganzen Insel als auch der anderen Inseln und von Teilen jenes Festlandes gesetzt hatte; außerdem beherrschte sie von den hier innerhalb gelegenen Ländern Libyen bis Ägypten und Europa bis Tyrrhenien."

Versunken soll dann die Insel urplötzlich sein, „an einem Tag und in einer Nacht". Bei Platon heißt es dazu: „Diese gesammelte Macht versuchte es einst, in einem Heereszuge sowohl euer als unser Land und alles innerhalb der Mündung Gelegene mit einem einzigen Angriff zu unterjochen. Damals nun, o Solon, tat sich die Macht eures Staates vor allen Menschen, glänzend durch Tapferkeit und Tatkraft, hervor ... Später jedoch, als ungeheure Erdbeben und Überschwemmungen eintraten, versank *während eines einzigen schlimmen Tages und einer einzigen schlimmen Nacht* ebenso wohl das ganze zahlreiche streitbare Geschlecht bei euch unter der Erde und ebenso verschwand die Insel Atlantis, indem sie unter das Meer versank. Deswegen ist auch jetzt das Meer dortselbst unbefahrbar geworden und nicht zu durchschiffen, weil der sehr hoch liegende Schlamm, den die Insel bei ihrem Untergang verursachte, dies behindert."

Im weiteren Verlauf des Dialogs liefert Platon ein recht ausführliches Bild von der Insel Atlantis und seiner Hauptstadt. Demnach müsste die legendäre Insel aus Bergen und Ebenen bestanden haben, verwöhnt mit einem milden Klima; künstliche Wasserkanäle soll es gegeben haben, unterirdische Schiffswerften und große Häfen sowie glanzvolle Städte. Die Bodenschätze: Kupfer, Silber, Gold und Edelsteine. Zehn Könige beherrschten das Land, die aus ihren Reihen den Besten, den Weisesten und Gerechtesten zum Machthaber über den ganzen Kontinent wählten. Der Palast

Ihm haben wir den Atlantis-Streit zu verdanken: Philosoph Platon

dieses Großkönigs stand im Herzen einer prachtvollen Hauptstadt. Sie war von mehreren künstlichen Ringkanälen umgeben und mit Mauern befestigt, die man mit Zinn und Bronze übergossen hatte. Heiße und kalte Quellen sowie Wasser und Säfte sprudelten dort im Überfluss. Als ihren größten Reichtum hüteten die Atlanter sechseckige Kristalle, die sie *Tuaoi*-Steine nannten. Sie galten als Quelle unerschöpflicher Energie. Atlantis war – falls es jemals existiert hat – das Paradies auf Erden. Platon beschreibt den Zentraltempel in der von Gott *Poseidon* gegründeten Hauptstadt folgendermaßen:

„Der Tempel des Poseidon selbst war ein Stadion lang, drei Plethren breit und diesen Maßen entsprechend hoch, während das Gottbild selbst ein etwas barbarisches Aussehen hatte. Den ganzen Tempel überzogen sie mit Silber mit Ausnahme der Zinnen, aber diese Zinnen mit Gold. Im Inneren sah man die elfenbeinerne Decke ganz mit Gold, Silber und Bergerz verziert, alles Übrige aber an Mauern, Säulen und Fußböden beschlugen sie mit Bergerz. Auch stellten sie goldene Bildstelen hinein, sowohl den Gott auf einem Wagen stehend als Lenker von sechs Flügelrossen, mit dem Scheitel die Decke berührend, als auch hundert Nereiden auf Delphinen rings um ihn; denn so viele, glaubten die damaligen Menschen, gäbe es. Es waren aber auch viele andere Bildsäulen darin als Weihegeschenke der Bürger. Außen um den Tempel standen goldene Bilder von allen zusammen, von den Frauen und von allen denen, die den zehn Königen entsprossen waren, und viele andere große Weihegeschenke sowohl von den Königen als auch von den Bürgern, teils aus der Stadt selbst, teils von außerhalb Wohnenden, über die jene herrschten. Auch der Altar entsprach demzufolge an Größe und Ausführung diesem Gesamtwerk und die Königsburg war auf die gleiche Weise eingerichtet, wie es der Größe des Reiches und der Pracht des Tempels entsprach."

Im seitenlangen Dialog werden Einzelheiten über Atlantis anschaulich vermerkt. Die Küstenlinie, die blühenden Landschaften und der politische Aufbau der Atlantis-Bewohner werden ebenso beschrieben wie ihre Abstammung. Als edel und schön werden sie bezeichnet, ihre Haut schimmerte wie Gold, die Farbe ihrer scharfen Augen war grau und ihr Haar glänzte so golden wie der Körper. Nur verständlich, dass diese Inselbewohner von den Göttern abstammen mussten. Doch weil sich die Menschen immer mehr untereinander verbreiteten, trat das Göttliche mehr und mehr in den Hintergrund und das Menschliche überwiegte. Die Menschen wurden habgierig, lasterhaft und undankbar. Dies sah der übermächtige Gott aller Götter, *Zeus*, mit großem Unwillen und er beschloss die Atlantiden zu bestrafen. Er berief die Götter „in den erhabensten Wohnsitz, der in der Mitte des Alls liegt und alles überblicken lässt". Der von Platon überlieferte Dialog endet hier abrupt mit den kryptischen Worten: „Und nachdem Zeus sie alle versammelt hatte, sprach er ..."

Was wollte der Gottvater an mahnenden Worten seinen himmlischen Kollegen noch anvertrauen? Es bleibt eines der vielen ungelösten Fragen in der Atlantis-Saga. Damals, als Platon diese Zeilen schrieb, erregte sein Bericht keine besondere Aufmerksamkeit. Sein Schüler *Aristoteles* hielt die Atlantis-Story für ein Mär-

Das „Kreuz von Atlantis". Es ist die symbolische Darstellung der von Platon beschriebenen Atlantishauptstadt mit dem Poseidontempel, Ringwällen und Wassergräben.

chen, das man als moralische Ermahnung zu Tugend und Bescheidenheit auffassen konnte. Eine Ansicht, die bis heute auch viele Atlantis-Kritiker teilen.

Dagegen spricht Platons detaillierte und anschauliche Beschreibung, die stellenweise so genau wiedergegeben ist, dass eine Rekonstruktion der atlantischen Hauptstadt ohne weiteres möglich wäre. Beruhen die alten Texte auf historischen Tatsachen oder ist alles zwar eine brillante, letztlich aber erfundene Geschichte? Die Ansichten darüber bleiben gespalten, denn die Texte lassen sich auf zweierlei Weise deuten. Einerseits kann man Atlantis als einen von Platon in der Theorie konstruierten Idealstaat ansehen, den er zur Untermauerung seiner philosophischen und politischen Konzeption benötigte. Andererseits kann man ihm glauben, dass es diese Insel wirklich gegeben hat. Dann aber drängen sich unweigerlich Fragen auf. *Wann* hat die Insel existiert? *Wo* lag Atlantis? *Welche* Überreste können als Beleg für dieses unvergleichliche Reich herangezogen werden? *Was* sind die Ursachen der Katastrophe, die zum Untergang der Insel geführt haben?

Hier setzt dann auch das Rätselraten ein. Dass wir uns nach rund 12.000 Jahren über Fiktion und Wahrheit einer versunkenen Zivilisation immer noch den Kopf zerbrechen, ist allein die „Schuld" des griechischen Gelehrten Platon. Wir sollten ihm dennoch dankbar sein, denn gemäß einem alten Weisheitsspruch zufolge sind es nicht die gelösten, sondern stets die ungelösten Probleme, die den Geist lebendig erhalten ...

Die Suche nach den Urtexten

> *„Die zur Wahrheit wandern, wandern allein."*
> Christian Morgenstern (1871–1914),
> in „Wir fanden einen Pfad"

Hat Atlantis wirklich existiert? Wenn ja, dann müssen sich Spuren dieser sagenumwobenen Kultur finden lassen – aber *wo*? Bis heute haben sich Hunderte Wissenschaftler bemüht, das Rätsel um Atlantis zu lösen. Bisher vergeblich. Hauptproblem: Platon, der seit 2347 Jahren tot ist, bürgt als einziger „Zeuge". Er selbst hat Atlantis nie gesehen, genießt aber bis heute einen erstklassigen Ruf als Philosoph. Aus dem Bericht geht unzweifelhaft hervor, dass Platon selbst Atlantis für historisch verbürgt hielt. In seinen Dialogen betont und wiederholt er viermal, dass diese Insel *keine* Fiktion sei, denn er habe von ihr von seinem Großvater gehört. Dieser wiederum hätte davon seinerzeit von seinem Vorfahren *Solon* erfahren, der in Ägypten gewesen war. Die Informationen sollen, so wird nachdrücklich versichert, aus der Heiligen Stadt *Sais* stammen. Platon gebe demnach nur wieder, was Solon über Atlantis berichtet habe. Solon wiederum habe den Atlantis-Report im saitischen *„Tempel der Neith"* auf einer Steinstele vorgefunden und hernach, in einer ausführlichen Version, aus einem „heiligen Buch" abgeschrieben. Dieses Manuskript sei dann über vier Generationen bis zu „Kritias", dem Sprecher im Platon-Dialog, weitergegeben worden.

Das klingt abenteuerlich. Aber galt nicht die versunkene Stadt *Troja* ebenfalls lange Zeit als ein Produkt ausufernder Fantasie, bis *Heinrich Schliemann (1827–1890)* sie ausgrub? Auch er hatte sich auf die Schilderungen eines antiken Schreibers verlassen. Schliemann war überzeugt, dass die Stadt Troja, vom Dichter Homer besungen im Heldenepos „Ilias", wirklich existierte. Als Spinner belächelt, folgte der Hobby-Archäologe den pathetischen Versen des Griechen und wurde tatsächlich an der Küste Kleinasiens fündig. Heinrich Schliemann, der einen sagenhaften Text ernst nahm, wurde mit seiner Entdeckung weltberühmt.

Büste des Solon

Wie verhält es sich mit Platons Angaben nach der Herkunft des Atlantis-Berichts? Keine Frage, sie können gleichermaßen überprüft werden. Überraschendes Ergebnis bisheriger Recherchen: Trotz vielfacher Anstrengungen konnten Forscher aus aller Welt bisher nicht ausschließen, dass seine Behauptung wahr ist und die Urquelle in graue Vorzeit zurückreicht. Fassen wir die wichtigsten Punkte über die Herkunft der Atlantis-Legende zusammen:

In der Schilderung von Platon wird Folgendes behauptet:
1. Ägyptische Priester ritzten ursprünglich den Bericht auf eine Hieroglyphensäule, die sich im Neith-Tempel in Sais befand. „Neith" war die Stadtgöttin von Sais und wurde laut Mythe als Muttergöttin verehrt, die einst den Sonnengott Re „gebar". Die Griechen identifizierten sie mit ihrer Göttin *Athene*.
2. Um 560 v. Chr. besuchte der Staatsmann Solon Ägypten und übertrug den Text gemeinsam mit einem Priester aus Sais ins Griechische. Beim Dolmetschen entstanden Probleme. Solon verstand die geografischen Ausdrücke und Ortsnamen auf der Steinsäule nicht. Deshalb „forschte er nach der Bedeutung der Eigennamen", „suchte den Sinn wieder zu erfassen" und „übersetzte ihn in unsere Sprache zurück" (Platon).
3. 360 v. Chr.: Solons Fassung benutzte Platon als Grundlage für seinen Dialog „Kritias", ein naturkundlich-historisches Werk, in dem der Atlantis-Bericht eine zentrale Stelle einnimmt.

So weit Platons Hinweise auf die Urquelle. Doch was ist Dichtung, was Wahrheit? Dazu die historischen Fakten:
- Der Stammbaumforscher *John Davies* ermittelte, dass „Kritias" tatsächlich ein Urahn von Solon war. Die Manuskript-Übergabe innerhalb der Familie wäre demnach möglich gewesen.
- Solons Ägypten-Besuch ist verbürgt. Um 560 v. Chr. setzte der Staatsmann mit dem Schiff zum Freihafen Naukratis über, der

im Nildelta lag. Von dort sind es nur noch 16 Kilometer bis zum ehemaligen Pharaonensitz Sais.
- Der Neith-Tempel, „*Per-Anch*" (Haus des Lebens) genannt, gehörte zu den berühmtesten Universitäten Ägyptens. Archäologen haben die Studierstube in Form von Ruinenresten nachgewiesen. Um Christi Geburt wurde das Gebäude von den Römern zerstört. Zahlreiche Tempelstatuen und Bauteile sind der Nachwelt dennoch erhalten geblieben und befinden sich in verschiedenen Museen, jedoch ist das ursprüngliche Sais noch nicht ausgegraben.

Durchwegs Anhaltspunkte, die eine weitere Atlantis-Forschung rechtfertigen. Platon schildert glaubwürdig „eine denkmögliche Art des Informationstransportes", stimmt auch der Hamburger Altertumsforscher Dr. *Hartwig Altenmüller* zu und ergänzt: „Das Anzapfen ägyptischer Weisheit war im klassischen Griechenland gang und gäbe."

Scharen von Gelehrten pilgerten damals ins alte Land am Nil, die einzige Kultur, die bruchlos seit Jahrtausenden überlebt hatte. An erstaunlichen Kenntnissen gab es viel zu erwerben, denn die alten Ägypter waren auf den Gebieten der Astronomie, Medizin und anderer Wissenschaften beispielhaft. In vielen Disziplinen, von der Mathematik bis zur Bautechnik, waren sie anderen Mittelmeervölkern haushoch überlegen. Wer in Griechenland neue naturwissenschaftliche Entdeckungen propagierte, hatte sie meist in Memphis, Sais oder in der Bibliothek von *Alexandria* abgekupfert. Es gab einen regelrechten „Wissenschaftstransfer aus Ägypten", weiß Dr. Altenmüller. Das „Greek miracle", die Häufung der rationalen Wundertaten und erstaunlichen Kenntnisse philosophischer Aufklärer aus dem 6. und 5. vorchristlichen Jahrhundert, beruht vielfach auf altägyptischen Quellen.

In der Tat kann man Platon nicht nachsagen, er sei mit der Wahrheit leichtfertig umgegangen. Er war der erste Autor der Weltliteratur, der die Erde „rund" nennt. Auch die Atlantis-Überlieferung, die zugleich die Geschichte Ur-Athens erzählt, steckt voller kluger Beobachtungen, etwa wenn man an die Beschreibung der Umweltzerstörung denkt. Platon schildert hellsichtig die Gefahren, die durch den Raubbau am Wald verursacht werden.

Der Boden sei im Laufe der Zeit verkarstet, fruchtbare Erde weggeschwemmt worden. Übrig geblieben sei, so tadelt Platon seine Vorfahren, nur mehr ein „mageres Gerippe des Landes".

Dazu bemerkt der Atlantis-Forscher *Herwig Görgemanns*, Philologe aus Heidelberg: „Das ist die älteste und in jeder Hinsicht korrekte Beschreibung der Erosion durch Abholzung."

Wenn aber Platons Angaben so treffsicher sind, warum sollte er sich dann die anderen Details über Atlantis und dessen Untergang aus den Fingern gesogen haben? Sind wir möglicherweise durch eine unbegreifliche Zerstörungswut um den handfesten Beweis gebracht worden? Man bedenke: Mit Millionen von Originalschriften war die Bibliothek in Alexandria geistiger Mittelpunkt der gesamten hellenistischen Welt. In der Sammlung wurde das umfassende Wissen, große philosophische Werke und die verborgenen Kenntnisse der damaligen Zeit niedergelegt. Im so genannten *Museion*, einer Art Universität, lebten, arbeiteten, diskutierten und lehrten die größten und begabtesten Wissenschaftler der Antike. Ebenso das *Serapeion,* es war ein religiöses Zentrum, das viele Pilger anzog.

Zur Katastrophe kam es im Jahre 48 v. Chr., als *Gajus Julius Cäsar* in Alexandria einzog und *Kleopatra* unter seinen Schutz stellte. Während der Kämpfe zwischen seinen Truppen und einheimischen Anhängern des *Ptolemaios* (der mit Kleopatra um die Thronfolge stritt) wurde die Bibliothek komplett niedergebrannt. So ging den Wissenschaftlern nachfolgender Generationen Informationen von unschätzbarem Wert verloren. Aufzeichnungen auf Papyrusblättern, die wohl bei der Lösung so mancher bis heute ungelöster Rätsel aus der Vergangenheit geholfen hätten. Vielleicht hätten sie auch das Geheimnis von Atlantis gelüftet.

Die wenigen erhaltenen Originalschriften wurden schließlich endgültig im 7. Jahrhundert unwiederbringlich ausgelöscht, als arabische Soldaten die Restbestände der Bibliothek niederbrannten. Die unbezahlbaren Dokumente wurde dazu missbraucht, um ihr Badewasser in den römischen Bädern anzuheizen. Die Zerstörungswut der Menschen hält, wie wir aus leidvoller Erfahrung wissen, bis in die jüngste Zeit an.

Im Laufe der Geschichte verschwanden unzählige Hochkulturen auf Nimmerwiedersehen. Rätselhafte Ruinen, gewaltige Monumente, Pyramidenbauten und verlassene Türme, Treppen und Götzenbilder erinnern an eine ferne Vergangenheit. Es sind meist nur mehr Fragmente, die sich hinübergerettet haben in unsere Zeit und lange als wertlose Ruinen angesehen wurden. Oft wurden alte Tempel abgetragen und als Baumaterial für neue Bauten verwendet. Oder habgierige Eroberer vernichteten – wie spanische Konquistadoren unter *Pizarro* es mit den *Maya* und *Inka* taten – verständnislos und brutal eine ganze Kultur.

Was wissen wir vom Ursprung der Steinkolosse auf der *Osterinsel*? Wer waren ihre Erbauer? Was enthalten die Schriftzeichen auf den Holztafeln der einsamen Basaltinsel? Oder woher stammen die Gründer von *Teotihuacan*, der früheren Metropole Mexikos? Noch 600 n. Chr. wohnten dort an die 200.000 Menschen. Hunderte Jahre später aber war dieser Ort weitgehend verlassen. Warum? Was wissen wir von den Erbauern der sagenhaften Stadt *Tiahuanaco* auf dem windgepeitschten Hochland südlich des Titicacasees? Angeblich ohne technische Hilfsmittel, ohne Eisen, Rad und Zugtier schafften sie tonnenschwere Steinblöcke über Hunderte Kilometer heran und schufen daraus gewaltige Tempel, Paläste und Skulpturen. Weshalb verließ die Kultur ihr Werk offenbar ganz plötzlich und für immer?

Was bedeuten die riesenhaften Steinblöcke aus uralter Zeit, die Menhire, Dolmen und Hinkelsteine? Ob in *Carnac* in der Bretagne, in Nordafrika oder in Syrien und Palästina, wir begegnen ihnen in aller Welt. Warum wurden die bis zu 17 Meter hohen Säulen aufgestellt? Wer hat vor sechs Jahrtausenden diese gewaltige Leistung vollbracht? Sind es Markierungen, Grabstelen oder Götterthrone? Die Geheimnisse bestehen weiter. Nur so viel ist bekannt: Viele prähistorische Monumente, darunter auch das berühmteste Denkmal der Megalithkultur, die Steinkreise von *Stonehenge* in Südengland, dienten astronomischen Peilungen. Aber wie konnten die Menschen der Jungsteinzeit präzise astronomische Kenntnisse haben, über die wir heute nur staunen?

Gab es bereits in der Vorgeschichte eine Hochtechnologie, ein High-Tech-Wissen, das im Laufe der Jahrtausende wieder verloren ging? Stellt unsere moderne Zivilisation nur das vorläufige

Ende einer ganzen Reihe bereits vergangener Zivilisationen dar, die unserer heutigen durchaus ebenbürtig war? So „unmöglich" und „verrückt", wie dies für viele Historiker auch klingen mag, scheint dieser Gedanke dennoch nicht zu sein. Wissen wir doch, dass das Leben in irgendeiner Form seit mindestens 500 Millionen Jahren auf der Erde existiert. Wie oft kann es während dieser Zeitspanne Gesellschaftsformen gegeben haben, die sich zu einer Hochkultur entwickelt haben? Zivilisationen, die später wieder durch Zerstörung, Kriege oder Naturkatastrophen verschwanden, so wie Platon und andere Philosophen der Antike es beschrieben haben? Die Antwort kann nur lauten: *viele Male.*

Der 1979 verstorbene Forscher und Mediziner Dr. *Immanuel Velikovsky*, bekannt durch sein Buch *„Welten im Zusammenstoß"*, zweifelte nicht daran: „Vor dem jetzigen Erdzeitalter gab es die gleiche Erde mehrere Male. Sie wurde geschaffen, zerstört und wieder geschaffen. Die frühen Zivilisationen sind heute so tief in den unteren Schichten der Erde begraben, dass wir keine archäologischen Beweise für ihre Existenz haben."

Vielleicht nur deshalb, weil bislang gar nicht gezielt danach gesucht wurde? Wo könnten Hinterlassenschaften früherer Zivilisationen aufbewahrt worden sein, um sie für die Nachwelt zu erhalten? Als heißer Tipp wird seit langem die *Cheops*-Pyramide von Gise genannt. Gibt es dort noch unentdeckte Hohlräume? Existiert eine geheime „Kammer des Wissens"? Enthält sie Bücher und Papyrusrollen aus grauer Vorzeit? Womöglich unzweifelhafte Belege für die Wahrheit des Atlantis-Mythos? Hat man diese verborgene Schatzkammer längst entdeckt? Bis zum heutigen Tage bleibt es ein Rätsel, was sich hinter jener „Türe" befindet, die der deutsche Ingenieur *Rudolf Gantenbrink* am 22. März 1993 aufspürte. Als sein Miniroboter „Upuaut" in den südlich von der Königinnenkammer abweichenden Gang geschickt wurde, war das Staunen groß. Der Schacht war länger als gedacht und endete erst an einer Blockierung: einem weißen Stein mit kupfernen Griffen. War man auf den unbekannten „Wissensspeicher" des Altertums gestoßen? Wir wissen es nicht. Unverständlich bleibt in jedem Fall, weshalb Gantenbrink auf Anweisung ägyptischer Behörden seine Forschung abrupt beenden musste. Unklar ist ebenso, wes-

Existiert in der Cheops-Pyramide oder unterhalb der Sphinx-Statue eine verborgene „Kammer des Wissens" mit Aufzeichnungen über Atlantis?

halb – zumindest offiziell – kein Versuch unternommen wurde, um die „Türe" zu öffnen. Wo bleibt der emsige Forscherdrang und der neugierige Wissensdurst, den man sonst von Wissenschaftlern erwarten darf? Befürchtet man, dass das dort Aufzufindende am dogmatisierten Lehrbild der Ägyptologie kratzen könnte?

Eine andere Spur, worin verborgene Aufzeichnungen eine Rolle spielen, geben uns die „Vorträge" des berühmten amerikanischen Spiritisten *Edgar Cayce* (1877–1945). „Der schlafende Prophet", wie Cayce auch genannt wurde, sprach in hypnotischer Trance davon, dass eine Gruppe von Atlantiden oder Atlanter, die der Zerstörung ihres Kontinentes entgangen waren, sich in der Nähe von Gise in Ägypten niedergelassen hätten. In der Zeit um 10500 v. Chr. soll dies geschehen sein. In den Erzählungen von Cayce ist immer wieder die Rede von „Gräbern, die in der Nähe des Sphinx noch entdeckt werden müssten", darunter eine „Halle der Urkunden" oder eine „Grabkammer der Aufzeichnungen". In ihr sollen die wissenschaftlichen Erkenntnisse der Atlantiden aufbewahrt worden sein. Unterirdisch, zwischen dem „Wächter der Pyramiden", dem Zwitterwesen Sphinx, soll sich diese geheime Kammer mit den Atlantis-Dokumenten befinden. Prophetisch sprach Cayce davon, dass die Kammer bis zur Jahrtausendwende entdeckt werden würde, dann, wenn „die Zeit erfüllt" sei.

Tatsächlich ist man sich über das Alter des Sphinx uneinig. Wassererosionen lassen laut dem Geologen *Robert M. Schoch* auf ein Alter von bis zu 9000 Jahren schließen. Andere wie der amerikanische Forscher *John A. West* glauben, dass der Sphinx noch weitaus älter sei. Bemerkenswert ist es schon, dass gerade in den letzten Jahren eine Reihe spektakulärer Entdeckungen am Gise-Plateau gemacht wurden. Mit seismografischen Tests wurden neue Gräber ebenso lokalisiert wie vermutete Hohlräume unterhalb des Sphinx sowie ein möglicher Verbindungsgang zur Cheops-Pyramide.

Steckt hinter Edgar Cayces Prophezeiungen vielleicht doch mehr als bloße Träumerei? Ob sich hier der Mythos von Atlantis bewahrheiten wird, kann nur durch weitere Forschungsarbeit und Grabungen vor Ort herausgefunden werden.

Weniger spekulativ ist die Suche nach bisher verborgenen Staatsarchiven der Pharaonen. Von dem alten Ort *Sais* und dem Tempel der Göttin *Neith*, wo nach Platon der Atlantis-Bericht auf Hieroglyphen niedergeschrieben war, ist bislang nicht allzu viel ans Tageslicht befördert worden. Die Kultstätte war die Hauptstadt der 24. und 26. Pharaonendynastie und bereits im Alten Reich berühmt. Den Tempel der Neith, in dessen Bezirk sich neben den Atlantis-Texten auch die Königsgräber befinden sollen, konnte immer noch nicht aufgefunden werden. Vermutlich liegen sie heute noch irgendwo unter dem Wüstensand verschüttet. Weder der Tempel noch die Stadt sind bisher ausgegraben, nur eine Reihe von Statuen, Abbilder von Königen, Würdenträgern und Priestern, befinden sich in Museen. Abgesehen von kurzen amerikanischen Grabungen harrt das Areal noch immer seiner Erforschung. Steht die Ägyptologie vor einem neuen Sensationsfund? Was wird man entdecken, wenn irgendwann ausgedehnte Grabungen durchgeführt werden? Vergessene Archivräume und Tempelgewölbe mit Inschriften über das Atlantis-Rätsel? Verborgene Hinweise, die sich auf Ereignisse aus vorsintflutlicher Epoche beziehen? Wird man auf das gesuchte Testament von Atlantis stoßen?

Der Tempel der Neith ist historisch belegt. Weshalb sucht man ihn nicht?

Atlantis, wo bist du?

„Wo Informationen fehlen, wachsen die Gerüchte"

Alberto Moravia, (*1907), ital. Schriftsteller

Ist Atlantis bloß eine Fiktion? Weshalb beschäftigen sich dann die Menschen seit Platon immer wieder mit diesem Thema? Ausdruck romantischer Sehnsucht nach dem verlorenen Paradies? Heimweh und Erinnerung nach dem Mutterschoß aller Kulturen? Beinahe 30.000 Bücher mit den widersprüchlichsten Theorien sind seither über Atlantis geschrieben worden.

Im christlich geprägten Mittelalter geriet das Inselreich vorübergehend in Vergessenheit; erst zur Zeit der Renaissance tauchte es wieder im Bewusstsein der Europäer auf. In dieser Epoche wurden die Schriften der klassischen Antike erneut gelesen, vor allem in Italien.

Viele Gelehrte der Vergangenheit und Forscher der Gegenwart vermuten Atlantis an einer Stelle, die sich aus Platons Geschichte ergab. Denn allein schon der Name deutet eigentlich darauf hin, dass man das legendäre Land im *Atlantischen Ozean* zu suchen habe. Der Jesuit Pater *Athanasius Kircher*, dessen Buch *Mundus Subterraneus* 1664 erschien, erkannte damals in den atlantischen Azoreninseln die Gipfel des untergegangenen Kontinents und zeichnete eine für seine Zeit erstaunlich genaue Karte von Atlantis. Diese Karte wurde ursprünglich in seitenvertauschter Form abgebildet. Wie Kircher zu seinen Erkenntnissen gelangte, bleibt für die Wissenschaft rätselhaft. In jüngster Zeit haben Forscher herausgefunden, dass es bestimmte mathematische Beziehungen zwischen verschiedenen Standorten mit einer metaphysischen Bedeutung gibt. Demnach könnte es in der fernen Vergangenheit tatsächlich eine einzige Quelle der Aufklärung gegeben haben, von der alles Wissen über heilige Geometrie, Mathematik und Metaphysik ausging. Existierte auf der Erdoberfläche ein Zentrum, das feine Energien ausstrahlte, die Eingeweihte noch heute erkennen und nutzen können? Umfangreiche mathematische Berechnungen ergaben jedenfalls, dass der Ursprung dieser Daten im Azoren-

Die Atlantis-Karte von Athanasius Kircher aus dem 17. Jahrhundert

raum liegt. Die ermittelten Koordinaten stimmen weitgehend mit den Daten überein, die Kircher für den untergegangenen Kontinent Atlantis lokalisierte.

Kritiker halten dem entgegen, dass man den Atlantik inzwischen gründlich erforscht habe. Geologen und Geophysiker verweisen darauf, dass den bisherigen Untersuchungen zufolge kein Hinweis entdeckt werden konnte, wonach sich der atlantische Meeresboden in der letzten Million Jahre auffällig verändert hätte. Somit könne hier vor kurzer Zeit – geologisch gesehen – keine Insel untergegangen sein. Eine Feststellung, die Atlantis-Fahnder nicht erschüttert. Inzwischen wurde das Fabelland an mehr als 50 verschiedenen Stellen der Erde lokalisiert. In der Nordsee vor Helgoland, auf den Bahamas und auf Sri Lanka ebenso wie im Iran, in der Sahara oder im Kaukasus. Selbst in so abwegigen Gegenden wie Ostpreußen, Sibirien, Südafrika, Nigeria, Venezuela, Schweden und selbst die Antarktis muss dafür herhalten. 1998 tauchte die Theorie auf, dass einst flüssiges Erdmagma dazu führte, dass der gesamte Kontinent von seiner ursprünglichen Lage vor Gibraltar viele tausend Kilometer nach Süden geschwommen wäre – und schließlich zu dem Erdteil geworden wäre, den wir heute Antarktis nennen. Der Fantasie sind offenbar keine Grenzen gesetzt. Eine derartige Spurensuche begann bereits in der Antike. Dazu ein kurzer Rückblick einiger Bemühungen, die alle von einem gemeinsamen Motto getragen wurden: „Wenn es diese Insel wirklich gab, dann muss man sie auch finden."

- **300. v. Chr.**
  Krantor von Soloi, Mitglied der Platonischen Akademie in Athen, reist in die ägyptische Stadt Sais, um Platons Angaben vor Ort zu überprüfen. Im Tempel der Neith, so sein Bericht, stünden „Säulen" mit eingravierten Atlantis-Texten.
- **Um 50 n. Chr.**
  Plinius der Ältere unternimmt einen ersten Lokalisierungsversuch. Er bringt Atlantis mit der in *Südspanien* gelegenen Handelsmetropole Gades (heute Cádiz) in Verbindung.
- **1475**
  Toscanelli, ein Renaissance-Kartograf, entwirft in Anlehnung an Platon eine Weltkarte, auf der zahlreiche große Atlantikinseln eingezeichnet sind. Kolumbus benutzt das Werk bei seiner Überfahrt nach Amerika.
- **1530**
  Girolamo Frascatoro, Arzt und Humanist, identifiziert den neu entdeckten Kontinent *Amerika* mit dem (in diesem Fall nicht untergegangenen) Hauptland Atlantis.
- **1638**
  Der britische Lordkanzler *Francis Bacon* vermutet Atlantis in *Brasilien*.
- **Um 1700**
  Olof Rudbeck, Rektor an der Universität im schwedischen *Uppsala*, führt die Gründung seiner Heimatstadt auf die Atlanter zurück. Demnach sollen die Goten Nachfahren der atlantischen Rasse gewesen sein.
- **1779**
  Der französische Revolutionstheoretiker *Jean Sylvain Bailly* erhebt *Sibirien* zum „Ursprungsland der Kultur" und verknüpft es mit der Tradition von Atlantis.
- **1803**
  Bory de St. Vincent, ein Offizier Napoleons, deutet in seiner

"Geschichte und Beschreibung der Kanarien-Inseln" die *Kanaren* als Reste des untergegangenen Inselkontinents.

- **Um 1870**
Augustus Le Plongeon, ein Abenteurer und Hobbyarchäologe, sieht in den Maya von *Chichén Itzá* Abkömmlinge der Atlanter. Es folgen Amateurgrabungen in Mexiko.

- **1922 bis 1926**
Der deutsche Archäologe *Adolf Schulten* führt in *Südspanien* Suchgrabungen an der Mündung des Guadalquivir durch.

- **Um 1930**
Der Althistoriker *Robert Graves* vermutet Atlantis in *Nordlibyen*, am "Triton-See", einer riesigen Salzlagune, die vor 5000 Jahren austrocknete.

- **1931**
Die Nationalsozialisten vereinnahmten den spurlos verschwundenen Kontinent für ihre Ziele. Hitlerverehrer *Heinrich Puder* erklärt *Helgoland* zum Standort eines – von Ariern bewohnten – atlantischen Reiches. SS-Chef *Heinrich Himmler* lässt später vor der Insel unterseeische Messungen durchführen.

- **1935**
Hermann Wirth, Präsident des Nationalsozialistischen Vereins "Deutsches Ahnenerbe", ortet Atlantis in der nördlichen Arktis – *Grönland*.

- **1939**
Spyridon Marinatos, ein griechischer Archäologe, bringt Atlantis mit dem Untergang der *minoischen* Kultur in Verbindung. Auslöser des Desasters sei der – historisch verbürgte – Ausbruch des Vulkans Thera auf *Santorin* um 1450 v. Chr. Mehrere Expeditionsteams, darunter der Unterwasserforscher *Jacques Cousteau*, überprüfen das Szenario.

- **1953**
Von einem umgebauten Kutter aus taucht der deutsche Gelehrte Dr. *Jürgen Spanuth* vor *Helgoland*, um Spuren der Sagenstadt Basileia (=Atlantis) zu finden.

- **Um 1970**
Gleich mehrere Autoren, darunter der Amerikaner *Charles*

Berlitz, verlegen Atlantis in die *Karibik* (Bermudas, Bahamas). Unter Wasser vermutete Artefakte werden allerdings von Skeptikern als natürliche Gesteinsformationen angenommen.

- **1984**
Die sowjetischen Forschungsschiffe „Wutjas" und „Rift" erkunden vor der Straße von *Gibraltar* den Unterwasserberg Mount Ampére – ohne Ergebnis.
- **1986**
Der Forschere *Helmut Tributsch*, Professor für physikalische Chemie und Archäologie, glaubt in der südlichen Bretagne, auf der Insel Gavrinis, Beweise für Platons Beschreibung gefunden zu haben, wonach die Insel „größer als Libyen (Afrika) und Asien zusammen" gewesen sei. Tributschs überraschende Interpretation: Diese Insel ist nichts anderes als – Europa!
- **1991**
Nach Interpretationen alter Sagen deutet *Igor Boch*, ein finnischer Historiker, die Atlanter als Art „Frostvolk", das am Ende der letzten Eiszeit nahe *Helsinki* aus den abtauenden Gletschern kroch. Bochs etymologische Ableitung lautet: Atlantis = Altlandis = All land is ice.
- **1992**
Der Geoarchäologe Dr. *Eberhard Zangger* stellt erstmals die Formel Atlantis = *Troja* auf. Hinter Platons Bericht verberge sich eine verzerrte Erinnerung an den Trojanischen Krieg.
- **1998**
Der britische Oberst *John Blashford-Snell*, Gründer der in Südengland ansässigen „Scientific Exploration Society", startet eine Expedition zum *Titicacasee*. Mit einem nachgebauten Schilfboot der Tiwanaku-Indianer durchfuhr er den Desaguadero-Fluss 300 Kilometer weit bis zum Poopósee. Blashford-Snells These: Die *Tiwanaku*, ein ausgestorbener Indianerstamm, hätten einst als Atlanter von den Anden aus einen transkontinentalen Schiffsverkehr betrieben, der bis nach Ägypten reichte.

Jenes Werk, das den Atlantis-Boom, so wie wir ihn heute kennen, auslöste, muss noch erwähnt werden. Gemeint ist der 1882 erstmals veröffentlichte Bestseller „*Atlantis, die vorsintflutliche*

Welt". Darin stellte der amerikanische Forscher *Ignatius Donnelly* (1831–1901) 13 Thesen auf, die bis heute als eine Art Atlantis-Standard gelten. Er habe, so führte Donnelly an, unter anderem dieses Buch geschrieben, um folgenden Nachweis zu führen:
1. Einst lag im Atlantischen Ozean, gegenüber der Mündung des Mittelmeeres, eine große Insel. Sie war ein Überbleibsel eines atlantischen Festlandes und in der Antike unter dem Namen Atlantis bekannt.
2. Platons Beschreibung über die Insel beruht nicht, wie man lange annahm, auf einer fantastischen Sage, sondern auf historischen Tatsachen.
3. Atlantis war der Ort, an dem sich der Mensch erstmals vom Barbaren zum zivilisierten Wesen entwickelte.
4. Im Laufe der Jahrhunderte entstand ein mächtiges Reich, das sich bis an die Ufer des Golfes von Mexiko, den Mississippi, den Amazonas, die Pazifikküste von Südamerika, das Mittelmeer, die Westküste von Europa, die Nordsee, das Schwarze Meer und das Kaspische Meer erstreckte und von zivilisierten Völkern dicht besiedelt war.
5. Atlantis war die vorsintflutliche Welt – der Garten Eden, die Gärten der Hesperiden, das Elysium, die Gärten des Alkinoos, der Mesamphalos, der Olymp der griechischen Götter, der Asgard oder Avalon der altisländischen Edda-Dichtungen. Diese antiken Traditionen repräsentieren das universelle Vermächtnis eines großen Landes, in dem die frühe Menschheit jahrhundertelang in Glück und Frieden lebte.
6. Die Götter der Antike bei den Griechen, den Phöniziern, den Hindus und den Skandinaviern waren niemand anderes als die Könige, Königinnen und Helden von Atlantis. Ihre Taten, die ihnen die Mythologie zuschreibt, sind verblasste Erinnerungen an tatsächliche historische Begebenheiten.
7. Die ägyptischen und peruanischen Mythen sind auf die ursprüngliche Religion von Atlantis, die Sonnenanbetung, zurückzuführen.
8. Die älteste Kolonie von Atlantis befand sich vermutlich in Ägypten. Die altägyptische Kultur war ein treues Abbild von jener auf Atlantis.

9. Werkzeuge und sonstige Geräte des Bronzezeitalters stammen ursprünglich aus Atlantis. Die Atlanter waren zudem die ersten Bearbeiter von Eisen.
10. Das phönizische Alphabet, die Grundlage aller europäischen Alphabete, entsprang dem atlantischen Schriftsystem, das von Atlantis auch zu den Maya-Stämmen in Mittelamerika übermittelt wurde.
11. Aus Atlantis stammen sowohl die arische beziehungsweise indogermanische Völkerfamilie als auch die semitischen und möglicherweise die uraltaischen Völker.
12. Atlantis wurde bei einer großen Naturkatastrophe überflutet und versank bis auf die höchsten Bergspitzen – die heutigen Azoren – mit seinen Bewohnern im Meer.
13. Einige konnten sich auf Schiffen und Floßen retten und überbrachten den Völkern im Osten und Westen die Kunde von dieser furchtbaren Katastrophe. Die Legende überlebte als Sintflutsage der Alten und Neuen Welt bis in die heutige Zeit.

Mit seiner Theorie entfachte Donnelly eine Diskussion von unvorstellbaren Ausmaßen. Heute wissen wir, dass viele seiner Angaben auf unvollständigen Informationen basieren. Atlantis als ehemalige Landbrücke zwischen Europa und Amerika wird von Geologen und Ozeanologen ausgeschlossen. Dennoch werden Donnellys Thesen nicht allesamt verworfen. Heißt es doch, einige Bewohner hätten sich nach dem Untergang ihrer Insel mit Booten nach Amerika und andernorts retten können. Kulturen der Tolteken, der Azteken, der Maya und sogar die Ägypter wären durch die Atlanter beeinflusst worden. Atlantis-

Buchcover von Ignatius Donnellys Atlantis-Band aus dem Jahre 1882. Seither hält der Atlantis-Boom unvermindert an.

forscher, die nach wie vor Überreste versunkener Kulturen im Atlantik vermuten, verweisen hier auf auffällige sprachliche Gleichklänge zwischen Azteken und Ägypter. Gemeinsamkeiten, die sich ebenso im Pyramidenbau, dem Totenkult der Einbalsamierung oder Ähnlichkeiten bei archäologischen Fundsachen wieder finden.

Faktum ist, dass es bei den Azteken die Überlieferung einer im Meer gelegenen gebirgigen Insel namens *Aztlan* gibt. Der Legende nach sei diese Insel das Stammland des mittelamerikanischen Indianervolkes gewesen. Wenn man in verschiedenen Mythologien unserer Welt weiterforscht, lassen sich ebenso Andeutungen finden, die an eine verschwundene Insel oder eine untergegangene Zivilisation vor der Sintflut denken lassen: *Antilha* bei den Phöniziern und Karthagern, *Amenti* bei den Ägyptern, *Araliu* bei den Babyloniern, *Avalon* bei den Kelten, *Atarantes* bei den Berbern, *Atalaya* bei den Guanchen auf den Kanarischen Inseln, *Atalaintika* bei den Basken oder *Atlan* bei den Maya. Eine unvollständige Liste. Basiert die Ähnlichkeit zum Namen *Atlantis* wirklich nur auf reiner Zufälligkeit?

„Beweise" unter Wasser

„Stille Wasser, tiefe Gründe."

Sprichwort

Mit der Atlantisfrage haben sich inzwischen viele Forscher eingehend befasst, die einen verträumter, die anderen ernsthafter. Der Wahrheitsgehalt der Platon-Texte ist immer noch offen. Einer, der sich redlich um eine Lösung des Rätsels bemühte, war der Wiener Ingenieur *Otto Heinrich Muck* (1892–1956). Der angesehene Forscher und Erfinder von 2000 Patenten für führende Industriefirmen, hatte Donnellys Atlantik-These wiederbelebt und versucht, diese mit wissenschaftlicher Gründlichkeit zu untermauern. Das Ergebnis war sein Buch *„Alles über Atlantis"*, das 1976, 20 Jahre nach seinem Tod, erschien.

Viele der Theorien, die Muck aufstellte, werden von Experten angezweifelt, doch auch seine Kritiker räumen ein, dass er faszinierende Zusammenhänge über das uralte Geheimnis des versunkenen Kontinents vorgelegt hat. Wenn schon keine Beweise, so doch aufregende Indizien, die Platons Bericht untermauern oder zumindest nicht widersprechen.

Ein Anknüpfungspunkt: Die Sete Cidades (Sieben versunkene Städte)-Seen von Sao Miguel auf den *Azoren* sind durch Legenden mit Atlantis verbunden. Otto Muck versuchte nun mit einer plausibel klingenden Theorie zu beweisen, dass die Azoren tatsächlich Reste einer ehemaligen Großinsel sein könnten. Bereits bei Donnelly findet man die Vorstellung von einem inzwischen abgesunkenen „Verbindungsplateau" zwischen Europa, Afrika und Amerika. Durch diese „Landbrücke" soll es Tier- und Pflanzenarten möglich gewesen sein, hin und her zu wandern. Gleichzeitig wurde durch sie der Zufluss tropischer Meeresströmungen zum Nordatlantik verhindert. Soll heißen, solange Atlantis bestand, gab es keinen Golfstrom.

Muck griff diese Idee auf und verknüpfte sie mit dem Geheimnis der Aale. Er folgte ihrem Zug bis in die Tangwälder der *Sargassosee*, einem Warmmeergebiet von der Größe Mitteleuropas, wo die Aale Hochzeit feiern und das Aalleben überhaupt seinen Ausgang nimmt. Und zwar laichen die amerikanischen Aale im Westteil, die europäischen im Ostteil des grünen Tangmeeres. Obwohl das westliche Landgebiet viel näher läge, schwimmen die jungen Glasaale der europäischen Herkunft statt nach Westen gerade entgegengesetzt nach Osten zu dem viel weiter entfernten Europa. Sie brauchen für diese anscheinend sinnlose Wanderung drei Jahre und sind vermehrten Gefahren ausgesetzt. Etwa 10 bis 15 Jahre später kehren sie in die Sargassosee zurück und pflanzen sich dort fort. Warum halten sie an einem so risikoreichen Verhaltensmuster fest? Deutet dies auf einen gemeinsamen Ursprung der Tiere irgendwo in der Mitte des Atlantiks hin? Wissen die Aale, wo einst Atlantis lag?

Mucks frappierende Erklärung: Vor ihrem Untergang bildete die Großinsel Atlantis gegen den Golfstrom einen unüberwindlichen Sperrriegel; gegen ihn brandete er an, hier wurde er umgelenkt und zu einem Wirbelweg gezwungen, der das Sargassomeer umströmte und im Osten das flüssereiche Atlantis, im Westen das nicht minder mit Süßwasser gesegnete Mittel- und Nordamerika berührte. Dieser Stromwirbel war vor dem Untergang der Lebensraum der Aale. An ihn hatten sie ihre Lebensweise angepasst. Sie brauchten sich nur vom Golfstrom treiben zu lassen, er trug sie aus Salz- in Süßwasser und umgekehrt von den Flussmündungen wieder zurück ins offene Meer. Mit dem Ende des Transportmittels ist der Kreislauf des Aallebens zerschnitten worden, aber die Aale unterliegen weiterhin ihrem angeborenen Instinkt. Sie verhalten sich immer noch so, als ob das versunkene Inselreich noch existiere.

„Sie ahnen nichts davon, dass es kein Atlantis mehr gibt", beklagt Muck ihr trauriges Los, „dass der Wasserring um die Sargassosee zerrissen ist ... Die Aale haben – so scheint es – ein längeres Gedächtnis als die Menschen."

„Zwischen den Azoren und den Bahamas, sich bis zum Norden der Bermudas hinziehend, dehnt sich das Meer der Sargassen, eine sonderbare vom Ozean umschlossene Masse unbeweglichen Wassers aus", weiß auch der Amerikaner *Charles Berlitz* und ergänzt bei weitgehender Übereinstimmung mit Muck: „Dieses

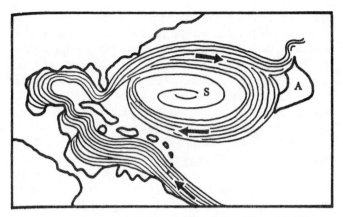

Die Aale kehren immer wieder in die Sargassosee (S) zurück. Können sie Atlantis (A) nicht vergessen?

Meer ist durch Algen, die Sargassen, die auf der ganzen Wasserfläche treiben, gekennzeichnet. Sie stammen vielleicht von irdischen Pflanzenleben, das sich dem Wasser anpasste und weiterwuchs, nachdem die Küste eingesunken war. Die Theorie der Existenz des atlantischen Reiches im Atlantischen Ozean ist hauptsächlich auf der Tatsache aufgebaut, dass zahlreiche Gebiete, die heute unter Wasser liegen, sich früher im Freien befanden. Umgekehrt waren andere Gebiete vom Wasser überschwemmt, wie etwa die Sahara mit ihren Muschelgebilden und Seefossilien beweist."

Berlitz heizte in den 70er und 80er Jahren mit Bestsellern wie *„Das Bermuda-Dreieck"* und *„Das Atlantis-Rätsel"* die Debatte um den versunkenen Kontinent neu an. Sein Szenario nach der sintflutartigen Atlantis-Katastrophe: „Wenn man das Steigen der Meere auf ungefähr dreihundert Meter schätzt, indem man die noch wichtigeren Veränderungen in Betracht zieht, die durch Vulkanausbrüche während des brutalen Anstiegs der Gewässer verursacht wurden, kann man sich sehr gut die Form der wesentlichen Gebiete des Atlantiks vor 12.000 Jahren vorstellen."

Die Bänke der Bahamas müssten demnach über der Wasseroberfläche gelegen haben. Kuba und die Antillen wären nach diesem Szenario viel größer, während verschiedene Inseln wahrscheinlich durch Landengen miteinander verbunden waren. Heute würden nur noch die Spitzen der verschlungenen Berge aus dem Wasser ragen. Florida wäre nach Osten hin verlängert zum Atlantik und würde sich ebenso nach Westen hin sehr weit in den Golf von Mexiko verbreitern. Wenn es so gewesen wäre, sagt Berlitz, dann müssten sich auch in dieser Gegend archäologische Belege untergegangener Kulturen finden lassen.

Tatsächlich wurden auf den kontinentalen Bänken der Bahamas, vor der Küste Floridas und Mexikos, Fundamente unter Wasser entdeckt, darunter verschlungene Straßen, zyklopische Mauern, konzentrische Kreise und riesige Blöcke. Die Bauten brachten Inselsucher Berlitz zu der Überzeugung, dass Atlantis innerhalb des von ihm als „Fenster zum Kosmos" mystifizierten Bermudadreiecks gelegen habe. Luftaufnahmen aus geringer Höhe zeigen, dass diese Ähnlichkeit mit der Architektur der Maya haben.

Als schlüssigen „Beleg" für seine These nannte Berlitz das Auffinden der geheimnisvollen *„Straße von Bimini"*. 1968 entdeckte man nahe den Inseln Andros und Bimini, im Bereich der Bahamas, steinerne Unterwasser-Strukturen, die als vorkolumbischer Tempel gedeutet wurden. Die Piloten *Trig Adams* und *Bob Brush* hatten die symmetrische Anordnung in Form eines „J" gesichtet. Kurios: Das Medium *Edgar Cayce* erklärte 1940: „Poseidia wird das erste Gebiet von Atlantis sein, das wieder geboren wird. Das wird im Jahre 1968 oder 1969 stattfinden ..."

Ist die Steinformation, die in sechs Meter Tiefe vor der Küste der Bahamainsel Bimini entdeckt wurde, wirklich von Menschenhand geschaffen worden? Schon früh kamen Zweifel auf. Es stellte sich heraus, dass eine Struktur, die man als vermeintlichen „Atlantis-Tempel" erhofft hatte, ein in den 30er Jahren gebautes Depot für Schwämme war, und 1981 zeigte eine von amerikanischen Geologen durchgeführte Studie, dass die „Bimini-Straße" vor 2500 bis 3500 Jahren auf natürliche Weise entstanden war. Andere Forscher halten die Streitfrage dennoch offen und schließen beide Möglichkeiten nicht aus: die Steine könnten sowohl durch die Natur als auch von Menschenhand dorthin gekommen sein. Der

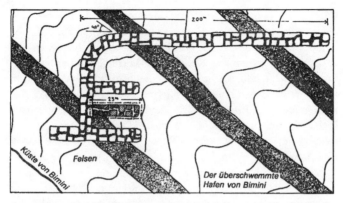

Unterwasserstrukturen wie die „Bimini-Straße" nannte Charles Berlitz als Beleg dafür, dass Atlantis vielleicht im Bermudadreieck liegen könnte.

Forscher Dr. *David Zink* stellte überdies fest, dass die Verbindung zwischen den Steinen in der oberen Lage *nicht* mit denen der darunter liegenden Grundschicht übereinstimmen.

Ebenso wurden eine Reihe von Artefakten aus dem Meer gehoben, die eine künstliche Bearbeitung vermuten lassen. Dazu zählen Teile einer Marmorsäule, die sonst nirgendwo auf den Bahamas bekannt ist, und ein Steinquader, dessen Ursprung bisher noch nicht ermittelt werden konnte.

Nichts mehr vernommen hat man von der angeblichen Entdeckung einer gewaltigen Unterwasserpyramide, die nahe den Bahamas gesichtet wurde. Charles Berlitz hatte mir brieflich und 1982 bei seiner Wien-Visite davon erzählt. Sonarmessungen ergaben in dem fraglichen Gebiet eine ungewöhnliche symmetrische Pyramidenform. „Diese Pyramide, deren Basis ungefähr 300 Meter beträgt, ist 140 Meter hoch", erklärte Berlitz. „Sie hat die Form der Cheopspyramide mit genau denselben Proportionen. Wir wissen noch nicht, ob es sich um einen Bau handelt, der von Menschenhand geschaffen wurde, doch besteht nirgends auf der Welt ein Hügel oder Berg, der diese Form hat."

Die Bestätigung einer entdeckten Pyramide unter Wasser wäre sicherlich geeignet dazu, die wissenschaftlichen Anschauungen über die Entstehung unserer Zivilisation ins Wanken zu bringen. Noch fehlt aber ein solcher Beweis und wir sind vielfach auf Spekulationen angewiesen. Die Unterwassersuche nach Atlantis und anderen untergegangenen Kulturen wird dennoch mit großem Eifer fortgesetzt. Jüngste Erfolge der Schatzjäger mit Schnorchel und Flossen: Im Mittelmeer vor Ägypten wurde das legendäre *Heraklion* entdeckt. *Franck Goddio*, der französische Hobbyarchäologe und Antikentaucher, jubelte im Juni 2000, nachdem man bereits im Vorjahr auf Napoleons Flotte gestoßen war: „Wir haben eine intakte Stadt gefunden, eingefroren über die Jahrtausende."

Mit Hilfe elektromagnetischer Geräte wurde die ganze Bucht von *Abukir* vor Ägypten präzise vermessen und auf einer Karte topografiert – Basis der Unterwasser-Erfolgsstory von Frank Goddios. Dann, nach gezieltem Tauchgang, wurden die Abenteurer fündig. Tempel, Häuser, gepflasterte Straßen und Sarkophage – alles mit Sand und Schlamm bedeckt, aber gut erhalten, wurde sichtbar: Heraklion, eine Stadt aus dem 6. Jahrhundert n. Chr., eines der religiösen Zentren des alten Ägypten, die letzte Hochburg der Heiden in einer mittlerweile christlichen Welt. „Wir wissen von dramatischen Kämpfen", erklärt der Historiker *Manfred Clauss*. „Und das können wir nun unmittelbar nachprüfen."

Ägypten scheint ein magnetischer Anziehungspunkt für Unterwasserarchäologen zu sein. Seit der Entdeckung der Reste des Leuchtturms von *Pharos*, eines der Sieben Weltwunder, im Hafen von *Alexandrien*, besteht dort Dauer-Tauchstation. Der Forscher *Jean Yves Empereur* sucht außerhalb des Hafens, rund um den Standort des ehemaligen Leuchtturms. Und sein Kollege Franck Goddio hat die „Angel" im Inneren Bereich des Hafens ausgeworfen. Sein spektakulärster Fund: Kleopatras Tempel.

Überall auf der Welt tauchen Archäologen und Abenteurer nach untergegangenen Welten und gehen Legenden nach, die von „versunkenen Städten", „Mauern" und anderen „Relikten" handeln, sowie Unterwasserbauten, die Fischer, Seefahrer und Luftbildkartografen gesehen haben wollen. „Wasser konserviert mitunter besser", bestätigt die südamerikanische Archäologin *Sonja Guillen* und meint damit den neuesten Coup der „feuchten Wissenschaft" – eine uralte Tempelanlage, den italienische Forscher im Titicacasee entdeckt haben. Nach mehr als 200 Tauchgängen im höchstgelegenen schiffbaren See der Welt, auf 3812 Metern, verkündete *Lorenzo Epis*, Chef der „*Akakor Geographical Exploring Society*" und Leiter der Expedition: „Es sieht so aus, als hätten wir einen heiligen Tempel, zweimal so groß wie ein Fußballfeld, landwirtschaftliche Terrassen und eine Straße aus der Vor-Inka-Zeit gefunden."

Schon lange wurde vermutet, dass der heilige See der Andenvölker den Schlüssel zum Geheimnis der nahe gelegenen Stadt *Tiahuanaco* enthält. Die sagenumwobene Ruinenstätte in Bolivien umfasst einen Komplex von fast 450.000 Quadratmetern und besteht aus unüberschaubaren Steinresten von gigantischen Kolossen und Skulpturen, deren Schöpfer unbekannt sind. Besonders mysteriös wirkt das etwas abseits liegende Trümmerfeld von „*Pumapunku*", das so genannte „Tor des Pumas". Im zerstörten Zentrum des Komplexes, was immer er einst war, liegen bis zu 130 Tonnen schwere Steinblöcke, die exakte Bohrlöcher und millimetergenaue Bearbeitungsspuren aufweisen sowie Fassungen für Kupferklammern. Das tatsächliche Alter der Anlage ist ebenso ungewiss wie die Frage, wie sie einst transportiert wurden und welche Kultur dafür verantwortlich zeichnet. Selbst die Inka wussten darauf keine Antwort, obwohl sie die Gegend um den Titicacasee als Wiege ihres Volkes betrachteten. Sie meinten, hier sei der Sonnengott zum ersten Male erschienen.

Bis um 1500 die Spanier das heutige Peru und Bolivien eroberten, war der Titicacasee mit seinen vielen Inseln die wichtigste Pilgerstätte des gesamten Inkareiches. Die jüngste Tauch-Expedition war nicht die erste. Mindestens zwölf aufwendige Versuche hat es bereits gegeben, um dem See seine antiken Geheimnisse zu entreißen. Wo die Taucher suchen mussten, wussten sie: rund um die große „Sonneninsel" mit ihren tiefen Felsbuchten und bei der „Insel des Mondes" im Südteil des Binnengewässers.

„Das Ufer des Sees hat sich sehr verändert", weiß die Archäologin Guillen. „Inseln sind aufgetaucht und wieder verschwunden. Die Funde, die man jetzt gemacht hat, könnten vielleicht auf die Tiwanaku-Leute zurückgehen." Dieses Vor-Inka-Volk beherrschte um 400 v. Chr. in den Anden ein Gebiet größer als Großbritannien.

Sie bauten große, mit Steinfiguren versehene Pyramiden, luxuriöse Wohnstätten mit Abwassersystemen und waren für ihre Keramik berühmt. Demnächst soll die Frage um eine Bergung der entdeckten Schätze entschieden werden. Erst dann wird man auch mehr über das tatsächliche Alter der versunkenen Kultur in Erfahrung gebracht haben.

Eine Frage, die sich bei allen derartigen Entdeckungen stellt: Welcher schrecklichen Katastrophe waren die Kultur und deren Schätze zum Opfer gefallen? Erinnerungen an die alte Legende um Gott *Viracocha* werden wach. Sein Abbild soll auf dem berühmten Türsturz, dem *„Sonnentor von Tiahuanaco"*, eingemeißelt sein. Das aus einem einzigen Andesitblock herausgehauene Tor enthält technisch anmutende Ornamente und wird von manchen Wissenschaftlern als „der älteste Kalender der Welt" angesehen. Immer wieder hat man diese Zeichen und Figuren zu interpretieren versucht, doch das „Sonnentor" hüllt sich weiterhin in Schweigen.

Viracocha, der Ur- und Schöpfergott der Inka, habe, so erzählt die alte Mythe, einst die Sterblichen, die ihn missachteten, bestraft, indem er Feuer vom Himmel regnen ließ: „Aus der Höhe regnete Feuer über sie und verbrannte den ganzen Ort; Erde und Steine brannten wie Stroh ... Viracocha, von Mitleid erfasst, ging zum Feuer und löschte es mit seinem Stabe ..."

Sodom und Gomorrha in den Anden? Hat die Vernichtung der Inkastätte etwas mit der Legende um den versunkenen Kontinent Atlantis zu tun?

Viracocha soll später an die Küste des Meeres bei Porto Viejo gezogen sein, den Peruanern künftige Ereignisse prophezeit haben und schließlich auf geheimnisvolle Weise über die Meeresoberfläche in den Pazifik hinausgewandert sein mit der Versprechung, einst wiederzukehren. Tragödie der Inka: Als der Spanier *Hernando de Soto* nach Peru kam, wurde er von den letzten Inka als der zurückgekehrte Viracocha angesehen.

„Mu" und die „Unterwasserstadt" von Okinawa

„Bald – und du hast alles vergessen.
Bald – und alles hat dich vergessen."

Mark Aurel (121–180), röm. Kaiser

Der Name Atlantis steht für den bekanntesten Mythos um eine versunkene Insel. Existieren noch andere sagenumwobene Stätten dieser Art? Überlieferungen darüber gibt es tatsächlich, wenn auch zweifelhafte. Just aus jenem Gebiet, in dem der Gottkönig Virachocha vor Urzeiten entschwunden war – im *Pazifischen Ozean*. Im 19. und 20. Jahrhundert glaubten einige Gelehrte, dass es hier ein geheimnisvolles Königreich namens *Mu* gegeben habe.

Im Jahr 1926 veröffentlichte der in Indien lebende Brite Oberst *James Churchward* die Ergebnisse seiner lebenslangen Forschungsarbeit in dem Buch *„The lost Continent of Mu"*. Der Wirbel in den Medien war ihm sicher, behauptete er doch im Besitz von stichhaltigen Beweisen zu sein, die belegen, dass es im Pazifik einen versunkenen Kontinent Mu gegeben hätte. Die biblische Schöpfungsgeschichte, so beharrte Churchward weiter, stamme nicht von den Völkern am Nil oder am Euphrat, sondern ursprünglich von Mu, dem Mutterland aller Menschen.

Churchward erklärte, ein alter asiatischer Priester habe ihn gelehrt, die in archaischer Mu-Sprache abgefassten Hieroglyphen auf – in Indien und Mexiko gefundenen – Steintafeln zu übersetzen. Seiner eigenwilligen „Übersetzung" zufolge würden die Schriften bestätigen, dass Mu die Wiege aller Kulturen und sogar noch älter als Atlantis gewesen sei. Außerdem ginge aus den Texten hervor, dass es mehrere frühe Menschenrassen gegeben hätte, die von diesem Kontinent stammten und wie im Garten Eden ein friedliches Leben führten.

Doch der Untergang war besiegelt. Leider, so berichtete Churchward, habe dieses idyllische Land auf einem Fundament aus gasgefüllten Höhlen geruht. Vor 12.000 oder mehr Jahren sei es plötzlich zu einer gewaltigen Explosion gekommen, Erdbeben und Vulkanausbrüche verwüsteten die Insel. Gewaltige Sturmfluten hätten Mu schließlich im Ozean versinken lassen.

Der exzentrische Mister Churchward war nicht der Erste, der mit der fantastisch anmutenden Geschichte um das verlorene Paradies an die Öffentlichkeit trat. Schon viele Jahre zuvor hatte der französische *Abbé Charles-Etienne Brasseur de Bourbourg* die Mu-Legende in die Welt gesetzt. 1864 stieß er auf einen Bericht über die Maya-Kultur und ihre drei erhalten gebliebenen Codex-Bücher, die heute in Madrid, Paris und Dresden aufbewahrt werden. Alle anderen umfassenden literarischen Hinterlassenschaften der „Sonnenvölker" wurden im mörderischen Rausch des Vandalismus vollkommen vernichtet.

Brasseur de Bourbourg glaubte, dass in den Dokumenten von einem versunkenen Kontinent die Rede sei. Zwei Buchstaben aus der Maya-Handschrift verwirrten den Gelehrten. Im Alphabet glichen sie einem „*M*" und einem „*U*". Also reimte er sich zusammen, das unbekannte Land müsse „Mu" geheißen haben.

Bourbourgs Landsmann, der Arzt und Archäologe *Augustus Le Plongeon*, unterstützte diese These Ende des 19. Jahrhunderts. Er war der Erste, der die Maya-Ruinen in Yucatan ausgrub. Die Funde bestärkten ihn in seiner Überzeugung, dass Flüchtlinge von Mu die Maya-Kultur begründet haben müssten. Hinweise auf Mu will er vor allem im Codex „Troano" aufgespürt haben. In seinem Übersetzungsversuch heißt es, dass die Insel „zweimal emporgehoben wurde ... dann verschwand sie plötzlich in der Nacht, wo sie bei Talbecken ununterbrochen von vulkanischen Kräften erschüttert wurde. Da der Kontinent (vom Meer) eingeschlossen war, ging er aufgrund dieser Erschütterungen unter und tauchte einige Male an verschiedenen Stellen wieder auf. Aber schließlich gab die Oberfläche nach und zehn Länder wurden auseinander gerissen und versprengt. Sie konnten der Macht der Erschütterungen nicht standhalten und versanken mit allen 64 Millionen Einwohnern ..."

Die Ähnlichkeit der Schilderung mit den Texten von Platon überzeugten Plongeon und manche seiner Zeitgenossen, dass mit Mu und Atlantis derselbe Kontinent gemeint war. Nur mit dem

Unterschied, dass die versunkene Insel nicht im Atlantischen Ozean, sondern im Pazifik zu suchen sei. Wenn jemals ein Ozean einen Kontinent verschlungen hat, so wurde argumentiert, dann sei dies beim Pazifik viel eher anzunehmen. Der größte Ozean der Erde mit seinen 176 Millionen Quadratkilometern sei immerhin doppelt so umfangreich wie der Atlantik.

Obwohl sich die meisten Wissenschaftler heute darüber einig sind, dass es den Kontinent Mu niemals gegeben hat, wissen wir, dass im Laufe der langen Erdgeschichte immer wieder größere Erdteile verschwunden und später durch umwälzende Klimaveränderungen wieder aufgetaucht sind. Jüngste geologische Untersuchung in einem anderen Meeresgebiet haben das bestätigt. Demnach soll sich ein unbekannter Kontinent dreimal zwischen Australien und der Antarktis aus dem Meer erhoben haben, bevor er wieder versank. Spuren des vorsintflutlichen Landes wurden 4000 Kilometer südwestlich von Australien gefunden. Zwei Gebiete, das *Kerguelen-Plateau* und das *Broken Ridge*, heute zwei Kilometer unter der Meeresoberfläche, bildeten einmal einen großen Kontinent. Bohrkerne, die von der Tiefsee geborgen wurden, lieferten den Beweis. Die Rekonstruktion ergab, dass der Kontinent zwei Millionen Quadratkilometer groß war, aber nur ein kleiner Teil, etwa von der Größe der britischen Inseln, sich über die Meeresoberfläche erhob. Dies geschah nach Erkenntnissen der Geologen dreimal – vor 110, 85 und 35 Millionen Jahren. Zu einem Zeitpunkt also, wo es nach unserem Wissensstand noch keine Menschen gegeben hatte. Es wird aber angenommen, dass die beiden Inseln einst einen Teil des Urkontinents *Gondwana* bildeten.

Weshalb sollte es nicht ebenso im Pazifik Inseln gegeben haben, die wieder versunken sind? Zankapfel bleibt allerdings die Frage, ob auf diesen Landmassen bereits eine Kultur beheimatet war. Die Mu-Geschichte gilt als erfunden. Dennoch lebt der Glaube daran auch heute weiter. Vielleicht deshalb, weil es noch andere Spuren gibt, die unabhängig von den Mu-Forschern Churchward, Blasseur und Le Plongeon daran festhalten. Zum Beispiel in China. Eine seltsame Legende über ein Paradies auf einer bergigen Insel hielt sich durch die Jahrhunderte im alten „Reich der Mitte". Man kennt den mythischen Ort unter dem Namen *Penglai*.

Diese Reliefkarte aus dem alten Reich der Mitte stellt das verschollene Inselreich Penglai dar.

Es heißt, die Insel wäre im Östlichen Meer, also im Pazifik, gelegen und sei der Himmel auf Erden gewesen. Man erzählte außerdem davon, dass sie gelegentlich von geheimnisvollen Unsterblichen aufgesucht wurde. Diese himmlischen Weisen hätten Lebenselixiere getrunken, seien daraufhin „gefiedert" worden und konnten durch die Lüfte segeln. Einige Expeditionen machten sich auf die Suche nach dem sagenumwobenen Land. Einmal wurde sogar eine ganze Schiffsflotte ausgesandt, um das Paradies aufzuspüren, ohne dass eines der Schiffe zurückkehrte.

„Wir werden wohl niemals herausfinden, wo die Legende entstand", schreibt der Orientalist *Robert K. G. Temple* in seinem Buch *„Das Land der fliegenden Drachen"*. „Möglicherweise war Penglai *Tahiti* oder *Hawaii*, vielleicht auch *Amerika*", vermutet Temple. Auffallend ist wiederum die Parallele zu den Legenden um Atlantis und Mu. Und noch etwas ist mysteriös: In chinesischen Grabmälern aus dem 3. und 4. vorchristlichen Jahrhundert wurden plastische Darstellungen der Insel gefunden. Auf vielen Behältern und bronzenen Räuchergefäßen finden sich ebenfalls Abbildungen davon. In manchen dieser seltsamen Grabbeigaben sind komplizierte Reliefkarten des Sagenlandes eingearbeitet, meist mit Bergspitzen und einer Oberflächenstruktur, in der Erd- und Halbedelsteine eingelegt sind. Diese Bronzearbeiten sind insofern erstaunlich, weil die erste vergleichbare europäische Reliefkarte erst aus dem Jahr

1510 bekannt ist. Der Kartograph *Paul Dox* hat sie angefertigt und zeigt das Gebiet um Kufstein in Österreich. In China war diese Technik beinahe zwei Jahrtausende zuvor bekannt. Kam das Wissen dafür von den hohen Weisen aus Penglai? Existierte diese mythische Insel einst wirklich?

Man könnte es wahrlich glauben, wenn man die unterseeischen Strukturen vor der japanischen Südküste rund um *Okinawa* genauer in Augenschein nimmt. Mitte der 90er Jahre entdeckten Sporttaucher in der Umgebung der Inseln *Yonakuni*, *Kerama* und *Aguni* erste Spuren gewaltiger Bauwerke, Steinkreise, Treppen und Plateaus, die aussehen, als seien sie von Menschen geschaffen worden. Japanische Wissenschaftler brüten seither über den Ursprung der sagenhaften Steinmonumente, die sich zwischen 10 und 25 Meter unter dem heutigen Meeresspiegel am Grund auftürmen.

1998 berichtete die Weltpresse, darunter die renommierte Londoner „Times" oder die deutsche „Welt am Sonntag" unter der Überschrift „Geheimnisvolle Pyramide unter Wasser", über die jüngsten Erkenntnisse: „Die Forscher fanden ein felsiges Gebilde von 150 Metern Breite, 200 Metern Länge und 90 Metern Höhe, das einer Stufenpyramide ähnelt. Prof. Masaaki Kimura, Geologe an der Ryukyu Universität Okinawa, untersuchte die Anlage und kam zu der Überzeugung, dass sie von Menschen errichtet sein müsse. Kimura: ‚Ein Beweis dafür ist, dass es am Fuß des Felsens keine Erosions-Spuren gibt, wie abgebröckelte und verwitterte Steine.' Um die mutmaßliche Stufenpyramide führt eine flache Bahn herum, die eine Straße zu sein scheint. Auffallend sind meterhohe Stufen, die zum Gipfel führen. Die Stufen sind so ebenmäßig geformt, dass sie nach Ansicht von Prof. *Robert Schoch*, einem Geologen der Universität Boston, nicht von der Erosion des Wassers hätten geformt werden können. Schoch, der im April dort hinabtauchte: ‚Zumindest ist mir keine Felsformation mit so klaren Linien bekannt.'

Ein weiteres Indiz, dass es sich um Menschenwerk handeln könnte, sind mehrere kleine stufenförmige Pyramiden auf dem Gelände. Sie messen etwa zehn Meter an der Basis und sind zwei Meter hoch. Die Wissenschaftler bezeichnen sie als Mini-Zikku-

1995 von Sporttauchern entdeckt: gewaltige Relikte aus Stein vor der japanischen Küste Okinawa. Hinterlassenschaften einer versunkenen Hochkultur?

rats. Ein Zikkurat ist die Bezeichnung für die Stufenpyramiden in Mesopotamien.

Das Alter des Fundes schätzen die Geologen sensationell hoch ein – auf mindestens 10.000 Jahre.

‚Es gibt bislang keinen einzigen Hinweis, dass schon vor so langer Zeit Menschen in der Lage waren, eine solche vermutlich kultische Stätte zu errichten', sagte Prof. Kimura. ‚Das kann nur durch Leute geschehen sein, die technisch anderen Völkern weit voraus waren. Wir haben noch keine andere Antwort, wir müssen die Anlage systematisch erforschen.'"

Inzwischen haben sich die Zweifler zu Wort gemeldet. Einer von ihnen ist der deutsche Geologe *Wolf Wichmann*, der nach mehreren Tauchgängen zu einem ernüchternden Ergebnis kommt. Demnach sei der „gigantische Unterwassertempel" nichts anderes als ein natürlicher Sedimentblock. Der „Spiegel" berichtete darüber 1999 unter dem Titel „Treppen ins Nichts": „Der Sandstein ist von vertikalen Rissen und horizontalen Klüften durchzogen. Alle 90-Grad-Winkel und Stufen sind an diesen Bruchzonen entstanden. Die oben liegenden Plateaus deutet Wichmann als typische ‚Schorren'."

Gemeint sind Flächen, die für Sedimentgestein typisch sind, weil sie direkt in der Brandung liegen. Spuren mechanischer Bearbeitung seien nicht gefunden worden und eine planvolle Architektur nicht erkennbar. Außerdem stünden die Wände nicht im rechten Winkel und einige Treppen endeten im Nichts.

Prof. Kimuras kühne These, wonach es bereits in der Jungsteinzeit oder noch früher 300 Kilometer südwestlich von Okinawa eine blühende Hochkultur gegeben haben könnte, bleibt vorerst Spekulation. „Treppen ins Nichts" sind aber deshalb noch kein „Gegenbeweis". Hinter der Inkafestung *Sacsayhuaman* liegt hoch über der peruanischen Stadt *Cuzco* ein gewaltiges Felsenlabyrinth. Die Überbleibsel irgendwelcher Bauten sind präzise poliert und wurden mit rechtwinkeligen Kanten in den Fels gezaubert. Darunter finden sich auch Treppen, die scheinbar ins Nichts führen. Die Strukturen sind aus dem harten Granitstein geschnitten worden, als wären sie Butter. Mit welchen einfachen Steinwerkzeugen soll das möglich gewesen sein? Gleichermaßen rätselhaft: Die berühmten Inkamauern: Ohne Mörtel wurden tonnenschwere Steinmonolithen millimetergenau geschnitten, transportiert und perfekt zusammengefügt. Wie die Inkabaumeister dies zustande gebracht haben, weiß heute noch niemand. Die undefinierbaren Gesteinsmassen ähneln jedenfalls im Baustil den Unterwasserobjekten vor Japans Küste. Besonders auffällig wird dies beim Vergleich einer

Bautechnische Höchstleistung: die Inkafestung von Sacsayhuaman

Steinrampe zum Kaiserpalast in Tokio. Sie ist aus den gleichen vieleckigen Steinquadern zusammengesetzt wie die Mauern der Inkametropole Cuzco.

Dass die unterseeischen Plattformen zwar rechtwinkelig wirken, aber nicht wirklich im rechten Winkel stünden, wie Wichmann zu bedenken gibt, mag nicht unbedingt verwundern. Weiß man doch, dass die japanischen Inseln für ihre seismischen Aktivitäten berüchtigt sind. Erdbebenzerstörungen mögen vielleicht ihres dazu beigetragen haben.

Prof. Kimura widerspricht seinen Kritikern auch in einem anderen Punkt, wonach keine künstlichen Bearbeitungsspuren entdeckt werden konnten. Auf der oberen Terrasse wurden nämlich Gravuren entdeckt, die an zwei Schildkröten erinnern. Ein interessanter Hinweis, wenn man bedenkt, dass die Schildkröte im alten China das Symbol für *ewiges Leben* war. Kimura sieht in diesen Abbildungen Zusammenhänge mit der chinesischen Religion, da den Legenden nach vor Jahrtausenden der chinesische Kaiser seinen Boten *Jofuku* ins östliche Meer aussandte, um den

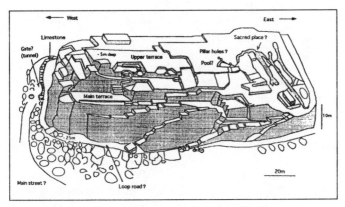

Von Prof. Masaaki Kimura schematisch dargestellt: die unbekannte „Unterwasserstadt"

heiligen Berg „Horai" zu suchen. Auf ihm sollen, so erzählt die Mythe, Wunderpflanzen gewachsen sein, die *ewiges Leben* geben konnten. 3000 Menschen sollen bei der Suchexpedition damals beteiligt gewesen sein. Wäre es möglich, fragt Kimura, dass Jofuku oder seine Nachfolger die Unterwasserstrukturen errichtet haben?

Eine Hypothese, wie der Professor freimütig eingesteht. Aber es gibt noch andere Entdeckungen, die seiner Ansicht nach für ein von Menschenhand errichtetes Bauwerk sprechen. „Auf einem keilförmigen Gebilde, das sich auf einer rätselhaften Steinpyramide befindet", so erklärt Kimura, „konnten Bearbeitungsspuren entdeckt werden, die den Verdacht nahe legen, hier hätten einst Menschen Steine behauen." Ähnliche Spuren mechanischer Bearbeitung fanden sich in der Nähe eines Bereiches, der „San'ninu-dai" genannt wird. Kimuras Resümee: „Anscheinend handelt es sich dabei um eine an Land gelegene Fortsetzung der Unterwasserruinen. Im Gebiet des ‚Iseki Points' lassen sich weitere dieser bearbeiteten Steine in Strandnähe auffinden. Die C14-Datierungen, die auf der Grundlage von 16 Proben berechnet wurden, ergaben für den ‚Iseki Point' ein Alter zwischen 2000 und 4000 Jahren. Und weitere Analysen von den Unterwasserstrukturen vor der Insel Yonakuni erbrachten eine zeitliche Einordnung von etwas mehr als 2000 Jahren."

In jedem Fall zu jung, um den Schluss nahe zu legen, die „Unterwasserstadt" hätte sich damals *über* dem Meeresspiegel befunden. Die meisten Geologen sind aufgrund ihrer Untersuchungen sicher, dass man mindestens 8000 Jahre in der Erdgeschichte zurückgehen müsse um anzunehmen, dass der Meeresspiegel etwa 25 Meter unter dem heutigen lag. Anderen ist selbst dieser Zeitraum zu knapp bemessen, um ein so schnelles Ansteigen des Pazifik zu erklären. Sie glauben eher daran, dass das fragliche Gebiet vor 500.000 Jahren überflutet wurde. Okinawas früheste Besiedlungsspuren reichen rund 19.000 Jahre zurück. Erste Anzeichen einer Zivilisation tauchten, soweit bekannt, erst vor rund 9000 Jahren mit der *Jomon*-Kultur auf, die für ihre seefahrerischen Leistungen bekannt ist.

Bereits vor 5000 Jahren dürfte es den ersten Japanern gelungen sein, das amerikanische Festland zu betreten. In Ecuador legten Archäologen in der Nähe von *Valdivia* eine Siedlung frei, die Keramik aus der japanischen Jomon-Kultur enthielt. Die Ähnlichkeit zwischen Tonscherben aus Japan und Ecuador lassen kaum Zweifel daran, dass es zwischen den beiden Ländern um 3000 v. Chr. tatsächlich Verbindungen gegeben hat. Es wird angenommen, dass diese uralte Siedlung japanischen Fischern ihre Entstehung verdankt, die einst von der Meeresströmung an die amerikanische Westküste getrieben worden waren.

Die unterseeischen Bearbeitungsspuren von Okinawa sind allerdings jüngeren Datums. Für Professor Kimura dennoch kein Widerspruch. Er hält es für wahrscheinlich, dass die „Unterwasserstadt" im Ozean nicht unerwartet, sondern erst allmählich vor 10.000 Jahren nach der letzten Eiszeit vom Meer überflutet wurde. Sind die aufgefundenen Plattformen natürlichen Ursprungs? Oder handelt es sich doch um Überreste einer uralten versunkenen Kultur? Wie immer man dazu stehen mag, eines ist jedenfalls gewiss: Die Unterwasser-Entdeckung auf dem Meeresgrund vor Okinawa bringt zumindest die Legende von einer prähistorischen Pazifikzivilisation namens Mu oder Penglai wieder ins Gespräch ...

Liegt die Lösung im Mittelmeer?

*„Was vergangen, kehrt nicht wieder.
Aber ging es leuchtend nieder,
leuchtet's lange noch zurück."*

Karl Förster (1784–1841),
deutscher Schriftsteller
in „Erinnerung und Hoffnung"

Zurück zum Atlantis-Mythos. Wenn man Platon Glauben schenkt, war Atlantis größer als Kleinasien und der bewohnte Teil Nordafrikas zusammen. Im Meer versunken soll diese Insel aber im Laufe nur eines Tages und einer Nacht sein. Die Katastrophe hätte sich 9000 Jahre vor Lebzeiten Solons ereignet, wird berichtet. Können wir diesem von Platon angegebenen Zeitpunkt für den Untergang von Atlantis vertrauen? Oder sind die Zahlen mit Vorsicht zu genießen?

Geologen und Geophysiker, die in den letzten Jahrzehnten die Meere gründlich erforscht haben, fanden keinen Beweis dafür, dass sich im Atlantischen Ozean der Meeresgrund in den letzten Millionen Jahren bedeutend verändert hätte. Es könne daher in dem fraglichen Gebiet in geologisch kurzer Zeit keine riesige Insel untergegangen sein. Bereits 1947 meldete der schwedische Ozeanologe *Hans Petterson*: „Platons Atlantis im Atlantik ist eine geologische Leiche." Inseln wie die Azoren oder Kanaren sind nicht Reste eines Urkontinents, sondern durch unterseeische Vulkane vom Meeresboden hochgedrückt worden.

Hatte sich Platon geirrt? Lügt der Grieche vorsätzlich? Oder hielt er die Geschichte wirklich für authentisch?

Nach Angaben der ägyptischen Priester liegt Atlantis „vor der Mündung", die zwei große Meere verbindet. Das Meer, in dem Atlantis liegt, wird als ein Binnenozean beschrieben, der „rings von Festland umkränzt" ist. Solon identifiziert die angesprochene Meerenge mit Gibraltar und verlegt das Geschehen damit in den fernen Westen, also in den Atlantik. Das aber würde bedeuten, dass das Meer hinter Gibraltar vollständig von einem jenseitigen

Kontinent umschlossen sein müsste. Eine kuriose Idee, die der Dubliner Althistoriker *John Viktor Luce* auf einer Weltkarte skizziert hat. Eine Vorstellung, die sich allerdings mit dem gängigen Weltbild der Antike nicht verträgt, wonach die bewohnbare Welt ringsum von Wasser umflossen dargestellt wurde.

Luce glaubt dennoch, dass der Atlantis-Bericht nicht völlig aus der Luft gegriffen sei und kein Zweifel auf eine entsetzliche Naturkatastrophe bestünde. „Man müsse sich jedoch", so erklärt Luce, „von der These trennen, Atlantis sei ein in der Frühzeit menschlicher Geschichte im Nordatlantik versunkener Kontinent." In seinem 1969 erschienenen Buch *„Atlantis, Legende und Wirklichkeit"* äußert er den Verdacht, dass es Platon darum gegangen sei, den Athenern, die das große Persien besiegt hatten, also eine sehr starke Streitkraft im Osten, auch einen in grauer Vorzeit liegenden Sieg über einen mächtigen Eindringling aus dem Westen anzudichten. Da Platon das Mittelmeer gekannt und somit gewusst habe, dass dort ein mit Persiens Kampfkraft vergleichbares Volk nicht gelebt haben konnte, hätte er Atlantis eben in das Meer jenseits von Gibraltar verlegt, wo man mit Recht eine sehr große Wasserfläche vermutete. Schon *Herodot*, der rund 90 Jahre vor Platon lebte, hatte gewusst, dass man durch das Rote Meer ganz Afrika umschiffen und bei den „Säulen des Herakles" wieder ins Mittelmeer einfahren konnte.

Luce und andere Experten nehmen an, dass Platon einem Hör- oder Schreibfehler zum Opfer gefallen ist. Die ägyptischen Priester hätten nämlich Solon nicht gesagt, Atlantis sei *größer* als Libyen und Asien zusammen, sondern sie hätten gemeint, Atlantis liege *zwischen* Libyen und Asien, denn „meizon" heiße im Griechischen „größer" aber „méson" bedeute „inmitten". In Wahrheit sei nicht Gibraltar, sondern eine andere Meerenge gemeint: die *Dardanellen*. Bezogen auf diese Landenge ergibt sich ein weniger fantastisches Bild: Wo Platon vom „Atlantischen Meer" spricht, wäre dann das *Schwarze Meer* gemeint. Dieses ist in der Tat rings von der eurasischen Landmasse umgrenzt.

Liegt die Lösung im Mittelmeerraum? In der Ägäis?

Im Jahr 1900 entdeckte der Archäologe Sir *Arthur Evans* auf *Kreta* den Palast von Knossos und ordnete ihn einer Kultur zu, die er als „*minoisch*" bezeichnete. Im Februar 1909 erschien in der Londoner Times ein Artikel mit der Überschrift: „Der verlorene Kontinent", in dem die These aufgestellt wurde, die von Evans aufgefundene Kultur seien Übereste von Atlantis. In dem Aufsatz hieß es, dass die neuesten Ausgrabungen auf Kreta es notwendig machen, „die Geschichte des Mittelmeeres *vor* der klassischen Zeit neu zu überdenken". Später baute der irische Schriftsteller *K. T. Frost* diese Theorie aus. Er war überzeugt davon, dass die Atlantis-Sage eine ägyptische Erinnerung an die bronzezeitliche Insel Kreta war. Wie aber passt die zeitliche Diskrepanz mit Platons Angaben zusammen? Eine Zahlenspielerei soll den Widerspruch erklären. Manche Forscher meinen, die Daten beziehen sich auf Mondjahre. Solon aber hätte diese als Sonnenjahre genommen. In diesem Fall käme man auf die Zeit um 1200 v. Chr., was etwas zu spät, aber innerhalb der Bestimmungsgenauigkeit liegen könnte. Ein anderer Lösungsversuch: Vielleicht, so wird gemutmaßt, habe sich Solon geirrt und die Hieroglyphe für die Zahl „100" als „1000" aufgefasst. Nach dieser Überlegung wäre der Atlantis-Untergang 900 Jahre (nicht aber 9000 Jahre) vor Solons Lebzeiten geschehen. Addiert man die rund 600 Jahre (etwa die Epoche von Solons Ägyptenbesuch) dazu, ergibt dies 1500. Demnach wäre Atlantis ungefähr um 1500 v. Chr. untergegangen und wäre eine typische Zivilisation, etwa so wie Ägypten, Mesopotamien, das Industal – oder Kreta.

In der ersten Hälfte des zweiten Jahrtausends beherrschte Kreta die Ägäis mit einer starken Seeflotte. Frost verwies in diesem Zusammenhang auf Gleichklänge zwischen Platons Bericht und der minoischen Kultur, insbesondere auf die königliche Stierjagd auf Atlantis und die Verehrung des Stieres auf Kreta. Hier knüpft der griechische *Minotaurus*-Mythos an.

Ein in Kreta ausgegrabener Stierkopf stellt möglicherweise einen der heiligen Stiere dar, die für eine recht gefährliche rituelle Zeremonie benutzt wurden, bei der männliche und weibliche Wettkämpfer zwischen den spitzen Hörnern des Stieres hindurch über dessen Rücken springen mussten. Dieses Ritual war vielleicht die Grundlage für die Sage des Minotaurus, einem monströsen Wesen, halb Mensch, halb Stier, der in der Mitte eines Labyrinths lebte und dem junge Männer sowie Mädchen geopfert wurden. *Dädalus*, der Erbauer des Labyrinths, hatte es mit so vielen tückischen Windungen und Scheinausgängen versehen, dass die Menschen, die nacheinander hineingeschickt wurden, sich unweigerlich verirrten und von dem Minotaurus getötet wurden. *Theseus* tötete den Minotaurus und führte nach seiner vollbrachten Heldentat Menschen aus dem Labyrinth heraus, nachdem er zuvor scharfsinnig den Rückweg mit einer Schnur markiert hatte.

Ob auf Kreta jemals ein solches Labyrinth bestand, ist allerdings umstritten, gefunden wurde es bislang nicht. Was wir wissen ist, dass die Faszination für Labyrinthe aus mystischen Quellen stammt. Die Ursprünge reichen bis in die Altsteinzeit zurück, ihre ursächliche Bedeutung ist nicht eindeutig geklärt. Von den Stierkulten und Stieropfern ist bekannt, dass sie bei alten Mittelmeerkulturen Kretas, Ägyptens, Nordafrikas und Iberias weit verbreitet waren und Platon zufolge ebenso ein königliches Vorrecht in Atlantis. Doch der Stierkult allein reicht wohl als Beleg für den Herkunftsort von Atlantis nicht aus. In Spanien und einer Reihe lateinamerikanischer Länder ist die rituelle Stiertötung immer noch beliebt und könnte ebenso gut als Indiz für ein direktes Bindeglied zu den Bräuchen des sagenhaften Atlantis stehen.

Viele Archäologen vermuten dennoch, dass sich Platons Atlantis-Beschreibung auf die minoische Kultur auf Kreta bezog. Sie verweisen auf Besonderheiten, wie etwa die Darstellung von Fayence-Göttinnen mit zwei Schlangen in der Tracht kretischer Palastdamen. Die Minoische Kultur (benannt nach dem berühmten König Minos) war tatsächlich erstaunlich modern, was Annehmlichkeiten des täglichen Lebens, wie etwa Wasserleitungen und andere Bequemlichkeiten des täglichen Lebens, anlangt. Die minoischen Frauen genossen offenbar dieselben Rechte wie Männer, kleideten sich attraktiv und recht feizügig. Selbst die Teilnahme an den gefährlichen Stierkämpfen war ihnen nicht untersagt.

Aber überzeugen solche Anhaltspunkte wirklich? Frost vermutete, dass der Minotaurus-Mythos vor dem Hintergrund einer mykenischen Invasion entstanden ist, die um 1450 stattfand und zum Niedergang der kretischen Kultur führte. Diese Annahme wurde von dem Archäologen Dr. *Spiridon Marinatos* und dem Seismolo-

War die Inselgruppe Santorin im Mittelmeer, vielleicht der Rest einer großen, runden Insel, so wie von Platon beschrieben?

gen Dr. *Angelos Galanopulos* aufgegriffen. Auslöser des Untergang-Desasters sei der – historisch verbürgte – Ausbruch des Vulkans Thera um 1525 v. Chr. auf *Santorin* nördlich von Kreta gewesen. Die Forscherin *Jennifer Westwood* fasst die Fakten zusammen: „Der Vulkan auf Thera brach dreimal aus, wobei die dritte Eruption von einem heftigen Donnern begleitet wurde, das noch in 3000 Kilometer Entfernung zu hören war. Es gibt Schätzungen, wonach die Eruption viermal so stark war wie die Explosion auf der zwischen Sumatra und Java gelegenen Insel Krakatau im Jahre 1883, die noch in Australien gehört wurde. Der Vulkan auf Thera begrub die Insel unter einer bis zu 30 Meter dicken Ascheschicht, die auch die Hauptstadt nicht verschonte." Seewellen hätten der erdbebengeschädigten Zivilisation schließlich den Rest gegeben. Ein dramatisches Szenario, das vielleicht das Schicksal Santorins erklärt. Obwohl selbst dies zweifelhaft ist, da verschiedene Keramikstile ausgegraben wurden, die belegen, dass die Kultur auf Santorin den Ausbruch des Vulkans um über fünfzig Jahre überlebte.

Zwei deutsche Wissenschaftler, *Hans Pichler* und *Wolfgang Schiering*, unterzogen 1977 vulkanische Trümmer von Thera einer genauen Analyse. In der Fachzeitschrift „Nature" berichteten sie darüber und kamen zu dem Schluss, dass sich die Explosion von Santorin kaum auf Kreta ausgewirkt haben kann.

Der Archäologe *Peter James* sieht die Sachlage ähnlich skeptisch: „Die minoische Kultur überlebte Thera um etwa 50 Jahre und, bezogen auf Knossos, sogar um 100 Jahre. Die ursprüngliche Annahme, dass Kreta/Thera/Atlantis zusammengehören, ist daher unhaltbar, neben allen anderen Schwachpunkten dieser Theorie. Die Originalgeschichte über Atlantis, die von den ägyptischen Priestern erzählt wurde, kann sich nicht auf die Zerstörung der minoischen Kultur durch einen Vulkanausbruch auf Thera beziehen, da sie nicht durch diesen Ausbruch zerstört wurde."

Obwohl die kretische Theorie in manchen Punkten plausibel klingt, kann Atlantis nicht im Meer versunken sein. Denn im Unterschied zu Atlantis versank Kreta nicht im Meer, sondern existiert bekanntlich noch heute.

Wurde Atlantis längst gefunden?

*„Wissenschaft ist nur eine Hälfte.
Glauben ist die andere."*

Novalis (1772–1801), in „Fragmente"

Im Jahre 1897 sorgte der Fund einer Frauenbüste, die in Elche gefunden wurde, für Aufregung bei Gelehrten und Laien. Die nach ihrer Entdeckung als „Dame von Elche" bekannt gewordene Skulptur ist in einem unbekannten antiken Stil gestaltet. In der Nähe des Fundortes gab es jedoch nichts, woraus man auf die Entstehungszeit schließen konnte: keine Überreste von einem Grabmal, kein Tempel, keine Wohnstätte. Der Schmuck der dargestellten Frau gleicht weder dem, der zur Zeit der alten Römer Mode war, noch dem der Damen aus dem viel älteren Westgotenreich. Die Skulptur wird mit den Karthagern in Verbindung gebracht und mit dem sagenumwobenen Kontinent Atlantis. Dem Stil nach zu urteilen könnte sie aus dem 4. oder 5. Jahrhundert v. Chr. stammen, aus einer Epoche also, in der Karthager in Spanien Niederlassungen errichteten. Die Dame von Elche wirkt leicht verwachsen. Oder ist es der schwere Schmuck, der ihre ungewöhnliche Haltung begründet? Im Rücken der Büste befindet sich eine seltsame Öffnung. Wozu sie diente, weiß man nicht. Wurde sie daran aufgehängt? Bewahrte man darin einen heiligen Gegenstand? Keine dieser Fragen konnte bisher beantwortet werden. Heute befindet sich die „Priesterin von Atlantis" im Prado-Museum in Madrid.

Lassen sich in Spanien beweiskräftige Hinweise finden, die den Atlantis-Mythos erklären? Ist die „Dame von Elche" ein Relikt aus dieser vergessenen Zeit? Oder verflüchtigen sich die Spuren wie so oft ins Nichts? Aber hätte Platon das versunkene Königreich so genau beschrieben, wenn es nur in der Fantasie existiert? Welche Bewandtnis hat es mit den Felsen von *Gibraltar*, den „Säulen des Herakles"?

Die vielleicht kühnste Entdeckung, seit der Forscher *Heinrich Schliemann* Troja wieder entdeckte, blieb von der Öffentlichkeit

Wer war die „Dame von Elche"? Eine Priesterin aus Atlantis?

nahezu unbeachtet. Ebenso wie der deutsche Kaufmann einst mit Homers „Ilias" unter dem Arm auszog, um die kleinasiatische Metropole zu suchen, wanderte der Erlanger Archäologieprofessor Dr. *Adolf Schulten* mit den Platonbüchern „Timaios" und „Kritias" durch Südspanien, um jenseits der „Säulen des Herakles", der Meerenge von Gibraltar, das sagenhafte Atlantis zu finden.

Was Hunderte vor ihm nicht erreichten, gelang dem außergewöhnlichen Mann. Er fand zwar kein Gold, aber verblüffende Hinweise, die den Verdacht untermauern, dass die atlantische

Metropole im Jagdgebiet des „Coto de Doña Ana", nördlich der heutigen Stadt *Cádiz,* liegt. Der gesuchte Ort befindet sich inmitten des Mündungsgebietes des Guadalquivir, nur wenige Meter unter dem versumpften Boden begraben. Im Altertum war Tartessos die erste Handelsstadt und das älteste Kulturzentrum des Westens. Schriftsteller der Antike, darunter Herodot, Plinius oder Strabon, erwähnten oder beschrieben Tartessos in ihren Geschichtswerken. Liegt hier der Ursprung der Atlantis-Legende? Befand sich auf Tartessos das legendäre Königreich? Ist man endlich auf die Lösung eines zweitausendjährigen Rätsels gestoßen?

Aller Wahrscheinlichkeit nach ging die Stadt in der Mitte des ersten vorchristlichen Jahrtausends unter. In dem weiten Gelände nördlich von *Sanlucar de Barrameda* wird kaum geforscht und Grabungen erweisen sich als schwierig. Dort, wo einst das Zentrum der westeuropäischen Kultur lag, breiten sich heute Sumpfwälder und Dünen aus. Schon in zwei Meter Tiefe stößt man hier auf Grundwasser. Doch die Ruinen von Tartessos, der Hauptstadt des möglichen Atlantisreiches, wie der Forscher Schulten annimmt, erstrecken sich aber in Tiefen von fünf bis zehn Metern. Probegrabungen haben das bewiesen.

Wissen wir von Atlantis womöglich bereits mehr, als wir uns in unseren kühnsten Träumen vorstellen? Es mutet jedenfalls erstaunlich an, dass wir aus dem Bereich der tartessischen Kultur zwar eine Unmenge bedeutender Funde kennen, in denen jedoch kein Mensch vor Schulten Hinterlassenschaften der Atlanter vermutete.

Große Mengen von Goldschmuck, Tongeschirr, Bronzegefäßen, Elfenbeinschnitzereien, Marmortorsi und eine Büste von wirklich erlesener Schönheit kamen bei den Grabungen ans Tageslicht. Der Professor aus Deutschland forschte noch weiter. Er kontrollierte die in dem „Kritias"-Dialog angeführten Entfernungsangaben und kam zu überraschenden Ergebnissen. Im Jahr 1950 veröffentlichte der Gelehrte seine Studien in dem wissenschaftlichen Werk *„Tartessos – Ein Beitrag zur ältesten Geschichte des Westens".*

Eine ganze Kette von auffälligen Übereinstimmungen zwischen dem Atlantis-Bericht und Tartessos, das um 500 v. Chr. von

den Karthagern zerstört wurde, führten Schulten zu dem Schluss, dass es sich bei der Formel Atlantis = Tartessos nicht bloß um einzelne, entlehnte Züge handelt, „sondern um einen vollständigen topografischen und kulturellen Hintergrund." Hier die von Professor Schulten aufgelisteten Indizien. Platons Beschreibungen und die Tartessos-Daten im Vergleich:
1. *Die Insel Atlantis reicht bis Gades, das heutige Cádiz. Durch diese Angabe wird das östliche Ende von Atlantis verankert.* Tartessos lag in unmittelbarer Nähe von Gades, zu Platons Zeiten identifizierte man gar das verschollene Tartessos mit Gades.
2. *Die Hauptstadt des Gadeiros liegt auf einer Insel, die von einem dreifachen Wasserring umgeben war.* Tartessos lag auf einer Insel zwischen den drei Mündungen des Baetis.
3. *Die Hauptstadt des Gadeiros liegt nicht direkt an der Küste, sondern an einem Kanal, welcher das Meer und die Stadt verbindet. Auch die größten Schiffe konnten die Stadt auf diesem Kanal erreichen.* Tartessos lag auf einer Insel, etwa zehn Kilometer von der Meeresküste entfernt, an einem Fluss, auf dem die größten Schiffe verkehren konnten.
4. *Ein künstlicher Graben, der ein Stadion (185 Meter) breit ist, teilt sich in zwei Arme, welche eine 3000 Stadien lange und 2000 Stadien breite Ebene umfließen, die sich vor der Hauptstadt wieder vereinigen, sie umgeben und dann ins Meer münden.* Der Fluss Baetis, dessen mittlere Breite etwa 200 Meter misst, durchfließt eine lange Ebene, teilt sich vor Tartessos, umfließt die Stadt und mündet dann ins Meer.
5. Diese Ebene wird bei Platon folgendermaßen beschrieben: *„Erstens also war ... die ganze Gegend vom Meer aus sehr hoch und steil. Dagegen war die Umgebung der Stadt durchwegs eine glatte und gleichmäßige Ebene, welche die Stadt umgab, selbst aber rings von Bergen, die bis ans Meer reichten, umgeben war und längliche Form hatte, in dem sie in der einen Richtung 3000 Stadien maß, in der Mitte, vom Meere aus aufwärts, 2000 Stadien. Diese Gegend der Insel Atlantis lag ganz nach Süden und war vor dem Nordwind geschützt."* Das stimmt alles mit Tartessos überein. Die andalusische Süd-

küste ist steil und hat zum Teil sehr hohe Gebirge. Auch auf der Nordseite Andalusiens liegt ein Gebirge, die Sierra Morena, und durch dieses Gebirge wird die nach Süden gelegene Beatis-Ebene gegen den Nordwind geschützt. Auch im Osten wird die Ebene des Baetis von Gebirgen begrenzt. Die Stadt Tartessos lag auf der offenen Westseite der weiten, länglichen Ebene des Baetis, zwischen diesen Gebirgen. Auch die 3000 Stadien der Länge des Gebietes treffen für die Länge von Osten nach Westen zu. Die 2000 Stadien der Breite in Nord-Süd-Richtung passen ebenso wörtlich auf das Gebiet von Tartessos.

6. *Die Ebene wurde von Kanälen durchzogen und diese wiederum waren durch Querkanäle untereinander verbunden.* Genau dasselbe Kanalsystem bezeugt der römische Kartograf Strabo für das Tal des Baetis.

7. *Der Reichtum von Atlantis war so groß, dass er weder vorher noch nachher erreicht worden sei.* Tartessos war unzweifelhaft die reichste Stadt des Westens und eine der reichsten Städte der damaligen Welt. Besonders von seinen Silberschätzen erzählen die antiken Historiker fantastische Dinge.

8. *Die Hauptquelle dieses Reichtums von Atlantis war Metall.* Dies trifft auf Tartessos zu, dessen Reichtum vor allem auf Silber und Kupfer von Sierra Morena beruhte.

9. *Von den Metallen hebt Platon im Atlantis-Bericht besonders das „Bergkupfer" hervor. Das Wort bedeutete später Messing, also die Mischung von Kupfer und Zink. Platon bezeichnete das Metall Oreichalkos, übersetzt „natürliches Erz". Der Grieche sagte weiters, es sei fast so kostbar gewesen wie Gold und heute nur noch dem Namen nach bekannt.* Demnach kann es nicht Kupfer gewesen sein, das zu Platons Zeiten etwas Gewöhnliches war. Mit Oreichalkos muss Platon eine seltene, natürliche Kupferverbindung gemeint haben, vermutlich Bronze. Bronze passt wiederum ausgezeichnet zu Tartessos, denn der Ort war wegen der tartessischen Bronze im Altertum berühmt.

10. *Platon schildert den Reichtum des Gebietes der Hauptstadt*

an Wald, Bodenfrüchten, Baumfrüchten, Tieren usw. Ganz ähnlich preist Strabo den Reichtum des Baetis-Tales an.
11. *Von den Tieren auf Atlantis hebt Platon besonders die heiligen Stiere des Poseidon hervor.* Wie der antike Schriftsteller Diodor von Sizilien bezeugt, war der Stier im alten Iberien ein heiliges Tier, das große Verehrung genoss. Unzählige Stierbilder aus Stein, Bronze und Ton bestätigen dies.
12. *Atlantis soll ein großes Seereich gewesen sein, dessen Macht sich bis nach Ägypten und Tyrrhenien erstreckte.* Tartessos war das erste Seereich des Westens, seine Handelszone reichte im Osten nicht nur bis Tyrrhenien, sondern bis Asien und im Norden bis Avien (England).
13. *Die Atlantider bzw. Atlanter verkehrten mit den anderen „Inseln des Ozeans" und von diesen aus mit dem „gegenüberliegenden Festlande".* Vermutlich meinte Platon mit diesen Inseln die Zinninseln der Bretagne, und mit dem Festland das ihnen gegenüberliegende England. Von den Tartessiern weiß man, dass sie Zinn auf den Inseln der Bretagne ausbeuteten, und auch mit Avien (England) verkehrten.
14. *Das Hauptheiligtum der Atlantiden war der am Meer gelegene Tempel des Poseidon.* Auf der Nordseite des südlichen Mündungsarmes des Flusses Baetis sind Überreste eines ehemals großen Poseidontempels lokalisiert worden.
15. *Im Tempel des Poseidon soll eine Säule aus Oreichalkos gestanden haben, auf welcher Gesetze eingraviert waren.* Dies passt zu dem, was Strabo über die Aufzeichnungen der Tartessier schrieb. Auch die Tartessier gravierten ihre ältesten Gesetze, die nach Strabo 6000 Jahre alt seien, auf metallenen Säulen.
16. *Atlantis wurde von Königen regiert, und Nachfolger wurde stets der älteste Sohn.* Genauso in Tartessos, wie die alten Historiker überlieferten.
17. *Atlantis besitzt eine Königsburg.* Auch Tartessos hatte seine Königsburg, die „arx Gerontis" an der Mündung des Baetis.
18. *Die Untertanen des atlantischen Königs bestanden aus einer herrschenden und einer dienenden Klasse, in dem die reiche Ebene an 60.000 Führer verteilt war, denen die Bewohner des*

armen Berglandes zum Dienst zugeteilt wurden. Dieselbe aristokratische Ordnung herrschte auf Tartessos. Seine Bevölkerung bestand aus dem herrschenden und von der Arbeit befreiten „populus" und der dienenden „plebs".
19. *Die Insel Atlantis ist nach langer Blüte plötzlich durch Erdbeben im Meer versunken.* Dies könnte ein mystischer Ausdruck für die Tatsache sein, dass Tartessos nach langem Glück durch die karthagische Zerstörung plötzlich verschwand.

Jahrtausende haben seitdem meterdicke Humusschichten über den Ort gebreitet. War Tartessos Platons Atlantis? Oder zumindest eine Kolonie vom versunkenen Königreich? Schultens Enthüllungen schließen sich zusammen zu einem Mosaik einer alten, durch Bergbau, Metallindustrie, Seehandel und Landwirtschaft reichen Stadt am westlichen Ozean. Diese Stadt schwebt nicht wie das übrige Atlantis in den Wolken, sondern sie ist tatsächlich vorhanden und liegt genau dort, wohin Platon das östliche Ende von Atlantis verlegte, bei Gades, dem heutigen Cádiz.

Niemand wird bezweifeln, dass die Griechen noch zu Platons Zeit, also nur hundert Jahre nach der Zerstörung von Tartessos, von dieser einst in aller Welt berühmten und reichen Stadt wussten und dass sich ihre Fantasie mit der Stadt beschäftigte, die nach

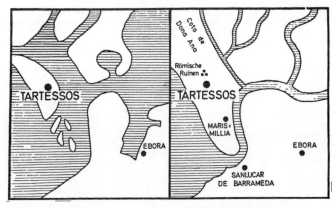

Schematische Darstellung im Mündungsgebiet des Guadalquivir: zur Zeit des Untergangs von Tartesso (links) und heute (rechts).

langen glücklichen Jahrhunderten so plötzlich und rätselhaft verschwand. Es gab damals noch genug Bücher, die über die Stadt berichteten, auch lebten in Platons Jugend in Athen noch Leute, die aus mündlicher Tradition von Tartessos wussten.

Topografisch und kulturell scheint Atlantis mit Tartessos identisch. Nur die Zeit stimmt nicht so ganz. Atlantis soll ja laut Platon rund 10.000 Jahre vor Chr. existiert haben. Dem wird dagegengehalten, dass Solon (Platons Quelle) bei seinem Ägyptenbesuch einem Rechenfehler der Priester aufgesessen wäre. Was freilich nicht zu beweisen ist. So bleibt auch die Atlantis-These über Tartessos nicht ohne Schwachstelle. Was unbestritten bleibt, ist die Überlieferung über Atlantis. Sie lebt weiter, wenngleich es bereits in der Antike Menschen gab, die die Existenz des Inselkontinents anzweifelten. Schon Aristoteles hielt die Berichte für erfundene Märchen. Dennoch fanden sich in jeder Epoche unbeirrte Abenteurer, die sich auf die Suche nach der versunkenen Stadt mit ihren märchenhaften Schätzen begaben. Und wenn sie nicht gestorben sind, dann suchen sie noch heute ...

Und dann war da noch Troja ...

> *„Gib mir einen Punkt, wo ich hintreten kann,*
> *und ich bewege die Erde."*
>
> Archimedes (um 280), griech. Mathematiker

Theorien darüber, wo das legendäre Atlantis versunken sein könnte, gibt es viele. Eine bevorzugte stammt aus jüngerer Zeit. 1992 erschien das Buch „*Atlantis – Eine Legende wird entziffert*". Darin vertritt der in Zürich lebende deutsche Geoarchäologe Dr. *Eberhard Zangger* die These, die Atlantis-Saga sei eine ägyptische Version des *Trojanischen Krieges* gewesen. Eine Behauptung, für die er Spott und Häme erntete. Zangger, der in Großbritannien und den USA studiert hat, genießt dort Geniestatus und gilt als „Einstein der Antike". Doch mit seiner Gleichung Troja sei Atlantis gewesen, löste er in seiner Zunft gewaltigen Wirbel aus. Da er als „Quälgeist der Archäologie" gilt, verweigert ihm seine Kollegenschaft auch bisher die Überprüfung seiner Thesen. Doch neueste Forschungen scheinen ihm zumindest in einigen Punkten Recht zu geben. „Alle typischen Eigenschaften von Atlantis sind für Troja belegt", sagt er. Und weiter: „Ich bin fest davon überzeugt, dass es sich bei Atlantis um eine bronzezeitliche Architektur handelt."

Bei der Spurensuche geholfen hat ihm sein „Blechtrottel", der im Cyberspace-Zeitalter nicht mehr wegzudenkende Computer. Zangger besorgte sich ein spezielles Computerprogramm, wie es auch das amerikanische Militär benutzt, um die Standorte feindlicher Raketen ausfindig zu machen. Dieses Programm hat er mit sämtlichen zur Verfügung stehenden Atlantis-Daten „gefüttert", darunter alle Informationen über kulturelle Errungenschaften, Geografie, Naturkatastrophen und besondere Merkmale. Der Computer errechnete dann eine Hitliste der wahrscheinlichsten Atlantis-Standorte. Die Überraschung: Am besten schnitten Kreta (mit 52 Punkten) und Santorin (29 Punkte) ab. Auch die Vermutung, dass Atlantis eine Erfindung von Platon gewesen sei, hielt das Programm für sehr wahrscheinlich (42 Punkte). Angeführt wird die Atlantis-Hitliste allerdings von einem Ort, der 91 von 100 Punkten erreichte: *Troja.*

Über die sagenhafte Stadt wird viel erzählt. Was wir wissen: Der deutsche Archäologe Heinrich Schliemann sah Homers *Ilias* und *Odyssee* als geschichtliche Quellen an und wollte Ende des 19. Jahrhunderts der Fachwelt beweisen, dass es Troja tatsächlich gegeben hat. Dies gelang ihm auch – und sogar noch mehr: Er entdeckte überdies *Mykene* (80 km südwestlich von Athen) und fand in den Königsgräbern dort reichen Goldschmuck.

Gegen Ende des 15. Jahrhunderts v. Chr. eroberten die Mykener Kreta, wo sie die Herren der „Paläste" verdrängten. Im 13. Jahrhundert herrschten sie schließlich über die gesamte ägäische Welt. Doch was geschah dann plötzlich? Wodurch fühlten sich die Mykener bedroht? Wir wissen es nicht. Jedenfalls wurden auf einmal überall die Verteidigungsanlagen der Städte verstärkt. Mykene wurde als Festung weiter ausgebaut. Mühsam legte man eine Leitung durch den harten Fels, um von einer 360 Meter entfernten Quelle das Wasser heranzubringen und es in einer unterirdischen Zisterne zu sammeln, damit im Falle einer Belagerung die Wasserversorgung gesichert war. Tiryns und andere Städte trafen ähnliche Maßnahmen. Innerhalb weniger Jahre erlosch diese blühende Kultur für immer. Die Erinnerung an jene glanzvolle Epoche hat sich jedoch in verschiedenen Sagen erhalten, die dem blinden Dichter Homer einstmals, im 8. Jahrhundert v. Chr., als Grundlage für seine Verse dienten.

Zu den kostbarsten Funden aus Mykene zählt die von Schliemann 1876 ausgegrabene *„Goldmaske des Agamemnon"*. In einem Telegramm teilte er dem deutschen Kaiser mit, er habe das Gesicht des Agamemnon erblickt – jenes Herrschers, der in Homers Ilias den Angriff gegen Troja anführte. Das Original befindet sich heute im Nationalmuseum von Athen. Eine originalgetreue Replik wird im Germanischen Museum in Mainz aufbewahrt. Es heißt, Agamemnon war Opfer eines alten Fluchs, den Götterbote *Hermes* über das Geschlecht des *Atreus* verhängt hatte. Agamemnon, der Enkel des Atreus, wurde von seiner Frau und ihrem Geliebten getötet. Jüngste Forschungen geben allerdings zu bedenken, dass die Maske etwa 400 Jahre *vor* dem Tod des angeblichen

Trägers angefertigt wurde. Eine exakte Altersbestimmung wurde bisher von den Behörden in Athen verweigert. Vieles scheint so ungewiss wie etwa die Herkunft des Schliemann'schen „Schatz des Priamos" – der nach dem Ende des Zweiten Weltkrieges aus Deutschland verschleppt wurde und in Moskauer Archiven aufbewahrt wird. Nach Eberhard Zanggers These wäre der berühmte Schmuck, den Trojaausgräber Schliemann seiner Frau umlegte, aus Atlantis.

Was aber ist Fiktion, was Realität? Der Geoarchäologe verknüpft die beiden Märchenstädte Troja und Atlantis. Tatsächlich scheinen die Übereinstimmungen in der Atlantis- und Troja-Überlieferung in einigen Fällen verblüffend:

- Platons Inselreich stützt ihre große Seemacht auf „zwölfhundert Schiffe". Trojas Flotte umfasst laut Homer 1186 Schiffe.
- Typisch für Atlantis sei der starke Nordwind gewesen, heißt es bei Platon. Solche Windverhältnisse prägen auch den sturmumtosten Eingang zum Schwarzen Meer, an dem Troja liegt.
- Auch die Lage ist ident wie bei Platon: Der Palast liegt auf einer Anhöhe vor einer Ebene am Meer, umgrenzt von Bergen.
- Der Durchmesser von Troja und der Atlantis-Hauptstadt betrug identisch je 900 Meter.
- In Atlantis fließen eine warme und eine kalte Quelle. In Troja sprudeln zwei Brunnen, einer dampfte „wie loderndes Feuer", der andere war „kalt wie Hagel", schildert Homer.
- Ähnlichkeiten auch im Untergangsszenario: Der gesamte Mittelmeerraum wurde im 13. vorchristlichen Jahrhundert von ökonomischen, kulturellen und Naturkatastrophen erfasst – mehrere Hochkulturen, darunter die minoische, gingen unter.

Solche Gleichklänge mögen zufällig sein. Doch die Rahmenhandlung der Atlantis-Legende stimmt mit der realen Geschichte um Troja ebenfalls überein. Eine Merkwürdigkeit, die einige Historiker zu der Annahme verleiten, dass die Legende ihren Ursprung in den „Seevölker-Angriffen" haben könnte. In diesem dunklen und blutvollen Kapitel der Menschheitsgeschichte wurden am Ende der Bronzezeit die damaligen Supermächte Ägypten und das Hethiterreich von rätselhaften „Seevölkern" angegriffen. In ägyptischen Hieroglyphentexten wird davon berichtet. Demnach wurden die Großreiche des Orients um 1200 v. Chr. von „Nordleuten" bedrängt, seetüchtigen Fremdlingen, die das gesamte Machtgefüge der Region ins Wanken brachten. Historiker vermuten hinter den Eindringlingen ein großes griechisches Aufgebot, darunter möglicherweise Mykener und Sardinier. Jüngste Keilschriftfunde scheinen das zu bestätigen. Besagen sie doch, dass die Invasoren von den frühgeschichtlichen Piratenhochburgen „Danaia" und „Ahhijawa" gekommen waren, die einst griechische Machtbasen in der Ägäis besaßen. Ebenso sollen sich einige Palastkulturen in Westanatolien an dem Ansturm beteiligt haben.

Am Ende dieses „Weltkrieges der Antike", der sich über mehrere Jahrzehnte hinzog, waren weite Teile des Mittelmeeres verwüstet, das Hethiterreich ausradiert, Zypern zerstört, das mykenische Festland verkohlt und die stolzen Festungen in der Levante zertrümmert. Erst der ägyptischen Streitmacht gelang es auf hoher See und an Land, die Fremden aus dem Norden aufzuhalten. Einen ersten Erfolg errang Pharao *Meremptah* um 1230 v. Chr., als die kriegerischen „Seevölker" entscheidend geschlagen werden konnten. In der Folge brachte ihnen dann Pharao *Ramses III.* um 1190 v. Chr. eine vernichtende Niederlage bei. Zurück blieben Schutt und Asche. Der gesamte Ägäisraum fällt kulturell zurück. Hungersnöte brechen aus, Überschwemmungen und Erdbeben sind für die Folgezeit archäologisch belegt. Grabungen aus dieser Epoche zeigen plötzlich „primitivere" Herstellungstechnik als Generationen davor und in Griechenland reißt kurzfristig sogar die Schrifttradition ab. Was geblieben ist, sind Mythen und Legenden, die von vergangenen Hochblüten erzählen. Fragmente davon sollen in Texten der Bibel, bei Homers Ilias, aber auch durch die Argonauten-Sage und dem Herakles-Mythos für die Nachwelt erhalten geblieben sein. Erinnerungen an bessere Zeiten mit gigantischen Talsperren, Flussumleitungen und bronzezeitlichen Errungenschaften. So jedenfalls vermuten es manche Archäologen und flechten eine Verbindung zum Atlantis-Bericht. Was wusste Platon von dieser ausradierten Superzivilisation? „Irgendwie hat Platon davon Wind bekommen", ist der Göttinger Historiker *Adolf Lehmann* überzeugt.

Was auffällt: In Platons Bericht wird auch Atlantis als angreifende Seemacht dargestellt. Mit Verbündeten wird zur Attacke geblasen, um die Großmacht Ägypten sowie weite Teile des Mittelmeerraums „in einem einzigen Ansturm zu unterjochen". Das misslingt, da „Ur-Athen" den Pharaonen zu Hilfe kommt, um den Feind zurückzuwerfen. Damit sei die These der Kritiker, Atlantis sei reine Fiktion, nicht mehr haltbar. „Die Seevölker-Kriege", so Lehmann, „bieten eine historische Folie, auf der die Geschichte ernsthaft diskutiert werden kann."

Für den Heidelberger Altphilologen *Herwig Görmanns* eröffnen sich damit ebenfalls neue Deutungsmöglichkeiten. Der Atlantis-Forscher euphorisch: „Die Entsprechungen zwischen Seevölkern und Atlantis-Krieg sind signifikant."

Die Parallele ist in der Tat erkennbar, dennoch gibt es nach wie vor Schwachstellen. Wie die Kunde von dem bronzezeitlichen Desaster zu Platon gelangte, ist nämlich weiterhin umstritten. Eberhard Zangger hält eine direkte Verbindung für wahrscheinlich, soll heißen, Platon habe Solons Aufzeichnungen in den Händen gehalten. Dies sei auch der Grund dafür, warum er so genau über Kanalbauten, untergegangene Zivilisationen und das geheimnisvolle Erz Messing Bescheid gewusst habe. Görmanns' Analysen haben hingegen einen anderen Übermittlungsweg ergeben. So soll unmittelbar vor der Niederschrift der Atlantis-Erzählung eine dreiköpfige ägyptische Delegation in Athen vorstellig geworden sein. Zu einem Zeitpunkt also, wo das Land der Pharaonen schwer angeschlagen war und die Griechen um Waffenhilfe gegen die Perser gebeten wurden. Zuvor soll sich bereits der Feldherr *Chabrias*, ein Freund Platons, zu Vorgesprächen in Ägypten eingefunden haben. Vielleicht, so spekuliert Görmanns, wollte man für den Militärdeal Stimmung machen. Zu diesem Zweck könnten die griechischen Botschafter einen alten Seevölkertext mitgebracht haben, der an die uralte Waffenbruderschaft von Sais und Athen erinnerte.

Beweise dafür gibt es freilich nicht. Die Rekonstruktion der Atlantis-Story bleibt in dieser Frage weiterhin offen. Und welche Rolle wird Troja bei diesem antiken Seevölker-Gemetzel beigemessen? Auch dies bleibt letztlich ungeklärt.

Führte Heinrich Schliemann auf die richtige Spur: Der „blinde" Sänger Homer.

Bis vor kurzem waren Troja-Ausgräber davon ausgegangen, dass diese Stadt ein eher unbedeutendes Piratennest gewesen sei. Eine Ansicht, die durch aktuelle Grabungen revidiert werden muss, da von Grabungssaison zu Grabungssaison die Stadt größer und, laut Geoarchäologen Zangger, Atlantis immer ähnlicher wird. Der Wissenschaftler kurz gefasst: „Seit mein erstes Buch erschien, hat sich die Fläche in Troja verzwanzigfacht." Troja scheint das Handelszentrum der bronzezeitlichen Welt gewesen zu sein, ein wichtiger Knotenpunkt zwischen Ost und West. Der Atlantisforscher geht noch weiter und ist davon überzeugt, dass die Wiege der europäischen Kultur in der Türkei liegt.

Eine kühne Behauptung, die nun laut „*Spiegel*" durch die deutsche Bundesanstalt für Geowissenschaften und Rohstoffe, kurz BGR genannt, überprüft werden soll. Mit Hilfe eines hochmodernen Magnetometers und eines weltweit einzigartigen High-Tech-Gerätes, das unterhalb eines Spezialhubschraubers installiert wird, soll die trojanische Gegend durchleuchtet werden. Das Wunderding erfasst verborgene Bodenschichten bis zu 150 Meter Tiefe. Bisher wurde das Instrument für die Suche nach Metallvorkommen in Thailand und Pakistan eingesetzt, jetzt sollen damit verschüttete Hafenanlagen bei Troja und die Existenz von Atlantis bewiesen werden.

„Spiegel"-Reporter *Mattias Schulz* zum abenteuerlichen Projekt: „Diese High-Tech-Ausrüstung wird nun in den Dienst der Atlantis-Forschung gestellt. Ein Planquadrat von 13 mal 14 Kilometern, direkt um den Burghügel von Troja, wurde von den Bodenkundlern aus Hannover abgesteckt. Verborgen unter meterdicken Schwemmsanden, so Zanggers Verdacht, müsste der märchenhafte Riesenhafen von Atlantis liegen."

Was immer dort entdeckt werden sollte, die Verbindung zu Atlantis gelingt Zangger und Mitstreitern nur deshalb, weil sie Platons Bericht für fehlerhaft halten, dies gilt für Zahlenangaben genauso wie für die Zeitangabe. Der Staat wäre danach um 1250 v. Chr. zerstört worden. Nicht der einzige Widerspruch zu Platon. Troja lag nicht einmal in der Nähe des von Platon beschriebenen „Okeanos", der mit dem Atlantik gleichgesetzt wird. Für Zangger löst sich das Problem damit, dass er die „Säulen des Herakles" nicht mit der Meerenge von Gibraltar identifiziert, sondern mit den *Dardanellen*, einer Einfahrt ins Schwarze Meer. Die Mittelmeervölker, so Zangger, hätten den Atlantik gar nicht erreicht.

Noch ein Schwachpunkt fällt bei Zanggers These auf: Troja lag auf dem Festland, während Atlantis, die Hauptstadt, eine Insel war. Nein, winkt der deutsche Bestsellerautor ab, das haben die Ägypter nie behauptet, denn sie kannten gar kein Wort für „Insel". Die entsprechende Hieroglyphe bedeute einfach „Küste".

Sind wir mit der These, Atlantis sei Troja, am Ende der Suche angelangt? Zweifel sind angebracht. Fairerweise muss man anführen, dass Zangger so selbstkritisch ist, dass er am Ende seines Buches eingesteht: „Wenn man Platons Erzählung wörtlich nimmt, dann widerspricht meine Theorie den wichtigsten Merkmalen von Atlantis, nämlich Datierung, Lage, Inselcharakter und Größe." Allerdings meint er auch, dass die Enträtselung der Atlantis-Überlieferung einem komplizierten Puzzle gleiche: „Manche Stücke gehören dazu, manche nicht und wieder andere sind verändert worden."

Kann man es sich wirklich so einfach machen? Nicht nur bei Zangger, auch bei all den anderen Theorien um den Inselkontinent scheint jeder Atlantis-Forscher nach Belieben seine eigenen Regeln aufzustellen. Jeder pickt sich aus dem Platon-Bericht immer nur jene Daten heraus, die ihm zur Unterstützung seiner These genehm erscheinen. Was nicht ins Puzzle passt, wird der Dichterkunst zugeschrieben. Doch so einfach lässt sich Vergangenheit nicht rekonstruieren.

Der Journalist *Peter Ripota* sieht die Zukunft der Atlantisforschung skeptisch: „Solange wir uns nur auf Platons unvollständigen und unvollkommenen Text stützen müssen, werden wir nie mit Sicherheit sagen können, wo Atlantis wirklich lag. Wenn es überhaupt auf dieser Welt je existierte und nicht nur in unserer Vorstellung – als eine Insel der Seligen, die sich zum Bösen veränderte und damit dem Untergang geweiht war. Ein solches Bild ist zeitlos, vor allem in seiner Moral, aber auch in seinen Hoffnungen und Sehnsüchten. Vielleicht finden wir eines Tages Atlantis wirklich. Aber nicht in der Realität, sondern in unserer Seele."

Die „unlesbaren" Schriften

„Die Schrift hat das Geheimnisvolle, das sie redet."
Paul Claudel (1868–1955), frz. Dichter u. Staatsmann

Wenn Atlantis nur eine Fiktion ist, warum beschäftigen sich so viele Menschen seit Jahrhunderten immer wieder mit diesem Thema? Hätte Platon das Inselreich so genau beschreiben können? Lokalisiert man die Superzivilisation im Mittelmeerraum, ignoriert man Platons Angaben, wonach die versunkene Zivilisation vor rund 12.000 Jahren existiert haben soll. Das kann auf keinen Fall stimmen, sagen die Kritiker, denn damals gab es keine Hochkultur, die Metall verwendete, von Königen regiert wurde und mit Schiffen den Atlantik beherrschte. Wo also, fragt die Wissenschaft, bleiben die Funde aus Atlantis? Gibt es irgendeinen greifbaren Beweis für die Existenz einer oder mehrerer Hochkulturen vor dem Beginn unserer eigenen geschichtlich überlieferten Zivilisation? Schriftliche Zeugnisse, die Platons Angaben bestätigen könnten?

Vielleicht haben wir die Beweise längst. Mit der Einschränkung „vielleicht" deshalb, weil die genaue Prüfung problematisch ist: Man kann die aufgefundenen Schriftzeichen aus grauer Vorzeit nicht lesen. Es gibt zwar Übersetzungsversuche, aber die sind doch recht eigenwillig. Dennoch fällt bei vielen aufgefundenen Relikten aus aller Welt auf, dass sie in ihrer Charakteristik sehr ähnlich sind. So als wären sie einst einer gemeinsamen Urquelle entsprungen. Tatsächlich scheint der eigentliche Ursprung der Schrift aber viel komplizierter zu sein. Haben Völker der Urzeit ihre Mitteilungen vielleicht in einer Form weitergegeben, die keine Schrift in unserem Sinne war? Dass es verschiedenste Formen der geistigen Bildung gibt, wissen wir von den Inka, die ihre Informationen durch *„Quipu"* und Rechenbretter hinterlassen haben.

Die Knotenschnüre bestehen aus einer Reihe von Schnüren unterschiedlicher Stärke, worauf Zahlen und Daten festgehalten wurden. Durch verschieden angeordnete Knoten konnten die Informationen dargestellt werden. Die ungewöhnliche Notierungs-

Quipu, die Knotenschrift der Inka

art konnte bisher nicht entziffert werden. Neueste Untersuchungen scheinen aber eine Entschlüsselung im Sinne einer wirklichen Schrift nahe zu legen. Das Bild-, Symbol- und Schriftzeichensystem der Maya ist inzwischen weitgehend entziffert worden. Die Aufzeichnungen der mittelamerikanischen Mutterkultur, die der Olmeken, ebenso wie der möglichen „Schrifterfinder" auf dem amerikanischen Kontinent, der Zapoteken, steht dagegen noch weitgehend aus.

Wenn man fragt, wer Schriftzeichen wann und wo erfand, erhält man von den Lehrbüchern die Antwort – die *Sumerer*, um 3500 v. Chr. in Mesopotamien.

Stimmt das wirklich? Mittlerweile gibt es berechtigte Zweifel daran, dass die Sumerer wirklich die Ersten waren, die die Schrift erfanden. Neue Funde machen ihnen den Vorrang streitig: Eine Hand voll Tontafeln mit schlichten Inschriften wurden in einem Königsgrab bei *Abydos*, 400 km südlich von Kairo, entdeckt. Da sich im Grab die irdischen Reste von Pharao Skorpion I. befinden, lassen sich nach bekannter Königsabfolge die Tafeln auf etwa 3300 v. Chr. datieren. Damit dürfte es sich um die ältesten *entzifferbaren* Texte handeln.

Nach bisheriger Auffassung der Wissenschaft entstanden lesbare Symbole zuerst als Keilschrift bei den Sumerern im heutigen Irak um 3000 v. Chr. Doch der genaue Zeitpunkt ist umstritten. Die Ägypter waren, so scheint es zumindest, schneller als sie. Die ägyptischen Tontafeln zeigen Strichzeichnungen von Tieren und Pflanzen. Jedes Symbol bezeichnet eine Silbe wie im Bilderrätsel und listet Steuerzahlungen an den Pharao in Form von Stoffen und Ölen auf.

Doch der Ursprung der Schriften reicht viel weiter in die Vergangenheit zurück. Zumindest die gedankliche Fähigkeit zum Schreiben war bereits vor mehr als 50.000 Jahren gegeben. Die Frage ist nur, wo und aus welchem Anlass der Anstoß dazu kam? Nachfolgend ein Überblick über weltweit „unlesbare" Schriften, die nach wie vor auf eine Entzifferung warten. Solange keine wissenschaftlich gesicherten Übersetzungen vorliegen, kann über ihren Inhalt nur spekuliert werden. Manche Fundsachen zeigen aber, dass es kulturelle Verbindungen über die Kontinente gegeben hat und eine Deutung als schriftliche Hinterlassenschaft unbekannter Hochkulturen nahe liegt. Erinnerungen an Atlantis?

300.000 Jahre Ritzsymbole
Als die ältesten Darstellungen menschlicher Gedanken werden von manchem Prähistoriker die etwa 300.000 Jahre alten rätselhaften Ritzmuster auf polierten Tierknochen von *Bilzingsleben* in Thüringen gedeutet. Sie sind von Frühmenschen so regelmäßig angebracht worden, dass sie nicht bei alltäglichen Arbeiten entstanden sein können. Beispielsweise ist auf einem 40 cm langen Schienbeinrest eines Elefanten ein Bündel von sieben genau zusammenlaufenden Linien sichtbar. Auf einem anderen Knochen sind 14 solcher Linien in gleichmäßigem Abstand erkennbar und bei einem weiteren Knochenfragment sieben Linien. Der Fußwurzelknochen eines Elefanten wurde mit Ritzlinien in Gestalt eines

Mysteriöse „Inschrift"
aus der Höhle von La
Pasiega in Nordspanien

doppelten Rechtecks mit feiner Schraffierung versehen. Auf einem Tierknochen wollen deutsche Prähistoriker sogar eine Gravierung erkannt haben, die einen Löwen zeigt. Die Ornamente von Bilzingsleben werden wegen des ungewöhnlich hohen Alters in der Fachwelt allerdings nicht als Kunstwerk anerkannt und schon gar nicht als „Informationssymbole". Was aber bedeuten sie dann?

Eiszeitliche „Höhlenschriften"
Alexander Marshak vom Peabody Museum of Archaeology and Ethnology in Harvard hat Ritzzeichnungen auf Mammutknochenfunden untersucht und die Theorie aufgestellt, dass diese Gravuren nicht nur Vorläufer einer Schrift sind, sondern tatsächlich eine Form prähistorischer Symbolschrift darstellen, die als Mondkalender diente. Ein weiteres Indiz für eine solche „Höhlenschrift" liefern Kiesel und andere Steine, die in *Mas d'Azil* und weiteren Höhlen Frankreichs, Spaniens und Nordafrikas gefunden wurden. Sie zeigen Symbole, deren Bedeutung bis heute unklar geblieben sind. Einige der handflächengroßen Stücke sind mit komplexen, übereinander gelagerten Strichmustern überzogen. Manche Forscher wollen darauf Abbilder modisch gekleideter Menschen erkennen. Sagenhaft ist ihr Alter: zwischen 15.000 und 35.000 Jahre.

Beispiele schriftähnlicher Symbole aus der Steinzeit. Was haben sie zu bedeuten?

Die „Inschrift von La Pasiega"
Die steinzeitlichen Kieselsteine mit schriftähnlichen Zeichen sind nicht die einzigen Funde, die die Gemüter von Wissenschaftlern und Laien erregen. Der gleichen Problematik begegnen wir auch bei bestimmten Felszeichnungen, weil die Bilder und Symbole in

ihrer Deutlichkeit an Vorläufer der Schrift erinnern. Einer Reihenfolge bildhafter Symbole, die in der Höhle von La Pasiega in Nordspanien gefunden wurde, wird schriftartiger Charakter zugesprochen. Aufgrund von „Kultgeräten", die in der Höhle lagen, wird angenommen, dass hier ein heiliger Platz bestanden hat, dessen Blütezeit etwa um 12000 v. Chr. datiert wird. Die inschriftartigen Gravuren befinden sich auf der linken Seite einer Felswand, wo sich der Zugang zur galerieartigen Haupthöhle verengt. Wegen ihres besonderen Platzes haben manche Archäologen den Inhalt der Zeichen als Verbot interpretiert, in den heiligen Bezirk des Kultraumes einzudringen. Spekulationen über die „Lesung" der „Inschrift von La Pasiega" haben sich in verschiedensten Mutmaßungen niedergeschlagen, die mindestens ebenso mysteriös sind wie das Original selbst.

Die kuriosen Funde von Glozel

Zwischen Lyon und dem Badeort Vichy in Südfrankreich liegt nahe dem Fluss Allier der kleine Ort *Glozel*. Durch eine Vielzahl aufgefundener fremdartiger Gegenstände wurde dieser Ort berühmt. Mehr als 300 Tongefäße, Töpferarbeiten, Urnen, Lampen, Phallus-Symbole, geschnitzte Mammutknochen, Kieselsteine mit seltsamen Zeichen sowie verschiedenste Werkzeuge wurden 1924 auf dem Acker der Familie *Fradin* ans Tageslicht befördert. Dies alles deutete auf ein sehr hohes Alter der Funde hin, etwa um 10000 v. Chr. Da jedoch ebenso Tontafeln mit unbekannten Schriftzeichen entdeckt wurden, die man Menschen am Ende der Eiszeit nicht zubilligt, wurde die Entdeckung nicht weiter ernst genommen. Die Glozel-Relikte wurden in den darauf folgenden Jahren ebenso durch Intrigen berühmt, die sich um sie rankten. Für die eine Seite der Fachgelehrten wurde die revolutionäre Bedeutung für die archäologische Forschung hervorgehoben, für die andere Seite war dies alles bloß ein großer Bluff. In dem von der Öffentlichkeit stark beachteten Meinungsstreit bestätigten französische Forscher die Echtheit der Funde. Englische Nachforschungen bezweifelten dies. Die Bedeutung der Entdeckung ist bis heute umstritten. Die Schriftzeichen konnten bisher nicht einwandfrei entziffert werden. Man nimmt an, dass sie okkulte Bedeutung haben und bei heidnischen Zeremonien verwendet wurden. Das Hauptproblem bei der Beurteilung der Glozel-Funde, sagen Kritiker, liegt daran, dass etwas Gleichartiges bisher noch nicht entdeckt wurde. Das stimmt nicht ganz, wie ähnliche Funde, wenngleich ebenfalls umstritten, belegen ...

Gravuren auf den Steinen von Glozel

Die erstaunlichen Zeichen von Harappa

Archäologen der Harvard-Universität haben im April 1999 den bislang wahrscheinlich ältesten *sicheren* Hinweis auf das Vorhandensein einer Schrift entdeckt: in *Harappa* (Pakistan). Die Hieroglyphen wurden vor mehr als 5500 Jahren auf Tontafeln eingeritzt. Sie wären damit um rund 300 Jahre älter als die bislang als älteste geltenden, erst 1998 aufgefundenen Wortsymbole im Grab des Pharaos „Skorpion" in Südägypten. Die ast- und dreieckförmigen Zeichen in Harappa gehen der dortigen kulturellen Hochblüte (um 2600 v. Chr.) um fast 1000 Jahre voraus. Wahrscheinlich wird es nie möglich sein, diese Symbole zu deuten, da die Sprache der Harappa-Kultur heute völlig unbekannt ist. Eines fällt aber doch auf: die Ähnlichkeit der Harappa-Zeichen mit den altsteinzeitlichen Schriftgravuren unbekannter Herkunft, die man 1924 nahe Glozel in Südfrankreich entdeckte. Wirklich nur ein Zufall – oder mehr als das?

Die Steine von Sutatausa

Auf einem Bauernhof in *Sutatausa*, in der Nähe nördlich von Bogota, wurden vor rund 90 Jahren ungewöhnliche Steinfunde gemacht. Sie sind mit Gravuren versehen, die an Figuren, Symbole und unbekannte Schriftzeichen erinnern. Geologen schätzen das Alter auf einige tausend Jahre, da sich unter dem Mikroskop deutliche Spuren von Auswaschungen durch Wasser feststellen ließen. Ein Teil der eigenartigen Steine-Galerie befindet sich heute im Privatbesitz von Prof. *Jaime Gutierrez*. Bei meiner Visite in Bogota im Februar 2000 besuchte ich den Kunstsammler und konnte etliche der Exponate persönlich in Augenschein nehmen. Was mir sofort auffiel: die Ähnlichkeit der Sutatauso-Funde mit den Glosel-Steinen in Südfrankreich. Neuerlich bloß ein Zufall? Oder stammen die Symbole aus dem gleichen Lehrbuch für Bild- und Schriftzeichen?

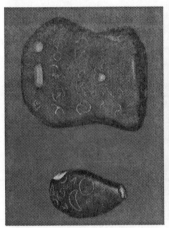 

Was beinhalten die Schriftzeichen aus Sutatausa in Kolumbien?

Der Schatz von Burrows's Cave zeigt viele Exponate mit ungewöhnlichen Schriftsymbolen.

Der Goldschatz von „Burrows' Cave"

1982 will der Amerikaner *Russell Burrows* aus Olney im US-Bundesstaat Illinois auf ein unterirdisches Tunnelsystem gestoßen sein. Sarkophage mit mumifizierten Leichen sollen sich darin befinden, ebenso Tausende von gravierten Steinen, Skulpturen und rätselhafte Metallgegenstände. 1987 will der Amerikaner einen weiteren Raum entdeckt haben, eine Hauptkammer, die er als

„*Main Tomb*" bezeichnet. Darin sollen sich Grabfunde aus purem Gold und eine in Tüchern eingehüllte Mumie befinden. Außer Russel Burrows hat bisher niemand das ominöse Höhlensystem betreten. Dennoch trug Burrows als Beweis für seine fantastische Behauptung Tausende von gravierten Steinen und einige goldene Artefakte an die Oberfläche. Der Amerikaner weigert sich bis auf den heutigen Tage, die genaue Lage der Höhle zu benennen. Er fürchtet, dass abenteuerlustige Schatzsucher die Fundstelle plündern könnten. Außerdem: Im Fall einer öffentlichen Bekanntmachung wäre klar, dass die Schätze automatisch dem amerikanischen Staat zufallen würden. Das hört sich alles ziemlich dubios an.

Seit vielen Jahren beschäftigt sich der Schweizer Autor *Luc Bürgin* intensiv mit der Sache. In seinem spannenden Buch „*Geheimakte Archäologie*" berichtet er, dass bisher „nur wenige Wissenschaftler sich den Grabbeigaben von ‚Burrows' Cave' angenommen haben." Der Anstoß zur Kontroverse: „Selbst Darstellungen, die Assoziationen zur altägyptischen oder phönizischen Kultur wecken, finden sich in Burrows' Sammlung. Kulturen also, die nach gängiger Auffassung keinerlei Kontakte mit dem amerikanischen Kontinent unterhielten. Aber auch der Umstand, dass sich die Gravuren sämtlichen Entzifferungsversuchen entzogen, verärgert die Experten."

Einige Altertumsforscher, darunter der amerikanische Professor *James Scherz* von der *Universität Wisconsin,* sind dennoch davon überzeugt, dass die vorgelegten Gegenstände tatsächlich uralte Grabbeigaben seien. Doch obwohl sich Scherz alle nur erdenkliche Mühe gab, die außergewöhnliche Sammlung so detailliert wie möglich zu dokumentieren, liegen von einigen der zutage geförderten Steine heute nur noch Fotos vor. Es heißt, dass rund 2000 Gegenstände an private Sammler verkauft worden sind. Zuvor sollen aber Abdrücke und Kopien der Goldfunde angefertigt worden sein. Viele Originale aus Gold seien inzwischen eingeschmolzen worden. Bürgin berichtet darüber, dass ein Großteil der Steinfunde sich noch heute im Höhlensystem befinden soll, bei privaten Sammlern und im Besitz von *Dr. Beverley Moseley*, einem renommierten amerikanischen Kunstsammler und Museumsbesitzer. Weitere 500 Artefakte soll der Vizepräsident der

Midwestern Epigraphic Society auf dem Schwarzmarkt zusammengekauft haben. Jüngsten Meldungen zufolge sei der Standort des Höhlensystems lokalisiert worden und Untersuchungen würden demnächst von einem Anthropologen begonnen werden. Um wen es sich dabei handelt, wird verschwiegen. Höhlenentdecker Russell Burrows darauf angesprochen: „Ich selbst habe ab sofort nichts mehr mit der Sache zu tun."

Im Frühjahr 2000 gelang es dem Tiroler Geschäftsmann *Klaus Dona*, Originalbestände der verschollen geglaubten Burrows-Sammlung aufzustöbern. Die Artefakte wurden als Leihgabe erstmals auf einer große Ausstellung über „*Die Welt des Unerklärlichen*" in Wien der Öffentlichkeit präsentiert. Spektakuläre archäologische Sensation? Oder ist alles nur ein groß angelegter Schwindel? Auffällig ist wiederum die Ähnlichkeit der Schriftsymbole mit Funden aus Glozel, Harappa, Sutatausa – und der Pater-Crespi-Sammlung in Ecuador. Schon wieder ein Zufall?

Die Kunstschätze des Pater Crespi

Eine der ungewöhnlichsten Sammlungen nicht klassifizierbarer Steinobjekte und Metalltafeln befinden sich in *Quenca*, Ecuador. Dort hütete der 1982 verstorbene Pater *Carlo Crespi* im Hinterhof der Salesianer-Kirche *Maria Auxiladora* geheimnisvolle Schätze: Platten aus Goldblech, Silber und anderen Legierungen mit unbekannten Schriften, rätselhaften Symbolen, Götterfiguren, himmlische Drachen, Saurier und Pyramiden-Motiven. Der Schweizer Reiseschriftsteller *Erich von Däniken* war einer der Ersten, der 1972 in seinem Buch „*Aussaat und Kosmos*" über die „Metallbibliothek" berichtete und weltweit für Aufsehen sorgte. Crespi hatte die Gegenstände von Indios erhalten, die sie ihrerseits aus bislang kaum erforschten, kilometerlangen Höhlensystemen ihrer Vorfahren entnahmen. Alter und Ursprung der Fundstücke bleiben umstritten. Neben Relikten, die eine Zuordnung zu einem alten Inkaschatz erlauben, existieren viele *moderne* Kunstobjekte und Fälschungen. Da die Klassifizierung äußerst schwierig ist, befasst sich die Fachwissenschaft nicht mit den Crespi-Stücken. Bei der Beurteilung zwischen „Fälschung" und „authentisch" will sich offenbar kein Wissenschaftler die Finger verbrennen.

Kurioses Relikt aus der „Metallbibliothek" von Quenca: Was bedeuten die Gravuren?

Metallplatte aus der verschollen geglaubten Sammlung von Pater Crespi aus Ecuador.

Heute sind noch ein paar tausend Objekte der Sammlung erhalten geblieben, die in für die Öffentlichkeit nicht zugänglichen Depots des Salesianer-Ordens aufbewahrt werden. Der Großteil der Fundsachen wurde nach dem Tod von Pater Crespi aufgelöst bzw. verkauft. Dies wurde mir vor wenigen Monaten auch bei meinem Besuch in der *Banco Central del Ecuador* vom Direktorium bestätigt. Die Bank sei zwar ebenfalls im Besitz von Crespi-Schätzen, nicht aber der „Metallbibliothek", vielmehr habe man das Interesse auf die christlichen Motive wie Darstellungen des Gekreuzigten und historische Ölgemälde gelenkt. Dass die Platten und Steinobjekte nicht von der Bank erworben wurden, wird von dem Chefrestaurator der Crespi-Sammlung heute bedauert. Jüngste Meldung: Der noch vorhandene Fundus von Metallplatten und Steinobjekten wurde kürzlich von Wiener Profifotografen erfasst, für eine Ausstellung reserviert und soll demnächst erstmals der Öffentlichkeit präsentiert werden. Eines sticht bei vielen Ornamenten und Zeichen der Metall- und Steinarbeiten sofort ins Auge: der Gleichklang mit „Burrows' Cave" und Konsorten. Natürlich wieder nur ein Zufall.

Die Michigan-Tafeln

Genauso kurios wie die Sammlungen von „Glozel" (Südfrankreich), „Sutatausa" (Kolumbien), „Russel Burrows" (Illinois, USA) und „Pater Carlo Crespi" (Ecuador) sind die so genannten „*Michigan-Tafeln*". Wegen ihrer fantastischen Bildmotive, die eine „Entdeckung" des

Was bedeuten die Zeichen auf den Michigan-Tafeln?

amerikanischen Kontinents lange vor Kolumbus vermuten lassen, werden sie – vielleicht vorschnell – modernem Ursprung zugeordnet.

Aufgefunden wurden die ominösen Tafeln aus Schiefer, Ton und Kupfer zwischen 1874 und 1915 rund um Detroit (Michigan) aus indianischen Hügelgräbern. Tausende sollen es sein, die von Amateuren und Bauern geborgen wurden. Das Merkwürdige: Sie zeigen christliche Motive, Gravuren fremdartiger Schriftzeichen und Darstellungen von indischen Elefanten oder Menschen mit orientalischen Gesichtszügen. Würde man die Funde seitens der Gelehrtenwelt als „authentisch" betrachten, hieße dies, an der amerikanischen Geschichtsschreibung ernsthaft zu rütteln. Da die Bilddokumente allen bisherigen Erkenntnissen widersprechen, gilt hier das Gleiche wie bei ähnlichen Funden, die geschichtlich schwer einzuordnen sind: Sie werden ignoriert und keiner gründlichen Prüfung seitens der Wissenschaft unterzogen. Statt Plünderungen zu verhindern, wurden die Indianerschätze allesamt vorweg als Fälschungen bezeichnet. Inzwischen verschwanden die Tafeln ebenso, wie sie aufgetaucht waren. Nur einige hundert Tafeln konnten für Privatsammlungen gerettet werden. Die bisherigen Studien zeigen, dass die Schlussfolgerung „Alles Fälschungen" zu voreilig war. Luc Bürgin schreibt: „Viele Jahrzehnte später unterzog die Forscherin *Henriette Mertz* die Michigan-Tafeln einer gründlichen Untersuchung. Mertz, eine Expertin für präkolumbische Kontakte, wollte ursprünglich den Fälschungsvorwurf wissenschaftlich untermauern. Zu ihrer Ver- blüffung kam die Amerikanerin nach jahrzehntelanger Untersuchung zu dem überraschenden Schluss: Die Tafeln waren entgegen bisherigen Verlautbarungen doch authentisch. Mertz zufolge wurden sie von Christen hergestellt, die nach dem Fall des römischen Imperiums um 312 n. Chr. auf den amerikanischen Kontinent flohen. Die provokativen Ergebnisse ihrer Analyse schrieb sie in einem umfangreichen Werk nieder, dessen Veröffentlichung sie allerdings nicht mehr erlebte. Henriette Mertz starb 1985."

Wo befinden sich die geheimnisvollen Tafeln heute?

Ein Großteil soll in *Springssport, Indiana*, einem Feuer zum Opfer gefallen sein. 20 Objekte rettete ein gewisser *Thad Wilson* aus dem rauchenden Schutt. Man weiß zudem von elf kleineren Sammlungen, die in Michigan sowie in New Hampshire aufbewahrt werden. Der Großteil der Platten war vor 25 Jahren den *Mormonen* in Utah übergeben worden, wo sich die kuriosen Stücke heute noch befinden, aber unter Verschluss gehalten werden. Gibt es dafür gute Gründe?

Goldplatte mit Motiven einer unbekannten Göttin
Nicht alle Artefakte mit fremdartigen Motiven werden von Archäologen vorab als „Fälschung" deklariert. Eine Reihe von seltsamen Gegenständen, die wissenschaftlich als authentisch gesichert gelten, bereiten den zuständigen Linguisten dennoch Kopfzerbrechen. Beispielsweise Exponate aus der *Chimu*-Kultur an der Küste Perus. Das ehemalige Chimu-Reich erstreckte sich von *Tumbez* im Norden bis in die Nähe von *Lima* im Süden und war ein eigenmächtiger Staat, der städtisches Leben, Festungen, Straßensysteme und gewaltige Bewässerungsanlagen kannte, dem bisweilen mehrere Täler gleichzeitig angeschlossen waren. Das Handwerk wurde im industriellen Umfang betrieben. Die besten

Erzeugnisse sind Gold- und Silbergegenstände sowie schwarze Keramik. Um 1470 wurde das Chimu-Reich von den Inka erobert und deren Imperium eingegliedert. Eine ungewöhnliche runde Goldplatte aus dem Chimu-Imperium sorgt für Rätselraten. Sie zeigt Bildmotive und schriftähnliche Symbole, die um eine unbekannte Göttin eingraviert sind. Die Bedeutung der kultischen Szenen ist bis heute nicht bekannt. Archäologen sinnieren, dass die Darstellung in der Mitte eine „Göttin des Wachstums" zeigen könnte und die Platte Einteilungen für einen Kalender darstellt. Die außergewöhnliche Arbeit stammt aus dem 12. Jhdt. n. Chr.

Der Diskus von Phaistos
Die Goldplatte aus dem alten Peru erinnert an einen anderen Gegenstand – an den berühmten minoischen *Diskus von Phaistos*. Das Relikt stammt aus alten kretischen Archiven, in denen manche Forscher Spuren des versunkenen Atlantis entdeckt haben wollen. Auf beiden Seiten enthält die Scheibe 241 Piktogramme, die noch nicht entziffert werden konnten. Die aus Ton hergestellte Scheibe ist etwa 3700 Jahre alt; sie trägt eine der frühesten Schriftzeichen, die wir kennen. Spiralförmig sind auf der Scheibe 61 Zeichengruppen offensichtlich zu „Worten" geordnet. Archäologen vermuten einen Hymnus auf einen unbekannten Gott.

Unbekannte Schriftsymbole der Chimu-Kultur

Der Diskus von Phaistos.

Ungewöhnlich: Man fand 1966 in der Nähe von *Fort Benning* in Georgia, USA, fremdartige Inschriften in Stein. Sie gehörten zu einem aufgebrochenen Mauerstück einer Mühle aus dem 19. Jahrhundert. Das war noch vor der Zeit, als Archäologen bei Ausgrabungen in *Knossos* auf erste minoische Schriftstücke stießen. Die gefundene Gravur in Georgia scheint minoischen Ursprungs zu sein. Dies würde allerdings bedeuten, dass schon um 1500 v. Chr. Kreter oder andere Griechen nach Amerika gekommen waren. Gestützt wird diese These auch durch den „Diskus von Phaistos". Professor *Cyrus H. Gordon* von der Brandeis-Universität in Massachusetts, der das Relikt genauer untersuchte, sprach die Vermutung aus, dass es vielleicht Parallelen zwischen minoischer Schrift und den Zeichen der Maya gibt. So hätten etwa der „Federschmuck" und andere Symbole, die auf dem berühmten Diskus zu sehen sind – gefunden in dem minoischen Palast gleichen Namens auf Kreta –, entsprechende Gegenstücke in aztekischen Glyphen. Es müsse also, so meint Gordon, irgendwelche kulturellen Verbindungen zwischen den Seefahrern des östlichen Mittelmeerraumes und den amerikanischen Indianern zur Bronzezeit gegeben haben.

Etruskischer Spiraltext auf einer Bleiplatte aus Magliano
Ein merkwürdiger Spiraltext verdient wegen seiner erstaunlichen Ähnlichkeit mit dem berühmten Diskus von Phaistos besondere Aufmerksamkeit. Er stammt aus Italien, und zwar aus dem Bereich der *etruskischen* Kultur. Die beidseitig beschriftete Platte aus Blei wurde in der italienischen Ortschaft *Magliano*, Provinz Crosseto, gefunden. Datiert wird die Scheibe in das 5. Jahrhundert v. Chr. und trägt einen Spiraltext in etruskischer Sprache. Wie der Diskus von Phaistos der einzige Gegenstand seiner Art mit Spiraltext in der minoischen Kultur ist, gilt dies auch für den Spiraltext auf der Bleiplatte im Gefüge der etruskischen Kultur. Die Bleiplatte gehört zu den wichtigsten Schriftdenkmälern des Etruskischen. Auffallend ist die Textanordnung, die nicht – wie sonst üblich – in Zeilen verfasst wurde, sondern in *Spiralform* geschrieben ist. Ebenfalls beachtenswert ist die Länge des Textes, da er sich mit siebzig Einzelwörtern deutlich von den vielen kurzen etruski-

schen Grabinschriften unterscheidet. Auch die Tatsache, dass der Schriftträger eine Metallplatte ist, gehört zu den Besonderheiten, denn es sind nur wenige Schriftdenkmäler des Etruskischen auf Goldblech oder Bleiplatten überliefert. Der Text bezieht sich auf unverständliche göttliche Anweisungen, wie zu welchen Zeiten und an welchen Orten Opfer darzubieten sind.

Gab es zwischen *minoischer* und *etruskischer* Kultur historische Verbindungen?, fragt der Schriftgelehrte *Harald Haarman* in seiner *„Universalgeschichte der Schrift"*. Sein Resümee: „Die Vorfahren der Etrusker Italiens haben das Spiralmotiv aus ihrer Heimat im ägäischen Raum mitgebracht. Allerdings liegen zeitlich rund tausend Jahre zwischen dem minoischen und etruskischen Spiraltext. Für die zukünftige Forschung bleibt der Anreiz, diese beiden Spiraltexte, die bisher nicht Gegenstand eines wissenschaftlichen Vergleichs gewesen sind, auf mögliche kunsthistorische Zusammenhänge hin zu untersuchen."

Das Rätsel der etruskischen Schriftzeichen
Bleiben wir noch bei den Etruskern. Ihre ausgestorbene Sprache aus dem alten Italien scheint mit keiner anderen auf der Welt verwandt zu sein. Alle Vergleiche mit anderen altitalienischen Sprachen, mit dem Hethitischen oder irgendeiner Sprache Anatoliens blieben ergebnislos. Mehr als 10.000 Texte, vorwiegend Grabinschriften, hat man in Mittelitalien gefunden. 1964 schöpften die Erforscher des Etruskischen Hoffnung: Damals wurde im antiken Seehafen *Pyrgi* nordwestlich von Rom eine Goldtafel mit einem längeren Text gefunden. Ganz in der Nähe tauchte eine zweite, etwa gleich große Tafel auf mit phönizischen Schriftzeichen, die längst bekannt waren. Doch das erhoffte zweisprachige Wunder blieb aus – die Texte hatten nicht denselben Inhalt. So konnte ein Großteil der etruskischen Schriftzeichen zwar identifiziert werden, bleiben aber in ihrer wahren Bedeutung unverstanden.

Kretische Hieroglyphenschrift
Als Ende des 19. Jahrhunderts die ersten prähistorischen Texte auf Kreta gefunden wurden, spekulierten viele Gelehrte, die Insel könne das „fehlende Glied" in der Entwicklung des von den Sumerern

(so die zweifelhafte offizielle Lehrmeinung) ausgehenden Schrifttums sein. Wie es allerdings nach Kreta und dann nach Griechenland gelangte, ist immer noch unklar. Viele Texte blieben bis heute unverstanden. Man unterscheidet drei verschiedene Typen: *Kretische Hieroglyphenschrift* (so genannt wegen ihrer Ähnlichkeit mit ägyptischen Hieroglyphen) ist aus der ganzen ältesten Palastzeit (etwa 1900 bis 1625 v. Chr.) belegt. *Linear A* („linear", weil die Zeichen weniger „anschaulich" oder „realistisch" aussehen als bei der kretischen Hieroglyphenschrift) tauchte etwa im 18. Jahrhundert v. Chr. auf und war während der jüngeren Regierungszeit (ca. 1625 bis 1450 v. Chr.) in Gebrauch. *Linear B* („B", weil sie offensichtlich unmittelbar aus Linear A hervorging) wurde in der mykenischen Periode (ca. 1450 bis 1200 v. Chr.) benutzt.

Ein weiterer Seitenzweig von *Linear* bildete sich etwa ab dem 16. Jahrhundert v. Chr. heraus, aber die Wissenschaft kann nicht sagen, *wo* und *wie* er entstand. Diese Schrift wurde dann bis zum 12. Jahrhundert v. Chr. beibehalten und setzte sich schließlich in der klassischen zyprischen Silbenschrift fort, in der die griechischen Texte aufgezeichnet wurden.

Heutige archäologische Erkenntnisse legen den Schluss nahe, dass Linear *nicht* aus der kretischen Hieroglyphenschrift hervorging, und es ist wenig wahrscheinlich, dass zwei verschiedene Schriftsysteme für eine einzige Sprache benutzt wurden. Doch

Was besagen die kretischen Hieroglyphentexte?

woraus entwickelten sie sich? Und woher kamen die alten kretischen Hieroglyphen und was bedeuten sie?

Geheimnisvolle Ritzsymbole aus Megalithgräbern in Portugal

Erstaunen haben gravierte Steine ausgelöst, die aus Megalithgräbern in *Alvao*, Portugal, stammen. Die Steine sind durchbohrt und waren ursprünglich in den rund 6000 Jahre alten Grabkammern an Stäbchen aufgehängt. Anthropologen nehmen an, dass sie mit einem Totenkult zusammenhängen, wenngleich gänzlich ungeklärt ist, ob es sich bloß um magische Symbole oder doch um schriftähnliche Zeichen handelt. Manche Forscher vermuten eine verschollene Mittelmeerschrift und erinnern an die Funde aus der Höhle von *Mas d'Azil* (Frankreich, Département Ariège): Bemalte Kieselsteine aus der Steinzeit, teils mit Symbolen und Buchstaben versehen, die jenen des späteren phönizischen, griechischen und lateinischen Alphabets verblüffend ähnlich sind.

Aber auch hier weigern sich Wissenschaftler wegen des hohen Alters der Funde von einer „Höhlenschrift" zu sprechen. Solchen Fortschritt traut man unseren steinzeitlichen Vorfahren nun doch nicht zu, begnügt sich lieber mit der „Erklärung", es handle sich lediglich um „spielerische Kritzeleien". Überzeugt das wirklich? Bei der Strenge des Totenkults, der in den Megalithgräbern vorherrscht, fragt man sich nämlich, wieso ein Angehöriger dieser Kultur in einer Grabkammer seiner Ahnen spielerisch Kritzeleien anbringen hätte sollen?

Steine mit eingeritzten „Inschriften" aus einem Megalithgab in Portugal

Idole mit unbekannten Schriftzeichen

Zu den ältesten schriftlichen Zeugnissen zählen nicht, wie behauptet, sumerische Keilschriften, sondern Fundstücke aus Alteuropa. Die meisten beschrifteten Objekte auf Tonwaren und Grabbeigaben stammen aus Fundorten der Vinča-Kultur, insbesondere aus *Vinča* selbst, nahe Belgrad in Jugoslawien sowie aus *Tartaria* im heutigen Transsylvanien.

Die Altersbestimmungen bescheinigen einwandfrei, dass die Schriftverwendung bis auf das 6. Jahrtausend v. Chr. zurückgeht! Damit steht fest, dass es sich bei der *altbalkanischen Schrift* nicht um einen sumerischen „Import" handeln kann. Der deutliche zeitliche Abstand zu den Anfängen der Schrift in Mesopotamien spricht dagegen. Mehr als zwei Jahrtausende liegen zwischen den ersten Schriftzeugnissen der Vinča-Kultur und den ältesten sumerischen Aufzeichnungen. Was die Schriftzeichen bedeuten, bleibt ein Geheimnis. Was man weiß: Sämtliche beschrifteten Objekte wurden außerhalb von Siedlungsplätzen an speziellen Kult- und Begräbnisstätten gefunden. Daraus wird der Schluss gezogen, dass jene Gegenstände, die Schriftzeichen tragen, offensichtlich in Zusammenhang mit der Anbetung und Anrufung höherer Gottheiten standen. Eine Besonderheit fällt auf: Die Vinča-Funde erinnern in ihrer Form an ähnliche Vergleichsfunde aus Kreta und Mexiko, wo ebenfalls „heilige Zeichen" auf Tonfiguren eingraviert wurden. Gab es zwischen diesen Ländern bereits vor Urzeiten kulturelle Verbindungen?

Das Mysterium der Rongorongo-Tafeln

Das einsamte Eiland der Welt, die Osterinsel, 3700 km westlich von Chile gelegen, bewahrt bis heute seine Geheimnisse. Wer schuf die eindrucksvollen Kolossalstatuen, „Maoi" genannt, mehr als 600 an der Zahl? Warum hat man die stoischen Köpfe, die sich zum Verwechseln ähnlich sehen, auf Tempelplattformen vor der Küste aufgestellt? Welcher Wurzel entsprang die Schrift der Insulaner? Weshalb verschwanden die Träger dieser eigentümlichen Kultur am Ende des 17. Jahrhunderts? Neben berühmten langohrigen Steinstatuen bezeugt nichts so augenfällig das hohe Niveau der alten Kultur wie die hölzernen Schrifttafeln, die *kohau rongo-*

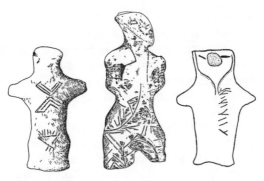

Unbekannte Schriftsymbole der Vinča-Kultur aus Alteuropa

rongo. Nur wenige Exemplare sind erhalten geblieben. Für Historiker bedeutet die Entzifferung der Osterinsel-Schrift seit Jahrzehnten eine Herausforderung. Bisher hielt jedoch kein Übersetzungsversuch der sachkundigen Überprüfung stand. Nun gelang dem Stuttgarter *Michael Dietrich* möglicherweise der Durchbruch. Nach 12-jähriger Arbeit erkannte er in den bisher undeutbaren Zeichen bildhafte Daten von exakten *astronomischen* Beschreibungen, die sich auf verschiedene Sternbilder des südlichen Firmaments, den Mond und andere „Himmelsphänomene" beziehen.

Dies könnte ein anderes Mysterium erklären helfen: Erst 1978 entdeckten Archäologen bei Arbeiten am *Nau Nau* die Bruchstücke von etwas, das sich als Auge herausstellte. Der Augapfel besteht aus weißer Koralle, die Iris aus rotem Tuffstein. Sie wurde in einen Schlitz an der Rückseite des Augapfels gesteckt, war aber nicht beweglich. Das ganze Auge wurde dann in die Höhlung platziert, die zu diesem Zweck in die Skulptur eingeschnitten worden war. Weitere Untersuchungen zeigten, dass die meisten „Moai", ursprünglich Augen hatten. Dies deshalb, so erzählt es die Insulaner-Mythe, um *Mana* – die spirituelle Kraft der Statuen – zu aktivieren. Ein Begriff, der – Zufall oder nicht – an das gleich lautende himmlische *Manna* aus biblischen Quellen erinnert.

Noch etwas ist erstaunlich: In der Polynesischen Mythologie spielt die Beobachtung eines Planeten, den die Maori *Parearu* nennen, eine ganz besondere Rolle. Er soll von einem Ring umgeben sein. Ob sie damit die Ringe des Saturn oder eines anderen Planeten meinen, geht aus ihrer Legende nicht ganz klar hervor, aber bei keinem kann das Ringsystem mit bloßem Auge gesehen werden. Die gleiche Merkwürdigkeit zeigt sich beim astronomischen Wissen der *Ituri*-Pygmäen in Zentralafrika und bei den *Dogon* in Westafrika.

Als in den 80er Jahren auf der Osterinsel Nachbildungen der Kalksteinaugen in die Augenhöhlen von wieder aufgestellten Figuren eingesetzt wurden, änderte dies ihr Aussehen vollständig. Die Statuen blickten nun nicht mehr auf die Dörfer, sondern leicht nach oben; dies erklärt den alten Namen der Insel, der *Mata-ki-te Rangi* („Augen zum Himmel") lautet. Welche Geheimnisse liegen vielleicht noch unter dem Erdboden der Osterinsel verborgen und warten schon lange auf ihre Entdeckung?

Gibt es zwischen den weltweit anonymen Schriften eine Gemeinsamkeit? Zeigen sie schrittweise den Weg zu einer bisher unbekannten prähistorischen Hochkultur? Sind sie der Schlüssel zur Wiege aller Kulturen?

Manche Forscher sehen in der Osterinsel mit ihren gewaltigen Steinskulpturen, deren Bearbeitung an die Steinmetzkunst der Inka erinnert, die Lösung für das Atlantis-Rätsel. Die Insel sei demnach nur mehr der karge Rest einer einst viel größeren Landfläche. Bei den Inschriften auf den heiligen Holztafeln fällt erneut eine Parallele auf: Sie weisen eine starke Ähnlichkeit mit prähistorischen Schriften der *Mohendscho Daro*- und der *Harappa*-Kultur im Industal auf, die eine halbe Welt entfernt beheimatet war. Es gibt bis heute keine plausible Erklärung für den Untergang der Indus-Kultur und keine der beiden Schriften konnte bisher entziffert werden. Ein Indiz dafür, dass es im Pazifik oder im Indischen Ozean einst einen Kontinent oder eine Reihe von Inselketten gegeben hat (Gebiete, die verschiedentlich Mu oder Lemuria genannt werden)? Liegt hier die Grundlage für die Atlantis-Legende? Die Sache bleibt mysteriös.

Viele kulturelle Übereinstimmungen zwischen den Kontinenten, man denke nur an die Bauform der Pyramiden, müssen nicht zwangsläufig als Hinweis auf eine versunkene Superzivilisation

Stumme Zeugen einer rätselhaften Vergangenheit: die Kolosse auf der Osterinsel

oder ein Inselreich wie Atlantis hinweisen. Die Erkenntnis könnte auch lauten: Schon vor Jahrtausenden waren unsere Vorfahren auf den Ozeanen seetüchtig unterwegs. Die Meere teilten nicht die Völker, sondern verbanden sie. Dass dies möglich ist, hatte schon vor vielen Jahren der norwegische Abenteurer *Thor Heyerdahl* bewiesen. 1947 ließ er sich mit seinem Holzfloß „*Kon-Tiki*" von Südamerika aus aufs offene Meer hinaustreiben und landete schließlich wohlbehalten auf der Osterinsel und weiter auf Tahiti in Polynesien. Für Heyerdahl war damit klar, dass einst die südamerikanischen Indianer (und mit ihnen das architektonische Know-how) auf die abgelegene Pazifikinsel gekommen waren. Die Südseeinseln seien nicht von Asien, sondern von Südamerika aus besiedelt worden.

Die Anerkennung der wissenschaftlichen Welt blieb ihm lange versagt. „Heyerdahl hat nur bewiesen, dass die Norweger gute Seeleute sind", kommentierte ein amerikanischer Wissenschaftler. Heyerdahl kämpfte weiter und stellte sich gegen die etablierte Wissenschaft: Er fuhr über den Atlantik, scheiterte im Jahre 1969 960 Kilometer vor dem Ziel, versuchte es aber neuerlich und bewies mit „*Ra II.*", die ein Jahr später in Barbados anlegte, dass schon die alten Ägypter – Jahrtausende vor Kolumbus – Zentralamerika erreichen konnten.

Reisten präkolumbische Indianer aus Nord- und Südamerika um die Welt? Jüngste Entdeckungen amerikanischer Forscher scheinen das zu bestätigen. In ägyptischen Mumien fanden sie Reste von *Coca*-Blättern; indische Tempel zeigen Abbildungen von *Mais* und sogar sprachliche Übereinstimmungen beiderseits des Pazifiks konnten festgestellt werden. Offensichtlich wagten sich Indianer mit ihren Booten über das große Meer – und umgekehrt, Kulturen aus Afrika, Asien und Fernost steuerten Amerika an.

Erstaunliche archäologische Artefakte liefern für diese These weitere Belege. Sie werden in Museen und Privatsammlungen gehortet und zeigen, dass es nicht erst durch Kolumbus, sondern bereits in prähistorischen Zeiten kulturelle Verbindungen zwischen den Kontinenten gegeben haben muss. In der Universität von *Quito*, Ecuador, habe ich Skulpturen hinter verschlossenen Vitrinen gesehen, deren Stil mit ägyptischen, afrikanischen, chinesischen, phönizischen und europäischen Gesichtsmerkmalen übereinstimmen. Gleiches gilt für präkolumbische *Rollsiegel* und andere Relikte, die *sumerischen* Einfluss erkennen lassen. In offiziellen archäologischen Ausstellungen bekommt man sie nicht zu Gesicht. Warum wohl?

Kolumbus kam als Letzter

„Natürlich ist Amerika schon vor Kolumbus entdeckt worden; und zwar oft. Es wurde nur immer vertuscht."

Oscar Wilde, britischer Schriftsteller (1854–1900)

Schlägt man die Lehrbücher über die Besiedlung der Neuen Welt auf, müsste man annehmen, dass die damaligen Menschen nur ihre Beine als einziges Fortbewegungsmittel kannten. Man will uns Glauben machen, dass vor 30.000 Jahren eine Völkerwanderung über eine Landbrücke von Sibirien nach Alaska stattgefunden hat. Zunächst seien alle möglichen Tiere, darunter riesige Bisons, Pferde, Faultiere, Elche, Großkatzen und Mammuts, über diese Brücke nach Amerika geströmt. Ihnen dicht auf den Fersen folgte ihr Jäger, der Mensch. Über das heutige Gebiet der *Beringstraße* seien ursprünglich mongolide Volksstämme in Nordamerika eingewandert, die sich später in verschiedene Gemeinschaften unterteilten, den ganzen Kontinent durchstreiften und sich bis nach Chile und Feuerland ausbreiteten. Erst als die letzte Eiszeit vor rund 10.000 Jahren zu Ende ging, lebten fast in allen Teilen der Welt Menschen.

Eine zu einfache Betrachtungsweise, die den tatsächlichen Ereignissen widerspricht. Die Beweise mehren sich, dass es nicht so gewesen sein kann, jedenfalls nicht ausschließlich. Die Spuren weisen in eine andere Richtung: Bereits in grauer Vorzeit haben sich tüchtige Seefahrer auf die weiten Ozeane gewagt und kulturelle Verbindungen zwischen den Ländern aufgebaut.

Dass man bereits in der Urzeit seetüchtig war, geht aus vielen Quellen hervor: Ein Forscherteam entdeckte 1994 auf der zwischen Java und Timor gelegenen indonesischen Insel *Flores* mehr als ein Dutzend primitiver Steingeräte in vulkanischen Ablagerungen. Das Alter konnte auf über 800.000 Jahre datiert werden! Die Ergebnisse sind deshalb so bemerkenswert, weil es frühen Menschen nach heutigem Wissen nicht möglich gewesen sein kann, die Insel auf dem Landweg zu erreichen. Zwar sank der Meeresspiegel während des Eiszeitalters wiederholt um bis zu 200 Meter unter sein heutiges Niveau und mehrere der Kleinen Sundainseln, zu denen Flores gehört, waren zeitweise miteinander verbunden. Doch existierte niemals eine direkte Landverbindung mit dem asiatischen Kontinent, denn selbst zu Zeiten der tiefsten Meeresstände verblieb mindestens eine etwa 20 Kilometer breite Wasserstraße. Sie verhinderte auch die Einwanderung asiatischer Landtiere auf die Insel. Die einzig logische Erklärung: Irgendwie muss Homo erectus vor 800.000 Jahren diese Wasserstraße überwunden haben, um nach Flores zu gelangen. Eine Erkenntnis, die weit reichende Konsequenzen für die früheste Kulturgeschichte hat. Denn nach bisheriger Auffassung vermochte erst der frühmoderne Homo sapiens vor etwa 60.000 Jahren Wasserfahrzeuge zu bauen, um damit im Meer gelegene Inseln zu erreichen.

Umdenken heißt es ebenfalls bei der akademischen Vorstellung, wonach erst vor 40.000 Jahren Menschen auf Booten das Meer überquerten, um schließlich zu den Einwohnern Australiens zu werden. Jetzt stellte sich heraus: Die Besiedlung dieses Kontinents muss um 20.000 Jahre (!) vorverlegt werden. Neueste Untersuchungen mit drei unabhängigen modernen Datierungsmethoden an einem 1974 gefundenen menschlichen Skelett ergeben ein Alter zwischen 56.000 und 68.000 Jahren. Wie Dr. *Alan Thorne* von der *Australian National University* anmerkte, habe diese Entdeckung bedeutende Auswirkungen auf die Diskussion über die globale Ausbreitung der menschlichen Rasse. Insbesondere müsse dadurch der Zeitraum zurückdatiert werden, in dem es Menschen erstmals möglich war, auch größere Entfernungen über den offenen Ozean zurückzulegen. Jedenfalls scheinen die Vorfahren der heutigen Aborigines viel früher als bislang angenommen Australien auf dem Seeweg erreicht zu haben.

Wenn es bereits Seefahrern eines anderen Zeitalters gelungen war, das Tor zu den Ozeanen zu öffnen, muss auch die Frage nach der Entdeckung Amerikas neu gestellt werden. Bisher hieß es in den Geschichtsbüchern, dass erst nach *Christoph Kolumbus'* historischer Reise im Jahr 1492 der amerikanische Kontinent entdeckt wurde. Neuere Lehrbücher räumen immerhin ein, dass etwa ein halbes Jahrtausend vor Kolumbus bereits die Wikinger amerikanischen Boden betreten haben und dem Admiral seinen ruhmreichen Titel „Entdecker der Welt" streitig machen. Aber waren die Wikinger wirklich die Ersten? Es darf bezweifelt werden. Nachfolgend einige archäologische Ungereimtheiten, die eine neue Sichtweise erforderlich machen. Amerika scheint bereits Jahrhunderte, vielleicht sogar Jahrtausende früher entdeckt und besiedelt worden zu sein, als uns die Schulweisheit belehrt:

Anthropologische Fragezeichen
Die meisten Vorfahren der heutigen Indianer dürften über die Beringstraße nach Amerika eingewandert sein. Jüngste Genanalysen zufolge sollen die Ursprungsgebiete am *Baikalsee* und in der Mongolei liegen. Dennoch zeigt sich immer deutlicher, dass die frühe Bevölkerung Amerikas aus einem regelrechten „Völkergemisch" zusammensetzt ist. Hier die wichtigsten Funde, die dies bestätigen und zugleich neue Fragen aufwerfen:
- Die *ARLINGTON SPRINGS WOMAN:* ein 13.000 Jahre altes menschliches Skelett, entdeckt auf den kalifornischen *Channel Islands*. Die Knochen lagerten seit über 40 Jahren im Museum, erst jetzt wurde mit Hilfe radiometrischer Untersuchungen das wahre Alter festgestellt. Fazit: Diese Frau muss über den Pazifik nach Amerika gekommen sein.
- Der *SPIRIT CAVE MAN*: ein männliches, 9400 Jahre altes Skelett, entdeckt in *Churchill County*, Nevada. Das aufgrund der Schädelknochen rekonstruierte Gesicht ähnelt weder einem Indianer noch einem Nordasiaten, sondern dem eines Ainu aus *Japan*.
- Die *BUGL WOMAN*: ein weibliches Skelett, 10.600 Jahre alt, entdeckt in *Tennessee*. „Sie passt in keine moderne Menschengruppe, aber die größte Ähnlichkeit besteht zu heutigen Polynesiern", erklärt der Anthropologe Dr. *Richard Jantz* von der University of Tennessee.
- *EINER DER ÄLTESTEN „AMERIKANER"* ist ein 11.500 Jahre altes Skelett, das man in Zentralbrasilien (!) fand (entdeckt vermutlich 1959 in Grab-Urnen in der *Serra do Machado*). Der Knochenbau ähnelt – so der Anthropologe *Walter Neves* von der Universität in São Paulo – am ehesten einem Südasiaten oder sogar einem *Australier.* Und ein weiterer Schädel aus *Lime*

Creek in Nebraska sowie zwei andere aus *Minnesota* (zwischen 7840 und 8900 Jahre alt) ebenfalls Südasiaten, möglicherweise sogar früheren *Europäern*.
- Der *KENNEWICK MAN* gilt ebenso als Beleg dafür, dass unter den ersten Menschen, die den amerikanischen Kontinent vor Jahrtausenden betreten haben, offenbar auch Europäer oder Verwandte von ihnen waren. Schon früher war aufgefallen, dass manche Skelette und Schädel aus Nordamerika, rund 10.000 und mehr Jahre alt, eher europäisch oder ostasiatisch aussahen. Der jüngste Fall des nach seinem Fundort im US-Staat Washington benannte Kennewick Man bestätigt dies. Er trägt auffällig eurasische Dimensionen: längliche Form, schmales Gesicht und einen leicht vorstehenden Oberkiefer. Der Fund ist in den USA Gegenstand eines großen öffentlichen Interesses und Streitobjekt eines Gerichtsverfahrens: Die in dieser Gegend lebenden Indianer bestehen auf ihrem Recht, die Skelette ihrer Vorfahren mit ihren Riten zu beerdigen. Forscher hingegen haben geltend gemacht, dass der Kennwick Man unter anderem wegen seiner europäisch anmutenden Schädelmerkmale unmöglich ein Vorfahre des betroffenen Indianervolks gewesen sein kann. Stammt „Winnetou" aus Europa? Woher kam der Kennewick Man?
- Dazu passt, dass sich am *Savannah River* (Virginia) *SPEERSPITZEN UND KLINGEN* in Schichten fanden, die ein Alter von 12.000 Jahren aufweisen. Das Sensationelle daran: Sie gleichen verblüffend Werkzeugen und Waffen, die man bisher nur aus der steinzeitlichen *Solutréen-Kultur* kannte – in *Frankreich* und auf der *iberischen Halbinsel*.

Für den Anthropologen *Dennis Stanford* von der *Smithsonian Institution* steht außer Frage, „dass wir es mit zahlreichen Einwanderungswellen verschiedener Menschen aus vielen verschiedenen ethnischen Ursprungsregionen zu tun haben". Eine erstaunliche Einsicht, wenn man bedenkt, dass doch vor allem von der Smithsonian Institution bislang das Beringstraßen-Modell als *einzig* zutreffendes vertreten wurde. Der Archäologe *James Adovasio* vom Mercyhurst College in Pennsylvania spricht sogar von einer regelrechten „Mafia", die dieses Modell bisher als Dogma gehandhabt hätte. Eindeutige Beweise seien nicht zur Kenntnis genommen, andere unterdrückt worden. Erst ganz allmählich und unter dem Druck immer neuer zum Vorschein kommender jahrtausendealter Zeugnisse beginne sich das Bild langsam zu wandeln.

Da ist die Frage schon berechtigt, welche archäologischen Funde sonst noch „unter Verschluss" gehalten werden – nicht nur um das Bild vom frühen Amerika, sondern das Bild der frühen Menschheit insgesamt nicht ändern zu müssen ...?

Zeugnisse unbekannter Kulturen im brasilianischen Urwald

Mitten im Amazonasgebiet Brasiliens entdeckten Forscher Reste einer Kultur, die mindestens 11.000 Jahre alt ist. Gefunden wurden Speerspitzen und andere Werkzeuge, versteinerte Reste ihrer Nahrung, aber auch Malereien an Höhlenwänden, die beweisen, dass diese frühen Amerikabewohner einen kulturell hoch stehenden Lebensstil pflegten. Sie verfügten über einen ausgeprägten Kunstsinn, ernährten sich von Früchten und Nüssen, fingen Fische und erlegten Dschungeltiere.

Entdeckt wurden diese Spuren vor einigen Jahren von einem Team der Universität Illinois unter der Leitung von Prof. *Anna Roosevelt*. Um US-Fachmagazin *„Nature"* werden die Fragen aufgeworfen: Woher stammen diese Dschungelbewohner? Welche Kultur kam als erste nach Amerika? Haben sie gemeinsame Wurzeln mit Großwildjägern Nordamerikas, von denen sie sich *grundlegend* unterscheiden? Die Funde bestärken die Annahme, dass Amazonasbewohner nicht von der Beringstraße, sondern unabhängig davon nach Amerika kamen. Auffallend ist die Ähnlichkeit der Kunstwerke mit den 40.000 Jahre alten Felsmalereien der Aborigines in Australien.

Japanische Seefahrer vor 5000 Jahren in Ecuador

Die *Valdivia*-Kultur an der mittleren Küste Ecuadors begann um 3000 v. Chr. und endete etwa 1400 v. Chr. Ihre Keramik, meist modelliert und gebrannt, gehört zu den ältesten der „Neuen Welt". Das Merkwürdige: Die Funde gleichen aufs Haar der *Jomon*-Ware aus Japans. Die Ähnlichkeit zwischen Figuren sowie Tonscherben aus Japan und Ecuador lassen kaum Zweifel daran, dass es zwischen den beiden Ländern bereits um 3000 v. Chr. Verbindungen gegeben hat. Es wird vermutet, dass die uralte Valdivia-Siedlung japanischen Fischern ihre Entstehung verdankt, die von der Meeresströmung an die amerikanische Westküste getrieben worden waren.

Chinesen in Mexiko

Chinesische Überlieferungen berichten von einer Expedition des *Hi Shen* und vier weiterer buddhistischer Mönche, die im 5. Jahrhundert n. Chr. aufgebrochen seien, um *„Fusang"* zu suchen, das sagenumwobene irdische Paradies auf der anderen Seite des östlichen Ozeans. Ein in *Tenango*, Mexiko, gefundener Jadekopf mit ausgeprägt chinesischen Zügen, das Werk eines olmekischen Künstlers, könnte tatsächlich der Beweis dafür sein, dass zwischen Mesoamerika und dem asiatischen Reich der Mitte bereits sehr früh eine Verbindung bestand.

Eine Vielzahl archäologischer Funde scheint das zu bestätigen. So entdeckten österreichische Wissenschaftler in Mexiko vorkolumbische Terrakottaköpfe mit ausgeprägt chinesischen Zügen. Man kann sich kaum vorstellen, dass ein Indianer die charakteristischen Züge eines fernöstlichen Menschentyps so meisterhaft wiedergegeben hätte, wenn diese ihm völlig unbekannt gewesen wären.

Dass es schon vor vielen Jahrtausenden kulturelle Verbindungen ins alte Reich der Mitte gegeben hat, zeigen uns die hinterlassenen Rätsel der *Olmeken*. Der Beginn ihrer Kultur wird mit etwa 1500 v. Chr. angesetzt. Doch ihre Herkunft und die ersten Phasen der Olmeken-Kultur sind unerforscht. Viele Kunstwerke lassen an eine in Altamerika sonst unbekannte Menschenrasse denken. Berühmt wurden vor allem die steinernen Kolosse aus Basalt mit bis zu drei Meter Höhe: gewaltige, aus dem Felsen gehauene Riesenschädel, helmtragende Götterköpfe mit bis zu 60 Tonnen Gewicht liegen über das Land verstreut. Das Herbeischaffen solcher Blöcke – der nächste infrage kommende Steinbruch war auf dem Fußweg etwa 120 Kilometer entfernt – setzt enorme Anstrengungen und Wissen in der Transporttechnik voraus. Auf Flößen sollen die

Vergleiche zwischen Bandornamenten aus China (oben) und Mittelamerika (unten) zeigen eine auffällige Übereinstimmung, die eine kulturelle Verbindung vor Jahrtausenden nahe legt.

Riesenschädel transportiert worden sein. Wie dies in der Praxis funktioniert haben soll, bleibt unklar.

Ein Hinweis darauf, dass die alten Chinesen sich über den Ozean wagten, liefert vielleicht ein magnetisches Metallstück aus einem 3000 Jahre alten olmekischen Erdwerk in den Ruinen von *San Lorenzo*, südlich von Veracruz in Mexiko. Es würde sich, frei beweglich betrachtet, auf 35,5 Grad West von magnetisch Nord ausrichten. Die Olmeken haben solche Barren möglicherweise als Kompass benutzt und sie zu diesem Zweck entweder auf einer Unterlage ins Wasser gelegt oder sie in Quecksilber, das man aus Zinnobererz gewann, schwimmen lassen. Wenn der Barren tatsächlich als Kompass benutzt wurde, besteht hier möglicherweise ein Zusammenhang zu den nach Norden ausgerichteten Tempeln der Olmeken. Chinesen in Mexiko? Oder umgekehrt? Der Olmeken-Kompass, so viel steht fest, ist ein *Vorläufer* des chinesischen Kompasses, den man lange für den ersten der Welt hielt.

Gemeinsamkeiten zwischen China und Südamerika
Nicht nur Mexiko scheinen die alten Chinesen im Altertum angesteuert zu haben, es muss eine Verbindung ebenso nach Südamerika gegeben haben. Das zeigt sich vor allem durch Funde aus der *chinesischen Tschou-Dynastie* im Vergleich mit der *Chavin-Kul-*

tur in Peru sowie anderen südamerikanischen Kulturen. Die beiden Stile sind praktisch identisch.

Chavin de Huantar ist ein rätselhaftes Zeremonialzentrum 3000 Meter hoch in den peruanischen Anden gelegen. Die Gebäude lassen mehrere Bauphasen erkennen. Sie bestehen aus unterschiedlichen Tempelplattformen mit einer Reihe untereinander verbundener Gänge und Kammern in verschiedenen Stockwerken. Im ältesten Teil des Baukomplexes befindet sich ein Granitblock, darauf die Skulptur eines „Menschen" mit Tigertatzen und Schlangen statt der Haare. Die Ursprünge der Chavin-Kultur liegen noch völlig im Dunkeln. Die ersten Keramikfunde aus Chavin dürften vor 1200 v. Chr. entstanden sein. Um 600 bis 200 v. Chr. dürfte die Kultur dann geendet haben. Doch gleich, welchen Ursprungs und Zeitpunkts: der Chavin-Stil verbreitete sich rasch über ganz Nordperu und an der Küste.

Alte Verbindungen zur Inneren Mongolei
In den südlichen kolumbianischen Anden liegt der Ort *San Augustin*, an dem Gräber, unterirdische Stollen, rätselhafte Statuen und steinerne Tempel in großer Anzahl gefunden wurden. Verschiedene Entwicklungsstufen lassen sich ablesen, von denen die ältesten in das 8. Jahrhundert v. Chr. zurückreichen, während die jüngsten aus der Zeit kurz vor der Eroberung durch die Spanier stammen. Über 300 verschiedene Skulpturen wurden bisher entdeckt. Jedes Steinbild sieht anders aus und erinnert an eine dämonische Teufelsfratze mit über die Lippen hinausragenden Draculazähnen. Dieselbe Charakteristik kennt man aus jüngsten archäologischen Funden, die in einem ganz anderen Kulturkreis aufgefunden wurden – in der *Inneren Mongolei*. Man fand nicht nur Pyramidenbauten, sondern ebenso Steinmonolithe mit übereinstimmender „Drachenzahn"-Symbolik. Archäologische Ausgrabungen belegen zudem, dass der „himmlische Drache" in der Mongolei und in Südamerika gleichermaßen große Verehrung genoss. Auch hier stellt sich die Frage nach vorzeitlichen Kontakten.

Negroide Skulpturen aus Altmexiko und Ecuador
Zu Beginn des ersten vorchristlichen Jahrtausends waren offenbar

Pyramidenfunde aus der Inneren Mongolei

bereits Vertreter mehrerer Kulturkreise über dem Seeweg erfolgreich nach Amerika vorgestoßen. Lassen bereits die Olmeken selbst gewisse negroide Züge erkennen, so legt der bei *Veracruz* in Mexiko gefundene Kopf ein glaubwürdiges Zeugnis dafür ab, dass Afrikaner vor fast 3000 Jahren nach Amerika gelangten. Nach bisheriger geschichtlicher Auffassung gelangten Männer schwarzer Haufarbe erst Anfang des 16. Jahrhunderts nach Amerika – damals unfreiwillig als Sklaven.

Weitere Plastiken und Keramikstücke mit afrikanischen, ägyptischen und sumerischen Charakterattributen werden in der Universität von *Quito* in Ecuador aufbewahrt.

Römer und Griechen in Altamerika
Im Jahr 1972 veröffentlichte *Cyrus H. Gordon* das Buch „*Before Columbus*". Darin führt der Fachmann für alte Kulturen eine Reihe rätselhafter Funde an. Etwa die Entdeckung von *römischen* und *arabischen* Münzen, über tausend Jahre alt, gefunden vor der Küste Venezuelas. Des Weiteren werden zwei in Nordamerika entdeckte Inschriften genannt, die 1966 in der Nähe von *Fort Benning* in Georgia entdeckt wurden und *minoischen* Ursprungs, ähn-

lich der aus *Knossos*, sein sollen. Das würde bedeuten, dass 1500 v. Chr. auch Seefahrer aus Kreta oder andere Griechen nach Amerika gekommen waren. Gordon weist darauf hin, dass es zwischen der alten griechischen Schrift und jener der Maya Parallelen gibt. So hätten z. B. der „Federschmuck" und andere Symbole, die auf dem berühmten „*Diskus von Phaistos*" zu sehen sind – gefunden in dem minoischen Palast gleichen Namens auf Kreta –, entsprechende Gegenstücke in *aztekischen* Glyphen. Es müsse also, so meint Gordon, irgendwelche kulturellen Verbindungen zwischen den Seefahrern des östlichen Mittelmeerraumes und den amerikanischen Indianern zur Bronzezeit gegeben haben.

Ein weiteres „Fremdstück" scheint ihm Recht zu geben: 1933 wurde von Archäologen in der Nähe von *Mexico City* ein kleiner Tonkopf gefunden. Er lag zusammen mit Grabbeigaben aus Gold völlig unversehrt in einer präkolumbischen Grabkammer, ähnelt aber im Stil keiner bekannten vorkolumbischen Kultur. Der schon damals als ungewöhnlich eingestufte Tonkopf geriet in der Fachwelt in Vergessenheit, weil er offenbar nicht in das Weltbild gepasst hatte, in dem frühe europäische Kulturen Kontakte mit Amerika hatten. Nun ließ der Anthropologe *Romeo Hrstov* am Max-Planck-Institut für Kernphysik in *Heidelberg* eine physikalische Altersbestimmung durchführen. Ergebnis der Thermolumineszenzdatierung, die genauso aufwendig und kompliziert ist, wie sie klingt: Das Relikt ist zwischen 730 und 2880 Jahre alt. Damit steht fest: Die Figur muss lange vor Kolumbus Amerika erreicht haben. Nun erhebt sich die Frage, auf welchem Weg dies geschah.

Ein phönizisches Dokument aus Massachusetts
Einige Funde lassen darauf schließen, Amerika habe schon lange vor seiner „offiziellen" Entdeckung viele Besucher empfangen, so auch von den *Phöniziern*. Dieses Seevolk aus der Küstenebene des Libanon und Syriens, auch Phönikier oder Kanaanäer genannt, war um 600 v. Chr. in das babylonische Reich eingegliedert worden. Sie waren tüchtige Seefahrer und errichteten Handelsstützpunkte und Kolonien in Nordafrika und im südlichen Spanien.

Cyrus H. Gordon, ehemaliger Leiter des Instituts für mittelmeerische Studien in Brandeis, *Ladislaus Netto*, Direktor des brasilianischen Nationalmuseums, und *Barry Fell* von der Universität Harvard stützen die Theorie von dem vorgeschichtlichen Amerikabesuch der Phönizier. Letzterer untersuchte einen 1658 in *Bourne*, Massachusetts, gefundenen Stein und identifizierte ihn als phönizisches Dokument. Es sei von dem karthagischen Phönizier und Seefahrer *Hanno* anlässlich einer Expedition, die er im 5. Jahrhundert v. Chr. nach seiner Entdeckungsfahrt entlang der afrikanischen Küste unternommen habe, in Bourne zurückgelassen worden. Die Inschrift lautet: „Hanno ergreift von diesem Ort Besitz."

Samuel Eliot Morison, ebenfalls Gelehrter der Universität Harvard, hält hingegen solche „Entdeckungen" für absurd. Der Historiker *Robert Lopez* von der Universität Yale ist ähnlicher ablehnender Ansicht und sieht in dem Steinfragment von Bourne eine „offensichtliche Irreführung". Eine Kritik, der sich *Frank Cross*, Professor für semitische Sprachen an der Universität Harvard, ebenfalls anschließt.

Dennoch existieren etliche andere Fundsachen, die an eine Landung vorchristlicher Seefahrer erinnern, die einst aus dem Mittelmeerraum nach Amerika gezogen waren. So gibt es eine Reihe von Keramiken, die von ihrer Charakteristik her durchaus eine Zuordnung als „phönizisch" erlauben.

Ein typisches Exponat dieser Art ist ein in *Iximché* in Guatemala gefundenes präkolumbisches Räuchergefäß. Es zeigt ein längliches Gesicht mit semitischen Gesichtszügen, mit der großen, gebogenen Nase, dem Spitzbart und dem Diadem auf der Stirn. Klassische Erkennungsmerkmale für den phönizischen Kulturkreis. Zusammen mit vielen anderen Funden, darunter etlichen Inschriften, bezeugt die Plastik eine frühe Anwesenheit der Phönizier auf dem amerikanischen Kontinent. Das ungewöhnliche Artefakt wird heute in Paris aufbewahrt.

2300 Jahre alte Tonfiguren aus Mexiko mit semitischen Gesichtszügen

Der Historiker *R. A. Jairazboy* und andere Kollegen sind überzeugt, dass im Jahr 1200 v. Chr. Einfluss ägyptischer, afrikanischer, jüdischer und chinesischer Einwanderer den Anstoß für das schnelle Wachstum der Olmeken-Zivilisation in Mexiko gab. Aus den Interpretationen der Texte Platons und Diodors geht ihrer Ansicht nach hervor, dass um das Jahr 1000 v. Chr. die Phönizier mit Amerika Handel trieben. Prof. *Alexander von Wuthenau* von der „University of the Americas", Mexiko, sammelte 50 Jahre lang aus Stein gehauene Köpfe aus den Jahren 1500 v. Chr. bis 1500 n. Chr. Diese stellen eindeutig bärtige Juden (amerikanische Indianer sind bartlos), Afrikaner und andere für den mittelamerikanischen Raum fremde Menschentypen dar.

Damit im Zusammenhang stehen vielleicht auch die *Bar-Kochba*-Münzen. Seit 1932 hat man an drei verschiedenen Stellen in *Kentucky*, USA, hebräische Münzen aus der Zeit des Bar-Kochba-Aufstandes gegen die Römer (132–135 n. Chr.) gefunden. Leider ist keiner der Funde das Ergebnis von systematischen Ausgrabungen durch Archäologen. Aber schon 1891 erwähnte ein theologischer Bericht in den USA eine hebräische Inschrift aus *Bat Creek* im benachbarten Tennessee. Erst 1964 konnte der richtige Leseansatz gefunden werden: demnach handelt es sich um ein kanaanäisches Fragment, von dem Wissenschaftler nur das Wort „Judäa" und Zeichen, die vermutlich ein Datum um 100 n. Chr. angeben, entziffern konnten. Ein Hinweis darauf, dass Hebräer irgendwann im 2. Jahrhundert n. Chr. vor den Römern nach Nordamerika geflüchtet sind? Die Bar-Kochba-Münzen scheinen diesen kühnen Verdacht ebenfalls zu stützen. Untersucht wurden die Funde von Prof. *Israel Naamani* von der Universität Louisville, USA.

Die „Wikinger-Mumien" aus Peru

Man fand in den Anden Mumien, die sich von jenen Menschentypen unterscheiden, die den heute noch in dieser Gegend bevölkerten Indianern ähneln. Sie zeigen hohe Statur, schmales Gesicht, langen Schädel und dünnes, helles Haar mit Varianten von braun bis strohblond, einschließlich aller rötlichen (und keineswegs durch Färbung erzielten) Töne. Die Hypothesen, dass die Maße des Gesichts und des Schädels von einer künstlichen Deformierung herrühren könnten, wie sie die peruanischen Indianer tatsächlich oft an Kindern vornahmen, und dass die Farbe des Haares

Seetüchtige Schiffe der Antike. Gelangten einige davon auch nach Amerika?

Phönikische Galeere   Knarre der Wikinger

Portugiesische Karavelle   Dschunke der alten Chinesen

vom Einfluss des Wetters stammen könne, konnte bisher nicht wirklich überzeugen.

Die Funde sprechen für die Anwesenheit von Weißen nordeuropäischen Typs im präkolumbischen Peru. Ob es sich tatsächlich um Wikinger gehandelt haben mag, wie von manchen Forschern behauptet, ist umstritten. Wie immer, wenn es sich um prähispanische Chronologie handelt, gehen die Meinungen darüber um Hunderte und Tausende von Jahren auseinander. Bei den *Paracas*-Mumien würde der Ursprung auf das Jahr um 500 v. Chr. zurückreichen, wobei ein Irrtumsfaktor von 200 Jahren zugestanden wird. Es gibt zwei Möglichkeiten: Entweder die blonden Mumien stammen von Nachkommen der *Skandinavier* und *Iren* bzw. ihren Vorfahren ab; oder die Altersbestimmung ist so fantastisch wie zahlreiche andere mit verschiedenen Methoden erzielte, und die frühe Einwanderung hellhäutiger Menschen muss weit früher – zurückgehend bis ins 13. vorchristliche Jahrhundert – angesetzt werden.

Die Normannen-Siedlung von L'Anse au Meadow
Der norwegische Archäologe *Helge Ingstad* unternahm 1960 Expeditionen an die Nordostküste Amerikas, um nach den Spuren des Wikingers *Leif Eriksson* in „Vinland" zu suchen. Nach vielen

seltsamen und verwirrenden Funden meinte Ingstad, das Vinland Erikssons liege im nördlichen *Neufundland,* dem östlichsten Punkt Nordamerikas. Schließlich stieß er auf *L'Anse au Meadow,* wo vor 40 Jahren Reste einer Nordmännersiedlung gefunden und in den nachfolgenden acht Jahren ausgegraben werden konnten. Man fand Reste von Häusern, Überreste einer Schmiede und ein Dampfbad – eine einfachere Form der Sauna. Die Gebäudereste ähnelten bekannten, mittelalterlichen skandinavischen Häusern. Diese Vermutung wurde durch Funde wie eine Brosche, einen Teil einer Woll-Spindel aus Speckstein und eine 10 cm lange Bronzenadel bestätigt. Ähnliche Relikte kennt man aus Norwegen, Island, den Shetland-Inseln und der Isle of Man. Die Altersbestimmung von Überresten ergab ein Baudatum um etwa 1000 n. Chr. Nichts wies zwar direkt auf Leif Eriksson und seine Reise hin. Wohl aber handelte es sich unzweifelhaft um eine Niederlassung von Nordeuropäern, fünfhundert Jahre *vor* Kolumbus. Wenn auch die Entdeckungen auf Neufundland ein Rätsel lösen konnten, so haben sich doch wieder neue Fragen aufgeworfen. Alte Schriften der Nordmänner beschreiben nämlich, dass weiße Männer schon lange vor den Wikingern nach Nordamerika gekommen waren. So dürften die Iren Amerika vor den Wikingern entdeckt haben, waren aber wohl auch nur „Wiederentdecker" der Neuen Welt.

Es gibt etliche Hinweise darauf, dass die normannischen Seefahrer einst sogar bis nach Südamerika vorgedrungen waren. Als Beispiel sei hier genannt die präkolumbische und skandinavische Gemeinsamkeit bei Ornamenten. Eine verblüffende Parallele zeigt der skandinavische *Teppich von Ovrehogdal,* der allgemein der Zeit gegen Ende des 11. Jahrhunderts zugeschrieben wird. Die Muster zeigen neben Hirschen auch Tiere wie *Lamas,* die ausschließlich in Peru vorkamen. Außerdem sind geometrische Formen wie Kreuze abgebildet, die man ebenso aus *Tiahuanaco* kennt. Offenbar war im mittelalterlichen Europa nicht nur die Geografie von Amerika und Südamerika bekannt (wie etwa die Karten von Waldseemüller belegen), sondern ebenso seine Fauna.

Der Runenstein von Kensington
Die meisten Wissenschaftler vermuten in diesem Artefakt eine Fälschung aus dem 19. Jahrhundert. Einige Forscher halten ihn dennoch für ein authentisches Dokument. Der Stein ist etwa 75 cm hoch, 40 cm breit und etwa 15 cm dick. Entdeckt wurde er 1898 von einem schwedischen Einwanderer und Farmer, *Olof Ohman*, in Kensington. Dieser verstand nicht, worum es sich bei seinem Fund handelte, und versuchte auch später nie irgendwelche Vorteile daraus zu ziehen. Ohman übergab die Felsplatte dem Bankier des Ortes, der sie an die Universität von Minnesota weiterleitete. Dort gelang es einem Fachmann in skandinavischer Kultur, Prof. *O. J. Breda*, den Text ohne größere Schwierigkeiten fast vollständig zu entziffern. Nur einige Zeichen blieben unverständlich, die später als Ziffern identifiziert wurden.

Der vollständige Text der Inschrift lautet: *„Acht Gothen und zweiundzwanzig Norweger auf Forschungsreise nach dem Westen Vinland. Wir haben unser Lager nahe bei zwei Felsinseln einen Tag weit im Norden dieses Steines aufgeschlagen. Und wir fischten einen Tag lang. Bei der Rückkehr trafen wir zehn Männer blutüberströmt und tot an. AV M, erlöse uns von dem Übel. Wir haben zehn am Meer zur Überwachung unseres Schiffes zurückgelassen, vierzehn Tage Reise von dieser Insel entfernt. Jahr 1362."*

Die Buchstaben AV M waren lateinisch und stellten die gebräuchliche Abkürzung von AVE MARIA dar. Bereits im 11. Jahrhundert werden Amerika-Reisen des *Leif Eriksson* und seiner Brüder beschrieben. Viele glauben, dass bereits 985 n. Chr. der norwegische Wikinger *Bjarn Herlufsson* an die Küste Nordamerikas gelangte. Wieder andere meinen, irische Mönche seien die Ersten gewesen.

Angesichts der erdrückenden Zeugnisse, von denen hier nur stellvertretend einige Beispiele genannt wurden, wird eines deutlich: Als Christoph Kolumbus am 12. Oktober 1492 mit seinen drei Schiffen „Pinta", „Nina" und „Santa Maria" die Insel *Guanahani* (das spätere San Salvador) erreichte, waren ihm bereits Seefahrer aus allen Teilen des Globus zuvorgekommen. Das alte Amerika scheint bereits in der Antike ein beliebtes Reiseziel gewesen zu sein. Eine Richtigstellung in den Schulbüchern wäre längst angebracht: Die Spanier waren keineswegs die Entdecker von Amerika, Kolumbus nicht der erste, vielmehr der letzte „Entdecker", der die Neue Welt zum x-ten Male nur „wieder entdeckte".

Wie aber konnte das Wissen darüber im Laufe der Jahrtausende so spurlos vorloren gehen? Die ganze Geschichte der Menschheit ist eine blutdurchtränkte. Kriegerische Auseinandersetzungen, klimatische Veränderungen, zerstörerische Erdbeben und andere Naturkatastrophen sowie meteorologische Gefahren aus dem All mögen das ihre dazu beigetragen haben, dass ganze Hochkulturen für immer vom Erdboden verschwanden.

Damit schließt sich der Bogen zum Atlantis-Mythos. Ist er eine vage Erinnerung an eine schreckliche Katastrophe in der Menschheitsgeschichte? Ging die Welt schon mehrmals unter? Irgendwann wird auch unsere heutige Kultur verschwunden sein. Was wird man dann von uns finden? Wie wird man die Funde deuten? Atlantis? Nur noch ein Name? Eine versunkene Insel? War das nicht viel mehr ein mythischer Vogel, der wie *Phönix aus der Asche* immer wieder zu den Sternen aufgebrochen war? Würden Überlebende einer Apokalypse, hervorgerufen durch atomare Zerstörung oder kosmische Asteroideneinschläge, in späteren Generationen noch wirklich Kenntnis von einem *Spaceshuttle* namens „Atlantis" haben?

Wenn unsere Kultur versinkt ...

„Unkraut verdirbt nicht!"

Sprichwort

Die Voraussagen, die aus verschiedenen Jahrtausenden, Jahrhunderten und Kulturkreisen stammen, warnen vor einem bevorstehenden Weltuntergang. Angefangen vom babylonischen Astronomen *Berossos*, der vor 2300 Jahren lebte, über den griechischen Philosophen *Heraklit*, die Hopi-Indianer in Amerika, die Azteken bis zu Nostradamus und viele andere. Die Frage bleibt offen, ob das Ende, falls es irgendwann tatsächlich eintreten sollte, durch einen Asteroiden verursacht wird, der sich auf Crash-Kurs zur Erde verirrt, durch systematische Umweltzerstörung oder trotz aller Abrüstungsbemühungen durch eine atomare Katastrophe. Wie viel Zeit bleibt uns noch?

Der britische Astrophysiker *Stephen Hawking* meint, „nicht sehr viel". Er befürchtet, dass die Menschheit ein „weiteres Jahrtausend" nicht überleben wird. Bei einem Vortrag in Edinburgh sagte der berühmte Physiker und Autor von *„Eine kurze Geschichte der Zeit"*, entweder ein „Unfall oder die Erderwärmung" würden das Leben auf der Erde auslöschen. Die Menschheit könne nur überleben, wenn sie sich auf einem anderen Planeten ansiedle, so der international renommierte Professor bei der Vorstellung seines neuen Buches *„The Universe in a Nutshell"* vor wenigen Monaten. „Ich befürchte, dass die Atmosphäre immer heißer und dass sie wie der Nachbarplanet Venus zu brodelnder Schwefelsäure wird. Und ich mache mir Sorgen wegen des Treibhauseffekts." Die Menschheit könnte ein weiteres Jahrtausend nur überleben „wenn sie sich in den Weltraum ausbreitet". Ohne die „Kolonialisierung" anderer Planeten sei die Menschheit vom Aussterben bedroht.

Eine andere nicht zu unterschätzende Gefahr droht aus dem Weltraum. Tödliche Felsbrocken, die sich mit der Erde auf Kollisionskurs befinden, werden erschreckend spät entdeckt – und eine Abwehr gibt es noch nicht. Im Januar 1992 torkelte der Asteroid

„1991 BA" in einem halben Mond-Erde-Abstand an unserem Planeten vorbei. Mit zwölf Stunden Verspätung wurde der Asteroid „zufällig" auf einem Foto entdeckt. Ein Einschlag des Miniboliden (250 Tonnen bei 6,5 Meter Durchmesser) auf zum Beispiel dem Wiener Stephansplatz hätte alle Gebäude im Umkreis von 1000 Metern zerstört und Tausende Menschen getötet.

Wie viele wesentlich größere Killerasteroiden die Menschheit bedrohen, ist unbekannt – es dürften Tausende sein. Die Gefahr aus dem All ist klar erkannt – doch gibt es keine Lösung zur Abwehr und die Zeit drängt: Zwar ist derzeit kein Riesenasteroid mit Crash-Kurs zur Erde in Sicht. Doch das kann sich mit jedem Tag ändern.

In der Nacht vom 30. Juni zum 1. Juli 1908 kam es in Zentralsibirien zu einer gewaltigen Explosion und den Vorgeschmack eines Weltuntergangs. Seit Jahrzehnten rätseln Wissenschaftler in aller Welt, was wohl die Ursache für diese Katastrophe gewesen sein mag. Vermutet wird ein Meteorit oder ein Kometenkopf, der im Umkreis von 1000 Kilometern einen unheimlichen und lauten explosionsartigen Knall auslöste, 6000 Quadratkilometer Wald vernichtete und das Erdreich aufwühlte. In weiten Teilen Europas wurde der „gigantische Lichtblitz" wahrgenommen. Taghell war es plötzlich zur mitternächtlichen Stunde, kein Wissenschaftler konnte sich diesen Leuchtzauber erklären. Niemand ahnte zu diesem Zeitpunkt, dass eine riesige Luftdruckwelle über die Weiten der sibirischen *Tunguska* raste, der auch Menschen und Tiere zum Opfer fielen. Dabei hatte der Bolide lediglich einen Durchmesser von geschätzten 50 Metern. Trotz vereinzelter Verluste an Menschenleben ereignete sich die Katastrophe glücklicherweise über einem recht dünn besiedelten Gebiet. Nicht auszudenken wären die katastrophalen Folgen gewesen, wäre der „Tunguska-Meteor" über einem großen städtischen Ballungszentrum niedergegangen.

Die wahre Identität des kosmischen Besuchers konnte nicht restlos geklärt werden. Doch zeigt auch dieses Beispiel, dass die Gefahr aus dem Weltraum weit größer ist, als bisher angenommen wurde. In Erinnerung sind noch die aufregenden Bilder von der Raumsonde *Galileo*. Im Sommer 1994 waren die Trümmer des Kometen *Shoemaker-Levy 9* mit der Sprengkraft von 25 Millionen Atombomben auf dem Planeten Jupiter detoniert, darunter Feuerbälle von mehrfacher Erdgröße. Droht der Erde ein ähnliches Schicksal? Laut Wahrscheinlichkeitsrechnung schlägt alle 5000 Jahre ein Objekt mit rund 200 Metern Durchmesser auf die Erde. Die Folgen sind unabsehbar. Nach den Berechnungen des Astrophysikers *Jack Hill* vom Los Alamos National Laboratory würden nach einem Aufprall im Atlantik rund hundert Meter hohe Wellen entstehen, die die Küsten Amerikas, Afrikas und Westeuropas überrennen. Alle 300.000 Jahre verirrt sich auch mal ein richtiger Killer-Asteroid, der im Durchmesser 500 bis 1000 Meter beträgt. Eindeutige Spuren von Zusammenstößen gibt es jedenfalls auf der Erdoberfläche genug: So orteten Geologen bisher 139 Krater, die durch gewaltige Einschläge verursacht wurden. Einige sind groß genug, um eine Vielzahl von Lebewesen auf unserem Planeten mit einem Schlag auszuradieren.

Die Frage, warum auf Erden keine Dinosaurier mehr anzutreffen sind, ist aller Wahrscheinlichkeit nach ebenfalls auf ein kosmisches Inferno zurückzuführen. Meteoriteneinschläge und Vulkanausbrüche hätten die Erde vor rund 65 Millionen Jahren in einen ziemlich ungemütlichen Platz verwandelt. Der anschließende Klimasturz dürfte den Urzeitriesen, die sich bis dahin 150 Millionen Jahre prächtig behauptet hatten, dann doch zu viel gewesen sein.

Ähnlich dramatische Vorgänge sollen sich vor rund 10.000 Jahren ereignet haben, als riesige Kometentrümmer ins Meer stürzten, die beinahe die gesamte Menschheit das Leben kosteten. Das Geologen-Ehepaar Professor *Alexander* und *Edith Tollmann* hat dazu eine überzeugende Kette von mythologischen Überlieferungen und wissenschaftlichen Untersuchungen zusammengetragen. In ihrem 1993 veröffentlichten Buch „*Und die Sintflut gab es doch*" belegen beide Forscher, dass die biblische Sintflut tatsächlich stattgefunden hat und offenbar von einem gewaltigen Kometenaufprall auf der Erde ausgelöst worden war. Er sei in die Atmosphäre eingedrungen und hätte sich in sieben große Teile und zahlreiche kleinere Trümmer aufgebrochen. Killergeschosse aus dem All, die die Erde in eine Katastrophe unvorstellbaren Ausmaßes gestürzt hätten. Die Folgen der Bombardierung im Zeitraffer:

1. Eine große Flutwelle, eben die in vielen Völkern und Mythen überlieferte Sintflut, toste rund um den Erdball, drang tief in die Kontinente ein.
2. Dies war von Erdbeben gigantischer Stärke und dem Ausbruch von zahlreichen Vulkanen begleitet.
3. Ein 600 Grad heißer Hitzeorkan, vergleichbar mit der Explosion von Atombomben, fegte über weite Gegenden der Welt hinweg, setzte alles in Brand, was brennbar war.
4. Aufgewirbelter Gesteinsstaub, Rauch der Brände und Vulkanausbrüche verfinsterten die Sonne, ließen den Tag zur Nacht werden.
5. Ein Hagel von geschmolzenem Gestein und ein Säureregen, der Lebewesen und Land verätzte, ging darauf nieder.
6. Und dann kam der große Regen, der Sintflut zweiter Teil, ehe die Sonne wieder durchkam, das Land trocknete und allmählich wieder besiedelbar machte.
7. In nördlichen Gebieten, dem heutigen Sibirien und Nordamerika, ebenso in Gebirgsregionen – beispielsweise in Persien – fiel so viel Schnee, dass laut Überlieferungen nur noch die höchsten Bergwipfel zu sehen waren.
8. Es folgten einige schreckliche Impakt-Winter (von Impakt = Einschlag), in deren Verlauf Tiere wie die Mammuts ausstarben.

So weit, ganz knapp gefasst, die Sintflut und ihre Folgen aus der Sicht des Geologen-Ehepaares Edith und Alexander Tollmann. Nach diesem für die Menschheit dramatischen und traumatischen Erlebnis dürfte nicht nur ein gut Teil der Tier- und Pflanzenwelt vernichtet worden sein, sondern beinahe die gesamte Menschheit. Am Ende der Eiszeit, also vor mehr als 10.000 Jahren, mögen auf der Erde nur zwei Millionen Menschen, nach neuen Schätzungen fünf Millionen gelebt haben. Das schließen Forscher aus der Dichte von Knochenfunden in manchen Gebieten.

Es gab Ballungszentren, in denen sich die ersten Kulturen entwickelt hatten. Das gilt für das Volk der Tolteken in Mittelamerika und vielleicht auch für das legendäre Atlantis, das sich laut Platon von der Meerenge von Gibraltar in den Atlantischen Ozean erstreckt haben und durch ein mildes, feuchtwarmes Klima begüns-

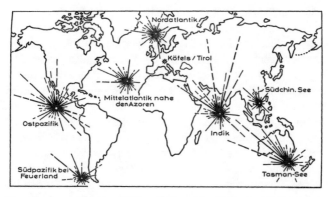

Vom Geologen-Ehepaar Edith und Alexander Tollmann rekonstruiert: Übersicht der Einschlagsgebiete von sieben Bruchstücken eines Killerkometen, der vor 10.000 Jahren die Sintflut ausgelöst haben soll.

tigt gewesen sein soll. Nach der Sintflut blieb davon nichts mehr übrig. Die überlebenden Menschen waren so klein an der Zahl und so weit voneinander verstreut, dass sie glauben mussten, allein auf der Welt zu sein.

Ein Horrorszenario, das niemand so spannend beschrieb wie der Atlantis-Forscher *Otto H. Muck*. Er vermutete, ähnlich wie die Tollmanns, in seinem 1976 erschienenen Buch *„Alles über Atlantis"* einen Killerasteroiden als Ursache für das Atlantis-Drama. Sein Bild des Grauens: Ein Regen glühender Trümmer zerpflügte wie ein Bombenhagel die Ostküste von Amerika. Billionen Tonnen schwere Bruchstücke donnerten ins Meer. Auf der ganzen Welt war der gewaltige Aufprall zu hören, die Nahtstelle der Kontinentalplatten Amerikas und Europas platzte auf – und riss Atlantis nach einem schrecklichen Tag und einer entsetzlichen Nacht für immer in die Tiefe. Aufgewühlter Meeresboden verwandelte sich zu einem monströsen Vulkan. Erdmagma und Wasser vermischten sich zu gigantischen Explosionen und schleuderten kochende Aschewolken in den Himmel. Das alles geschah im Jahr *8498 v. Chr.*, und zwar *am 5. Juni.*

Genau so war es. Oder ganz anders. Oder überhaupt nicht. Denn ebenso gegensätzlich wie die Frage, ob es den Inselkontinent gegeben hat oder wo das sagenhafte Land lokalisiert werden kann, sind auch die Theorien über das Verschwinden von Atlantis. Zu den populärsten Ursachen zählen Schwankungen der Erdachse mit rasanten Polsprüngen von über 3000 Kilometern oder ruckartig sich vollziehende Kontinent-Verschiebungen mit Erd- und Seebeben. Aber auch radikale Klimaveränderungen werden genannt, die die Polkappen zum Schmelzen brachten und Atlantis in seinem eigenen Ozean ertränkten. Bei der Annahme, Atlantis sei tatsächlich eine riesige Landmasse gewesen, also nicht bloß eine kleine Mittelmeerinsel, scheint der Asteroiden-GAU für den Untergang am schlüssigsten.

Eine Horrorvision, die jederzeit wieder stattfinden könnte. Auf 3D-Simulationen des US-staatlichen „Sandia"-Laboratoriums wurde dies bestätigt. Die Physiker haben 1998 im Regierungsauftrag den Einschlag eines Killerasteroiden mittels Gigarechner aus 9000 Prozessoren simuliert. Mit 20 Kilometern pro Sekunde ließen sie in der Computer-Animation einen Asteroiden mit 1,4 Kilometer Durchmesser in der Nähe von Brooklyn in den Atlantik stürzen. Die Folgen: „2,4 Sekunden nach dem Aufprall fegt eine 5000 Grad heiße Feuerwalze über New York. Große Teile von New Jersey verdampfen. Millionen Menschen sterben in Sekunden. Neuengland wird von der verheerenden Druckwelle eingeebnet, die Gluthitze lässt Städte und Wälder der Ostküste in Flammen aufgehen. Eine Säule aus Lava, Dampf und Gestein schießt ins All. Weltweit bricht eine Art ‚Nuklearer Winter' herein. Wochenlang toben globale Schneestürme. Binnen Monaten sterben Millionen Menschen – die Veränderungen von Klima und Vegetation könnten zur kompletten Vernichtung der Menschheit führen."

Wie können wir uns gegen ein Bombardement aus dem All schützen? Für die amerikanische Weltraumbehörde NASA ist die Gefahr groß genug, um ein „Kometenabwehrprogramm" ins Leben zu rufen. So sollen die größten Kometen, die sich auf potenziellem Kollisionskurs zur Erde befinden, ausfindig gemacht und ihre Umlaufbahn berechnet werden. Bis dato kennt man nur 200.

Ist einer von ihnen auf Kollisionskurs, plant die NASA ihn mit auf Satelliten montierten Atomraketen zu zerstören oder zumindest aus seiner Kollisionsbahn zu schleudern. Ein Rest der Star-Wars-Technologie. Dürfen wir der irdischen Raketentechnik vertrauen und darauf, dass beim nuklearen Abschussversuch keine überraschenden Pannen passieren? Die Experten sind sich hierüber keineswegs einig. Wogegen soll man rüsten? Gegen den ganz großen Crash? Oder dagegen, dass die Erde in einen Schwarm kleinerer Bruchstücke à la „Tunguska" geraten könnte, was in Summe nicht minder verheerend wäre? Alles in allem keine sehr himmlische Perspektive.

Könnte unsere heutige Kultur wieder in die Steinzeit zurückgeworfen werden? Doch die größte Gefahr dafür liegt nicht in den Tiefen des Alls, sondern im Menschen selbst. Es mutet schon seltsam an: In einer Welt, die täglich von Katastrophenmeldungen berieselt, laufend von Ängsten und Nöten geplagt wird, suchen offenbar viele Menschen gerade diesen Nervenkitzel. Suchen die Konfrontation mit der Angst.

Der Horror, mit eiskalter Gänsehaut serviert, ist zur Mode geworden. Und die Filmindustrie produziert ihn. Man denke nur an die berühmte Monsterschöpfung des „Frankenstein", der Zombies, Werwolf-Mutationen, schaurigen Aliens, *Steven Spielbergs* Saurierspektakel „Jurassic Park" und „The Lost World" oder *Roland Emmerichs* „Godzilla" und UFO-Schocker wie „Independence Day". Die Begeisterung der Japaner für ihr Ungeheuer ist bekannt. Sie ging sogar so weit, dass in den Telefonanlagen japanischer Firmen statt Musik das Gebrüll der „Godzilla"-Bestie samt seiner Opfer eingespielt wurde. Eines ist klar: Der niedliche Teddybär ist längst aus den Kinderzimmern von fürchterlichen Schrecksauriern verdrängt worden.

Laufend wird der wohlig erschauernde Betrachter mit immer Furcht einflößenderen Kreaturen konfrontiert, die zu guter Letzt von den jeweiligen Film-Superhelden besiegt und vernichtet werden. Die Menschheit ist dann, gottlob, noch einmal davongekommen und gerettet worden. Erleichtert, manchmal schweißgebadet, verlässt man das Kino oder schaltet den heimeligen Video-Narrenkasten ab – sicher und gewiss, dass man nicht an der nächsten

Straßenecke von einem haushohen Drachenmonster zertrampelt wird oder ein grässliches Rieseninsekt daheim seinen schleimigen Rüssel durchs Fenster bohrt.

Allerdings: Ist diese Gewissheit wirklich berechtigt? Können wir hundertprozentig sicher sein, dass nie und nimmer Wirklichkeit wird, wovon schon die Mythen seit undenklichen Zeiten rund um den Globus berichten? Sind die Schilderungen von unheimlichen Begegnungen mit fremdartigen Monstergöttern nur Ausgeburten der Fantasie? Etwa die Erzählungen der alten Ägypter, die Jahrtausende vor der Zeitrechnung monsterähnliche Gottheiten verehrten und fürchteten? Ebenso die Götterwelt der Griechen, Römer oder Inder, die geradezu einen Zoo an fürchterlichen Unwesen bereithält? Oder die Vielzahl unheimlicher Begegnungen mit Ungeheuern, Drachenwesen und geisterhaften Erscheinungen, die uns aus der mittelalterlichen Literatur überliefert wurden? Sind das alles wirklich bloß Fabelgeschichten? Oder handelt es sich womöglich doch um Relikte aus einer verdrängten, fantastischen Realität?

Natürlich wird nicht morgen oder übermorgen ein Monsteraffe wie King Kong den Münchner Fernsehturm oder den Wiener Donauturm besteigen. Auch ein Dinosaurier wird nicht so bald Straßenbahnen und Eisenbahnzüge zerknabbern – aber ob die Ungeheuer der Vorzeit nicht eines Tages doch zurückkehren werden, ja, anscheinend bereits zurückgekehrt sind – dafür gibt es keine Garantie. Tatsächlich existieren aus allen Teilen der Welt gut dokumentierte Augenzeugenberichte, die den Schluss zulassen, dass Urtiere und andere Wesen aus längst vergangenen Tagen heute noch existieren, niemals wirklich ausgestorben sind. Und dass wahr ist, was seit Millionen von Jahren in unseren Genen als Urangst gespeichert zu sein scheint und uns gelegentlich aus nächtlichen Albträumen hochschrecken lässt.

Ein fantastischer und spekulativer Gedanke: Nachweislich existieren grobe Ungereimtheiten in unserer Evolutionsgeschichte. Egal, ob man nun an einen Schöpfergott oder an außerirdische Genforscher denken mag: Das „Experiment Mensch" droht ernsthaft zu scheitern. Zum einen eröffnen uns die neuen Entwicklungen auf dem Gebiet der „künstlichen Intelligenz", Cyberspace und virtuelle Realität eine Flucht in eine unvorstellbare, künstliche Scheinwelt. Die Begriffe von Realität und Illusion versinken scheinbar im Nebulosen. Zukunftsängste und der ungewisse Start ins neue Jahrtausend ergänzen die Verunsicherung bei vielen Menschen und liefern eine Hochkonjunktur für Endzeitprediger und UFO-Kulte, die eine Rettung vor der Apokalypse versprechen.

Auf die Hilfe von Außerirdischen würde ich mich im Ernstfall nicht verlassen. Tatsächlich aber könnten demnächst größere Probleme auf uns zukommen: Es scheint nämlich so, als nähern wir uns einem totalen *Klimawechsel*. Geologische Umwälzungen dürften sich anbahnen, die Überbevölkerung lässt sich kaum stoppen und niemand weiß, welche Folgen das alles haben wird. Addiert man dann noch eine „kleine Atomkatastrophe" hinzu, das muss keineswegs das Horrorszenario eines Atomkrieges sein, ein brüchiges Kernkraftwerk reicht vollkommen, dann könnte die Welt schon bald ganz anders aussehen.

Und noch etwas könnte unterschätzt werden: Wer die sich abzeichnenden Tendenzen in die Zukunft aufmerksam beobachtet, kommt nicht umhin, der Natur eine gewisse *Intelligenz* zuzuschreiben: Es hat den Anschein, als würde sie damit beginnen, sich an den Menschen, die sie so lange vergewaltigt und zerstört haben, zu *rächen*.

Der Schock um die BSE-Seuche steckt den Rinderzüchtern, Gesundheitsbehörden und Konsumenten noch immer tief in den Knochen. Die Natur, so lehrt uns die Geschichte, strebt immer nach einem Ausgleich. Der Mensch, jener angeblich so weise, intelligente Homo sapiens, hat bereits bedeutende Teile seiner lebendigen Umwelt, welche es noch bis vor kurzem in so unendlicher Vielfalt gegeben hat, sukzessive vernichtet. Die Aufzählung der schon verschwundenen oder im Verschwinden begriffenen Tierarten ist Legion. Gleichzeitig experimentieren Genforscher mit der Wiederbelebung ausgestorbener Lebewesen bis hin zur Erschaffung völlig neuer Tierarten, die es bisher in der Natur niemals gegeben hat. Kreuzungen zwischen Schaf und Ziege, die „Schiege", gibt es schon längst und das *Klonen*, das Züchten *identischer* Lebewesen, ist keine Utopie mehr.

Experimentiert wird aber nicht nur mit Labortieren wie dem geklonten Schaf *Dolly.* Schon 1993 wurde ein Albtraum Wirklichkeit: In der amerikanischen Hauptstadt Washington wurden 17 menschliche Embryonen vervielfältigt. Es entstanden insgesamt 48 Labor-Embryonen. Die ersten Schritte zur Erschaffung genetisch veränderter Menschen wäre somit getan. Wann kommt die „geklonte" menschliche Intelligenzbestie vom Fließband?

Man glaubt sich in Frankensteins Gruselküche versetzt, wenn man liest, woran amerikanische, aber auch chinesische Forscher in Genlabors seit Jahren arbeiten: Sie experimentieren mit Trägern der Erbmasse längst ausgestorbener Tierarten, so auch von Dinosauriern. Noch sind es Versuche. Aber sollten derartige Schöpfungsakte eines Tages außer Kontrolle geraten, scheint nichts mehr unmöglich und ausgeschlossen zu sein – auch nicht die tatsächliche Rückkehr der Ungeheuer.

Wie schon gesagt: Die Natur strebt nach Ausgleich. Sie folgt dabei offenbar einem höheren Gesetz und wird versuchen, den auftretenden Verlust sowie etwaige Umweltveränderungen *auszugleichen.* In dem sie anstelle der ausgerotteten Tierarten (und Pflanzen) vermehrt – oder auch verändert und „angepasst" – Neues und Ungewohntes in Erscheinung treten lässt: Die *Ratten* beispielsweise werden immer intelligenter, größer und gefährlicher. Vampirfledermäuse überfielen vor einigen Jahren Vororte von Mexico City, töteten zahlreiche Hunde und verletzten Menschen schwer: Moskitos sind längst immun gegen jedes Gift und sie werden immer aggressiver, Mörderbienen und Killervögel wie aus *Alfred Hitchcocks* Gruselfilmen greifen arglose Menschen an. Die Liste des durchaus möglichen, ja wahrscheinlichen Horrors von übermorgen scheint kein Ende zu nehmen. Der Mensch hat sein Schicksal herausgefordert und das Schicksal antwortet. Wir werden mit dieser Antwort fertig werden müssen, wenn wir überleben wollen. Und wenn die Menschheit nicht wieder dorthin zurückkehren will, wo ihr Schicksal begonnen hat – im Schlamm der *Urzeit.*

Freilich, es wäre betrüblich, wenn wir uns von der abstrusen Theaterbühne des Lebens vorzeitig aus eigenem Verschulden verabschieden müssten, ohne jemals wirklich erfahren zu haben, ob

Unser schöner blauer Planet. Wie lange wird er es noch sein? Muss die Menschheit ihre Heimat Erde eines Tages verlassen auf der Suche nach neuen Ressourcen?

nicht doch in den Tiefen des Alls, dort draußen, wo angeblich die Wahrheit liegt, jemand auf uns wartet.

Schaden kann es bestimmt nicht, wenn wir die mögliche Existenz vieler bevölkerter Universen in Betracht ziehen, wenn wir damit beginnen, ein neues Weltbild, mutige Denkmodelle sowie Brücken zu den Sternen aufzubauen, um vielleicht eines fernen Tages selbst wie Phönix aus der Asche in eine galaktische Gemeinschaft aufgenommen zu werden.

Derzeit scheint der Weg versperrt. Für eine *kosmische* Gesellschaft fehlt uns Erdlingen der erforderliche Verstand und schon gar nicht haben wir die moralische Reife für ein solch universelles Abenteuer. Die tägliche Nachrichtenflut über Mord, Tod, Krieg, Hunger und Massaker führt uns das menschliche und politische Unvermögen deutlich vor Augen. Letztlich liegt es nur an uns Menschen, an uns allen. Wir haben die Wahl: Entweder wir schaffen es – sei es durch atomare Katastrophen, rigorose Zerstörung unserer Umwelt und unseres Lebensraumes oder durch kriegerische Auseinandersetzungen –, schnurstracks dem Schicksal von Atlantis zu folgen, einer Insel der Seligen, die sich zum Bösen veränderte und damit dem Untergang geweiht war. Oder wir schaffen es, die selbst produzierten irdischen Stolpersteine zu beseitigen, und dringen auf friedlicher Basis weiter schrittweise ins Weltall vor, neuen wunderbaren Zielen entgegen. Ich persönlich würde Letzteres bei weitem vorziehen. Und Sie, lieber Leser?

Eine alte afrikanische Prophezeiung klingt irgendwie tröstlich: *„Der Traum, der uns träumt, ist noch nicht ausgeträumt!"*

Literaturhinweise

I. Die letzten Geheimnisse um das erstaunliche Wissen unserer Vorfahren

Artkinson, R. J. C.; „Stonehenge und benachbarte Denkmäler", London 1987
Aschenbrenner, Klaus; „Die Antiliden", München 1993
Baigent, Michael; „Das Rätsel der Sphinx", München 1998
Bascom, Willlard; „Auch Rom liegt auf dem Meeresgrund", Wien – Hamburg 1978
Berlitz, Charles; „Geheimnisse versunkener Welten", Frankfurt/M. 1973
–; „Das Bermuda-Dreieck", Wien – Hamburg 1975
Biedermann, Hans (Hrsg.); „Rätselhafte Vergangenheit", Gütersloh 1987
Bonin, Werner F. (Hrsg.); „Faszination des Unfassbaren", Stuttgart 1988
Brier, Robert; „Zauber und Magie im alten Ägypten", Bern – München 1981
Brunés, Tons; „Energien der Urzeit", Zug 1977
Bürgin, Luc; „Götterspuren", München 1993
–, „Geheimakte Archäologie", München 1998
Buttlar, Johannes von; „Gottes Würfel", München 1992
Charroux, Robert; „Phantastische Vergangenheit", Neuauflage, München 1969
Däniken, Erich von; „Erinnerungen an die Zukunft", Düsseldorf – Wien 1968
–; „Meine Welt in Bildern", Düsseldorf – Wien 1973
–; „Beweise", Düsseldorf – Wien 1977
–; „Strategie der Götter", Düsseldorf – Wien 1982
–; „Die Augen der Sphinx", München 1989
–; „Auf den Spuren der Allmächtigen", München 1993
–; „Raumfahrt im Altertum", München 1993
–; „Der jüngste Tag hat längst begonnen", München 1995
–; „Zeichen für die Ewigkeit", München 1997

Däniken, Erich von (Hrsg.): *„Kosmische Spuren"*, München 1989
–; *„Neue Kosmische Spuren"*, München 1992
–; *„Fremde aus dem All"*, München 1995
Deniz, Kuvetleri/Kommutanligi Hidrografi Nesriyati; *„Piri Reis Haritasi"*,Istanbul 1966
Ditfurth, Hoimar von; *„Als Modell wird sein Beweisstil gefährlich"*, boehringer kreis, Nr. 3/1977, Mannheim
Ders.; *persönliche Mitteilung* a. d. Verf., 12. 4. 1980, Staufen
Dopatka, Ulrich; *„Lexikon der außerirdischen Phänomene"*, Neuauflage, Bindlach 1992
–; *„Die große Erich von Däniken-Enzyklopädie"*, Düsseldorf – München 1997
Dümichen, Johannes; *„Baugeschichte des Denderatempels und Beschreibung der einzelnen Teile des Bauwerks"*, Strassburg 1877
Farkas, Viktor; *„Unerklärliche Phänomene"*, Frankfurt/M. 1988
Fiebag, Peter u. Johannes (Hrsg.); *„Aus den Tiefen des Alls"*, Frankfurt a. M. – Berlin 1995
Fiebag, Peter; *„Der Götterplan"*, München 1995
Haarmann, Harald; *„Universalgeschichte der Schrift"*, Frankfurt/M. 1990
Habeck, Reinhard; *„Das Unerklärliche"*, Wien 1997
–; *„Hochtechnologie der Frühzeit – Unerklärliche archäologische Entdeckungen"*, Wien 2001 (Band aus der Reihe „Rätselhafte Phänomene")
Habeck, Reinhard u. Co-Autoren; *„Unsolved mysteries – Die Welt des Unerklärlichen"*, Ausstellungskatalog, Wien 2001
Hamp, Vinzenz/Stenzl, Meinrad/Kürzinger, Josef/Posener, Georges (Hrsg.); *„Die Heilige Schrift des Alten und Neuen Testaments"*, Aschaffenburg 1957
Hancock, Graham; *„Die Wächter des Heiligen Siegels"*, Bergisch Gladbach 1992
Hansson, Preben; *„Und sie waren doch da"*, Bayreuth 1990
Hapgood, Charles H.; *„Maps of the Ancient Sea Kings"*, New York 1979
Hausdorf, Hartwig/Krassa, Peter; *„Satelliten der Götter"*, München 1995
Hausdorf, Hartwig; *„Die weiße Pyramide"*, München 1994

–; *"Wenn Götter Gott spielen"*, München 1997
Helck, Wolfgang/Otto, Eberhard; *"Kleines Wörterbuch der Ägyptologie"*, Wiesbaden 1970
Holroyd, Stuart/Lambert, David; *"Rätselhafte Funde der Geschichte"*, London 1979
Junker, Hermann; *"Grammatik der Denderatexte"*, Leipzig 1906
Kees, Hermann; *"Schlangensteine und ihre Beziehung zu den Reichsheiligtümern"*, Leipzig 1922
Kohlenberg, Karl F.; *"Enträtselte Vorzeit"*, München 1970
Kolosimo, Peter; *"Unbekanntes Universum"*, Neuauflage, Frankfurt/M. – Berlin 1991
König, Wilhelm; *"Im verlorenen Paradies"*, Baden bei Wien 1940
Krassa, Peter/Habeck, Reinhard; *"Das Licht der Pharaonen"*, München 1992
–; *"Licht für den Pharao"*, Luxemburg 1982
Krassa, Peter; *"Als die Gelben Götter kamen"*, München 1973
–; *"... und kamen auf feurigen Drachen"*, Neuauflage, München 1990
–; *"Gott kam von den Sternen"*, Neuauflage, Frankfurt/M. – Berlin 1995
Krupp, Edwin C.; *"Astronomen, Priester, Pyramiden"*, München 1980
Kurth, Dieter; *"Die Dekoration der Säulen im Pronaos des Tempels von Edfu"*, Wiesbaden 1983
Langbein, Walter-Jörg; *"Das Wissen der Alten"*, *"Propheten und Götter"*, *"Geheime Gesellschaften"*, aus der zehnbändigen Taschenbuchreihe *"Geheimnisvolle Welten"*, Rastatt 1997
–; *"Bevor die Sintflut kam"*, München 1996
–; *"Die großen Rätsel der letzten 2500 Jahre"*, Augsburg 1992
Meckelburg, Ernst; *"Traumsprung"*, München 1993
Morton, Chris/Thomas, Ceri Louise; *"Tränen der Götter"*, Bern – München – Wien 1998
Naab, Friedrich (Hrsg.); *"Die großen Rätsel und Mythen der Menschheit"*, Augsburg 1993
Neugebauer, Johannes Wolfgang; *"Österreichs Urzeit"*, Wien 1990
Oostra, Roel (Hrsg.); *"Die großen Rätsel"*, 2 Bände, Köln 1994 und 1996

Pahl, Jochim; „*Sternenmenschen sind unter uns*", München 1971
Pössl, Markus; „*Phantastische Wissenschaft*", Hamburg 2000
Posener, Georges (Hrsg.); „*Knaurs Lexikon der ägyptischen Kultur*", München 1978
Reiche, Maria; „*Geheimnis der Wüste*", Selbstverlag, Nazca, Peru, 1976
Rétyi, Andreas von; „*Wir sind nicht allein!*", München 1994
Sachmann, Hans-Werner; „*AAS-Studienreise nach Ägypten*", Ancient Skies, Nr. 4, 1990, Feldbrunnen
Sediq, Milo; „*Theorien über die Kornkreise*", München 1998
Steinhäuser, Gerhard; „*Die Zukunft, die gestern war*", München 1977
Temple, Robert K. G.; „*Das Land der fliegenden Drachen*", Bergisch Gladbach 1990
Thompson, Richard L./Cremo, Michael A.; „*Verbotene Archäologie*", Essen – München 1994
Tomas, Andrew; „*Wir sind nicht die ersten*", Neuauflage, Bergisch Gladbach 1979
UNESCO (Hrsg.); „*Unterwasserarchäologie*", Wuppertal 1973
Waitkus, Wolfgang: „*Die Texte in den unteren Krypten von Dendera und ihre Aussagen zur Funktion und Bedeutung dieser Räume*", Hamburg 1991
Westwood, Jennifer; „*Sagen, Mythen, Menschheitsrätsel*", München 1987
Zillmer, Hans-Joachim; „*Darwins Irrtum*", München 1998

Artikel und persönliche Mitteilungen an den Verfasser

Bamick, Katja; „*Däniken entlarvt*", Bild, 19. 8. 1997, Hamburg
Dunkel, Horst; „*Die Schriftzeichen vom Titicaca-See*", Ancient Skies, Nr. 6, 1996, Beatenberg
Eberhard, Schneider; „*Über Ufos, historische Analogien und die Haltung der Wissenschaft*", Interview in G.E.A.S.-Forum, Heft 3, Delmenhorst, 1998
Garn, Ing. Walter; persönliche Mitteilungen a. d. Verf., 31. 8. 1991, Wien

Ghattes, Francis Abd el Malek; Mitteilungen a. d. Verf., Oktober 1980, Kairo

Gutierrez Lega, Prof. Jaime, Persönliche Mitteilung und Kopie eines Interviews in der Zeitschrift *Form*, 22. 2. 2000, Bogotá

Haide, Alexander; „*Die Stadt von El Dorado*", Krone bunt, 30. 7. 2000, Wien

Hausdorf, Hartwig; „*Neues von den High-Tech-Funden aus Rußland – inhaltliche Übersetzung des Expertisentextes aus dem Russischen*", UFO-Kurier", Heft 37, November 1997

Krassa, Peter; Brief an Markus Pössel, 11. 2. 2000, Wien

Messiha, Prof. Dr. Khalil; persönliche Mitteilungen a. d. Verf., Kairo 1980 u. Wien 1982

Ohne Namensnennung; „*Stammvater beerdigt*", Der Spiegel, Nr. 29/1997, Hamburg

–; „Nazca-Rätsel: Riesige Landkarte?", Wiener Zeitung, 14. 6. 1981, Wien

–; „*Stein für Stonehenge im Meer versunken*", Kurier, 21. 6. 2000, Wien

Pasthory, Emmerich; Beitrag in Antike Welt, Nr. 1, 1986

Sachmann, Hans-Werner; „*AAS-Studienreise nach Ägypten*", Ancient Skies, Nr. 4, Feldbrunnen 1990

Satzinger, Univ.-Doz. Dr. Helmut; persönliche Mitteilungen a. d. Verf., Wien 1982

Schneider, Eberhard; „*Those Astounding Stupas*", Madras, Indien 1995

–; Persönliche Mitteilung, 17. 10. 1994, Bargteheide

Siebenhaar, Wolfgang; „*Das Rätsel der Piri Reis-Karte*", G.R.A.L., Sonderband Nr. 2/1993, Berlin

Snitjer, Gerhard; „*Ostfriesentrio läßt Häuptlings-Amulette am Himmel kurven*", Neue Presse, 17. 5. 1997, Hannover

Soueha, Dr. Fawzi; persönliche Mitteilungen a. d. Verf., Oktober 1980, Kairo

Thumshirn, Werner; „*Die ‚Urbatterie' sollte bloß Dämonen abwehren*", Frankfurter Allgemeine Zeitung, 23. 7. 1986, Frankfurt/M.

Zillmer, Hans-Joachim; Interview in Omicron, Heft 3/1999, Fuldatal-Simmershausen

II. Die letzten Geheimnisse aus dem alten Pharaonenreich am Nil

Andreas, Peter/Lloyd Davis, Rose; „Das verheimlichte Wissen", Interlaken 1984
Baigent, Michael; „Das Rätsel der Sphinx", München 1998
Bauval, Robert/Gilbert, Adrian; „Das Geheimnis des Orion", München 1994
Bauval, Robert/Hancock, Graham; „Der Schlüssel zur Sphinx", München 1996
Beltz, Walter; „Die Mythen der Ägypter", Düsseldorf 1982
Bittel, Kurt/Naumann, Rudolf/Otto, Heinz; „Yazilikaya", Leipzig 1941
Bonin, Werner F. (Hrsg.); „Lexikon der Parapsychologie", Frankfurt/M. 1981
Bream, Harald; „Das magische Dreieck", Stuttgart – Wien 1992
Breasted, James Henry; „Geschichte Ägyptens", Wien 1936
Brier, Robert; „Der Mordfall Tutanchamun", München 2000
–; „Zauber und Magie im alten Ägypten", Bern – München 1981
Brugsch, Heinrich; „Die Sage von der geflügelten Sonnenscheibe", Göttingen 1870
Brunton, Paul; „Geheimnisvolles Ägypten", Neuauflage, Bergisch Gladbach 1989
Cayce, Edgar; „Das Atlantis-Geheimnis", Neuauflage, Düsseldorf 1997
Däniken, Erich von; „Erinnerungen an die Zukunft", Düsseldorf – Wien 1968
–; „Die Augen der Sphinx", München 1989
–; „Auf den Spuren der Allmächtigen", München 1993
–; „Der jüngste Tag hat längst begonnen", München 1995
Demisch, Heinz; „Erhobene Hände", Stuttgart 1984
Dopatka, Ulrich; „Die große Erich von Däniken-Enzyklopädie", Düsseldorf – München 1997
Emery, Walter B.; „Great Tombs of the First Dynasty", Kairo 1949
Ercivan, Erdogan; „Das Sternentor der Pyramiden", München – Essen – Ebene Reichenau 1997

Goyon, Georg; „*Die Cheops-Pyramide*", Augsburg 1990
Haase, Michael; „*Das Rätsel des Cheops*", München 1998
–; „*Im Zeichen des Re*", München 1999
Habeck, Reinhard; „*Das Unerklärliche*", Neuauflage, Wien 1999
–; „*Götter und Mysterien im alten Ägypten – Das Land am Nil und seine Geheimnisse*", Wien 2001 (Band aus der Reihe „Rätselhafte Phänomene")
Habeck, Reinhard u. Co-Autoren; „*Unsolved mysteries – Die Welt des Unerklärlichen*", Ausstellungskatalog, Wien 2001
Hancock, Graham; „*Die Spur der Götter*", Bergisch Gladbach 1995
Helck, Wolfgang/Otto, Eberhard; „*Kleines Wörterbuch der Ägyptologie*", Wiesbaden 1970
Herodot; „*Historien*", Band I. u. II., München 1963
Ions, Veronica; „*Ägyptische Mythologie*", Wiesbaden 1968
Kees, Hermann; „*Der Götterglaube im alten Ägypten*", Berlin 1956
Kolpaktchy, Gregoire (Hrsg.); „*Ägyptisches Totenbuch*", Weilheim/ Obb. 1970
Krassa, Peter/Habeck, Reinhard; „*Licht für den Pharao*", Luxemburg 1982
–; „*Das Licht der Pharaonen*", München 1992
Lemesurier, Peter; „*Geheimcode Cheops*", Neuauflage, Freiburg i. Br. 1990
Mehling, Marianne; „*Knaurs Kulturführer in Farbe – Ägypten*", München 1987
Oostra, Roel (Hrsg.); „*Die großen Rätsel*", Köln – Luzern 1996
Otto, Eberhard; „*Das ägyptische Mundöffnungsritual*", Wiesbaden 1960
Posener, Georges u. a. (Hrsg.); „*Knaurs Lexikon der ägyptischen Kultur*", München – Zürich 1978
Riedl, Oskar M.; „*Die Maschinen des Herodot*", Selbstverlag, Wien, ohne Jahresangabe
Riessler, P. (Hrsg.); „*Altjüdisches Schrifttum außerhalb der Bibel*", Freiburg – Heidelberg 1928
Roeder, Günther (Hrsg.); „*Hermopolis 1929–1939*", Hildesheim 1959

Sasse, Torsten/Haase, Michael; „*Im Schatten der Pyramiden*", Düsseldorf 1997

Sediq, Milo; „*Imhotep, Arzt und Baumeister der Pharaonen*", Königsmoos 1999

Sitchin, Zecheria; „*Götter, Mythen, Kulturen, Pyramiden*", Neuauflage v. „Stufen zum Kosmos", München 1990

Spiegelberg, Wilhelm; „*Der ägyptische Mythos vom Sonnenauge*", Straßburg 1917

Strieber, Whitley; „*Die Besucher*", Wien 1988

Temple, Robert; „*Das Sirius-Rätsel*", Frankfurt/M. 1977

Tompkins, Peter; „*Cheops*", Bern – München 1973

Vandenberg, Philipp; „*Der Fluch der Pharaonen*", Bern – München 1973

Waldhauser, Hermann; „*Regenzauber der Pharaonen*", Behamberg 1976

Wolf, Doris; „*Was war vor den Pharaonen?*", Zürich 1994

Artikel

Brauer, Wolfgang; „*Neuer Hinweis auf Kernbohrung*", Ancient Skies, Nr. 4, Beatenberg 1998

Ercivan, Erdogan; „*Was geschieht in der Cheops-Pyramide wirklich?*", Ancient Skies, Nr. 4,

Fiebag, Johannes; „*Ging Ramses ein Licht auf?*", Hobby, Nr. 1, Hamburg 1991

Fiebag, Peter; *Der Obelisk: Symbol für ein Raumfahrzeug?*, (aus „Neue Kosmische Spuren", Hrsg.: Erich von Däniken, München 1992)

Fuss, Thomas H. Alfred; „*Abusir zum zweiten – die Lösung?*", Ancient Skies, Nr. 1, Beatenberg 1997

Greschik, Stefan; „*Mysterien im Sand der Wüste*", P.M.-Perspektive, Archäologie, München 2000

Groth, Klaus-Ulrich; „*Prä-astronautische Artefakte im Ägyptischen Museum von Kairo*", Ancient Skies, Nr. 1, Beatenberg 1996

Habeck, Reinhard; „*Im Zeichen der Flügelsonne*", (aus „Neue Kosmische Spuren", Hrsg.: Erich von Däniken, München 1992)

Herold, Anja/Kucklick, Christoph/Rademacher, Cay; *„Zeugen für die Ewigkeit"*, GEO-Epoche, Nr. 3, Hamburg 2000
Hoffmann, Renate; *„Heilkraft der Pyramiden"*, Freizeit Kurier, Nr. 395, Wien 24. 5. 1997
Kötter, Katharina/Maleck, Wolfgang; *„Versuche mit dem Drechsel von Hunefer am Simulator"*, Ancient Skies, Nr. 2, Beatenberg 1998
Krassa, Peter/Habeck, Reinhard; *„Das Wissen des Thot"*, Ancient Skies, Nr. 2, Feldbrunnen 1992
Kucklick, Christoph; *„Und aus Bildern wurde Schrift"*, GEO-Epoche, Nr. 3, Hamburg 2000
Kulke, Ulli; *„Die Tür hinter der Tür"*, Die Welt, 18. September 2002, Berlin
Maleck, Wolfgang/Kötter, Katharina/Petroianu, George; *„Die Katze auf dem heiligen Blechdach oder: Kannten die Ägypter das Oesophageal Detector Device?"*, Ancient Skies, Nr. 4, Feldbrunnen 1992
Ocklitz, Andreas; *„Die Pyramiden: Reanimationskapseln?"*, Ancient Skies, Nr. 5, Feldbrunnen 1995
Ripota, Peter; *„Das Geheimnis der Pyramiden"*, P.M., Nr. 4., München 1997
S., G.; *„Der Fluch der Pharaonen"*, Samstag, Nr. 6, 8. 2. 1992
Sachmann, Hans-Werner; *„Ein weiteres Hieroglyphen-Rätsel?"*, Ancient Skies, Nr. 1, Beatenberg 1998
–; *„Museumsfunde"*, G.E.A.S.-Forum, Nr. 3, Delmenhorst 1996
Schneider, Eberhard; *„Von Horus zum Sisiutl – ‚UFOs' in der Vergangenheit"*, Ancient Skies, Nr. 5, Feldbrunnen 1995
Thumshirn, Werner; *„Nicht alle Geheimnisse sind heute schon gelöst"*, P.M.-Perspektive, München 1991
Wisnewski, Gerhard; *„Der Streit der Forscher um den Sphinx"*, P.M.-History, München 1999
–; *„Wann wird das letzte Geheimnis von König Cheops gelüftet?"*, P.M.-History, München 1998
Yoshimura, Sakuji u. a.; *„Non-Districtive Pyramid Investigation"*, aus „Studies in Egyptian Culture", Nr. 6, Tokio 1987

Pressemitteilungen ohne Nennung des Verfassers

„*Führer durch das Kestner-Museum*", Hannover 1963

„*Foto gibt Rätsel auf*", Kurier, Wien 24. 2. 1981

„*Sind die Bakterien an allem Schuld?*", Samstag, Nr. 7, Wien 18. 2. 1984

„*An ice cap on the hottest planet?*", Nature, Nr. 254, London 1991

„*Ägypten*", GEO-Special, Nr. 3, Hamburg 1993

„*12 tote Forscher – der Fluch des Maya-Gottes*", Bild, Hamburg 19. 9. 1995

„*Medizin-Sensation: Tiefgekühlte Paviane nach zwei Stunden wieder zum Leben erweckt!*", Neue Kronen Zeitung, Wien 5. 1. 1998

„*Mitteilungen und Hinweise*", Ancient Skies, Nr. 4, Beatenberg 1998

„*Archäologen entdecken Ägypten neu*"; Bild der Wissenschaft, Stuttgart, Dezember 1998

„*Ägypter erfanden Schriftsprache*"; Illustrierte Wissenschaft, Nordersteadt, September 1999

„*Neue Türe in der Cheops-Pyramide entdeckt*", Neue Zürcher Zeitung, 25. 9. 2002

III. Die letzten Geheimnisse um das verschollene Inselreich Atlantis

Aschenbrenner, Klaus; „*Die Antiliden*", München 1993
Bahn, Paul G.; „*Die schweigenden Riesen der Osterinsel*", Rastatt 1997
Berlitz, Charles; „*Geheimnisse versunkener Welten*", Darmstadt 1973
–; „*Das Bermuda-Dreieck*", Wien – Hamburg 1975
–; „*Das Atlantis Rätsel*", Wien – Hamburg 1976
–; „*Der 8. Kontinent*", Wien – Hamburg 1984
Bonin, Dr. F. Werner (Hrsg.); „*Faszination des Unfaßbaren*", Stuttgart 1983
Breuer, Hans; „*Kolumbus war Chinese*", Frankfurt am Main 1970
Bürgin, Luc; „*Geheimakte Archäologie*", München 1998
Däniken, Erich von; „*Strategie der Götter*", Düsseldorf – Wien 1982
–; „*Auf den Spuren der Allmächtigen*", München 1993
–; „*Im Namen von Zeus*", München 1999
Donnelly, Ignatius; „*Atlantis, die vorsintflutliche Welt*", Leipzig 1893
Dopatka, Ulrich; „*Die große Erich von Däniken Enzyklopädie*", Düsseldorf – München 1997
Fiebag, Peter; „*Zeitreisen zur Apokalypse*", Düsseldorf – München 1977
–; „*Der Götterplan*", München 1995
Gatermann, Horst; „*Die Osterinsel*", Köln 1991
Gordon, Cyrus H.; „*Before Columbus*", Turnstone Press 1972
Haarmann, Harald; „*Universalgeschichte der Schrift*", Frankfurt a. M./ New York 1991
Habeck, Reinhard; „*Das Unerklärliche*", Wien 1997
–; „*Atlantis – der verschollene Kontinent*", Wien 2001 (Band aus der Reihe „Rätselhafte Phänomene")
Habeck, Reinhard u. Co-Autoren; „*Unsolved mysteries – Die Welt des Unerklärlichen*", Ausstellungskatalog, Wien 2001
Hampejs, Heinz Valentin; „*El extasis shamanico de la conciencia*", Quito 1995

Hapgood, Charles H; *„Maps of the Ancient Sea Kings"*, New York 1979

Harrison, Beppie; *„Rätselhafte Stätten unserer Erde"*, Glarus 1980

Hitching, Francis; *„Die letzten Rätsel unserer Welt"*, Frankfurt am Main 1982

Hitz, Hans-Rudolf; *„Als man noch Protokeltisch sprach – Versuch einer Entzifferung der Inschriften von Glozel"*, Ettingen 1982

Holroyd, Stuart/Lambert, David; *„Rätselhafte Funde der Geschichte"*, London 1979

Homet, Marcel; *„Söhne der Sonne"*, Olten 1958

Hope, Murry; *„Atlantis – Legende und Mythos des versunkenen Kontinents"*, München 1999

Krassa, Peter; *„Tunguska"*, Frankfurt a. M./Berlin 1995

Langbein, Walter-Jörg; *„Am Anfang war die Apokalypse"*, Lübeck 2000

–; *„Bevor die Sintflut kam"*, München 1996

Marshak, Alexander; *„The Roots of Civilization"*, New York 1972

Mathieu, Jacques de; *„Des Sonnengottes große Reise"*, Tübingen 1972

Muck, Otto; *„Alles über Atlantis"*, Düsseldorf – Wien 1976

Ohne Autorenangabe; *„Die letzten Geheimnisse unserer Welt"*, Stuttgart 1977

–; *„Rätselhafte Funde der Geschichte"*, Luzern 1987

–; *„Das Übernatürliche"*, Wien 2000

Parker, Geoffrey (Hrsg.); *„Grosse illustrierte Weltgeschichte"*, Wien 1995

Paturi, Felix R.; *„Die großen Rätsel unserer Welt"*, Stuttgart – München 1989

Petratu, Cornelia/Roidinger, Bernhard; *„Die Steine von Ica"*, Essen – München 1994

Probst, Ernst; *„Rekorde der Urzeit"*, München 1992, S. 304

Scherz, James P.; *„Rock Art Pieces from Burrows' Cave"*, Marquette 1992

Temple, Robert K. G.; *„Das Land der fliegenden Drachen"*, Bergisch Gladbach 1990

III. Die letzten Geheimnisse um das verschollene Inselreich Atlantis

Aschenbrenner, Klaus; „*Die Antiliden*", München 1993
Bahn, Paul G.; „*Die schweigenden Riesen der Osterinsel*", Rastatt 1997
Berlitz, Charles; „*Geheimnisse versunkener Welten*", Darmstadt 1973
–; „*Das Bermuda-Dreieck*", Wien – Hamburg 1975
–; „*Das Atlantis Rätsel*", Wien – Hamburg 1976
–; „*Der 8. Kontinent*", Wien – Hamburg 1984
Bonin, Dr. F. Werner (Hrsg.); „*Faszination des Unfaßbaren*", Stuttgart 1983
Breuer, Hans; „*Kolumbus war Chinese*", Frankfurt am Main 1970
Bürgin, Luc; „*Geheimakte Archäologie*", München 1998
Däniken, Erich von; „*Strategie der Götter*", Düsseldorf – Wien 1982
–; „*Auf den Spuren der Allmächtigen*", München 1993
–; „*Im Namen von Zeus*", München 1999
Donnelly, Ignatius; „*Atlantis, die vorsintflutliche Welt*", Leipzig 1893
Dopatka, Ulrich; „*Die große Erich von Däniken Enzyklopädie*", Düsseldorf – München 1997
Fiebag, Peter; „*Zeitreisen zur Apokalypse*", Düsseldorf – München 1977
–; „*Der Götterplan*", München 1995
Gatermann, Horst; „*Die Osterinsel*", Köln 1991
Gordon, Cyrus H.; „*Before Columbus*", Turnstone Press 1972
Haarmann, Harald; „*Universalgeschichte der Schrift*", Frankfurt a. M./ New York 1991
Habeck, Reinhard; „*Das Unerklärliche*", Wien 1997
–; „*Atlantis – der verschollene Kontinent*", Wien 2001 (Band aus der Reihe „Rätselhafte Phänomene")
Habeck, Reinhard u. Co-Autoren; „*Unsolved mysteries – Die Welt des Unerklärlichen*", Ausstellungskatalog, Wien 2001
Hampejs, Heinz Valentin; „*El extasis shamanico de la conciencia*", Quito 1995

Hapgood, Charles H; *„Maps of the Ancient Sea Kings"*, New York 1979
Harrison, Beppie; *„Rätselhafte Stätten unserer Erde"*, Glarus 1980
Hitching, Francis; *„Die letzten Rätsel unserer Welt"*, Frankfurt am Main 1982
Hitz, Hans-Rudolf; *„Als man noch Protokeltisch sprach – Versuch einer Entzifferung der Inschriften von Glozel"*, Ettingen 1982
Holroyd, Stuart/Lambert, David; *„Rätselhafte Funde der Geschichte"*, London 1979
Homet, Marcel; *„Söhne der Sonne"*, Olten 1958
Hope, Murry; *„Atlantis – Legende und Mythos des versunkenen Kontinents"*, München 1999
Krassa, Peter; *„Tunguska"*, Frankfurt a. M./Berlin 1995
Langbein, Walter-Jörg; *„Am Anfang war die Apokalypse"*, Lübeck 2000
–; *„Bevor die Sintflut kam"*, München 1996
Marshak, Alexander; *„The Roots of Civilization"*, New York 1972
Mathieu, Jacques de; *„Des Sonnengottes große Reise"*, Tübingen 1972
Muck, Otto; *„Alles über Atlantis"*, Düsseldorf – Wien 1976
Ohne Autorenangabe; *„Die letzten Geheimnisse unserer Welt"*, Stuttgart 1977
–; *„Rätselhafte Funde der Geschichte"*, Luzern 1987
–; *„Das Übernatürliche"*, Wien 2000
Parker, Geoffrey (Hrsg.); *„Grosse illustrierte Weltgeschichte"*, Wien 1995
Paturi, Felix R.; *„Die großen Rätsel unserer Welt"*, Stuttgart – München 1989
Petratu, Cornelia/Roidinger, Bernhard; *„Die Steine von Ica"*, Essen – München 1994
Probst, Ernst; *„Rekorde der Urzeit"*, München 1992, S. 304
Scherz, James P.; *„Rock Art Pieces from Burrows' Cave"*, Marquette 1992
Temple, Robert K. G.; *„Das Land der fliegenden Drachen"*, Bergisch Gladbach 1990

Thompson, Richard L./Cremo, Michael A.; *"Verbotene Archäologie"*, Essen – München 1994
Tollmann, Alexander u. Edith; *"Und die Sintflut gab es doch"*, München 1993
Tributsch, Helmut; *"Das Rätsel der Götter"*, Frankfurt a. M./Berlin 1996
Velikovsky, Immanuel; *"Welten im Zusammenstoß"*, Frankfurt a. M. 1994
Westwood, Jennifer; *"Der Untergang von Atlantis"*, Rastatt 1998
Weule, K.; *"Vom Kerbstock zum Alphabet. Urformen der Schrift"*, Stuttgart 1915
Zangger, Eberhard; *"Atlantis – Eine Legende wird entziffert"*, München 1994
Zanot, Mario; *"Die Welt ging dreimal unter"*, Wien/Hamburg 1976
Zillmer, Hans-Jochim; *"Darwins Irrtum"*, München 1998

Artikel

Berault, J. L.; *"Vielleicht liegt Atlantis im Bermuda-Dreieck"*, Magazin 2000, Nr. 1/1979, Luxemburg
Dendl, Jörg; *"Platons Atlantis – Mythos, Forschung und Kritik"*, G.R.A.L.-Sonderband, Berlin 1996
Evers, Marco/Paul, Rainer; *"Mythos Atlantis – Das Puzzle der Philosophen"*, Der Spiegel, Nr. 53, Hamburg 1998
Fiebag, Peter; *"Unbekannte Schriften weltweit"*, Sagenhafte Zeiten, Heft 4/1999, Beatenberg
Fleming, Thomas; *"Atlantis endlich enträtselt?"*, Reader's Digest, Oktober 1978, Stuttgart
Graupe, Friedrich; *"... und die Sintflut gab es doch"*, Krone bunt, 18. April 1997, Wien
Jalowy, Stefan; *"Der Kampf gegen den Jüngsten Tag"*, Kurier, 24. September 2000, Wien
Kimura, Masaaki; *"Die Entdeckung unterseeischer Ruinen vor Okinawa"*, Sagenhafte Zeiten, Nr. 6/1999, Beatenberg
Mauthner-Weber, Susanne; *"Türkei – die Wiege Europas"*, Kurier, 29. November 1998, Wien
–; *"Thor auf Adams Spuren"*, Kurier, 30. April 2000, Wien

Ohne Autorenangabe; „*Gab es Atlantis?*", Ancient Skies, Nr. 1, Februar 1989, Feldbrunnen
–; „*Pyramidenstadt auf dem Meeresgrund entdeckt*", Magazin 2000 plus, September 1997, Neuss
–; „*Erectus, der Seefahrer*", GEO-Wissen, September 1998, Hamburg
–; „*Unterwasser-Pyramiden – ältestes Gebäude der Welt?*", Magazin 2000 plus, September 1998, Neuss
–; „*Steinalte Venus*", GEO-Wissen, September 1998, Hamburg
–; „*Stammt Winnetou aus Europa?*", GEO-Wissen, September 1998, Hamburg
–; „*Ägypter erfanden Schriftsprache*", Illustrierte Wissenschaft, Nr. 9, Norderstedt 1999
–; „*Erreichten Römer Amerika?*", Sagenhafte Zeiten, Nr. 4/2000, Beatenberg
–; „*Hawking: Ende der Welt?*", Kurier, 1. Oktober 2000, Wien
Ripota, Peter; „*Atlantis*" in P.M. Perspektive – Versunkene Kulturen, München 1993
Roosevelt, Anna; „*Amazon Indians: From Prehistory to the Present*", American Anthropologist, Nr. 1/1966
Rüedi, Werner K.; „*Die Schrift von Glozel*", Sagenhafte Zeiten, Heft 4/1999, Beatenberg
Weighold, Matthias; „*Atlantis*" in P.M. Perspektive – Wunder – Rätsel – Phänomene, München 1999
Zettl, Helmut; „*Kolumbus war nicht der Erste!*", in „Neue Wochenschau, Ausgabe 39, Mattersburg 1996

Danksagung

Mein Dank gilt vielen Menschen, die mich seit Jahren mit Informationen, Anregungen, Kritik und Bildmaterial selbstlos unterstützen. Einige Freunde, „Mitstreiter" und hilfsbereite Unterstützer seien hier namentlich in alphabetischer Reihenfolge genannt – stellvertretend für viele. Ihre Namensnennung besagt jedoch nicht, dass sie mit allen von mir in diesem Buch aufgestellten Ideen und Theorien übereinstimmen müssen:

Nicolas Benzin, Luc Bürgin, Erich von Däniken, Sabine Dell'mour, Jokey van Dieten, Klaus Dona, Stefan Dona, Dipl.-Bibl. Ulrich Dopatka, Anke und Horst Dunkel, Dr. Algund Eenboom, Walter Ernsting alias Clark Darlton, Viktor Farkas, Dr. Johannes Fiebag (†1999), Claudia und Dipl. Hdl. Peter Fiebag, Iris und Andreas Findig, Adriano Forgione und das Magazin „Hera", Ing. Rudolf Gantenbrink, Dipl. Ing. Walter und Inge Garn, Ingrid und StR. i.R. Willi Grömling, Prof. Jaime Gutierrez Lega, Hartwig Hausdorf, Rainer Holbe, Dir. Dr. Willibald Katzinger, Uschi und Karl Kovalcik, Peter Krassa, Mag. Christiane Ladurner, Walter-Jörg Langbein, Bernhard Moestl und Marianne Mohatschek, Andreas von Rétyi, Prof. Dr. Ing. Harry O. Ruppe, Hans-Werner Sachmann, Dr. Khalil Messiha (†1998), Eberhard Schneider, Wolfgang Siebenhaar, Milo M. Sediq, Dr. Fawzi Soueha, Dr. Ekkehard Steinhäuser, Dieter Vogel, Prof. Dr. Erich Winter, Dr. Wolfgang Waitkus, Andrea Weiss, Dr. Hans-Joachim Zillmer sowie das Ausstellungsteamteam von „Unsolved mysteries" u. v. m.

Ein herzliches Dankeschön schulde ich meinem geduldigen und konstruktiven Hersteller Johann Pröll sowie dem Verlagsteam im Hause Tosa. Nicht zuletzt aber gilt mein besonderer Dank dem Verleger Thomas von Sacken für sein Vertrauen und die gute Zusammenarbeit bei vielen „unmöglichen" Projekten.

Bildquellen:

Dr. Carl Baugh: 46, 49, 50; Erich von Däniken: 26, 27, 45, 143, 211, 223, 373, 376 links; Anke u. Horst Dunkel: 21, 136; Ing. Rudolf Gantenbrink: 273, 274; Reinhard Habeck: 36 unten, 63, 85, 107, 113, 128, 191, 203, 265, 284, 285, 287, 292, 303, 317, 373 links; Hartwig Hausdorf: 43; Karl Kovalcik: 191, 230; Prof. Masaaki Kimura: 340, 343; Bernhard Moestl und Unsolved Mysteries: 36 oben, 39, 51, 376

Alle anderen Bilder stammen aus dem Archiv des Autors.

Eine Bitte des Autors:

Beschäftigen Sie sich mit Dingen, die es eigentlich gar nicht geben dürfte? Haben Sie Bekanntschaft mit rätselhaften Phänomenen gemacht? Oder sind Sie sogar selbst im Besitz eines kuriosen Artefaktes? Dann würde ich mich freuen, wenn Sie mir schreiben. Alle Angaben werden vertraulich behandelt.

Reinhard Habeck
c/o Tosa Verlag
Alser Straße 24
A-1091 Wien